U0963054

CAXA实体设计
三维动画与多媒体制作实例教程

北航CAXA教育培训中心　组　编

国家制造业信息化三维CAD认证培训管理办公室　审　定

鲁君尚　王　锦　吴隆江　陆晓春　等编著

北京航空航天大学出版社

内 容 简 介

CAXA实体设计是一款优秀的创新三维设计软件。本书是国家制造业信息化三维CAD认证规划教材，通过从近两年10多期CAXA三维CAD培训班课程实践中精选的50多个三维动画经典案例，详细介绍使用该设计软件进行自由轨迹动画、装配和爆炸动画、分层动画、光影和视向漫游动画、机构运动动画及高级动画属性等三维动画制作与多媒体制作的操作方法和操作要领。

本书附2张光盘，内容包括CAXA实体设计试用版软件，书中实例的三维动画制作过程的多媒体素材和电子教案，以及实例图形源文件等。

本书可用做各类大专院校机械与工业设计专业及相关课程的辅助教材，以及广大CAXA实体设计用户和设计人员的培训学习及指导用书。

图书在版编目(CIP)数据

CAXA实体设计三维动画与多媒体制作实例教程/鲁君尚等编著. —北京：北京航空航天大学出版社，2006.6

ISBN 7-81077-834-X

Ⅰ.C… Ⅱ.鲁… Ⅲ.自动绘图—软件包，CAXA—教材 Ⅳ.TP391.72

中国版本图书馆CIP数据核字(2006)第030275号

CAXA实体设计三维动画与多媒体制作实例教程

北航CAXA教育培训中心 组 编

国家制造业信息化三维CAD认证培训管理办公室 审 定

鲁君尚 王 锦 吴隆江 陆晓春 等编著

责任编辑 王 实

责任校对 陈 坤 赵 琳

*

北京航空航天大学出版社出版发行

北京市海淀区学院路37号(100083) 发行部电话：010-82317024 传真：010-82328026

http://www.buaapress.com.cn E-mail:bhpress@263.net

涿州市新华印刷有限公司印装 各地书店经销

*

开本：787×960 1/16 印张：18.5 字数：414千字

2006年6月第1版 2006年6月第1次印刷 印数：4 000册

ISBN 7-81077-834-X 定价：40.00元(含2张光盘)

国家制造业信息化三维 CAD 认证规划教材
编写委员会

顾　　问（按姓氏笔画顺序）

乔少杰　北京航空航天大学出版社社长
刘占山　教育部职业教育与成人教育司副司长
孙林夫　四川省制造业信息化工程专家组组长
朱心雄　北京航空航天大学教授
祁国宁　浙江大学教授、科技部 863/CIMS 主题专家
杨海成　国家制造业信息化工程重大专项专家组组长
陈　宇　中国就业培训技术指导中心主任
陈李翔　劳动和社会保障部中国就业培训技术指导中心副主任
唐荣锡　中国工程图学学会名誉理事长、北京航空航天大学教授
唐晓青　北京航空航天大学副校长、科技部 863/CIMS 主题专家
席　平　北京工程图学学会理事长、北京航空航天大学教授、CAD 中心主任
黄永友　《CAD/CAM 与制造业信息化》杂志总编
游　钧　劳动和社会保障部劳动科学研究所所长
韩新民　机械科学院系统分析研究所所长
雷　毅　CAXA 总裁
廖文和　江苏省数字化设计制造工程中心主任

主任委员

鲁君尚　赵延永　王　锦　赵清宁

编　　委（按姓氏笔画顺序）

王　锦　王芬娥　王周锋　史新民　叶　刚　任　霞
邢　蕾　佟亚男　吴隆江　张安鹏　李绍鹏　李培远
陈　杰　周运金　梁凤云　黄向荣　虞耀君　蔡微波

本书作者

鲁君尚　王　锦　吴隆江　陆晓春　等编著

前　言

穿越时空的梦想、光与影的瞬间、身临其境的感觉……，让多少人心向神往、迷恋沉醉。虚拟三维世界对现实立体时空的仿真，是以往任何语言描述言犹未尽、任何平面表达逊色不已的境界，这正是现代三维动画的无限魅力。而今，这些都已不再高深莫测，不再遥不可及，现在就可从你、从我、从我们每个人的想象中简单开始。

三维动画是现代计算机虚拟仿真技术普及应用的一个重要方向，它通过对现实和想象中的物体的外观、结构、工作状态及应用场景等空间与时间关系的虚拟仿真，形象、生动、逼真地表达和展示了人们的创新构想，突破了此前许多只可意会、难以言传的表达屏障，并正在当前网络信息时代为实现人们思想与商业目标的沟通和交流中显示其巨大价值。

目前，制作三维动画的软件工具很多，大体分为专业影视类、专业游戏开发类、专业工程开发类以及其他专业应用的高端三维动画工具，如 MAYA，3DMAX，CATIA，UG 等。这些软件的三维动画功能很强；但系统庞大，学习、掌握困难，对于三维动画的初学者尤其是大多数准专业或非专业人士，往往可望而不可及，不仅浪费宝贵时间，而且实用意义更是大打折扣。

CAXA 实体设计正是这样一款以创新设计见长的中、低端三维动画制作优秀软件，它功能适中，易学实用；对于快速表达创新设计构思、动态展示产品立体外观、结构及工作状态，以及三维动画的多媒体制作等，有着很强的实用价值和巨大魅力。

对于教师而言，在给学生讲授产品设计或机械结构课程时，为了尽可能帮助学生直观、形象地认识产品的内部结构和工作原理，深刻理解和掌握产品设计/制造的知识和原理，往往需要准备非常多的二维挂图或者各种各样的立体模型；同时，为了动态地展示产品内部结构和工作方式等，除了将产品模型切去四分之一外，还要到实验室中将一个产品的实物拆来拆去，这样做不但成本很高，而且效率十分低下，课堂效果更因机械、抽象而吸引不了学生的求知与创造热情。而借助现代计算机 3D 技术，通过装配动画仿真，使零件之间的关系一目了然，主动与从动的运动清清楚楚，从而使教师备课简单了，实验投入减小了，课堂气氛活跃了，学生兴趣激发了，教学效率也显著提高了。

对于企业来说，产品的设计开发、生产制造及销售服务等各个环节都是以相关人员对产品的了解和理解为前提。要让顾客更早、更形象、更直观地在产品上市之前或一上市就认识和接受新产品，往往要花很大的精力和费用制作广告图片或实物样机以便与顾客进行沟通，但实际效果并不理想；产品设计生产过程中要让更多的相关人员参与进来，使他们看懂大量、复杂的二维工程图纸往往是很困难的，而沟通不畅会造成许多不必要的更改和反复，从而使产品的上市周期拉长，成本加大，质量下降；另外，还要为生产线上的工人与售后服务人员进行大量的操作培训等。今天通过装配/机构动画，在产品设计阶段就可以将产品的内在结构和运动原理非常清晰地展示给客户和相关人员，不用涉及实际生产中的任何一个环节，只需在电脑上通过3D仿真就能很好地解决这些问题。

本书是国家制造业信息化三维CAD认证规划教材，通过从近两年10多期CAXA三维CAD培训班课程实践中精选的50多个三维动画经典案例，详细介绍了使用CAXA实体设计软件进行自由轨迹动画、装配与爆炸动画、分层动画、光影与视向漫游动画、机构联动动画等三维动画与多媒体制作的操作方法和操作要领，并突出乐趣与实用相结合，从简到繁，由浅入深，使读者从学习中得到快乐，在快乐中学到技能。

本书配光盘2张，提供了CAXA实体设计试用版软件、书中实例的三维动画制作过程及其源文件等，特别是实例的全程多媒体助教/助学课件和教学录像，更是培训教学的珍贵资料及个人自学无师自通的终南捷径。

本书可作为各类大、专院校机械与工业设计专业及相关课程的辅助教材，以及广大CAXA实体设计用户和设计人员的培训学习及指导用书。

本书由北航CAXA教育培训中心组织编写，并得到国家制造业信息化三维CAD认证培训管理办公室的指导和帮助。全书由鲁君尚审阅，王锦、陆晓春、吴隆江、张安鹏、任霞、严海军、冯荣坦等参与了内容的编写与案例准备等工作。

由于作者水平有限，加之编写时间仓促，书中难免错误和不当之处，恳请广大读者和教师批评指正。联系方式

E-mail：3ddl@163.com

网　址：www.3ddl.com.cn

北航CAXA教育培训中心

国家制造业信息化三维CAD认证培训管理办公室

目　录

第 1 章　CAXA 实体设计操作准备

本章要点：

- 掌握 CAXA 三维实体设计软件的基本操作。

1.1　CAXA 三维设计环境

双击计算机 Windows 桌面快捷图标，或单击“开始”|“程序”，单击“CAXA 实体设计 2006”，启动 CAXA 三维实体设计 2006 软件（如图 1－1 所示），弹出“新的设计环境”对话框如图 1－2 所示，直接单击“确定”按钮，进入系统默认的三维设计环境 Blue.ics。单击按钮或单击菜单中的“文件”|“打开文件”，从弹出的“打开”对话框中（如图 1－3 所示）选择“手机”文件，并单击“打开”按钮，“手机”的三维文件即被打开在默认的三维设计环境中（如图 1－4 所示）；单击按钮，在设计环境窗口左侧显示设计树；将光标移至设计环境窗口右侧，并单击“图素”选项卡打开设计元素库。这样，一个打开“手机”文件的典型 CAXA 三维设计环境即展现在面前。

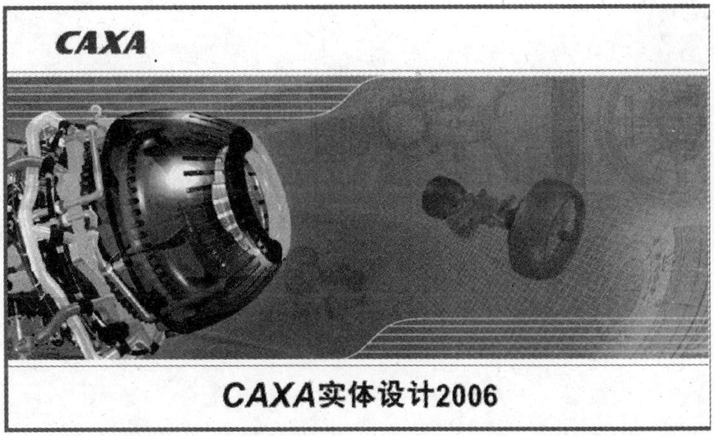

图 1－1　CAXA 实体设计 2006 启动界面

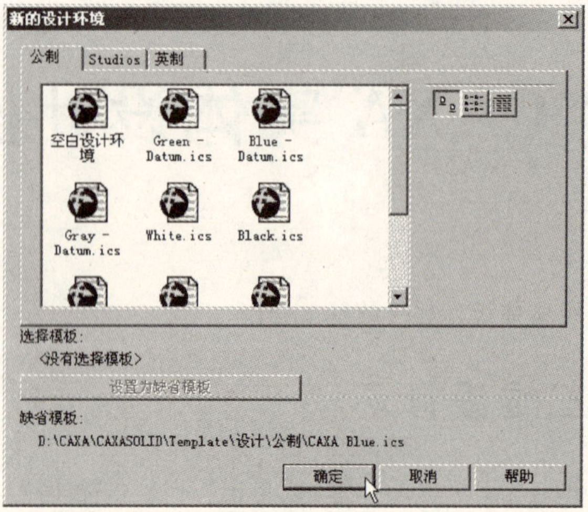

图 1-2　进入系统默认的三维设计环境 Blue.ics

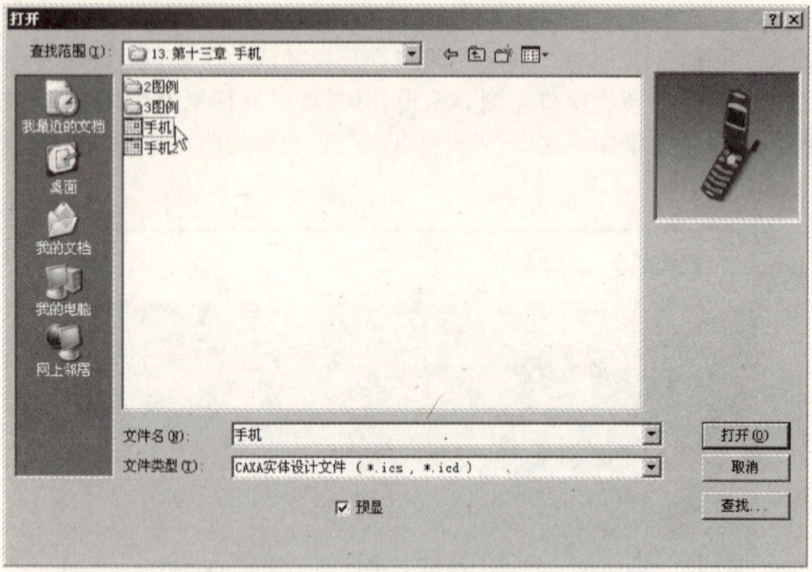

图 1-3　打开"手机.ics"文件

CAXA 三维动画设计是在 CAXA 实体设计的三维设计环境中完成的。因此，在开始 CAXA 三维动画学习之前，首先需要对 CAXA 实体设计的三维设计环境、工具及其操作进行全面的了解。

图 1-4　打开“手机”文件后的 CAXA 实体设计的三维设计环境

如图 1-4 所示，CAXA 实体设计的三维设计环境是一个典型 Windows 风格环境，主要由以下几个要素构成。

1. 菜单栏

设计环境窗口最上一行是菜单栏，CAXA 实体设计软件的强大创新设计功能大都可以通过对菜单栏中各主菜单及其级联菜单的调用来实现，如图 1-5 所示。

2. 工具栏

在设计环境窗口的四周是工具栏。工具栏是大量菜单功能的快捷方式，因此可以不用层层翻菜单，而直接通过单击设计环境窗口周围的快捷工具方式轻松实现各种功能。

如图 1-6 所示，只需在设计环境窗口周围的菜单或工具栏的灰色区域内右击，或单击主菜单“显示”|“工具条”，即可弹出“工具条”设置的快捷菜单，通过单击菜单项即可实现每个工具条的打开或关闭。工具条的位置可以拖动重新放置。

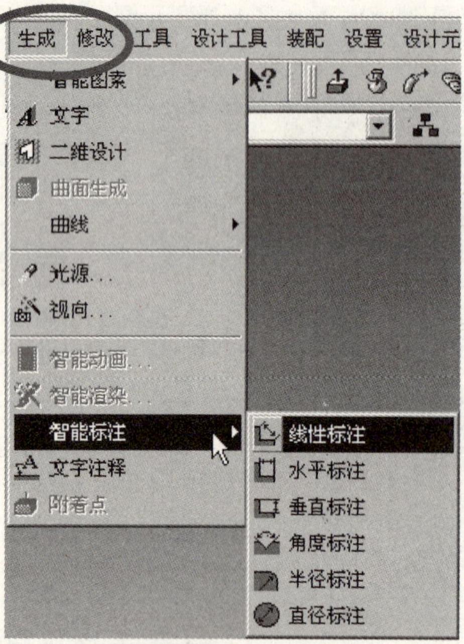

图 1－5　主菜单及其级联菜单

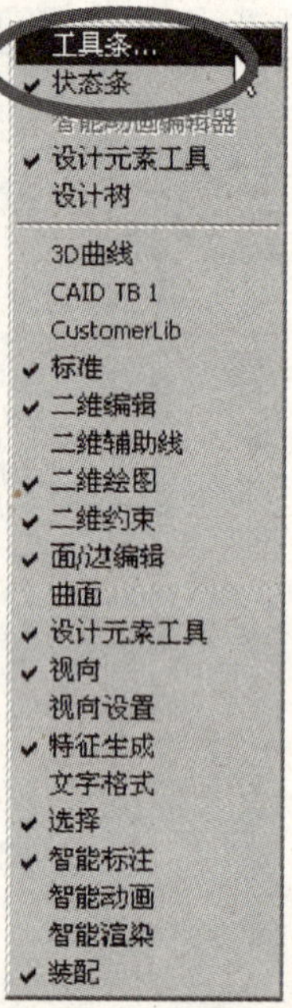

图 1－6　工具条设置菜单

这里着重介绍“标准”、“视向”和“选择”工具条。它们是动画设计过程中最常用的几个工具条，如图 1－7～图 1－9 所示。

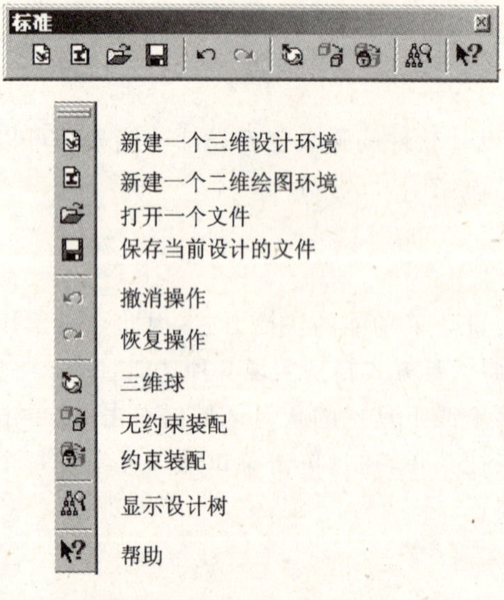

图 1－7　“标准”工具条

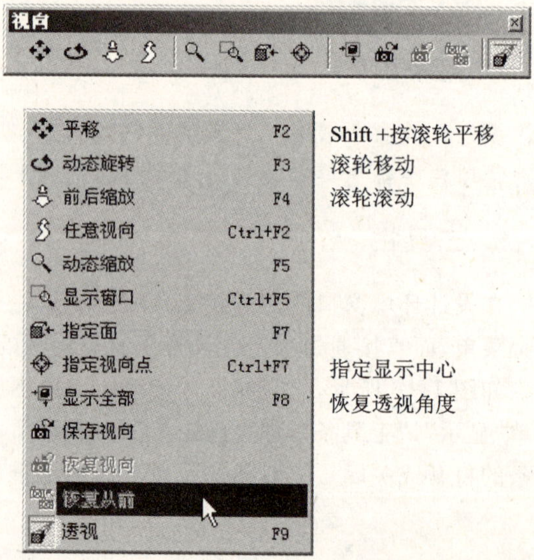

图 1－8　“视向”工具条

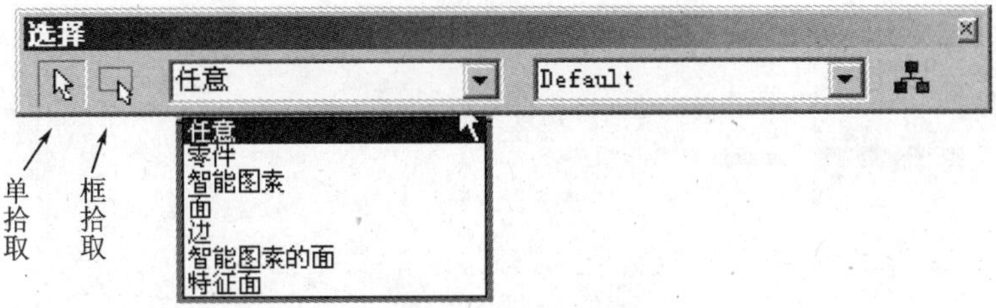

图 1－9　“选择”工具条

3. 设计环境窗口

设计环境窗口是进行三维创新设计的工作区域，设计模型及其效果都是在这个环境中实现的。针对不同设计内容和要求可以使用不同的设计环境（需设置）。窗口左下角是系统绝对坐标方位，显示了当前设计环境的空间方位。

在设计环境窗口空白处右击，选择快捷菜单中的任意一项，弹出与其相应的“设计环境性质”对话框，分别如图 1－10 所示。这时，可分别对环境窗口进行分割、环境背景重设、环境渲染方式重设及设计环境显示方式重设等。

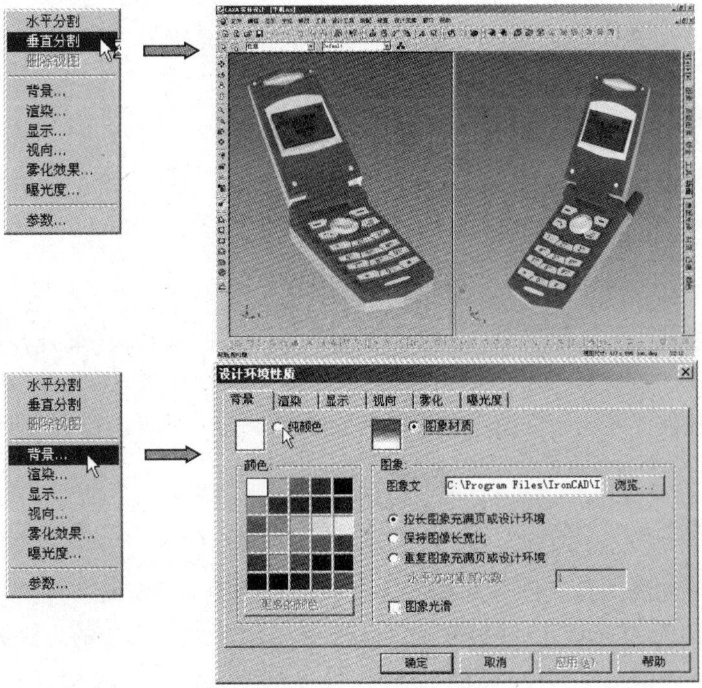

图 1－10　对设计环境属性进行设置

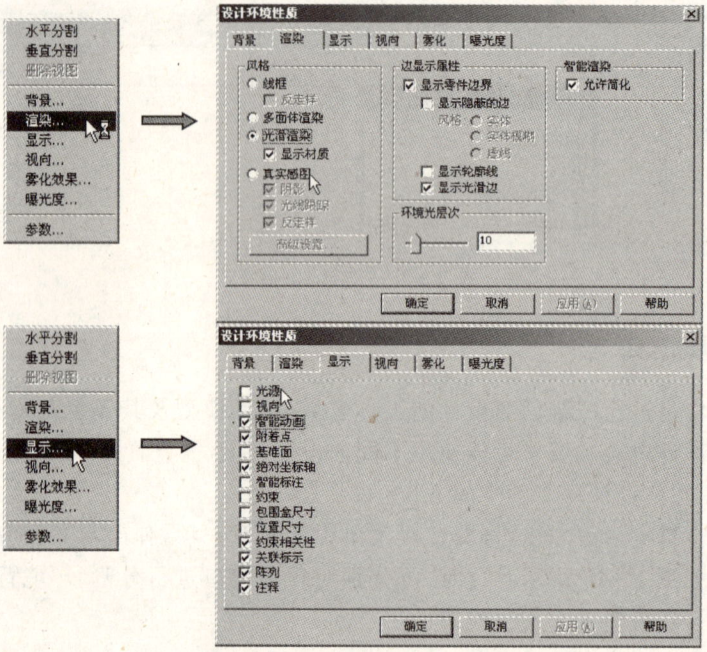

图 1-10　对设计环境属性进行设置(续)

4. 设计元素库

用于将已经定义的标准图素以列表的形式显示，以便在设计中直接选用。详细内容见1.2节。

5. 设计树

可以根据需要单击工具按钮，或单击主菜单“显示”|“设计树”来打开或关闭当前设计环境的设计树。设计树类似于 Windows 资源管理器或文件夹，按“+”可以展开下级内容，是当前设计环境中任何元素或组件的目录索引和结构关系树。可以直接在设计树中选取/拾取元素，并可直接对所选对象进行相关的编辑操作。

6. 状态提示栏

设计环境窗口的最底部一行是系统的状态提示栏。当前设计环境中每进行一步功能操作，系统都在此栏进行状态显示或操作提示。它显示设计操作过程中的重要提示和指导信息。

1.2　设计元素库与智能元素

移动光标至设计环境窗口右侧会自动以目录方式展开设计元素库。设计元素库是 CAXA 实体设计软件的突出特点和重要基础，系统自带的基本图素、高级图素、工具图素及动画元素等丰富智能设计元素，以及它所提供的灵活、开放的知识重用机制和元素库扩展功能，使创新设计得以直接在已有的三维智能图素、设计元素及成果方案的基础上进行，而无需一切都从零开始，从以往繁琐、复杂的基本设定开始，从而极大提高了设计效率，显著降低了应用难度。

1. 打开设计元素

CAXA 实体设计三维设计环境与二维绘图环境下自带的设计元素共有 23 种，以.icc 格式保存在软件安装目录\CAXA\CAXASOLID\Catalogs 文件夹下。系统在默认安装时已自动打开了图素、高级图素、工具、动画、表面光泽、钣金、材质、凸痕及颜色等常用的 9 种设计元素。

单击主菜单“设计元素”|“打开”，选择本机或网络上已有的、以.icc 格式保存的设计元素的相应存储路径，即可按需要打开系统自带的其他三维设计元素，如图 1－11 所示。新打开的设计元素会自动展开在设计环境窗口右侧下方。

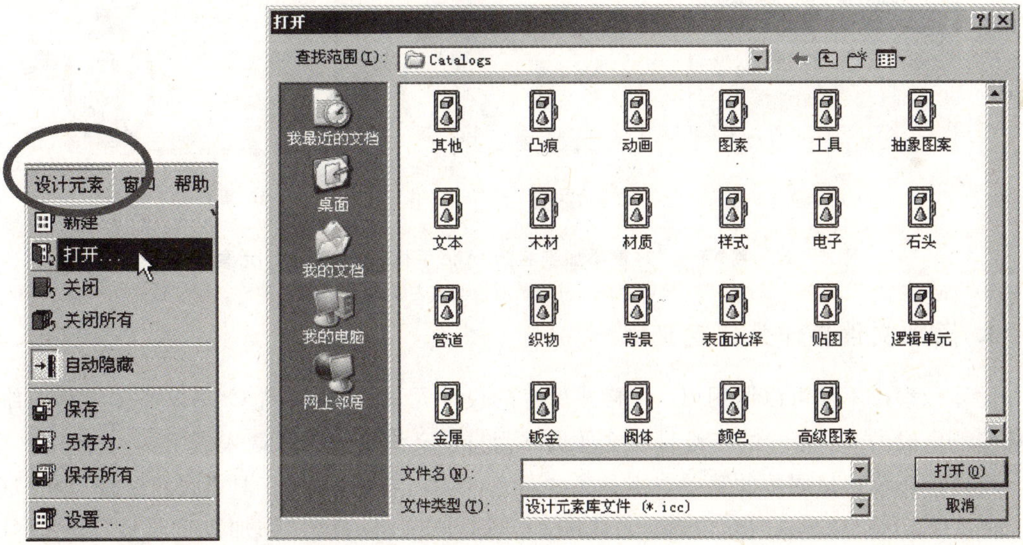

图 1－11　打开设计元素库

2. 新建设计元素

单击主菜单“设计元素”|“新建”，即可在设计环境窗口右侧目录的下方新建一个新的空白设计元素库“设计元素 1”；单击设计环境中的“手机”对象，将其拖动至新建的空白设计元素库内释放，即可将“手机”对象添加至新建的空白“设计元素 1”中，如图 1－12(a)所示。

双击“未命名”进入编辑状态，输入“手机”并完成重命名。在“设计元素 1”为打开状态下，单击主菜单“设计元素”|“另存为”，在弹出的“另存为”对话框中选择保存路径，并输入设计元素名为“Abc 手机”后，单击“确定”按钮，即可将“手机”对象添加到名为“Abc 手机”的新建设计元素库中，并以.icc 格式保存为设计元素以便下次直接浏览、使用，如图 1－12(b)所示。

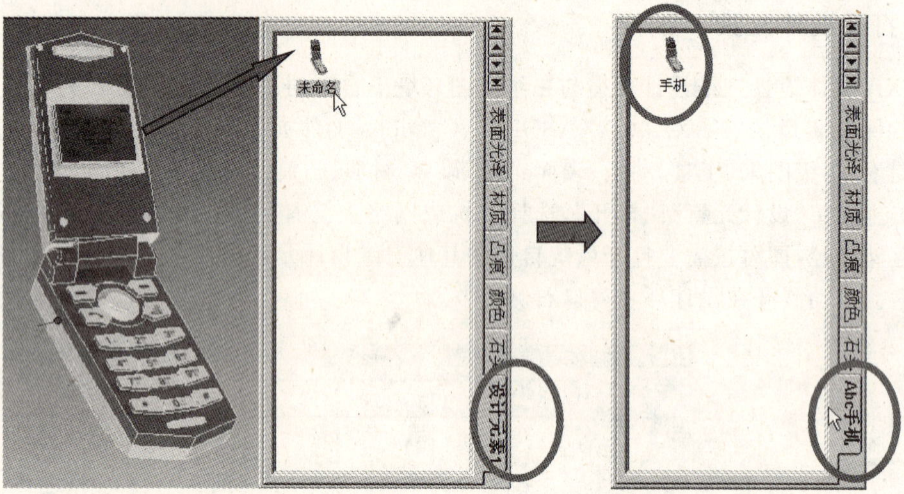

(a) 添加“手机”对象到“设计元素1”　　　(b) 重命名

图 1－12　将“手机”对象添加到名为“Abc 手机”的新建设计元素库中

3. 添加文件夹作为自定义库

设计元素库不仅可以调用以.icc 格式保存的设计元素，也可以将 CAXA 实体设计三维设计环境下生成的.ics 格式的三维设计文件夹作为自定义设计元素库调入借用。

在设计环境窗口周围的菜单或工具条的灰色区域内右击，弹出工具条设置快捷菜单，选择 CustomerLib，弹出“插入自定义库”工具按钮，单击该按钮，弹出“添加自定义库”对话框，按“选择库路径”文本框的按钮 ，从弹出的“浏览文件夹”对话框中选择要打开的文件夹“减速器”(.ics 格式三维设计文件夹)，单击“确定”按钮，即可在设计元素库中的“工具”库中添加一个“减速器”工具，如图 1－13 所示。

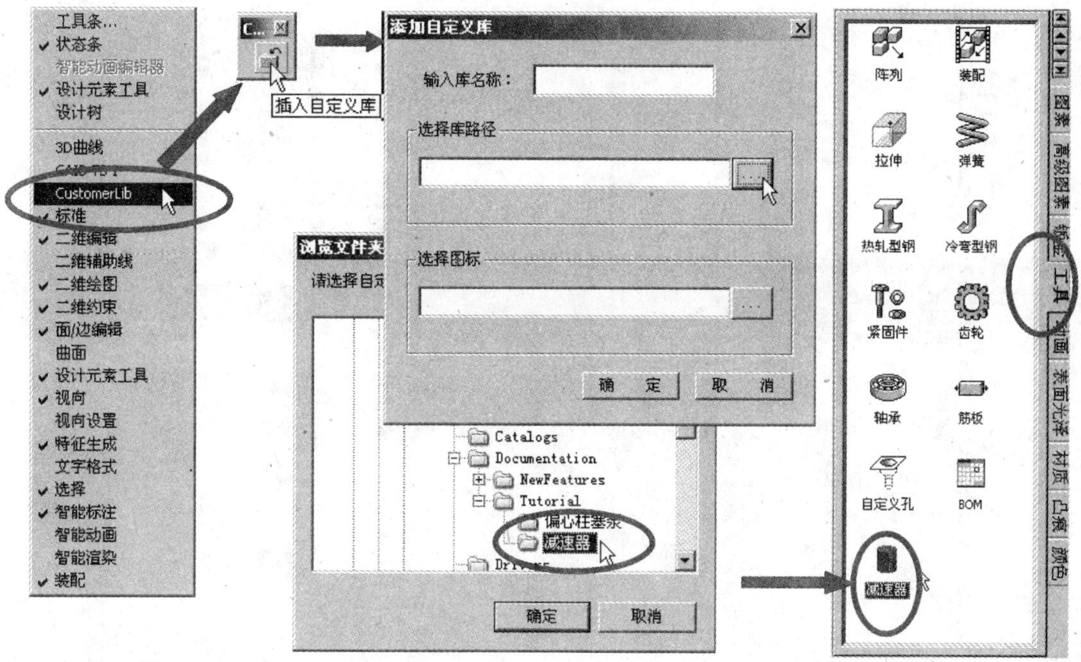

图 1－13　添加三维文件夹作为自定义库

4. 智能设计元素

如图 1－14 所示，系统自带的智能元素是设计元素库的核心基础内容。

智能图素、高级图素、工具图素及钣金图素等是 CAXA 三维实体设计的智能几何元素，包括长方体、圆柱体、球体以及长方孔、圆柱孔、球孔等丰富的基本几何形体，还有多棱柱、U 形体、T 形体及管状体等高级几何形体，以及齿轮、轴承、螺栓、定制孔等常用标准件/复杂几何形体等。通过拖放智能几何元素进行智能组合，可以方便地创建各种所需的三维几何模型。

动画元素、表面光泽元素、表面材质元素及凸痕元素等是 CAXA 三维实体设计的非几何智能元素，通过拖放这些智能元素到指定的几何形体对象上，即可将动画、表面光泽及表面材质等属性直观地添加到该指定几何形体对象上。

所谓智能元素，就是因为它具有智能的内在属性，能够在参与设计过程中，智能地相互附着并依其内在属性结合成为有机整体，而不是简单的堆积。以灵活调用丰富的智能元素为基础，CAXA 实体设计就可以直接从三维开始、在统一的三维环境中完成直观、便捷、灵活的创新设计。

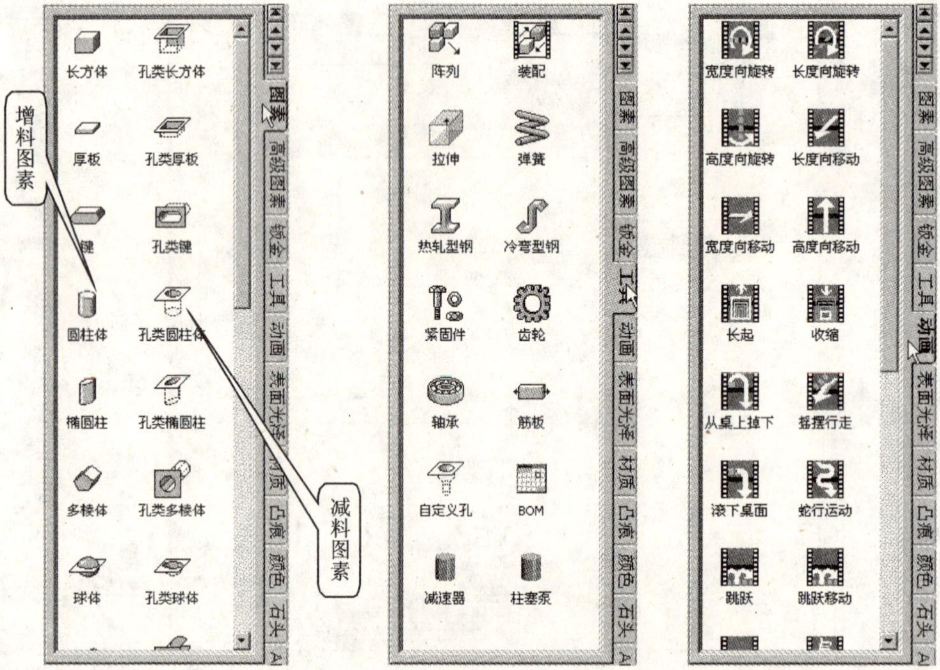

图 1－14 部分智能设计元素

1.3 拖放式操作与智能捕捉

将设计元素库窗口中“图素”选项卡中的“长方体”图素拖动至三维设计环境窗口中释放，这个操作过程形象地称为拖放，是 CAXA 三维实体设计的基本操作方式，如图 1－15 所示。

再将一“圆柱体”图素拖放至“长方体”图素的上表面上。当光标到达“长方体”图素的上表面时，其上表面会以绿色加亮显示，表示系统智能捕捉到了“长方体”图素的上表面；再移动至其上表面的中心点时，中心点也绿色加亮显示，表示此时智能捕捉到了“长方体”图素的上表面的中心点，如图 1－16 所示。这个绿色加亮显示过程就是 CAXA 实体设计的智能捕捉功能。

通过拖放操作和智能捕捉，可以直观地将图素对象添加至需要的特征位置，如图 1－17 所示。此时，“圆柱体”图素与“长方体”图素智能地结合成为一个整体，并以两个图素组合成为一个独立零件，如图 1－18 所示。

以上操作是将“圆柱体”图素拖放到“长方体”图素的上表面中心点处。若拖放“圆柱体”图素到设计环境中但不放到“长方体”图素上，让它们相互独立，则它们分别自主成为只有一个图素的独立零件，如图 1－19 所示。

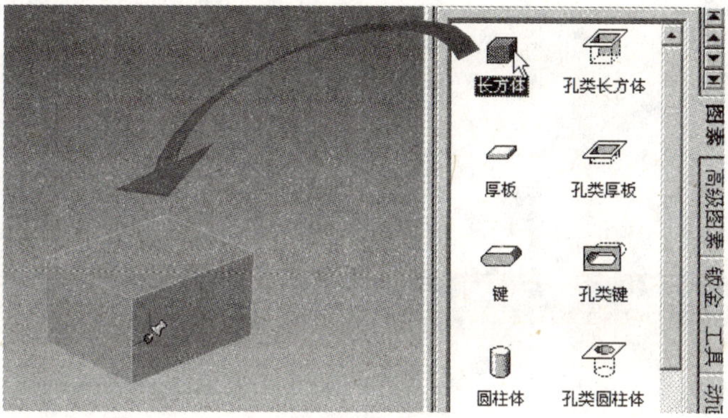

图 1-15 将“长方体”图素拖放至设计环境中

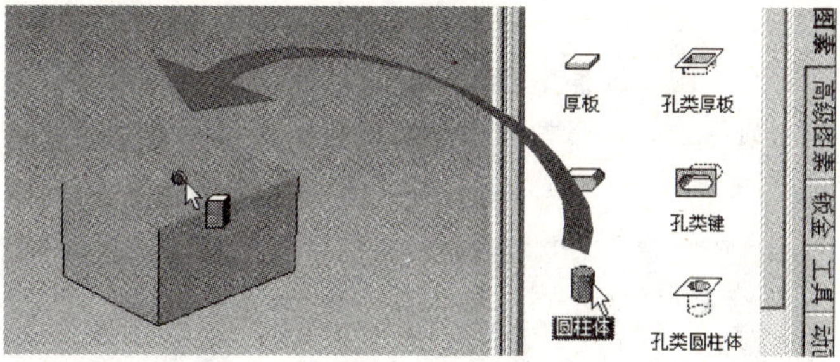

图 1-16 “长方体”图素上表面及表面中心点加亮显示

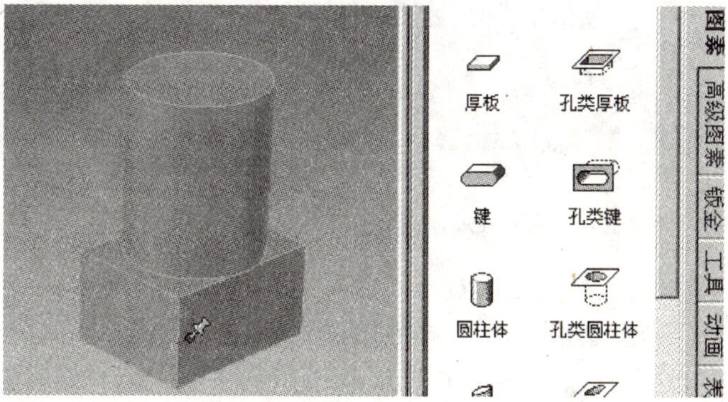

图 1-17 将“圆柱体”图素拖放至“长方体”图素上表面中心点处

图 1-18　两个图素智能组合成为一个独立零件

图 1-19　两个图素相互独立成为只有一个图素的两个独立零件

1.4　包围盒与操作手柄

双击零件或直接在设计树中选择零件下的一个图素，则该图素外围显示一个黄色线框及六个表面上的六个红色圆点。此状态为该图素的编辑状态，其外围的黄色线框形象地称为包围盒，六个红色圆点为智能图素六个表面的操作手柄，如图 1-20 所示。

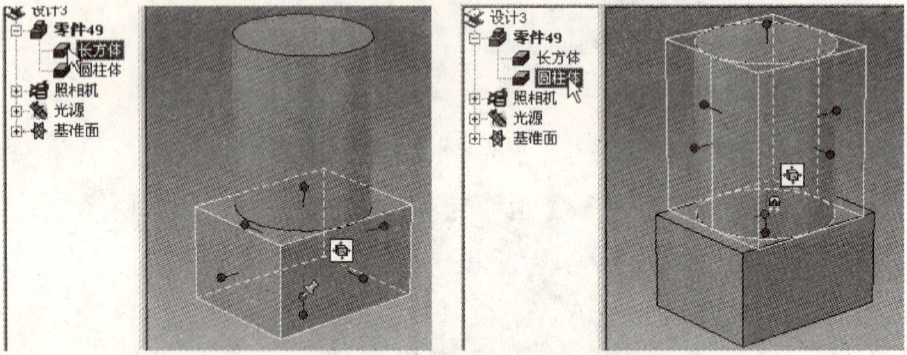

图 1-20　被选中图素显示包围盒及操作手柄

如图 1-21 所示，移动光标至包围盒一红色操作手柄上时，光标显示一个手形标志及一个箭头，此时单击操作手柄并左右拖动一下再释放，则该手柄带动相应表面被拉动，从而改变图素在该方向上的大小。这是拖放式操作在包围盒操作手柄上的又一次应用。同样，也可以对其他表面的操作手柄进行拖放，以改变该方向上的尺寸大小，如图 1-22 所示。

再添加另一"长方体"图素。拖动包围盒操作手柄，同时按住 Shift 键，移动光标至长方体 1 的一个侧表面，直至该表面被绿色加亮显示，再释放。这时，两个长方体的一个侧面自动对齐，如图 1-23 所示。

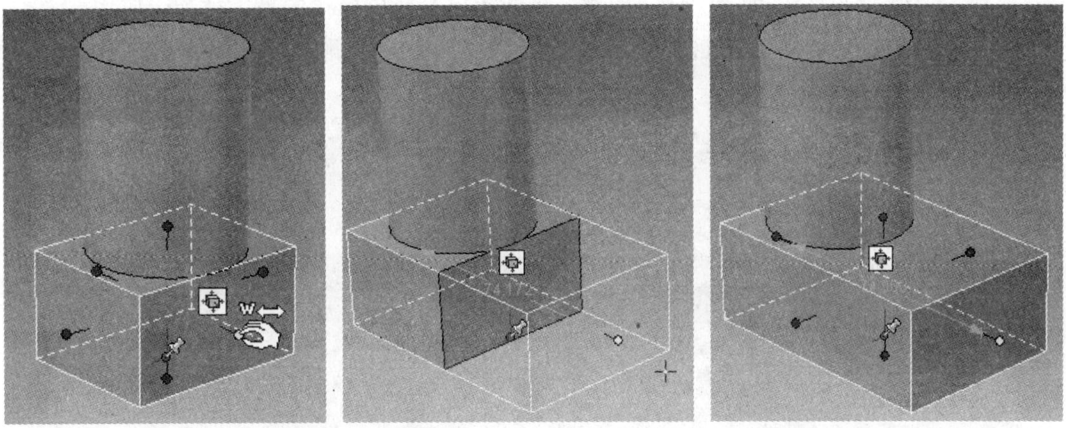

图 1-21　拖动包围盒操作手柄改变图素尺寸

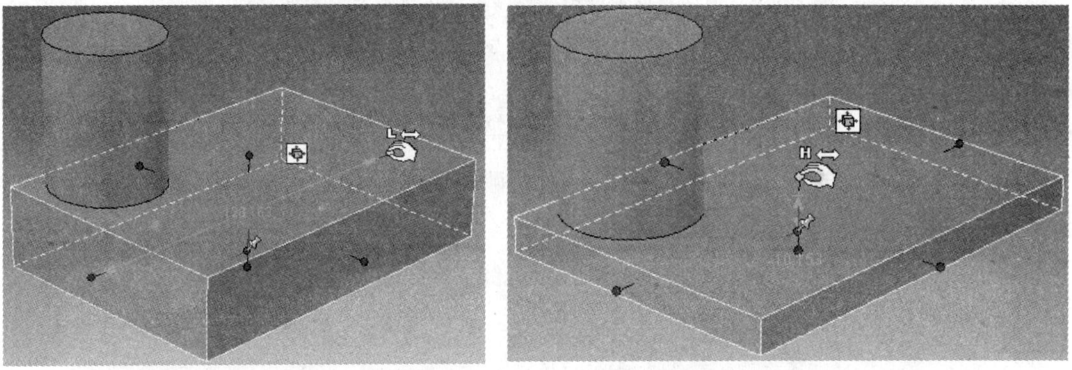

图 1-22　拖动包围盒操作手柄改变图素尺寸

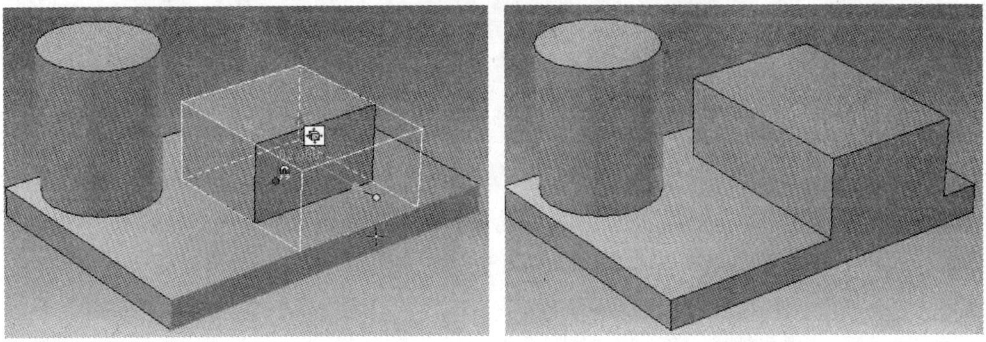

图 1-23　借助智能捕捉拖动包围盒操作手柄对齐表面(一)

按住 Shift 键同时进行拖放操作，是强制智能捕捉与拖放操作的另一种配合应用。

同样，按住 Shift 键借助智能捕捉，拖放长方体 2 的另一个侧面与长方体 1 的另一个侧面对齐，如图 1-24 所示。

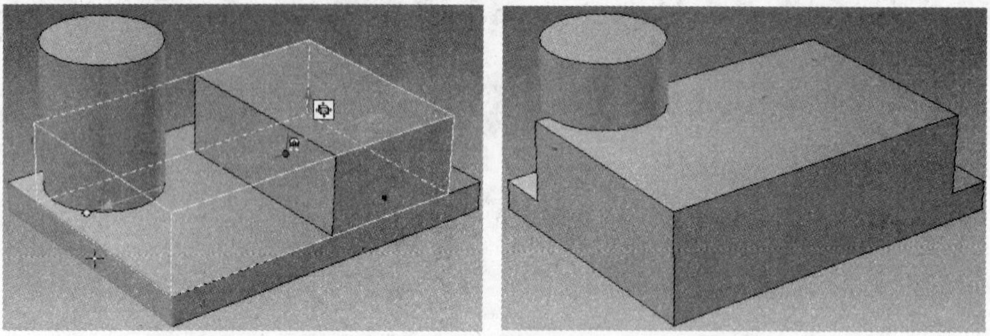

图 1-24　借助智能捕捉拖动包围盒操作手柄对齐表面(二)

图素编辑状态及其操作手柄还可以有另一种形式。如图 1-25 所示，移动光标至包围盒内的工具按钮上，光标变成手形表示可编辑。单击工具按钮，包围盒变成图 1-25 右图所示形式，工具按钮变成，各个面的操作手柄也由红色圆点变为红色箭头或红色菱形，拖动手柄同样可以对图素进行编辑操作(但注意，此时测量值成为相对原始位置的相对值)；再次单击工具按钮，又会切换到包围盒的状态。

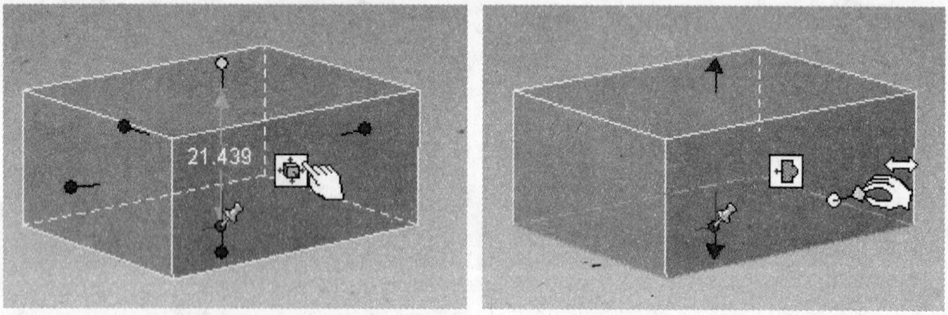

图 1-25　图素编辑状态的切换

1.5　三维操作工具——三维球

在图 1-24 的基础上再添加一个“长方体”图素。选中长方体 3 使其处于包围盒状态，单击“标准”工具条上的“三维球”按钮，激活“三维球”操作工具。此时，在长方体 3 上附着了一个带红色圆点的浅蓝色球形工具，如图 1 - 26 所示。

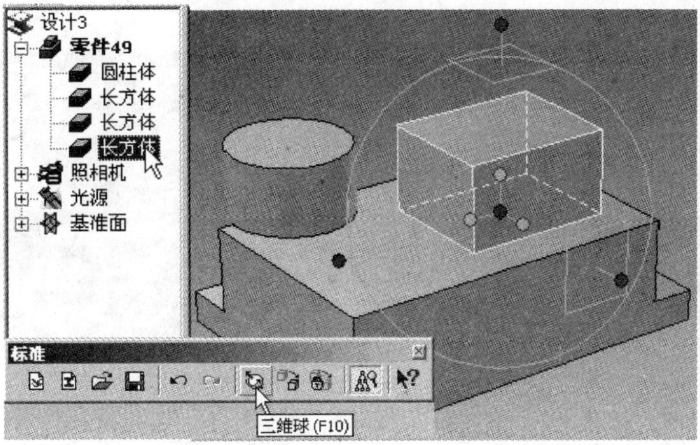

图 1 - 26　选中长方体 3 并激活“三维球”

“三维球”工具被称为 CAD 最有用的操作工具，是 CAXA 实体设计软件能够直接在三维环境下完成三维创新设计的工具基础。可以说，CAXA 实体设计软件的 70%～80% 的功能与操作都是借助三维球来实现的。

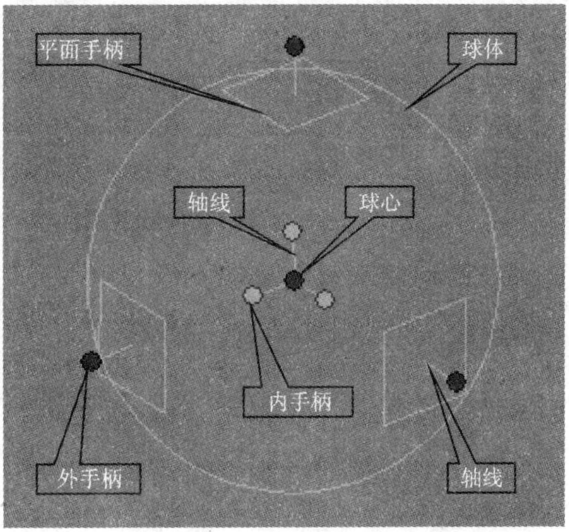

图 1 - 27 三维球结构

如图 1 - 27 所示，三维球具有以下基本结构：

- 球　心　三维球的中心，是与对象附着的定位基准点。
- 轴　线　三维球相互正交垂直的三维轴线。
- 内手柄　又称定向手柄，主要通过快捷菜单功能实现定向等操作。
- 外手柄　又称线性手柄，主要实现沿三维球轴线进行移动或绕轴旋转操作。
- 平面手柄　主要实现在该平面内的移动等操作。
- 球　体　三维球的标志。

当移动光标至三维球一外手柄上时，光标变成一个手形及一个箭头（表示此时该手柄可进行移动操作）。单击外手柄，该手柄所代表的轴线被黄色加亮显示。单击外手柄并左/右拖动一段距离后释放，三维球及其所附着对象长方体 3 的位置沿三维球该轴线方向做了线性移动，如图 1－28 所示。

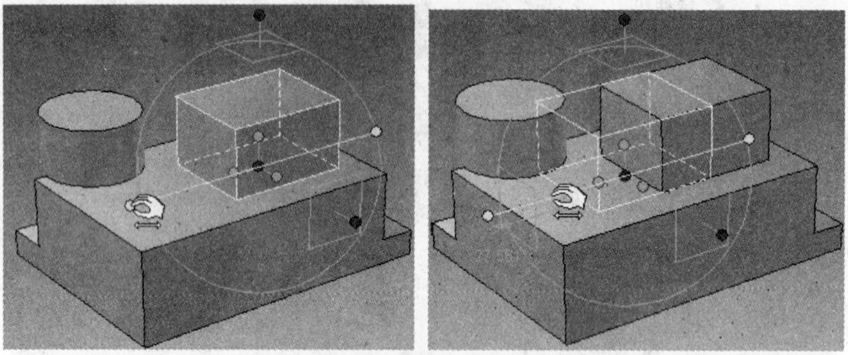

图 1－28　拖动外手柄沿黄色加亮轴线移动长方体 3

单击外手柄，则其所代表的轴线被黄色加亮显示。移动光标至三维球内侧空位置处，光标变成一个手形及一个旋转箭头。单击并上下拖动一个段距离后释放，三维球及其所附着的对象长方体 3 绕三维球该轴线旋转了一个角度，如图 1－29 所示。

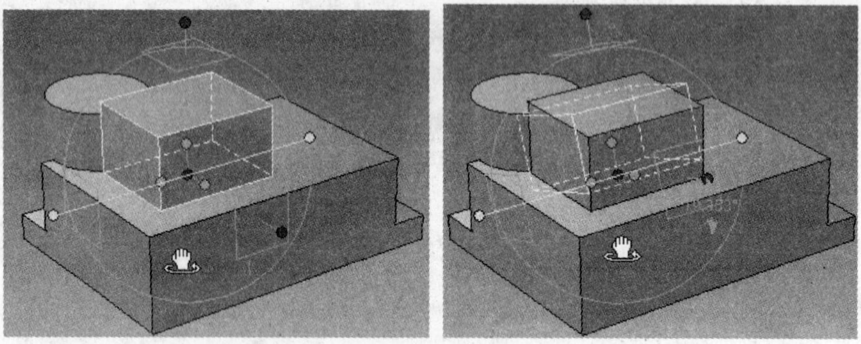

图 1－29　拖动三维球及其所附着的长方体 3 绕黄色加亮轴线旋转一个角度

移动光标至三维球红色球心圆点上时光标变成一个手形及交叉箭头（表示此时该手柄可进行移动操作）。借助智能捕捉拖动球心到长方体 2 的一个顶点上后释放，三维球及其所附着的对象长方体 3 被拖放到了长方体 2 的一个顶点上，如图 1－30 所示。

按空格键，三维球由浅蓝色变成白色，此时三维球暂时被与其所附着的长方体 3 分离；再借助智能捕捉拖动三维球球心到长方体 3 的一个角点上，而其原来所附着的长方体 3 并没有被拖动，如图 1－31 所示。

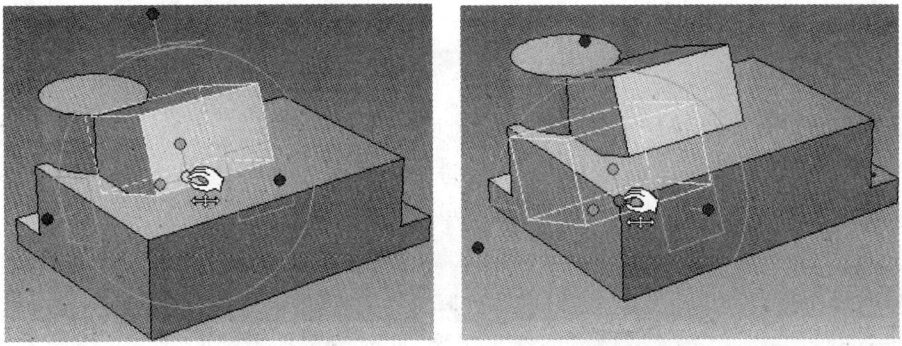

图 1 - 30 拖动三维球及其所附着的长方体 3 到长方体 2 的一个顶点上

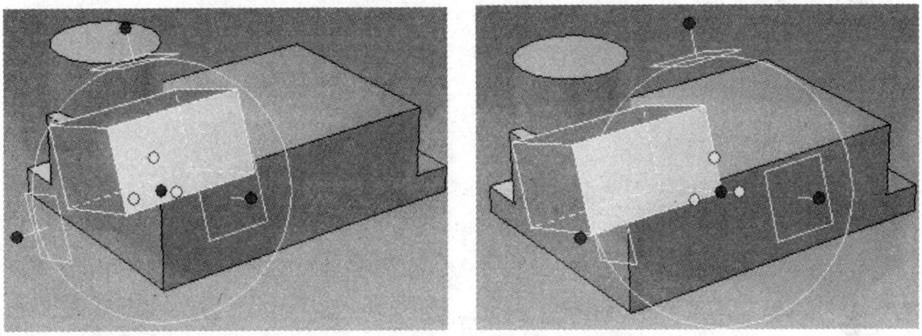

图 1 - 31 拖动三维球球心到长方体 3 的一个角点上

再次按空格键，三维球再由白色变成浅蓝色，此时三维球被激活且与其原来所附着的长方体 3 再次附着；借助智能捕捉拖动球心到长方体 2 的另一个顶点上再释放。此时，三维球及其所附着的对象长方体 3 被拖放到了长方体 2 的另一顶点上，如图 1 - 32 所示。

再单击“标准”工具条上的按钮，或按 Esc 键关闭三维球。

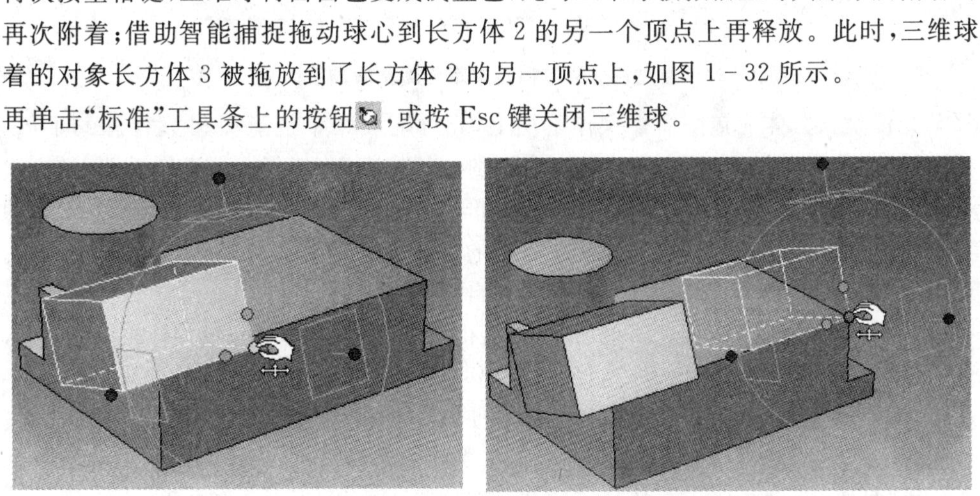

图 1 - 32 拖动三维球球心及其所附着的长方体 3 到长方体 2 的另一个顶点

1.6 自由设计与精确设计

前边的操作都是使用鼠标左键直观进行的拖放式自由设计。在概念设计阶段，拖放式自由设计能够直观、快捷地表达设计构思。而在进一步的设计中，需要有精确的尺寸、位置等的设定及更复杂的操作，这时就需要使用快捷菜单功能来精确实现。

如图 1－33 所示，选中长方体 3，单击包围盒一操作手柄，手柄显示由红色变为黄色，同时在该手柄方向显示一个尺寸标注，表示黄色手柄所在表面相对于另一侧表面的相对尺寸值；按下 Ctrl 键，同时选取尺寸标注线两侧的两个手柄，此时两黄色手柄间的尺寸标注值即变为双向对称的测量值。移动光标到该尺寸值上，该值及尺寸标注线由蓝色变成黄色，并显示一个手形标志，表示此值可编辑修改。此时，在该尺寸值上右击，弹出快捷菜单，单击“编辑值”菜单项，弹出“编辑操作柄的值”对话框，输入值“100”，单击“确定”按钮，则长方体 3 的包围盒在该方向的尺寸值被精确设置为 100。

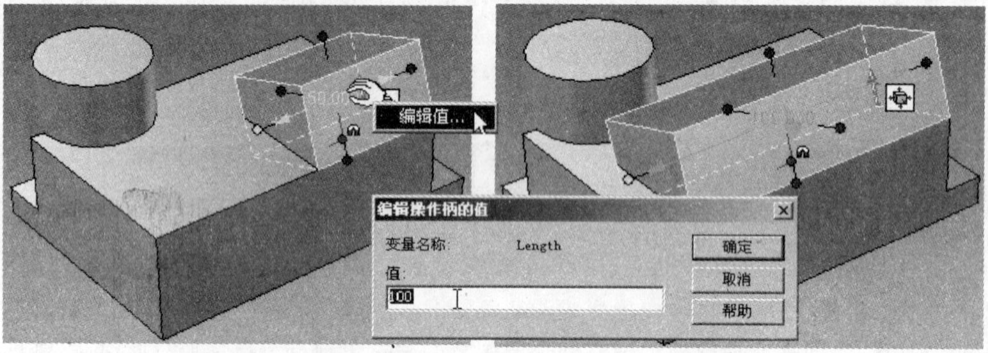

图 1－33　通过快捷菜单精确设定包围盒操作手柄的尺寸值

移动光标至长方体 3 包围盒一操作手柄上，光标变成一个带箭头和 L 标志的手形，表示该手柄的尺寸/位置可编辑(L 表示该方向为包围盒的长度方向)。右击操作手柄，弹出快捷菜单，单击“编辑包围盒”，弹出“编辑包围盒”对话框，精确设定包围盒长、宽、高三个方向的尺寸值，单击“确定”按钮，长方体 3 包围盒三个方向的尺寸值均被精确设置，如图 1－34 所示。

还可以通过快捷菜单并借助智能捕捉实现自动到点对齐。右击长方体 3 的包围盒一操作手柄，弹出快捷菜单，单击“到点”菜单项，借助智能捕捉，拾取并单击长方体 2 一个顶点，使该包围盒手柄被精确设置到该顶点位置，从而实现两图素侧面的对齐，如图 1－35 所示。

右键也可以进行拖放操作。选中长方体 3 使其处于包围盒状态，单击“标准”工具条上的工具按钮激活“三维球”操作工具，移动光标至三维球一外手柄上时光标变成一个手形及一个箭头，单击外手柄，则其所代表的轴线被黄色加亮显示。单击外手柄并左/右拖动一段距离

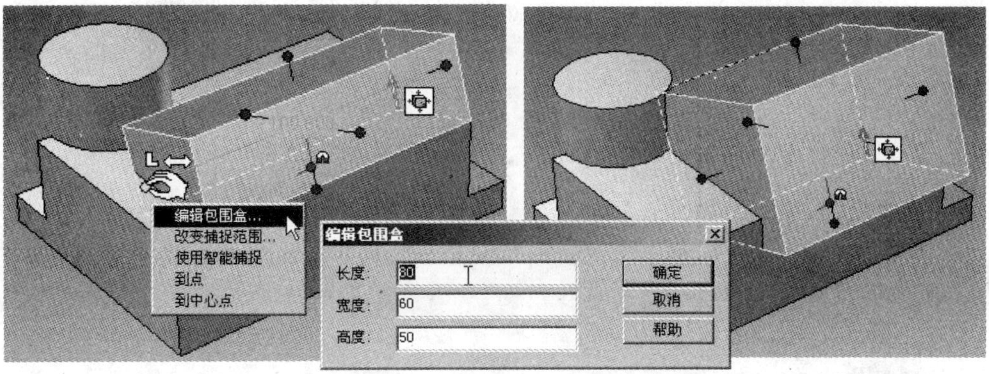

图 1－34　通过快捷菜单精确设定包围盒尺寸值

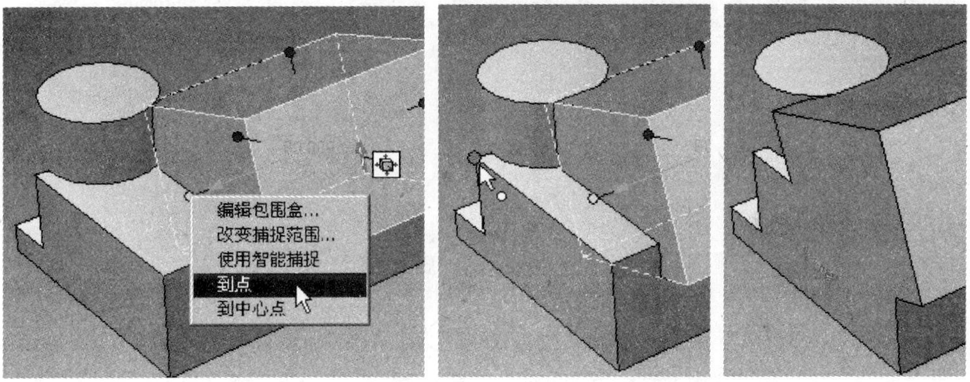

图 1－35　通过快捷菜单精确设定两图素侧面对齐

后释放，弹出快捷菜单，单击“移动”菜单项，弹出“编辑距离”对话框，输入移动距离值，三维球及其所附着的对象长方体 3 的位置就沿三维球该轴线方向做了精确的线性移动，如图 1－36 所示。

通过该快捷菜单还可以进行对象的拷贝、链接或生成线性阵列。链接不同于复制的是，复制的对象与原对象是相互独立的，但链接生成的复制对象则与原对象之间保持着修改的关联一致性。线性阵列就是将对象沿直线方向上复制若干份。它不同于复制若干份的是，生成的阵列会成为一个一体化的阵列组。

通过快捷菜单不仅可精确设定包围盒，而且可精确设定三维球的移动距离值或旋转角度值等，还可实现精确定向。

移动光标至三维球一内手柄上时，光标变成一个手形及一个旋转箭头（表示此时该手柄可进行旋转操作），右击该内手柄（该内手柄及其所在轴线会黄色加亮显示表示被选中而激活），

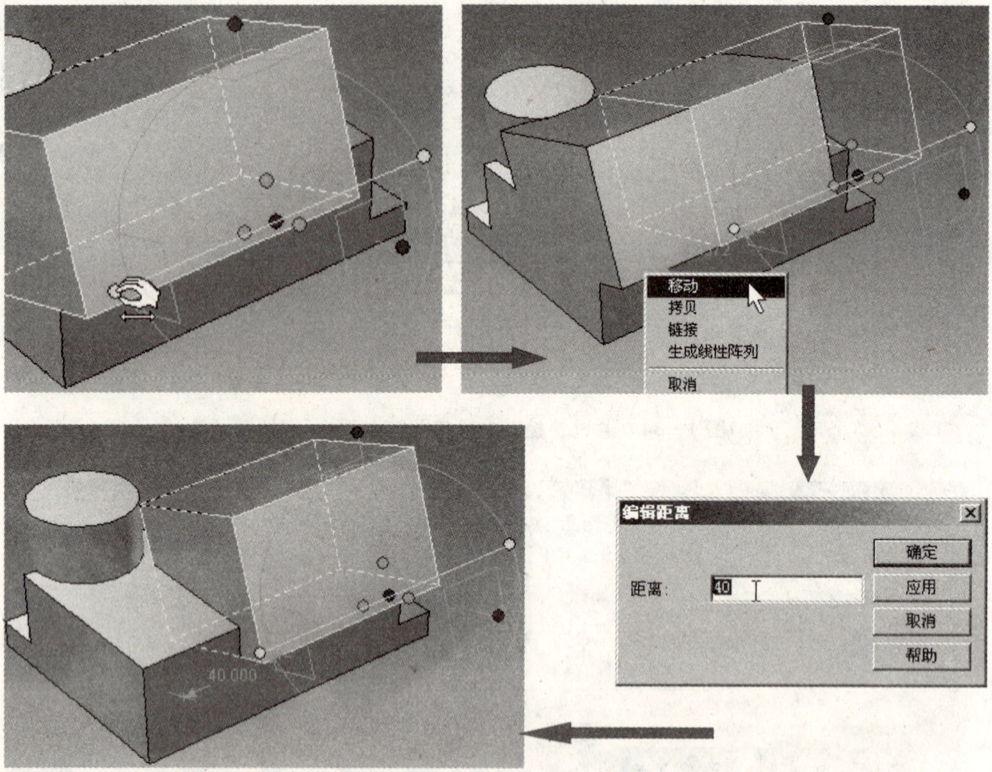

图 1-36　右键拖放并通过快捷菜单精确设定拖动距离

弹出快捷菜单，单击“与面垂直”菜单项，借助智能捕捉，拾取并单击长方体 2 的上表面(该面被绿色加亮显示)，三维球按该内手柄所在轴线精确定向其所附着的对象长方体 3 与长方体 2 的上表面垂直，如图 1-37 所示。

移动光标至三维球一内手柄上时，光标变成一个手形及一个旋转箭头(该内手柄及其所在轴线会黄色加亮显示表示被选中而激活)。右击该内手柄轴线上显示出的相反一侧的对称内手柄(镜像方向为另一侧)，弹出快捷菜单，单击“镜像”|“链接”，在过三维球球心并与该内手柄所在轴线垂直的镜像平面的另一侧，长方体 3 被镜像链接地复制了一个(镜像复制后的两个对象相对于镜像平面是相向对称的)，如图 1-38 所示。

按空格键，三维球由浅蓝色变成白色，表示暂时与其所附着的对象长方体 3 分离。右击三维球球心(黄色显示表示球心被激活)，弹出快捷菜单，单击“到中心点”菜单项，借助智能捕捉，拾取并单击圆柱体上表面的圆周(上表面的圆周绿色加亮显示表示被智能捕捉到)，三维球被精确定位到圆柱体上表面的圆周中心点。

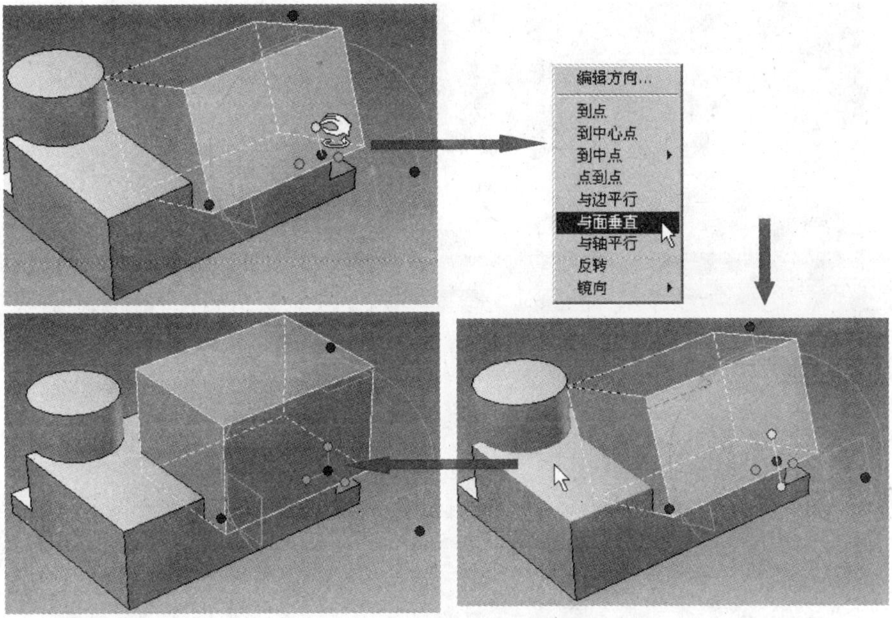

图 1－37　通过快捷菜单精确设定“与面垂直”方向

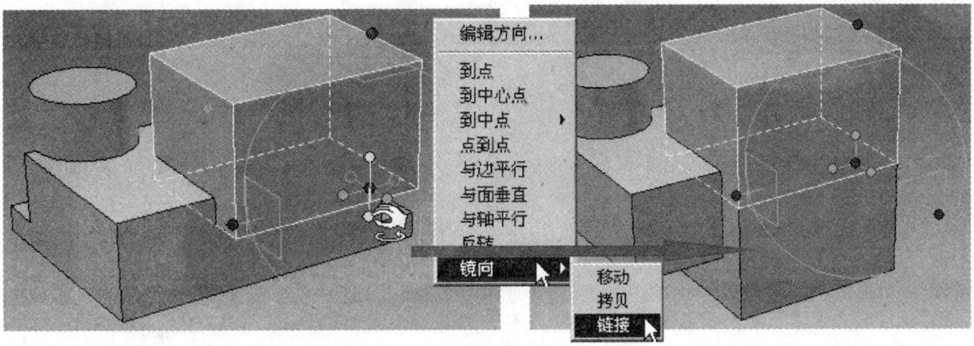

图 1－38　通过快捷菜单精确进行镜像链接复制

再按空格键，三维球由白色变成浅蓝色。此时，三维球被激活，并与其原来所附着的对象长方体 3 再次附着。单击三维球沿圆柱体轴线方向的外手柄，则该方向的三维球轴线被加亮显示，此时可以该轴线为轴进行旋转操作。在三维球内空白处右击并拖动三维球旋转一个角度后释放，弹出快捷菜单，单击“生成圆形阵列”菜单项，弹出“阵列”对话框，输入阵列数及角度值，单击“确定”按钮，即以该轴线为旋转轴生成了圆形阵列组，如图 1－39 所示。

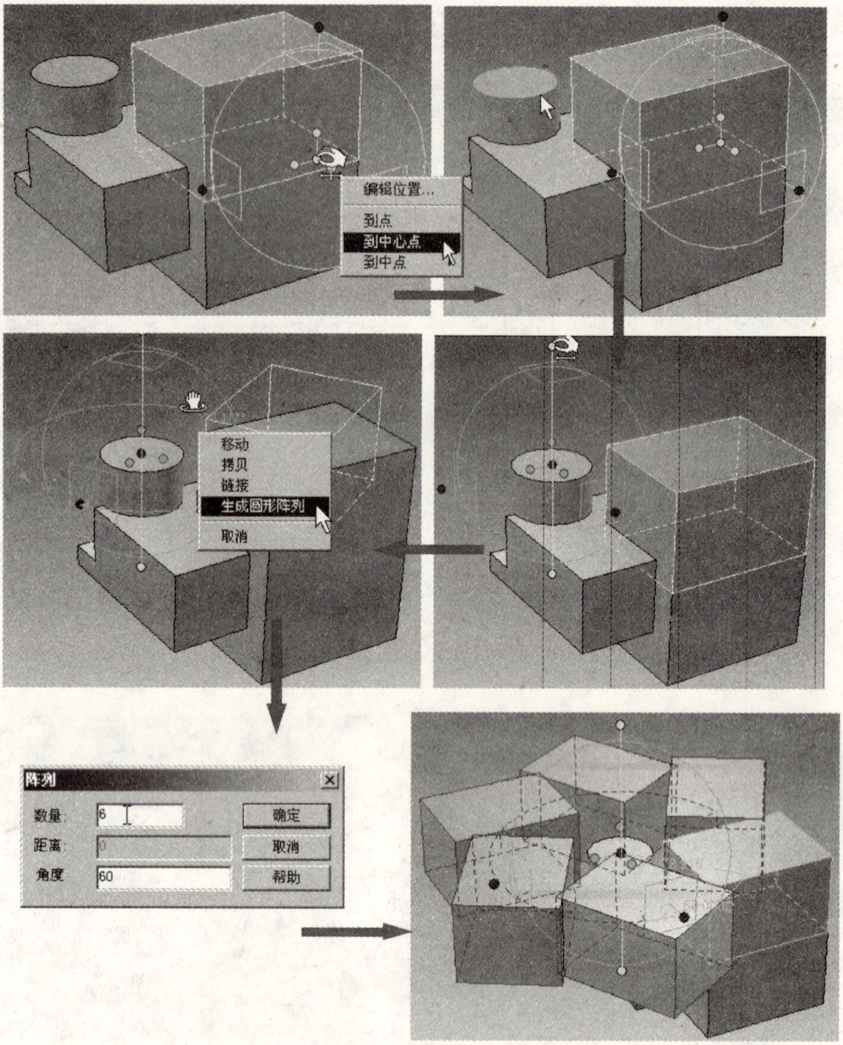

图 1－39　通过快捷菜单精确生成圆形阵列

1.7　图素、零件、装配与属性

图素是构造三维设计模型的基本几何元素，一个或多个图素可有机地组合成零件。选中两个或多个零件，单击“装配”工具条上的“装配”工具按钮，即可将两个或多个零件装配成一个装配体(产品或项目)，如图 1－40 所示。

单击设计环境中的对象，此时设计环境中的对象整体被黄色加亮显示，表示选中了顶层装配；再次单击，选中第二层装配，同样装配对象被黄色加亮显示；第三次单击，第三层某一个零件处于被选中状态，该零件以蓝色加亮显示；第四次单击，一个图素被选中并进入编辑状态，在其周围显示黄色包围盒；第五次单击，则进入图素的某个面、线、点的编辑状态。

也可以直接在图 1－40 所示的设计树中单击装配、零件或图素等对象，使其被选中并进行编辑或操作。

图 1－40　图素、零件与装配

还可以借助“选择”过滤器直接选取装配、零件、图素或图素的面/边，如图 1－41 所示。

当装配、零件或图素对象被选中时，在其上会显示一蓝色图钉状标志，如图 1－42 所示。这个标志称为定位锚，就像船舶的锚一样，是装配、零件和图素对象在设计环境中的定位/定向基准。每一个装配、零件和图素对象都各自有一个定位锚。定位锚由一个圆点、一根长轴、一根短轴和一个图钉/马蹄形磁铁状标志组成。圆点表示对象的定位点，长轴表示高度方向，短轴表示长度方向（另一个未标志的方向就是宽度方向），图钉/马蹄形磁铁状标志表示此时对象的定位状态。

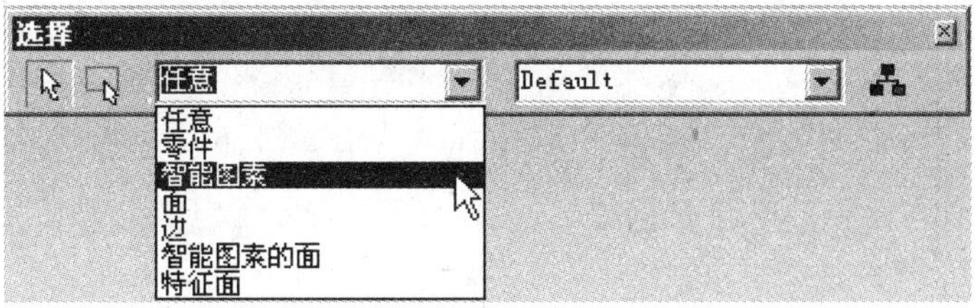

图 1－41　借助“选择”过滤器直接选取对象

图 1－42　对象的定位锚

区别于传统的三维造型软件，CAXA 实体设计将零件设计与装配设计集于统一的三维设计环境中，极大地支持自顶向下与自底向上相结合的创新设计的需要。将图素组合成零件的过程类似于将零件装配成产品或项目的过程，但是却有着本质的区别。零件在三维设计中是具有独立结构和功能属性的设计项目的基本单元，而图素只是构成零件内在的几何元素，在设计项目或产品中不具有独立的属性。理解三者之间的关系，对于正确应用CAXA实体设计软件进行创新设计是非常重要的；否则，容易混淆操作对象，混淆创新设计的层次关系，降低设计效率。

图素、零件及装配各有其属性，可以通过相应的快捷菜单来浏览和精确编辑属性中的内容。

选中一“图素”对象，在其上右击，弹出快捷菜单，单击“智能图素属性”菜单项，即可打开图素属性，如图1-43所示。

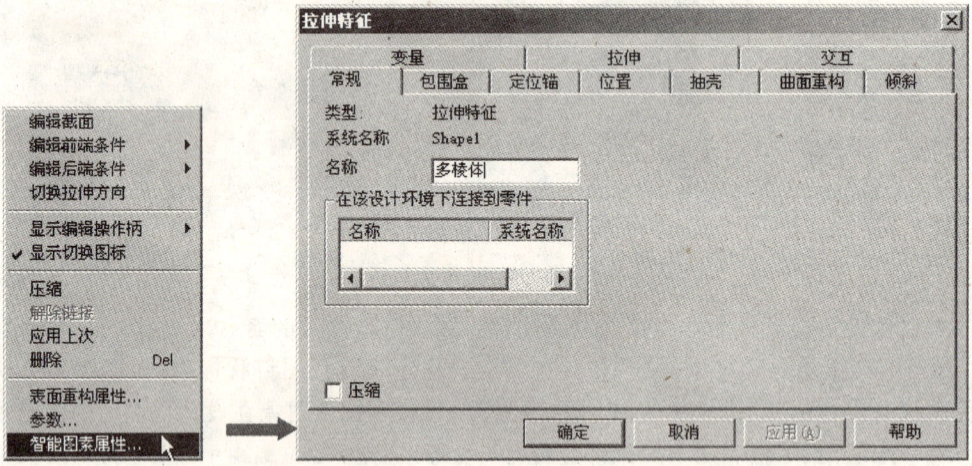

图1-43　打开图素属性

如图1-43右图所示，图素属性由多个选项卡组成。单击各标签即可打开相应的选项卡，并对该图素进行精确的编辑设定。此处主要介绍“包围盒”与“变量”两个选项卡。

如图1-44所示，可以直接在“包围盒”选项卡左侧的“尺寸”选项组中输入长、宽、高的尺寸值来设定包围盒尺寸大小。而尺寸值的度量基准则是由下边的“调整尺寸方式”选项组设定的，尺寸值可以是“关于包围盒中心”双向对称的调整，也可以是“关于定位锚”双向对称的调整，还可以是“从相反的操作柄”来进行相对单向调整。这一点对于正确设定包围盒尺寸是非常关键的。

如图1-45所示，可以直接在“变量”选项卡中将“多棱柱”边数“5”修改为“8”。

右击一“零件”对象，弹出快捷菜单，单击“零件属性”菜单项，即可打开“零件”属性对话框，如图1-46所示。此处主要介绍“常规”、“包围盒”、“材料”和“定制”四个选项卡。

如图1-46右图所示，可以修改零件名称，并将零件代号、备注等属性在明细表(BOM)中输出，并自动计算在一个设计项目中此种零件的数量等。明细表是指导生产制造、采购库存及成本核算等管理工作的基本依据，是现代化、规范化设计工作的重要环节。

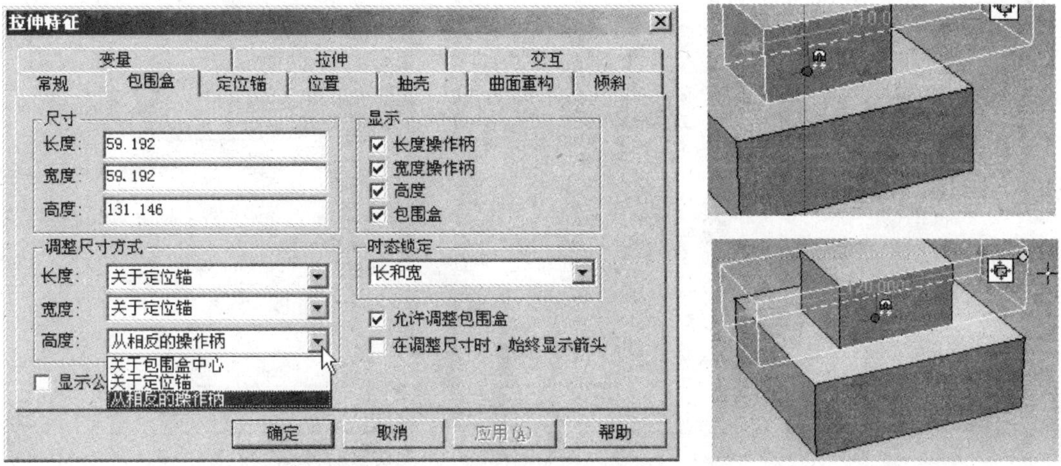

图 1-44　用“从相反的操作柄”与“关于包围盒中心”调整包围盒尺寸

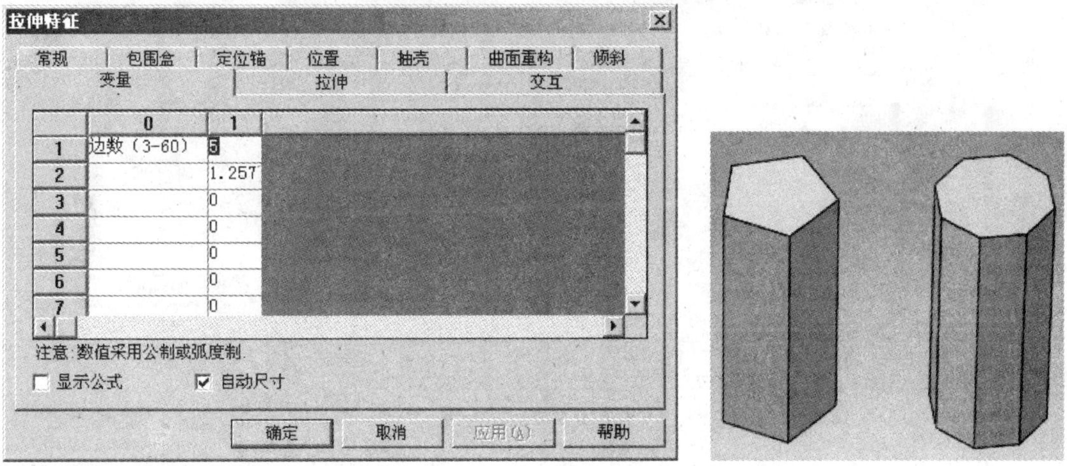

图 1-45　将“多棱柱”边数“5”修改为“8”

CAXA 实体设计采用了独特、强大的多内核机制，可以通过选用 ACIS 或 Parasolid 两大全球主流造型核心进行零件建模，以实现与包括 CATIA、UG 和 AutoCAD 等在内的当今各种主要的设计平台软件间通畅的数据交换。

如图 1-47 所示，通过选中“包围盒”选项卡中的“显示”包围盒操作手柄，同样也可以显示零件的包围盒(蓝色线框)，并通过编辑包围盒尺寸直接对零件的尺寸值进行修改设定。需要指出的是，对零件包围盒的修改一般应按比例缩放才不至于造成零件结构的变形(除非是引入参数化设计，以便通过修改参数来实现零件结构的修改)。

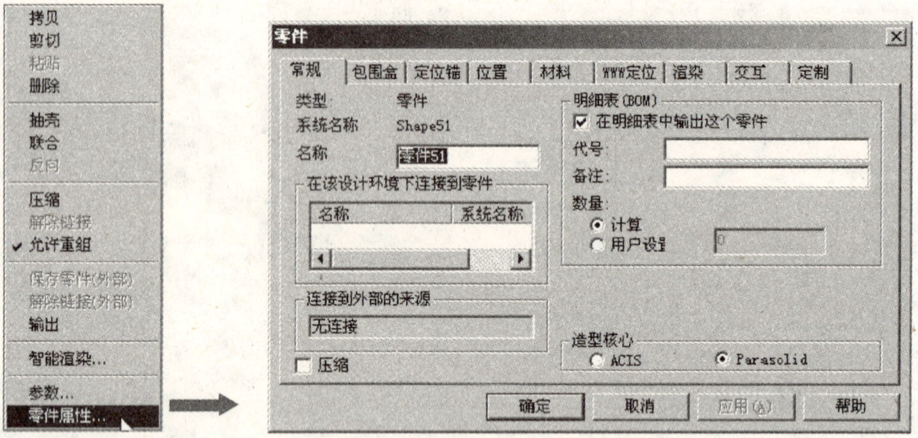

图 1-46　打开“零件”属性对话框

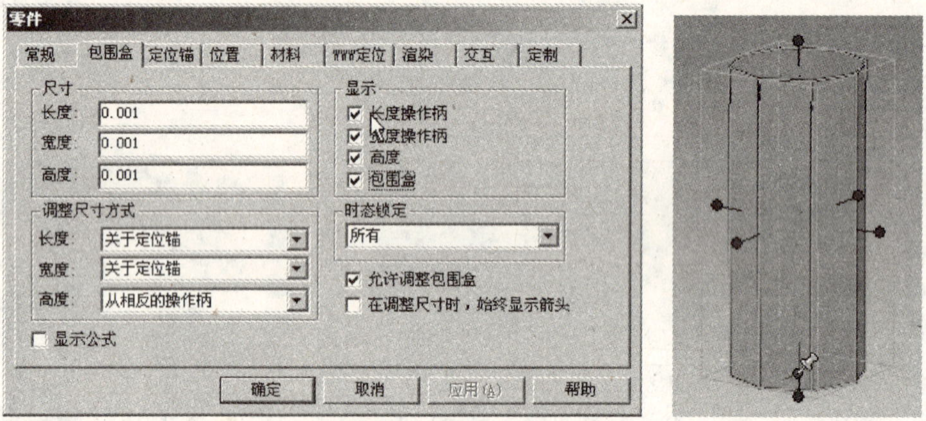

图 1-47　调整零件包围盒尺寸

如图 1-48 所示，零件应由特定的材料制成，因此可以在“材料”选项卡中编辑材料的密度，从而使系统能自动计算零件的质量、重心和惯性矩等物理特性。

如图 1-49 所示，可通过“定制”选项卡对该零件的其他管理属性进行设置。

除基本零件属性外，有些高级零件还具有其他加载属性。比如右击齿轮零件，并在其上右击，从弹出的快捷菜单中单击“加载属性”菜单项，即可打开“齿轮”对话框，如图 1-50 所示，并可对齿轮零件的类型、齿数、分度圆及齿廓等进行编辑修改。

右击一“装配”对象，弹出快捷菜单，单击“装配属性”菜单项，即可打开“装配”属性对话框，如图 1-51 所示。装配属性对话框与零件属性对话框基本相似；所不同的是，零件属性只是对某个零件进行设置，而装配属性则是对多个零件组合成的整体进行设置。

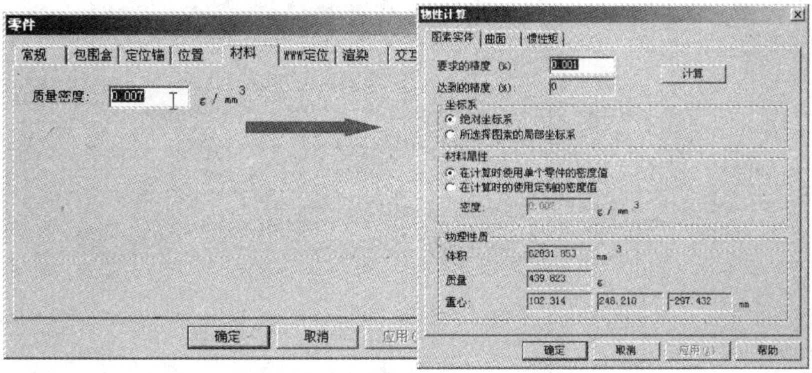

图 1-48　零件材料与物性计算

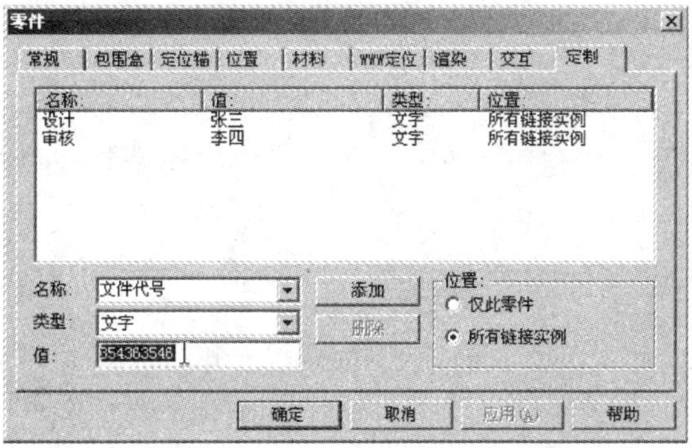

图 1-49　“零件”属性对话框

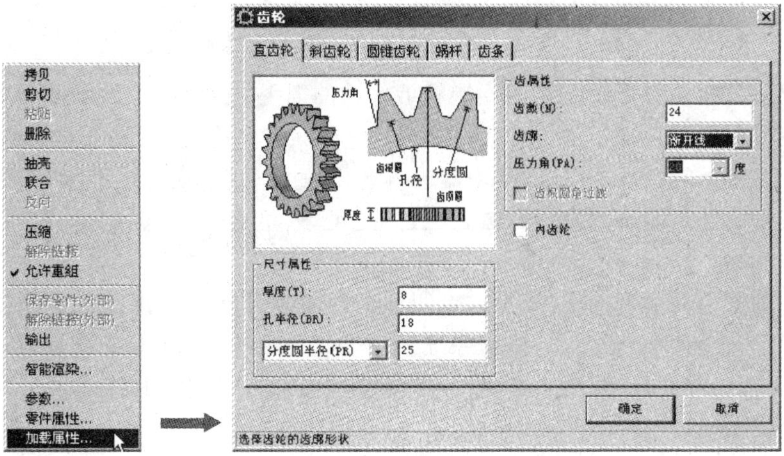

图 1-50　对加载属性进行编辑修改

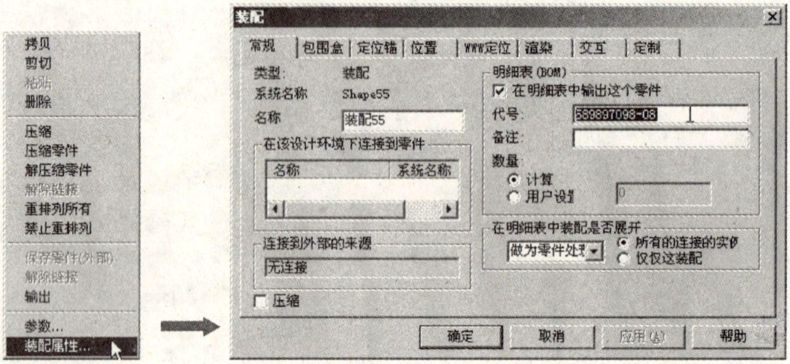

图1-51　“装配”属性对话框

1.8　三种建模方式

创建三维模型是创新三维设计的基础。CAXA实体设计有三种基本的创建三维模型的方式和思路。

1. 直接使用智能图素创建三维模型

任何复杂的三维模型都可以看做是由若干个基本几何元素像搭积木一样搭拼组合而成的。这是CAXA实体设计软件进行三维创新设计的基本建模思路。

如图1-52所示，直接使用长方体、长方孔、L3旋转体及椭圆柱几个智能图素创建三维模型。

2. 编辑修改智能图素创建三维模型

许多情况下直接使用智能图素还不能满足设计的需要，这时就需要通过对图素进行编辑修改来创建更多的形状。

如图1-53所示，选中长方孔图素使其进入包围盒编辑状态(可借助设计树，并注意观察包围盒图标旁边的蓝色箭头方向)，右击，弹出快捷菜单，单击“编辑截面”菜单项，进入图素二维截面的编辑状态。这时，在蓝色箭头根部并垂直于箭头方向展开一个二维的栅格面及在栅格面上长方孔图素的截面轮廓线(矩形白色线框)，同时设计环境下部的二维绘图工具条和二维编辑工具条均被激活加亮显示。使用二维绘图工具和二维编辑工具对截面轮廓进行编辑修改(务必保证截面轮廓线封闭、不重叠)，单击“编辑截面”对话框中的“完成造型”按钮，即可完成长方孔的截面编辑。

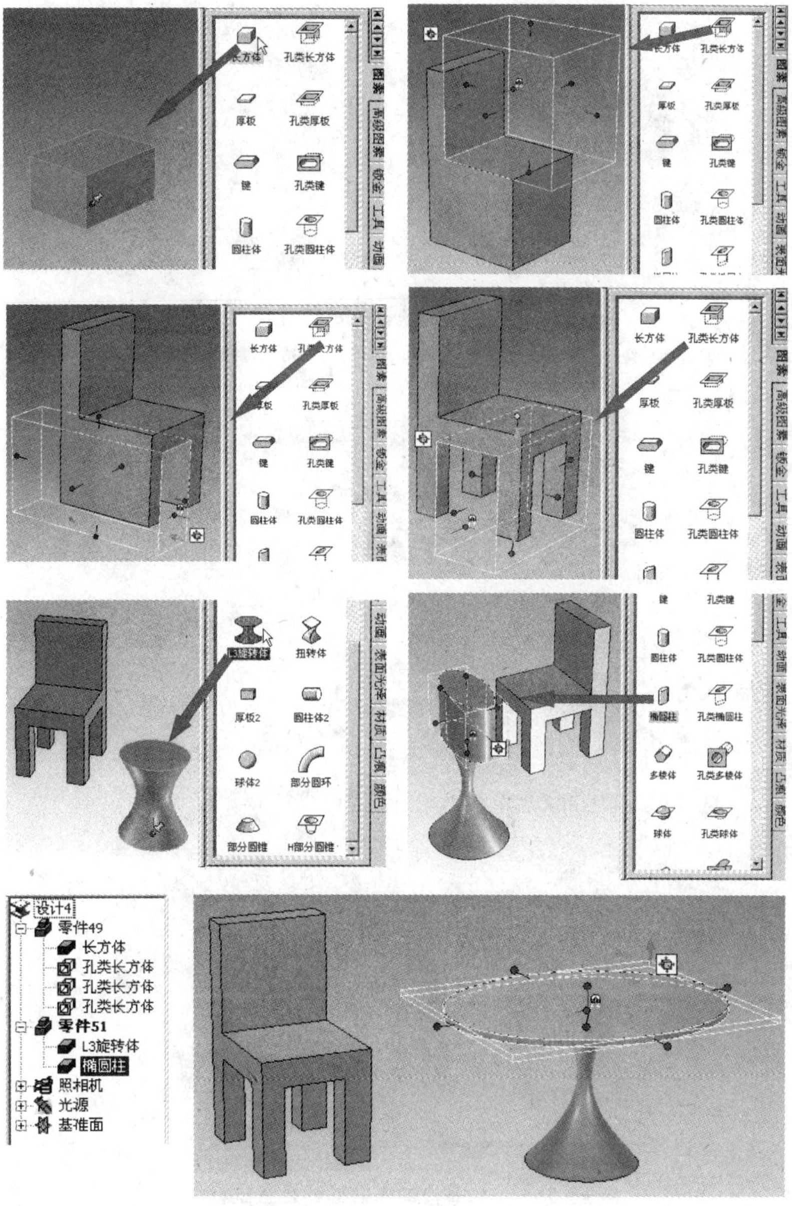

图 1 - 52　直接使用智能图素创建三维模型

还可以对图素的面和边进行编辑。使用"选择"过滤器选择一个表面如图 1 - 54 所示，右击弹出快捷菜单，单击"移动"菜单项，使用"三维球"工具将该表面旋转一个角度，单击移动面工具条上的绿色圆点按钮，完成对该表面的移动修改。

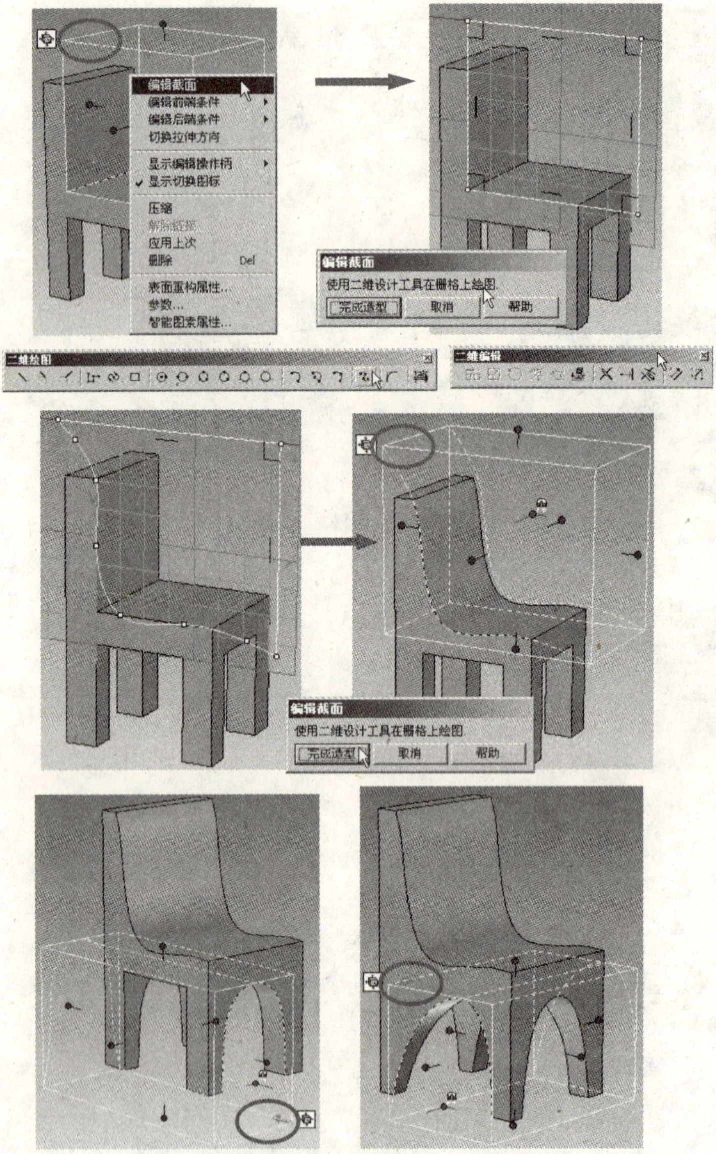

图 1-53　编辑修改图素截面创建三维模型

使用“选择”过滤器同时按住 Shift 键，选择一组棱边如图 1-55 所示，右击，在弹出的快捷菜单中，单击“边过渡”菜单项，在边过渡工具条上输入过渡半径值，单击绿色圆点按钮，完成对棱边的过渡修改。

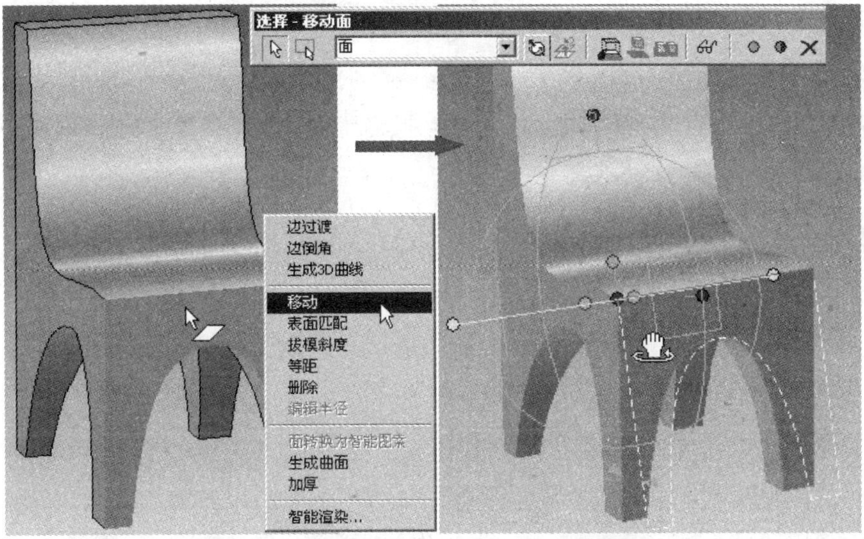

图 1－54　编辑修改图素表面

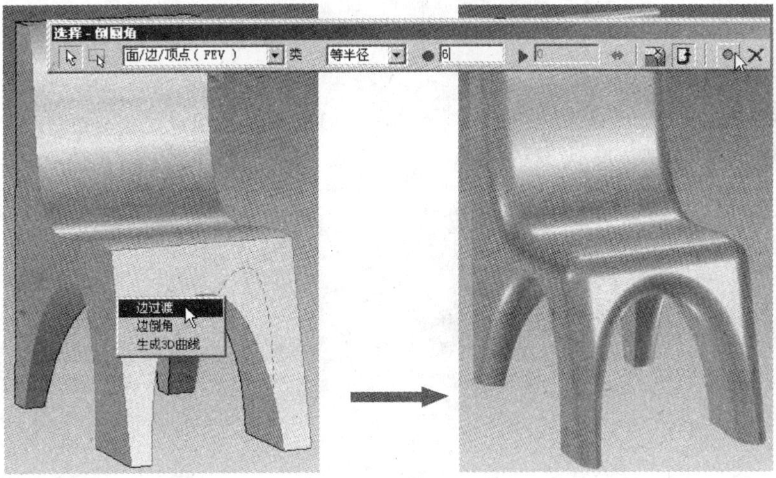

图 1－55　编辑修改图素棱边

3. 制作自定义图素创建三维模型

设计元素库的智能图素毕竟有限，在设计过程中为了创建更加个性化的模型，除前述两种方式外，还常常需要制作自定义图素。CAXA 实体设计提供了拉伸、旋转、扫描及放样等多种自定义图素生成方法。

如图1-56所示，单击“特征生成”工具条

上的“放样”工具按钮，按状态栏提示，单击茶几台面上一点作为定位基点，弹出“放样造型向导”对话框，按四步向导进行设置，按提示使用二维绘图和二维编辑工具绘制轮廓定位曲线和截面轮廓线，单击对话框上的“完成造型”按钮，完成自定义放样图素制作。

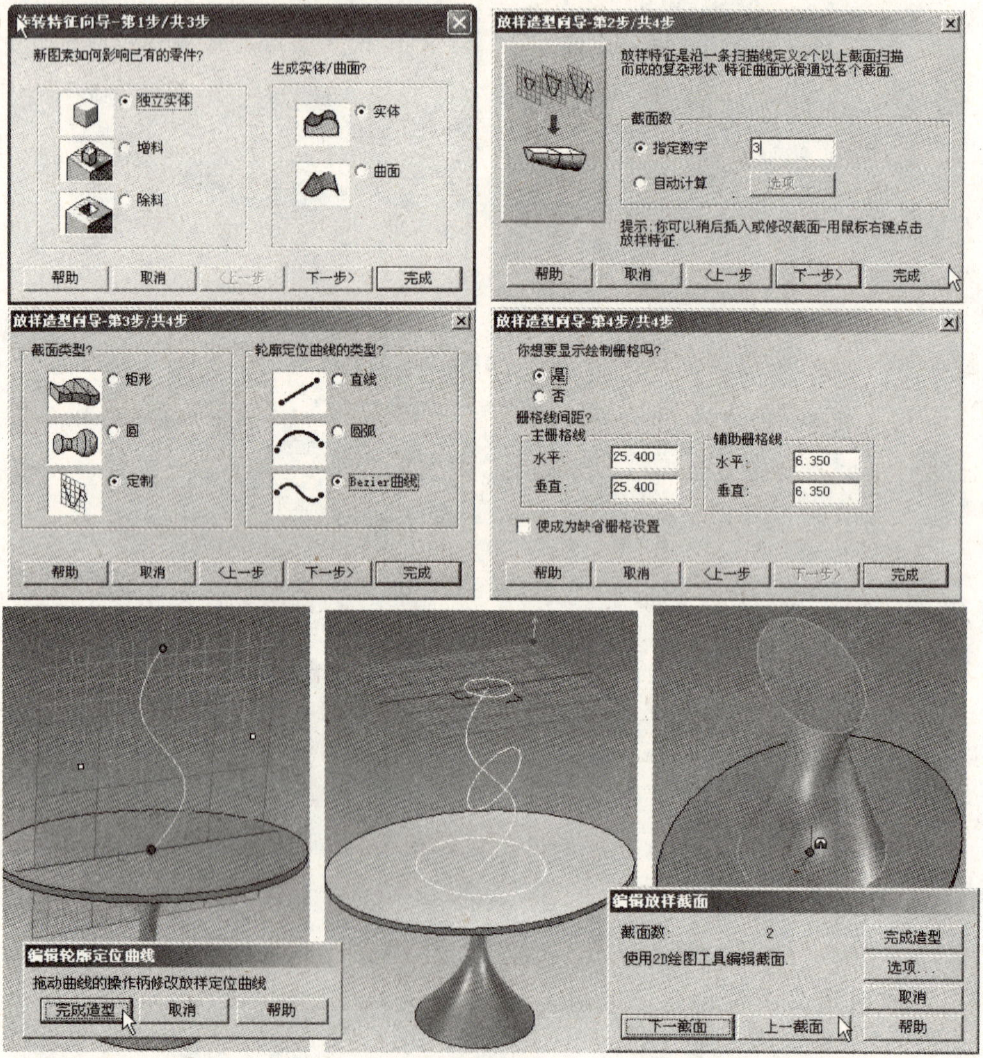

图1-56　制作放样图素

如图 1－57 所示，单击“特征生成”工具条 

上的“扫描”按钮 ，按状态栏提示，单击扫描图素面上一点作为定位基点，弹出“扫描特征向导”对话框，按四步向导设置为“除料”，按提示使用二维绘图和二维编辑工具绘制轨迹曲线和截面轮廓线，单击对话框中的“完成造型”按钮，完成自定义扫描图素制作。

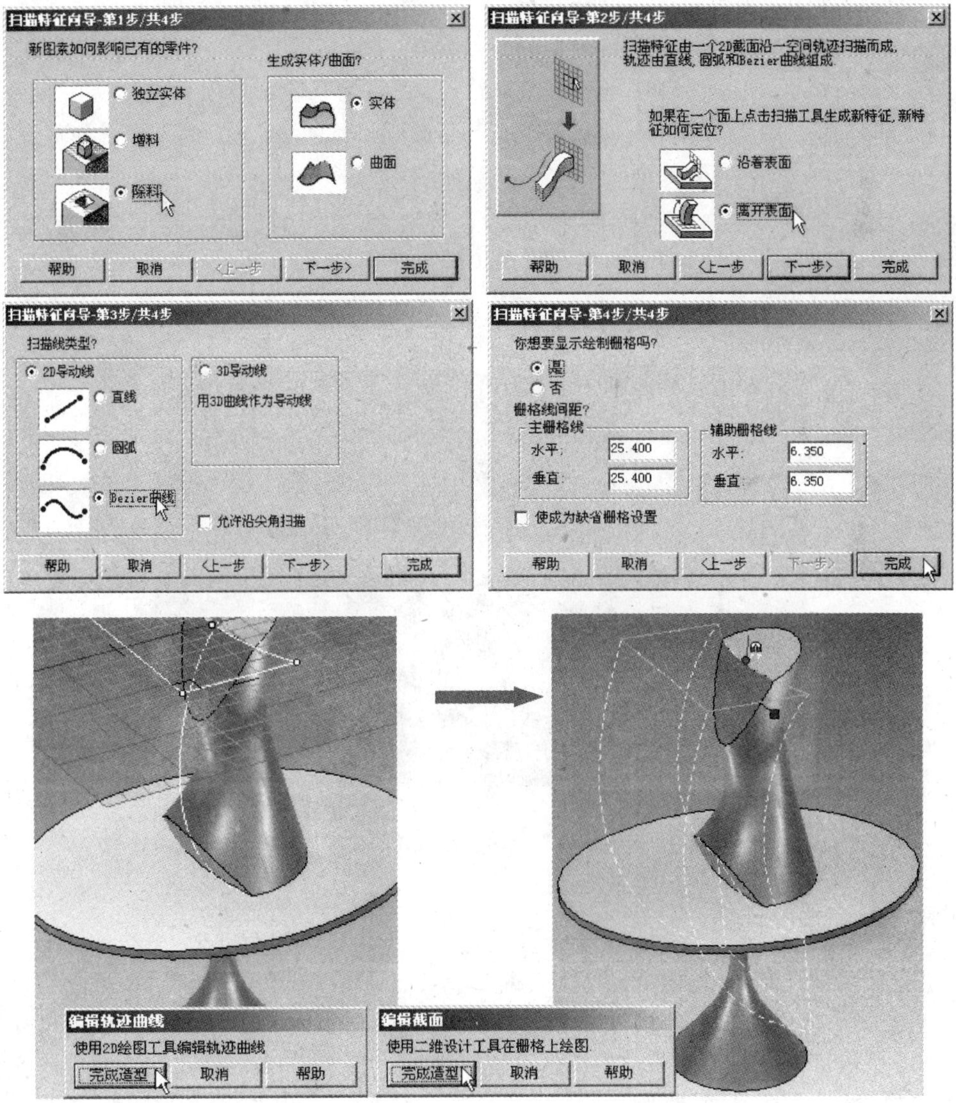

图 1－57　制作扫描图素

1.9 基本设计流程

传统的三维CAD软件，在功能上只是将已经完成的设计用三维造型的形式来表现一下，而并不是真正意义上的设计。它仅仅是一个绘图工具，而绘图这一部分是工程师最拿手的。现今的CAD软件才真正做到了从设计开始。

CAXA实体设计是以产品/项目的创新设计为目标的新一代三维创新CAD软件。它从概念及方案创新设计开始，以自顶向下为主，结合自底向上，从产品/项目整体着眼，逐步细化零件和局部的细节雕琢与修饰，从而完成详细工程设计和整体结构优化，最终得到理想的设计结果，并实现设计结果的应用共享。

本节将做一个真正的三维设计示例。设计的最终结果如图1-58所示，是一个双曲轴，其结构比较简单，也没有非常复杂的装配。该例主要是表现设计的思想和流程。详细的操作流程和步骤在本书所附光盘中。

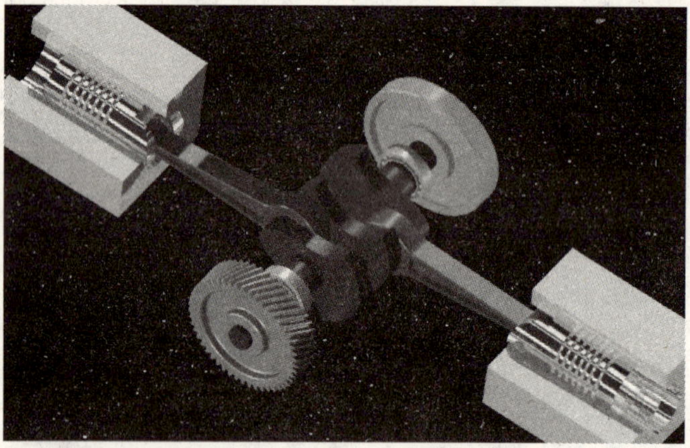

图1-58 双曲轴设计完成的效果图

步骤一：概念设计

在进行项目设计时，首先要做的是项目的概念设计。

① 从右侧的智能图素中向设计环境中拖入“圆柱体”智能图素，并进行简单的尺寸修改，如图1-59所示。这是一个双曲轴的概念设计。

② 在概念设计中的一个重要工作是确认一些关键尺寸。在这个设计中，偏心的距离（即活塞行程）和连杆的中心距离（结构尺寸）是关键。偏心的距离已经确定，另一个尺寸就是连杆的中心距离。现在做连杆的概念设计，并将关键尺寸标注出来，如图1-60所示。

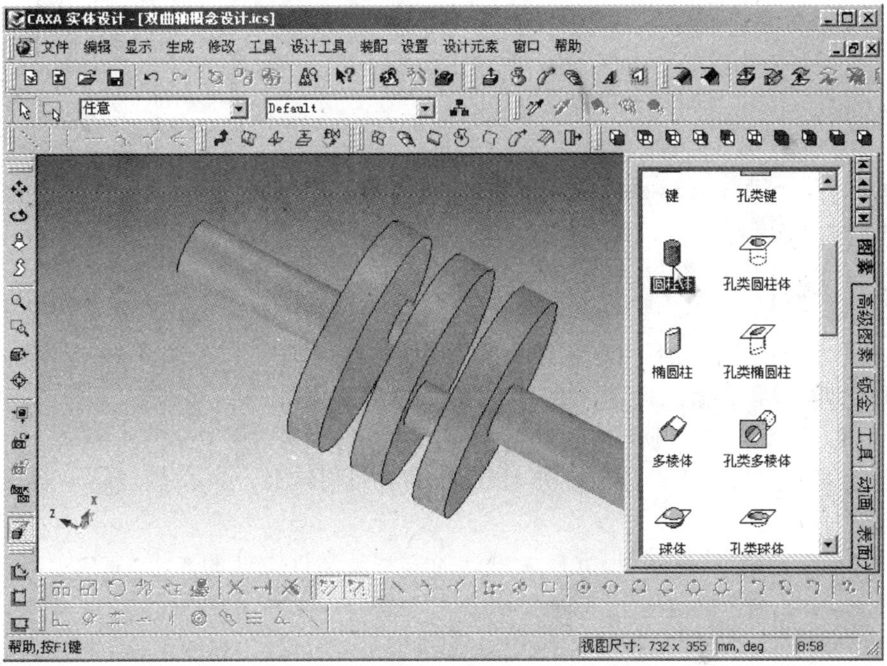

图 1-59　双曲轴的概念设计

③ 依次将其他可能或需要的相关零件一一创建出来，从而快速完成项目的整体设计方案，如图 1-61 所示。

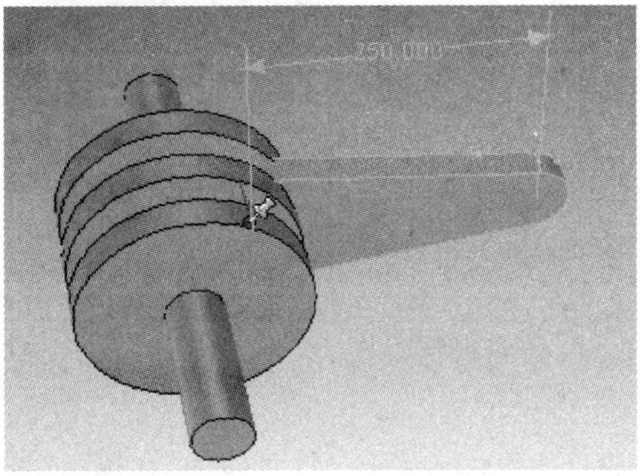

图 1-60　连杆的添加

图 1-61　零件概念设计完成

④ 概念设计的另一项重要任务就是进行整个产品的结构/配置设计。将所完成设计方案中的子件/零部件的名称初步确定，并建立项目方案的装配结构，以便于设计管理，如图1-62所示。

⑤ 在概念设计的最后阶段往往还要进行机构运动检验，以仿真产品的动态结构关系和验证工作状态，可以通过添加约束动画来检验相关尺寸。

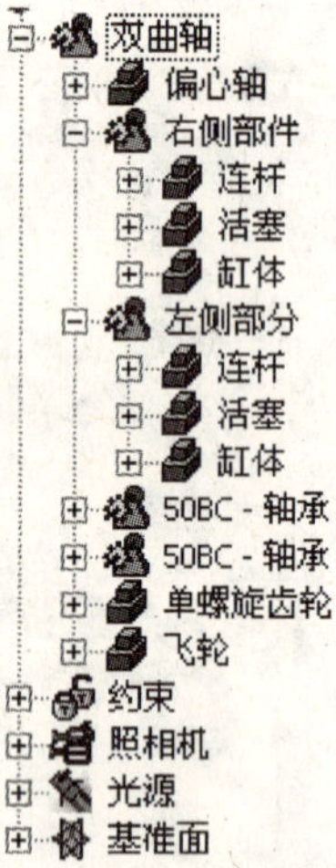

图1-62　装配件的结构设计

步骤二：零件/细节详细设计

产品设计过程是一个组织化和工业化的、自顶向下/自底向上的团队协同过程。概念设计完成之后，就可以概念设计为基础和指导，开始产品/项目的工程设计了。在组织设计中，可以将不同零件的工程设计任务分别布置给相关设计工程师完成。

⑥ 做双曲轴的细节设计。根据概念设计的方案及零件设计的要求，完成曲轴的阶梯设计，修改截面，添加倒角及键槽，并完成材料渲染，如图1-63所示。

⑦ 同样，对活塞零件、活塞销等零件逐一完成详细工程设计，如图1-64所示。

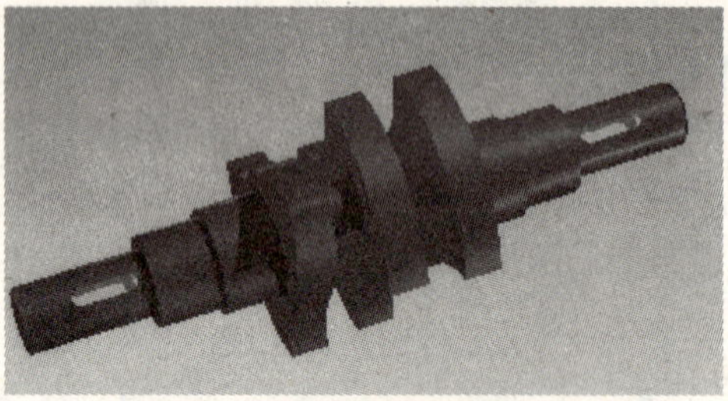

图1-63　双曲轴的细节设计

图1-64　活塞零件的详细设计

其他零件的工程设计在随书光盘中都有多媒体电子教案，可以自行打开学习。

步骤三：装配验证和结构优化

零件设计完成后就要进行产品装配设计，以完成产品的整体检验、零件更改和结构优化，进而形成最后设计结果。

⑧ 利用“装配”|“插入零件/装配”将已经完成的零件插入到装配设计环境中，在选择零件的同时选中下方的“作为链接插入”复选框，从而将装配文件和零件文件关联到一起，以便在今后更改时实现同步更改，如图1-65所示。

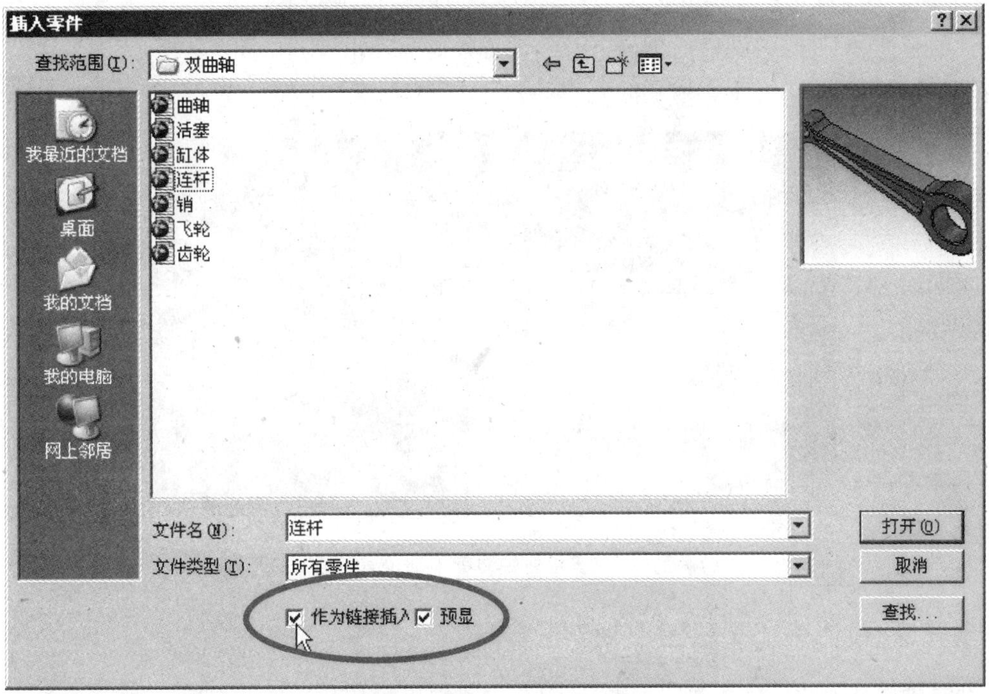

图 1 - 65　插入一个链接的零件

⑨ 所有零件装配完成后(包括定向、定位、约束关联及装配关系等),结果如图 1 - 66 所示。

图 1 - 66　完成的装配设计

⑩ 对于经过强度校核的零件和组装好的装配件，还应进行干涉检查。干涉检查包括零件与零件的干涉、零件与装配件的干涉以及运动零件的运动干涉等。图1－67所示即为“干涉报告”对双曲轴装配件进行干涉检查的图例。

图1－67　双曲轴装配干涉检查报告

步骤四：投影生成工程图和轴测图

在完成产品的零件设计和装配设计，以及经过强度校核及干涉检查后，可在二维绘图环境下生成二维工程图，也可将系统切换到二维电子图板环境下生成二维工程图。

⑪ 图1－68、图1－69所示为自动投影生成的连杆零件的二维工程图和产品的二维装配图。

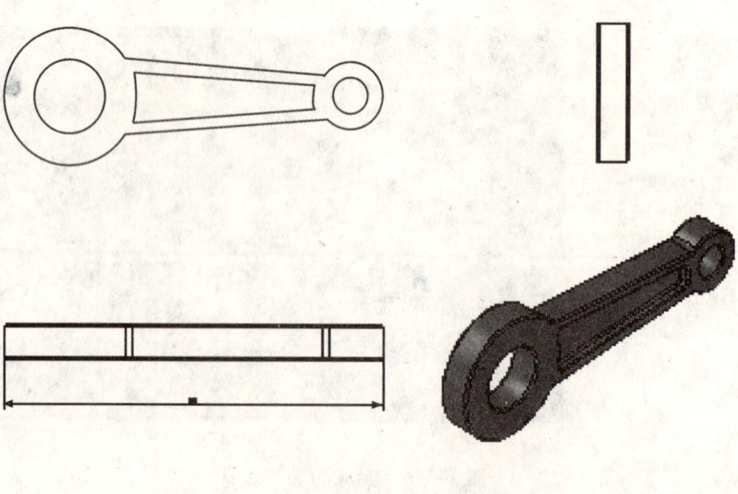

图1－68　连杆零件的二维工程图

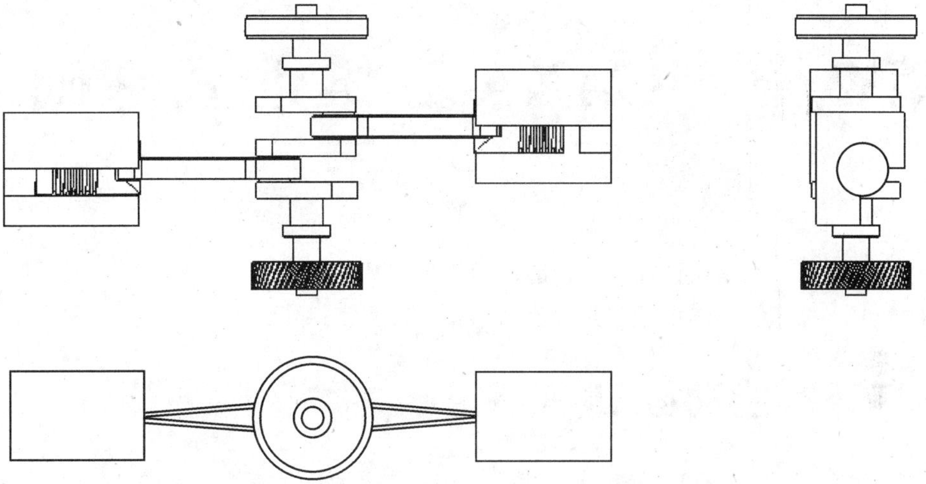

图 1-69　双曲轴的二维装配图

提　示　本章的内容主要是为 CAXA 三维动画设计作基本准备。有关 CAXA 实体设计软件的强大功能，本书没有用到的均不赘述，详细内容请参看 CAXA 实体设计软件其他相关基础教程；对于本书用到的内容，本章也只是点到为止，待到以后章节用到时再具体介绍。

思考练习题

1. 什么是设计环境？设计环境包括哪些内容？
2. 图素包围盒上的操作手柄能否切换？如何切换？切换前后在功能上有什么区别？
3. 三维球由哪几部分组成？它们的基本功能是什么？
4. 设计对象有几种编辑状态？如何进行操作？
5. 一个完整的三维设计过程要经过哪几步？浅谈概念设计在整个设计过程中的作用？

第 2 章　CAXA 三维动画基础

本章要点：

- 熟悉 CAXA 三维实体设计中与智能动画相关的基本概念。
- 掌握 CAXA 三维实体设计中与智能动画相关的基本操作。

2.1　打开智能动画工具

经过第 1 章的学习，对 CAXA 实体设计的基本工作界面已经有了一定的认识。智能动画作为 CAXA 实体设计的一个基本功能，完全集成在软件的基本界面中，只是由“智能动画”工具栏和“智能动画编辑器”两个独有的工具来控制。在工具栏上右击选择“智能动画”，如图 2－1所示，即可弹出如图 2－2 所示的“智能动画”工具栏。

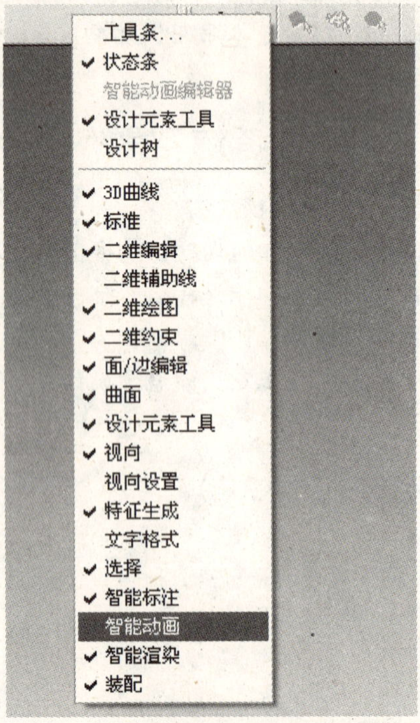

图 2－1　打开“智能动画”工具栏

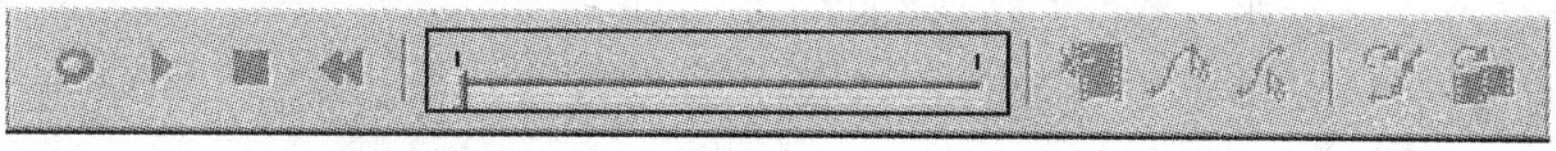

图 2-2 “智能动画”工具栏

“智能动画”工具栏有三组工具：

- 工具栏左侧的录像机风格的工具是“打开”、“播放”、“停止”和“回退”。
- 工具栏中间的是时间栏和滑块，用于显示动画序列中的当前点。播放动画时，可以将滑块拖到动画序列中的任意一点，然后播放，查看从这点开始到结束的动画过程。
- 工具栏右侧的工具组用于创建自定义智能动画。

如图 2-3 所示，单击菜单栏中的“显示”|“智能动画编辑器”，就可以看见如图 2-4 所示的“智能动画编辑器”对话框。

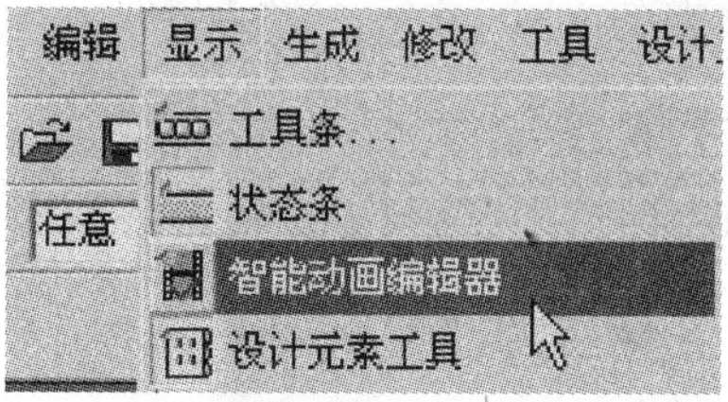

图 2-3 打开“智能动画编辑器”

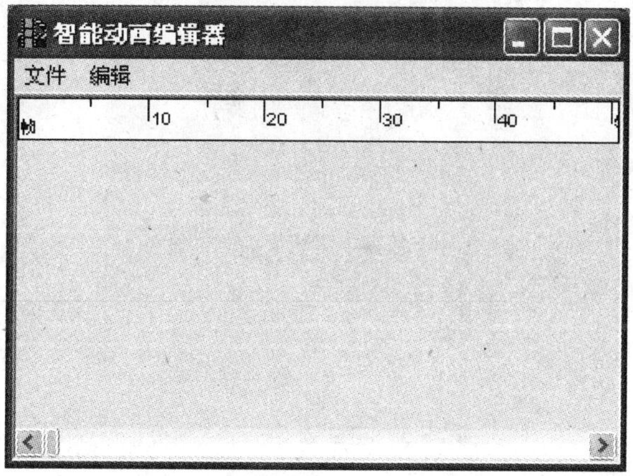

图 2-4 “智能动画编辑器”对话框

“智能动画编辑器”允许调整动画的时间长度，使多个智能动画的效果同步；也可以使用“智能动画编辑器”来访问动画轨迹和关键属性，以便进行高级动画编辑。关于“智能动画编辑器”的应用，在以后的章节中将逐步学习。

2.2 动画基准——定位锚

在 CAXA 实体设计软件中，每一个智能图素、零件及组件都有自己的定位锚。定位锚的位置对于动画设计是非常重要的，因为基本动画的设计是由移动和旋转两部分组成的，移动的前进方向和旋转的中心轴都是由定位锚来决定的。

从智能图素中向设计环境中拖入一个“长方体”智能图素，如图 2-5 所示。定位锚由一个绿色的点和两条绿色线段组成。当一个图素被放进设计环境中而成为一个独立的零件时，在定位锚的位置处还会显示出一个“图钉形”的标志。

定位锚，顾名思义，是用来定位的。定位锚上的绿色圆点称为锚点。锚点是图素定位的参考点。定位锚位于零件底面的对称中心。当图素与图素或图素与零件之间要求定位时，可依据锚点来确定它们的相对位置关系。

由于在 CAXA 实体设计中有智能图素、零件及组件这几个不同的状态，它们的定位锚又是分别独立的，在添加动画的时候会为不同的级别添加动画，因此分清定位锚的归属非常重要。

同样，还是在这个设计环境中，单击长方体到智能图素状态。这时，在相同的位置还有定位锚存在，但这个定位锚已经不是零件的定位锚了，而是智能图素的定位锚。单击锚点，定位锚变为黄色，表示定位锚与图素分离并进入定位锚编辑状态，如图 2－6 所示。

图 2－5　定位锚

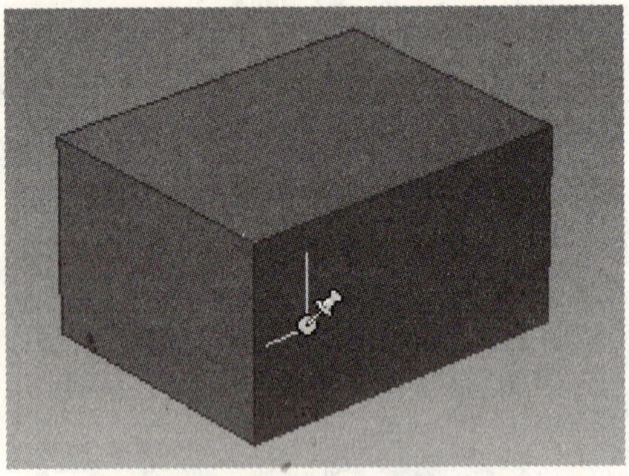

图 2－6　定位锚与零件分离

选择正确后，定位锚的颜色就变成黄色，其旁边出现一个黄色的定位锚图标，而零件的轮廓则被遮掩。移动定位锚的首选工具依然是三维球。打开“三维球”工具，沿长度方向拖动距离为 25，如图 2－7 所示。

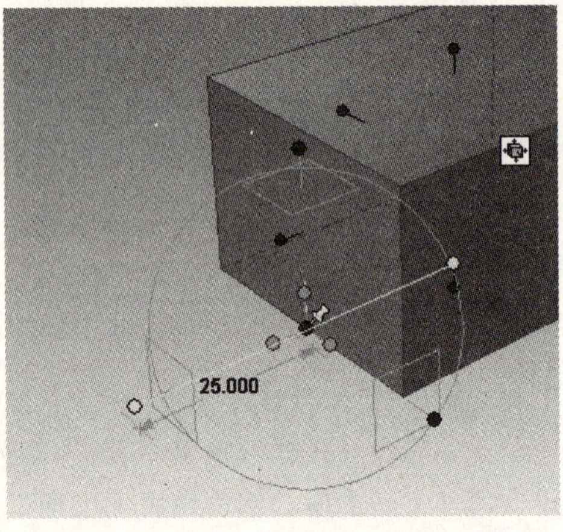

图 2－7　移动定位锚

单击关闭“三维球”工具，再次单击长方体，使其在零件状态和智能图素状态下分别显示，可以发现两个状态下定位锚的位置改变了，如图 2－8 所示。

除了“三维球”工具外，还可以拖动定位锚单独移动。图素的默认拖放定位方式是“固定位置”。如果在未改变其拖放定位方式的情况下试

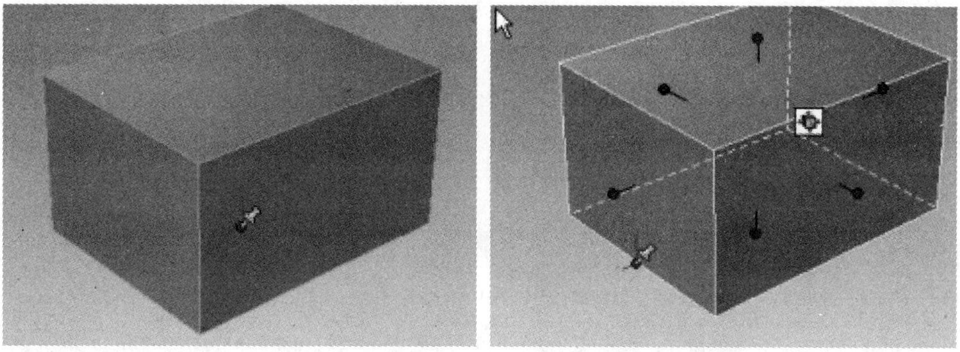

图 2-8　定位锚的移动

图拖动图素，系统就会显示出一个“禁止”符号，表示不允许拖动。为此，如果希望改变图素的现有位置，应当将光标移至定位锚处，单击锚点。当定位锚呈黄色显示时，右击弹出“重新定位”快捷菜单，如图 2-9 所示，选择“空间自由移动”选项后，就可以拖动该图素进行重新定位了。

在空间中，定位锚除了一个简单的位置定义外，还定义了空间坐标系的三个轴向。定位锚上有两条绿色线段用以表示图素放置的方向。较长的竖直绿色线段指示图素的上方，较短的水平绿色线段指示图素的前方。定位锚的指示方向，参照三维坐标系的方向来确定。上方表示图素或零件的高度，即 Z 轴方向；前方表示图素或零件的长度，即 X 轴方向；没有标记的一方表示图素或零件的宽度，即 Y 轴方向。在默认设计环境中（即未使用视向工具来旋转设计环境或未改变观察角度），高度是指向设计环境的正上方的，并且以蓝色的大箭头表示，如图 2-10所示。也就是说，当把一个图素拖放至设计环境时，它的顶面是向上的。

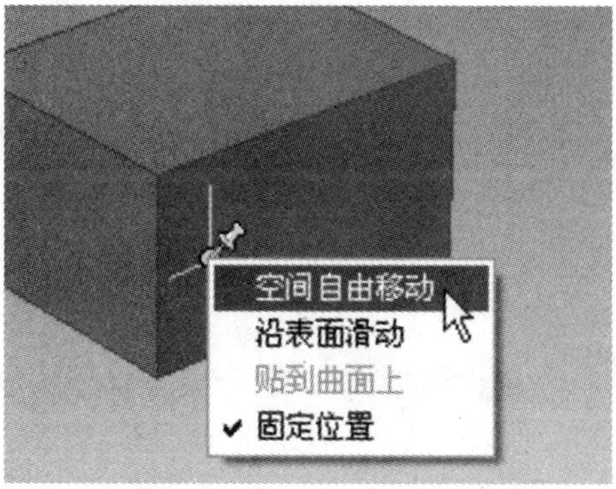

图 2-9　定位锚定位选项控制

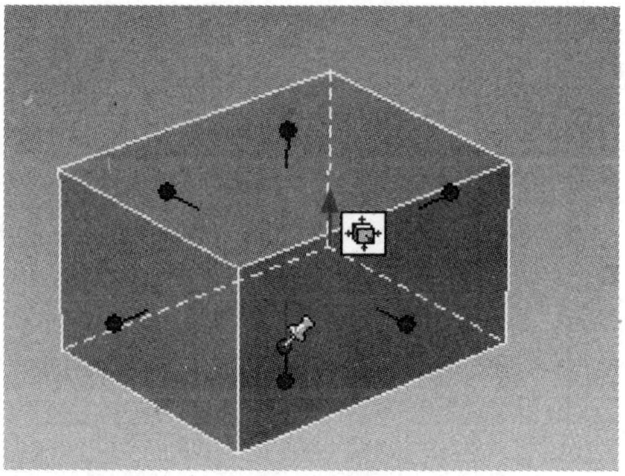

图 2-10　定位锚的空间方向

下面介绍移动定位锚的另外两种方法，即 CAXA 实体设计所提供的移动锚点和定位属性。这两种方法只要知道就可以了，在实际中一般不采用。

1. 利用移动锚点功能

如果只是在图素表面上移动定位锚，则可以利用移动锚点功能来实现。操作方法是：选择主菜单上的“设计工具”|“移动锚点”，此时，导航图标变为一个锚的形状，同时智能捕捉起作用，如图 2-11 所示。单击，修改定位锚的位置，如图 2-12 所示。

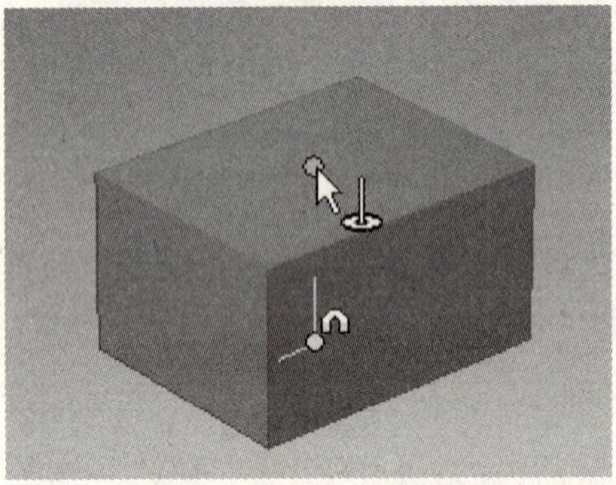

图 2-11　移动锚点图

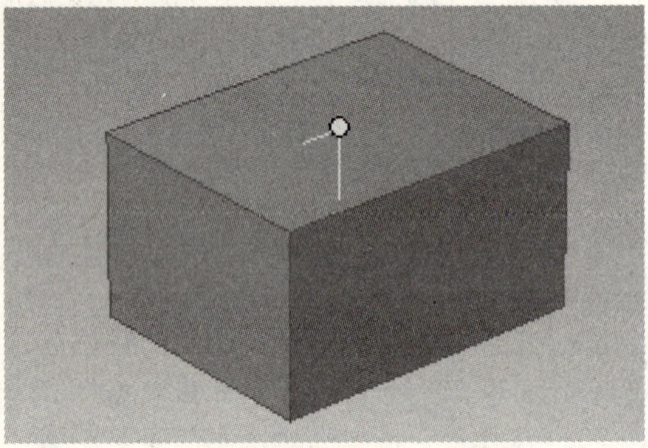

图 2-12　重新定位的锚点

2. 利用定位锚属性

如果已经给定定位锚的新位置（准确的距离和角度），则可以利用定位锚属性来修改定位锚的原有位置。操作方法是：当图素进入智能编辑状态以后，可在定位锚附近右击，弹出快捷菜单，选择“智能图素属性”菜单项，如图 2-13 所示。然后，在弹出“拉伸特征”对话框中单击“定位锚”标签，打开该选项卡，如图 2-14 所示。此时，可按需要输入新位置的距离和角度，单击“确定”按钮，即可完成对定位锚位置的修改。

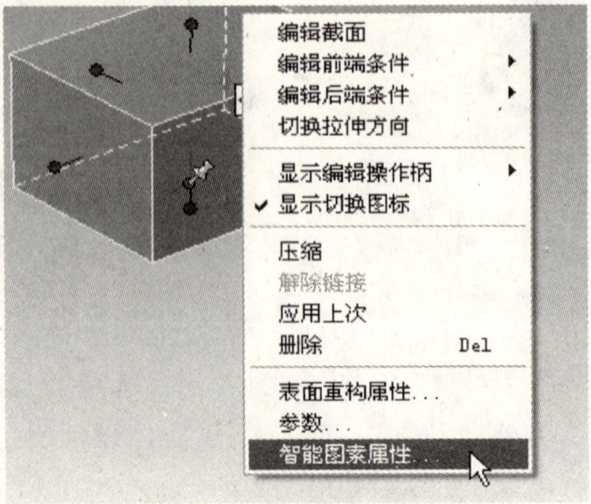

图 2-13　选取“智能图素属性”菜单项

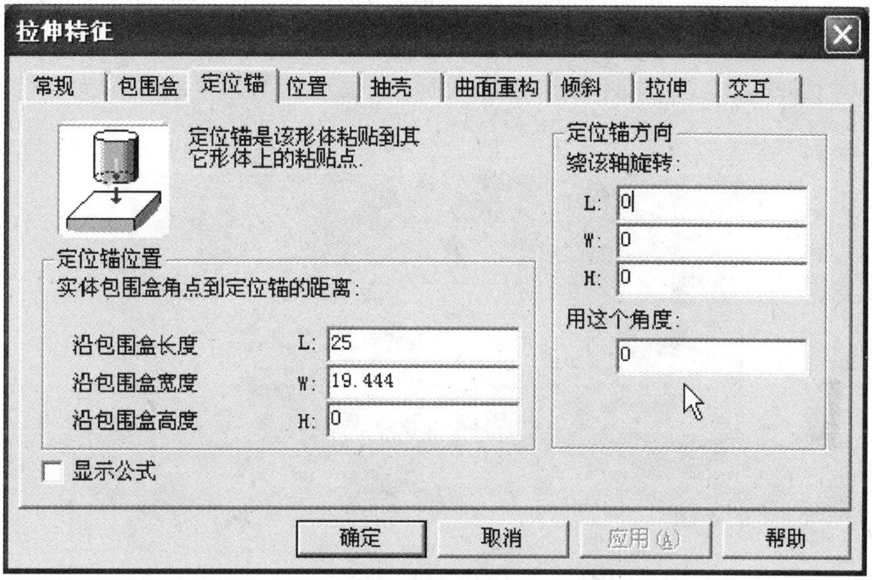

图 2-14　“定位锚”选项卡

上面的内容谈到了零件与智能图素有不同的定位锚，在实际应用中还会用到组件的定位锚。组件是指由零件装配在一起的组合，简单来说就是几个零件的和。当然，在 CAXA 实体设计中一个零件也可以装配成一个组件。在默认的设计环境中，向设计环境拖放一个独立的圆柱体，即使它不与现在已经存在的长方体发生接触。这样，它们就是两个不同的零件。添加完成后如图 2-15 所示。

为了看到组件的定位锚，按住 Shift 键的同时依次单击长方体和圆柱体，单击“装配”工具按钮，生成长方体与圆柱体的组件装配。设计树如图 2-16 所示。

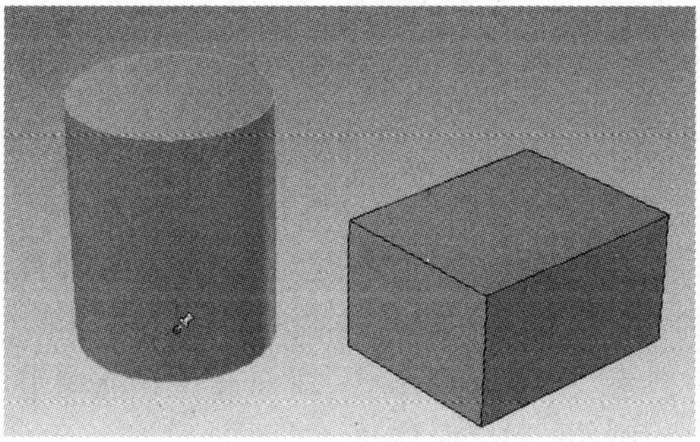

图 2-15　添加一个新的零件

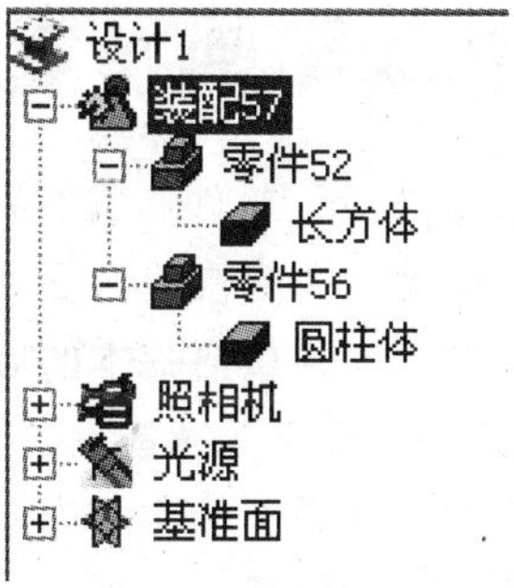

图 2-16　设计树

再次单击长方体，发现长方体与圆柱体的边缘颜色变为黄色，因为此时所选择的已经是组件了；同时，在长方体的底部中心可以看见一个定位锚，这是组件的定位锚。单击定位锚让它与组件分离，打开"三维球"工具将这个组件的定位锚沿宽度方向向外移动 25，如图 2 - 17 所示。

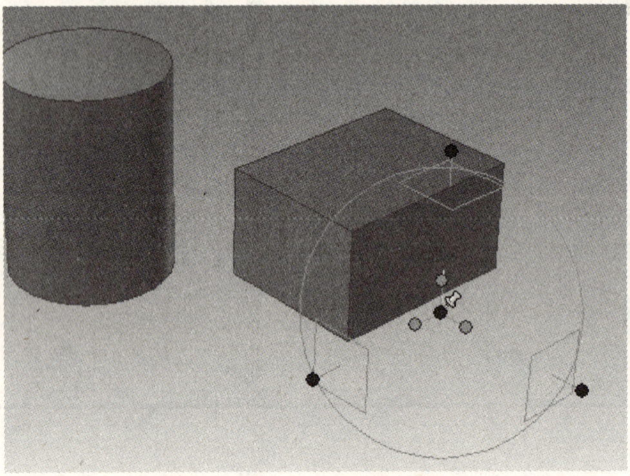

图 2 - 17　移动定位锚

关闭"三维球"工具，依次单击长方体，可以看到不同层次下组件、零件与智能图素的定位锚。

在移动定位锚时一定要注意两个问题：一是必须先单击定位锚让它与组件分离，否则将会把零件一同移动了；二是须明确定位锚属于哪个级别，是组件的，是零件的，还是智能图素的，这样才可以将所要移动的定位锚移动到正确的位置。

2.3　拖放动画元素生成简单动画

CAXA 实体设计软件非常有特色的"拖放式操作"在智能动画中同样有重要的体现。可以使用预定义动画功能快速为零件添加动画，还可以通过编辑属性进行优化，或定义动画的起点位置。预定义动画包括基本的旋转和直线动画，以及一些复杂动画，例如弹跳。像添加智能图素一样，这些预定义的智能动画可以直接拖放到设计环境中的任意对象上。

可以将预定义的智能动画应用于任意实体零件、导入的图素/零件、曲面及设计环境中的视向和光源。下面向长方体添加一个非常简单的动画——高度向移动。

向零件添加动画的步骤如下：

① 单击"文件"|"新文件"，在 CAXA 实体设计中创建一个新的设计环境。

② 打开“图素”设计元素库，并将一个“长方体”智能图素拖放到设计环境的中央。

③ 打开“动画”设计元素库，将“高度向移动”动画拖放到该长方体上。这时会看到零件正上方出现了一条白色线条，如图 2－18 所示。

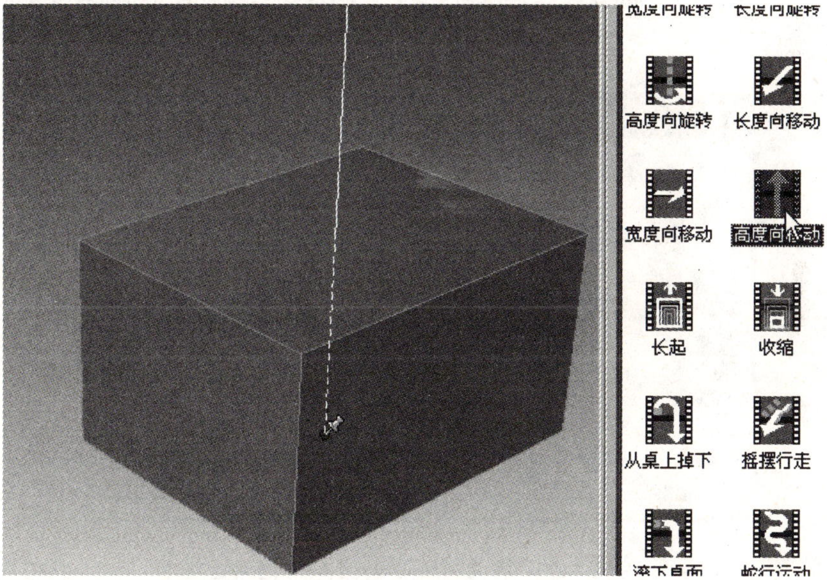

图 2－18　添加智能动画

④ 打开“智能动画”工具栏。

⑤ 单击“智能动画”工具栏上的“打开”工具按钮。

⑥ 单击“智能动画”工具栏上的“播放”工具按钮，将会看到长方体沿着刚才所看到的白色线条移动。

⑦ 单击“停止”工具按钮，即可停止动画预览或者等待它结束。

动画图素共有 26 种，它们的添加方法是一样的。

2.4　智能动画向导

创建自定义动画轨迹最简单的方法是使用“智能动画向导”。虽然向导中可用动画的范围有限，但对于许多常用动画来说仍是较好的开始。

利用“智能动画向导”，可以直接设定对象的旋转或移动。以长方体移动动画为例，说明动画向导的使用方法。其步骤如下：

① 创建一个新的设计环境。

② 从“图素”设计元素库中选择“长方体”智能图素，并将其拖放到设计环境窗口中。

③ 单击“智能动画”工具条上的“智能动画”按钮，在弹出的“智能动画向导-第 1 页”对话框中选择运动属性“移动”，并从下拉列表框中选择“沿长度方向”，在对应的文本框中输入运动距离，如图 2－19 所示。

④ 单击“下一步”按钮，在“智能动画向导-第 2 页”上的“运动持续的时间”文本框中输入 2，如图 2－20 所示。

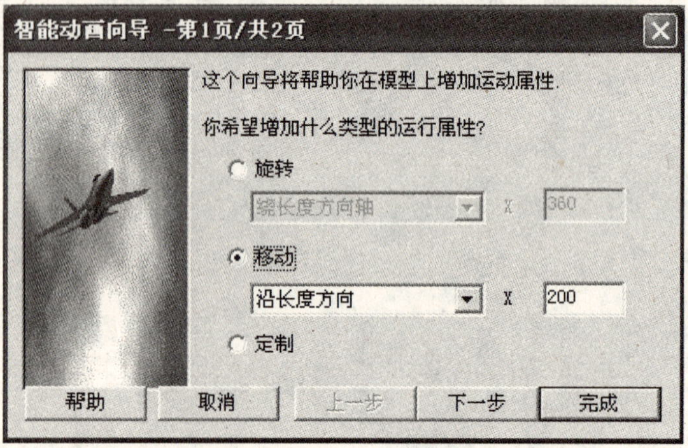

图 2－19　“智能动画向导-第 1 页”对话框

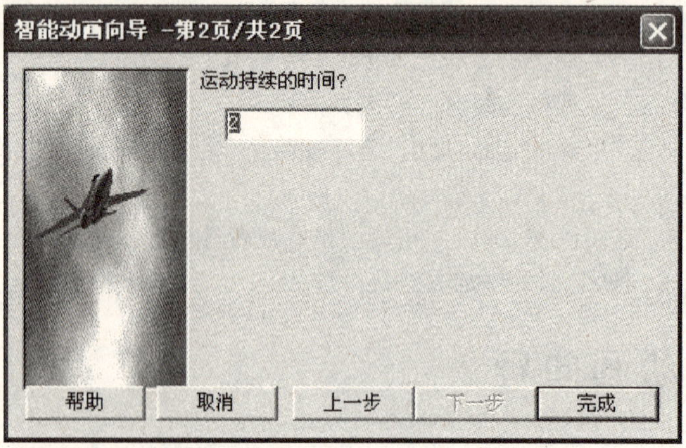

图 2－20　“智能动画向导-第 2 页”对话框

⑤ 单击“智能动画”工具栏上的“打开”工具按钮和“播放”工具按钮，将会看到长方体沿着长度方向移动。

2.5　关键帧

帧是电影、电视行业中所用的名词，指在动画中某一时刻的景物位置。在 CAXA 实体设计中，同样也有帧的概念，它是指在动画中决定运动方向和旋转方向的一些特定位置。例如在 2.3 节中的长方体，单击白色长线(动画轨迹)后，结果如图 2－21 所示。

在白线的上端出现一个定位锚，这就是关键帧的所在，单击这个红色锚点，就可以看到它的真面目了，如图 2－22 所示。

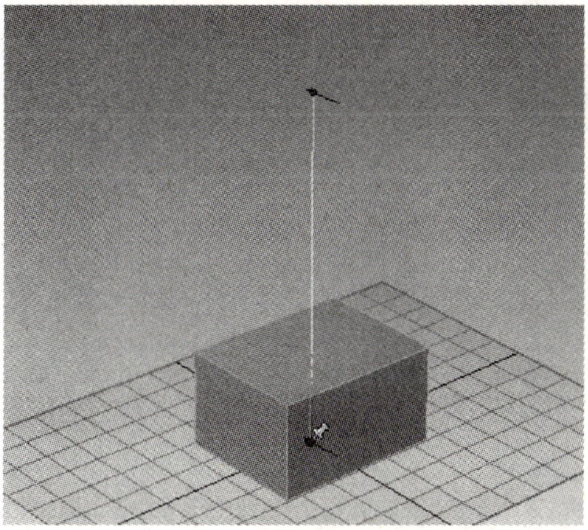

图 2－21　单击动画轨迹

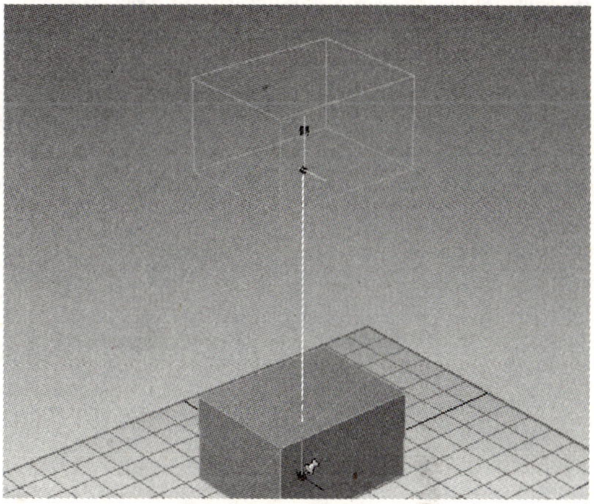

图 2－22　选择关键帧

在长方体的上方出现了一个同样大小的蓝色边框的长方体，它就是关键帧。它所在的位置就是动画结束后的长方体所在位置。在这个动画中，只有起末点两个关键帧。在以后的章节中会看到，一个动画是由许多关键帧来决定的。

2.6　定制轨迹动画

在以上的介绍中，零件只能依照智能图素的设定属性做简单的移动旋转。而实际上利用“智能动画向导”及路径设置工具，可以自行创建和修改特定的动画路径，实现非常复杂的动画。这些工具位于“智能动画”工具条的右侧，依次为“智能动画”工具按钮、“延长路径” 工具按钮、“插入关键点” 工具按钮、“下一个关键点”工具按钮和“下一个路径”工具按钮。

下面以一个长方体为例，介绍这些工具的一种使用。其他复杂的应用将在以后的章节中逐步讲到。

① 创建一个新的设计环境。

② 从设计元素库“图素”中选择长方体，将其拖动到设计窗口。

③ 单击长方体，使其处于编辑状态（具有蓝色边线框）。

④ 单击“智能动画”工具条上的“智能动画”工具按钮，在弹出的“智能动画向导-第1页”对话框中选择运动属性“定制”，单击“下一步”。

⑤ 在“智能动画向导-第2页”对话框中的“运动持续时间”文本框中输入5，单击“完成”。屏幕上显示带有栅格的路径设计参考面，如图2-23所示。

⑥ 这时长方体是没有动画的，要为其定制动画路径。单击“延长路径”工具按钮。在设计参考面上，单击控制长方体移动的定位点，出现一个用蓝色边线框表示的长方体及一个位于参考面上的关键点，如图2-24所示。

图2-23　添加智能动画

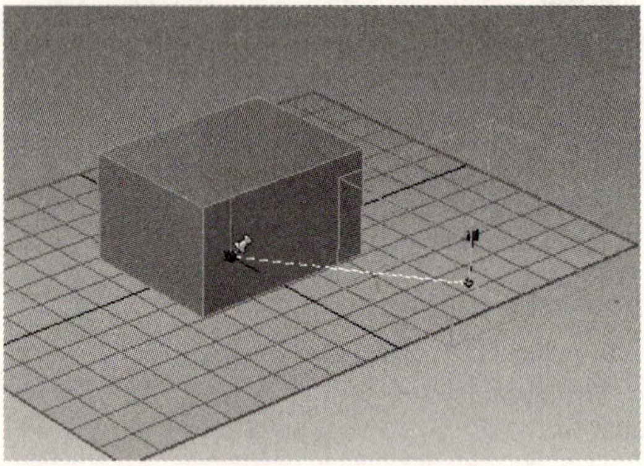

图2-24　增加一个关键帧

⑦ 依次任意单击若干个关键点，如图2-25所示。

⑧ 播放动画，就可以看见长方体沿着所设计的路线移动了。

⑨ 如动画路径不符合设计要求，可以调整关键点的位置。单击设计对象，显示白色的动画路径。单击此路径，显示设计参考面。将光标移近红色关键点，光标变成手的形状，关键点变成黄色，如图2-26所示。单击关键点，并将其拖至正确的位置。

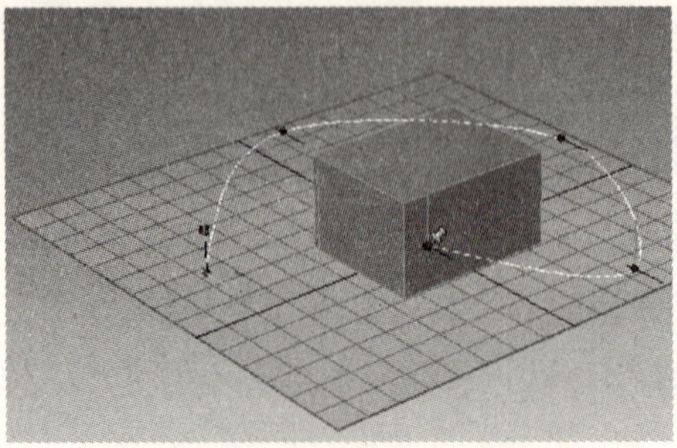

图2-25　任意增加几个关键帧

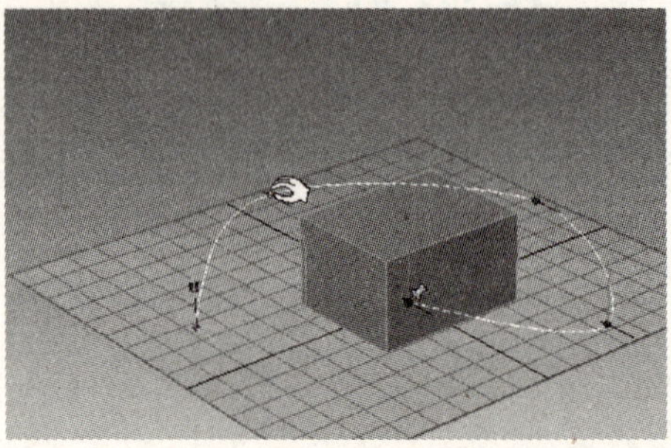

图2-26　移动关键帧

⑩ 可以将一个关键点向上方移动。在路径设计参考面上,单击关键点,出现一个用蓝色线框表示的长方体,中心处有一个红色方形手柄。将光标移近手柄,光标变成手的形状,手柄的颜色由红变黄,如图 2－27 所示。单击此手柄,以参考面为基准,向上拖动到指定的位置,如图 2－28 所示。

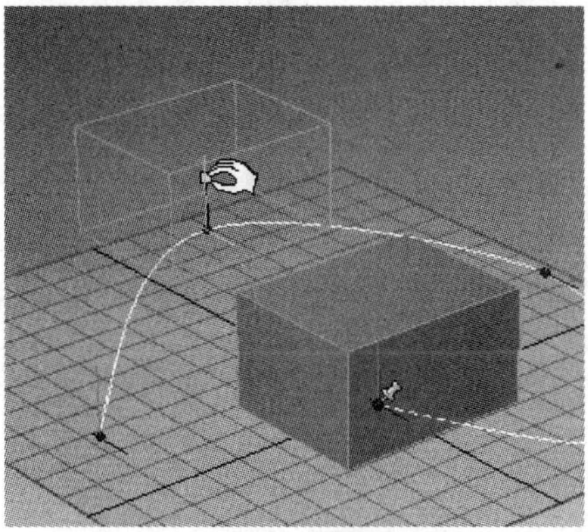

图 2－27　向上移动关键帧

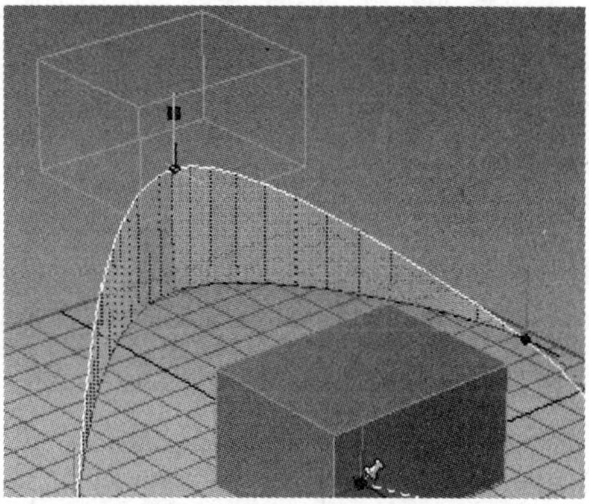

图 2－28　向上移动关键帧的结果

⑪ 同样,可以添加或删除关键点。添加关键点时,单击动画路径,显示设计参考面。在"智能动画"工具条上单击"插入关键点"工具按钮。将光标移近红色关键点,光标变成手的形状,单击插入关键点的位置,如图 2－29 所示。

⑫ 删除关键点时,将光标移近红色关键点,光标变成手的形状,关键点变成黄色。右击要删除的关键点,在弹出的快捷菜单中选择"删除",如图 2－30 所示。

图 2－29　插入关键点

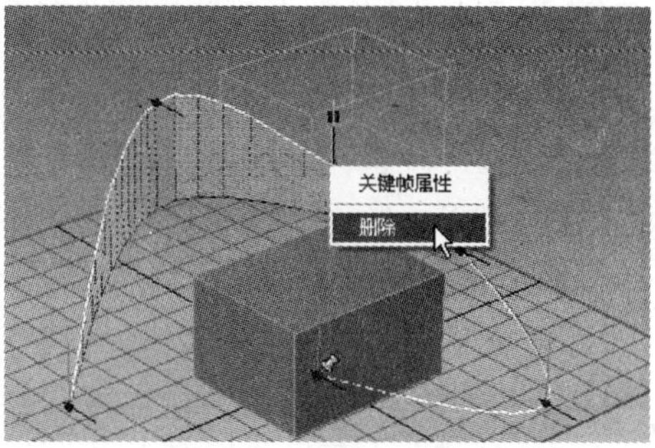

图 2－30　删除关键帧

2.7　智能动画编辑器与时间控制

智能动画编辑器可用于调整播放动画的起始点,设置动画片段长度、控制多个动画同步播放或相互衔接配合。编辑器还可用来访问动画路径，设置关键点及编辑高级动画。

从菜单“显示”|“智能动画编辑器”中可打开编辑器。如图2-31所示的动画编辑器中带有零件（实体、光源、视向和设计环境）名称及图标的灰色矩形条表示动画片段。动画片段从左至右进行播放，调整片段的位置可以改变开播及停止时间。拖动动画片段的右边缘，可加长或缩短片段长度。如图2-27所示的编辑器中的动画为长方体沿高度方向移动，片段长度为31帧，动画序列从第0帧开始。对于一个智能图素、零件或是组件来说，可以向它们添加多个动画，如图2-31中A所示部分，“零件50”的动画表示整体的动画效果，可以在这里修改零件所有动画的起始时间和长度，而图中B所示“高度向移动”的动画片段，则仅代表了零件50的“高度向移动”，还可以向其中添加“高度向旋转”等种种动画片段。这些动画片段都属于A所示的零件动画片段，具体使用将在以后的章节中逐渐介绍。

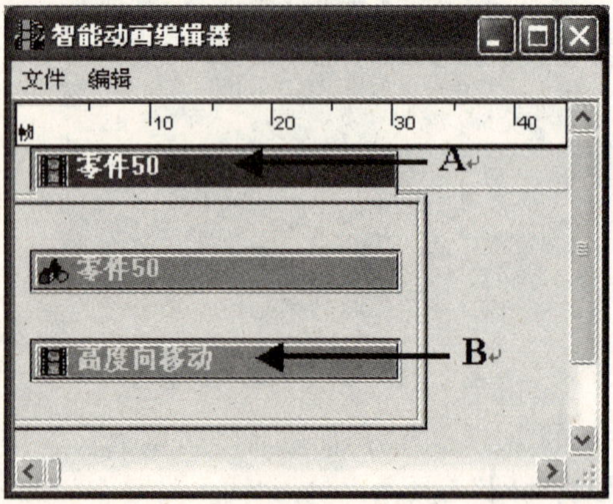

图2-31 “智能动画编辑器”对话框

“智能动画编辑器”对话框显示时带有设计环境中每个动画零件的时间轨迹。轨迹中的矩形表示零件的动画片段，并且标有该零件名称。动画沿着动画片段的长度从左到右进行。可以通过调整轨迹片段的位置来调整动画的开始和结束时间，也可以通过拖动动画片段的边缘（伸长或缩短）来调整动画的持续时间长度。

“智能动画编辑器”还包括以下内容：

- 标尺。显示动画持续时间（以帧为单位）。动画以15帧/s的速度进行。使用标尺测量每个动画片段的持续时间，并测量连续动画之间的延迟时间。
- 帧滑块。此蓝色垂直条表示动画的当前帧。它对应于“智能动画”工具栏上的时间栏滑块。播放动画时，帧滑块随着每个连续帧的显示从左到右移动。与时间栏滑块一样，可以将帧滑块拖动到动画序列中的任意一点，然后预览从该点到结束的动画序列。具体位置如图2-32所示。

“智能动画编辑器”窗口将始终出现在CAXA实体设计的其他窗口的顶部。使用编辑器最方便的方法是在不使用它的时候将它最小化，然后在需要的时候将它最大化。

可以在这里控制调整动画的起始时间和长度。具体步骤如下：

① 加长动画播放时间。将光标移至动画片段的右边缘，光标变成两个水平指向的箭头。单击片段的右边缘，将其向右拖动，直至与标尺上的第45帧对齐，如图2-33所示。

② 重新定位动画片段的起始点。单击动画片段，光标变成带有箭头的十字。向右拖动片段，直至片段的左边缘与标尺上的第10帧对齐，如图2-34所示。重新定位长方体的动画片段，只改变播放的起始时间，不改变持续播放的时间。

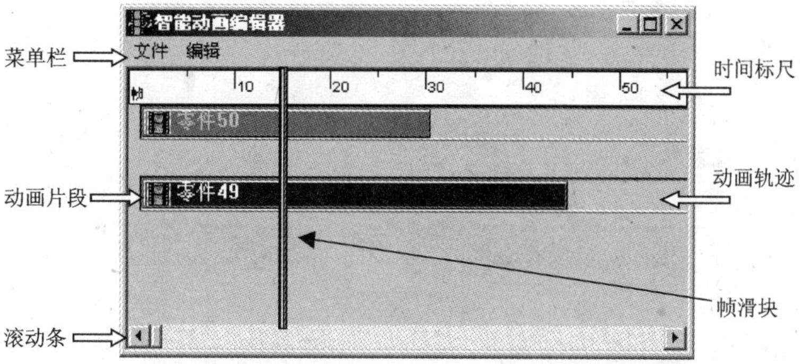

图 2－32　“智能动画编辑器”包含的内容名称

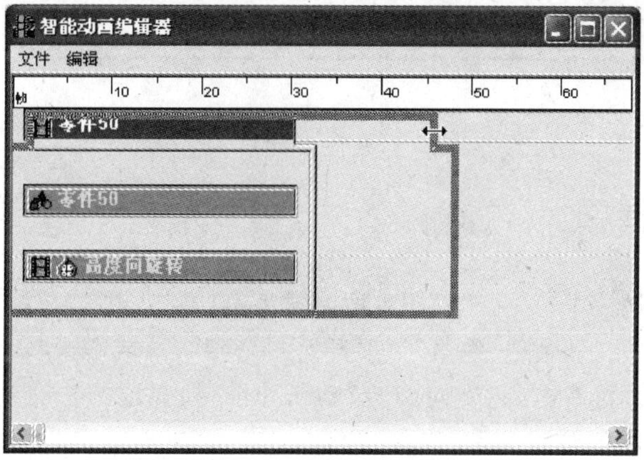

图 2－33　调整时间长度

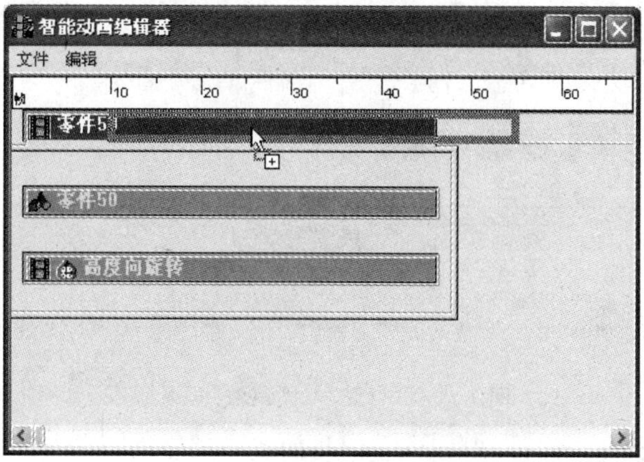

图 2－34　设置时间起始点

③ 播放动画，可以发现动画起始时间向后了，而且运动时间变长了。

④ 如果不想要某一段动画，只要右击动画片段，在弹出的快捷菜单中选择“清除”，即可删除动画，如图 2－35 所示。

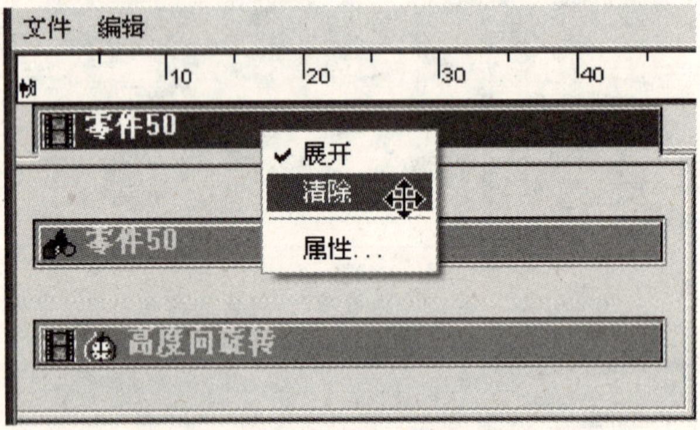

图 2－35 删除动画

2.8 片段属性

在“智能动画编辑器”中，每一个动画片段都被罗列出来。可以利用“片段属性”对话框中的选项卡设置动画参数。从菜单“编辑”|“展开”中打开片段，或右击长方体的片段，在弹出的快捷单中选择“展开”。再右击“高度向旋转”动作片段，在弹出的快捷菜单中选择“属性”，如图 2－36所示。

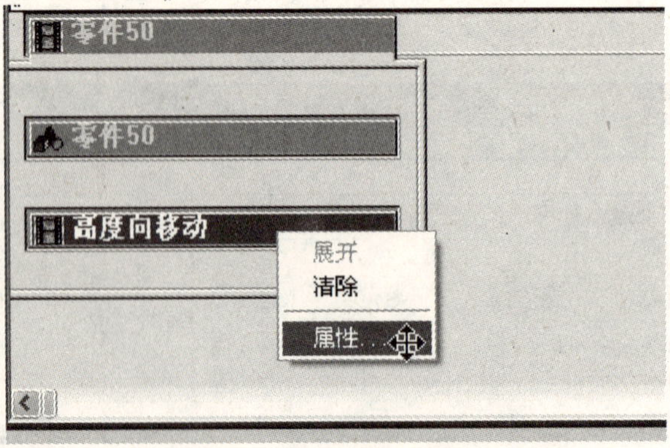

图 2－36 打开“片段属性”对话框

此时，屏幕上显示“片段属性”对话框及附带的三个选项卡。

“常规”选项卡如图 2－37 所示，可以用来定义动画名称，设置起点时间和动画持续时间。

“时间效果”选项卡如图 2－38 所示，可以用来指定运动类型，设置重复次数、强度、重叠和反向。

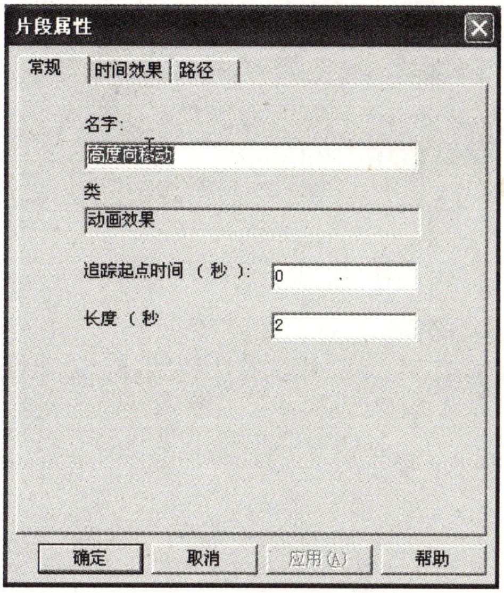

图 2－37　“片段属性”中的“常规”选项卡

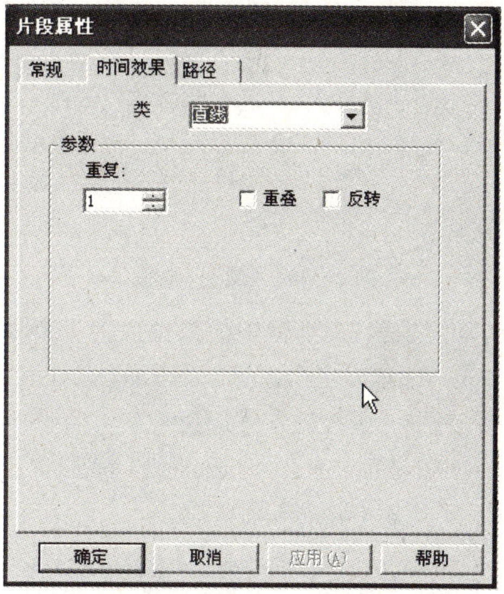

图 2－38　“片段属性”中的“时间效果”选项卡

“路径”选项卡如图 2－39 所示，可以用来定义动画路径，例如关键点设置、关键点之间的插值类型、插入和删除关键点。

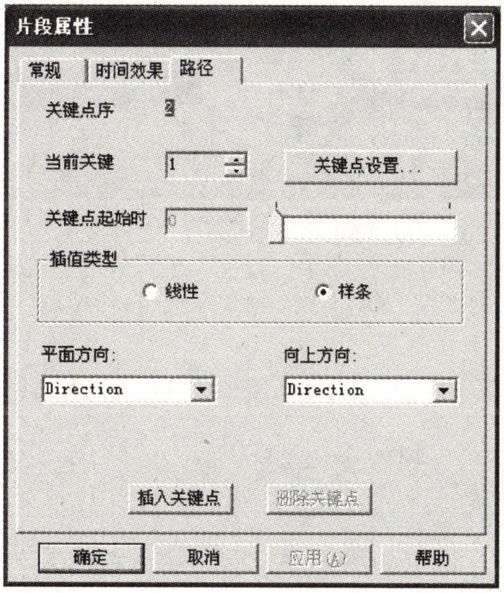

图 2－39　“片断属性”中的“路径”选项卡

下面简单举例说明属性对话框的使用方法。将沿高度方向旋转 360°的长方体，改为旋转 540°，并逐渐降低角速度。其步骤如下：

① 右击编辑器上的长方体动画片段，在弹出的快捷菜单中选择“展开”。

② 右击编辑器上的“高度向旋转”动画片段，在弹出的快捷菜单中选择“属性”。

③ 在弹出的“片段属性”对话框中选择“时间效果”选项卡，从“类”下拉列表框中选择“减速”，如图 2－40 所示。

④ 选择“路径”选项卡，用微调按钮将“当前关键”改为 2，如图 2－41 所示。

⑤ 单击“关键点设置”按钮，弹出“关键点”对话框。在“关键点参数”下拉列表框中选择 Pan（平

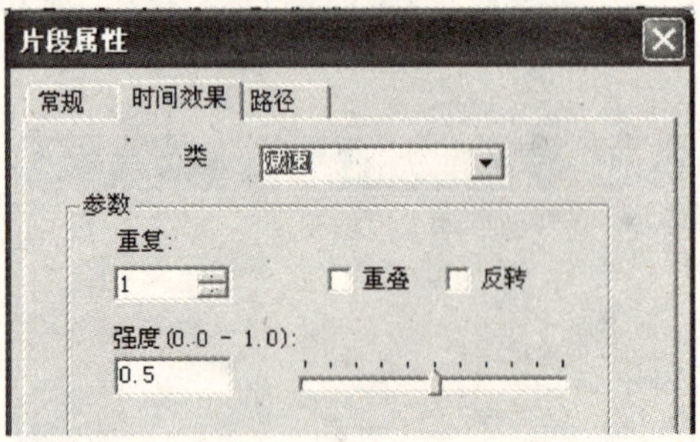

图 2-40　“减速”设置

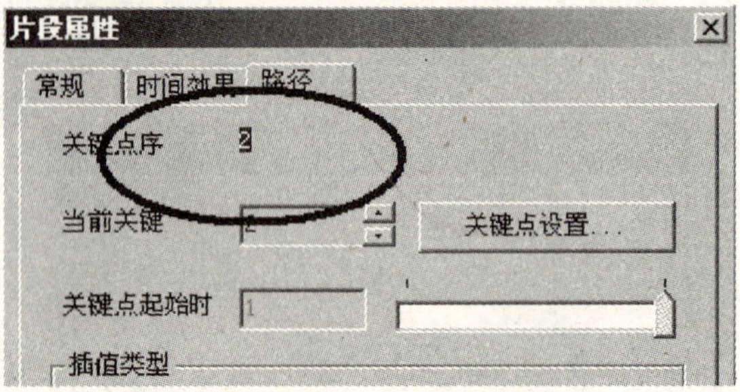

图 2-41　“路径”选项卡

铺）。将“显示”文本框中的数值改为 540，如图 2-42 所示。

⑥ 单击“确定”，返回“片段属性”对话框。单击“确定”，关闭“片段属性”对话框，返回设计环境。播放动画，长方体加速旋转 540°。

⑦ 如果不想要某一段动画，只要右击动画片段，在弹出的快捷菜单中选择“清除”，如图 2-43所示，即可删除动画。

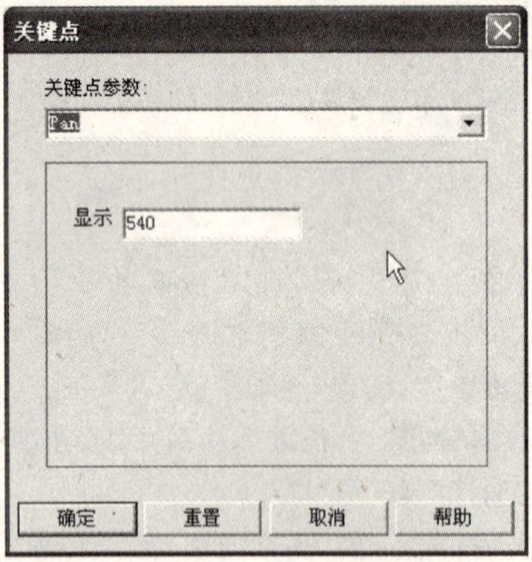

图 2-42　“关键点”设置

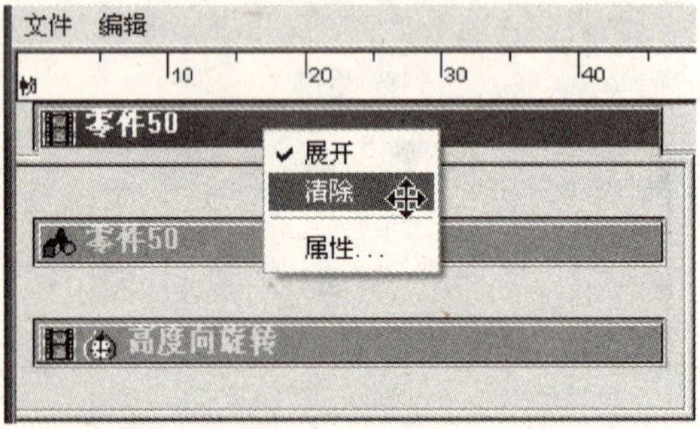

图 2-43　删除动画

2.9　轨迹属性

动画轨迹属性定义应用于整个动画轨迹的选项。单击一个添加了“长度向移动”的长方体，直至出现白色动画轨迹，再单击轨迹使其变为黄色后右击动画轨迹，从弹出的快捷菜单中选择“动画路径属性”，如图 2-44 所示，即可访问这些动画轨迹属性。

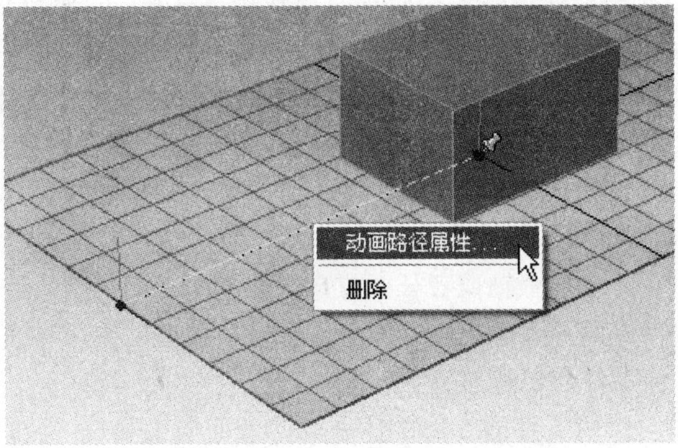

图 2-44 打开“动画路径属性”

此属性对话框带有两个选项卡,它们分别是“常规”和“时间效果”。

1. “常规”选项卡

如图 2-45 所示,“动画路径属性”对话框中的“常规”选项卡包含以下内容,其中前两个字段是只读的。

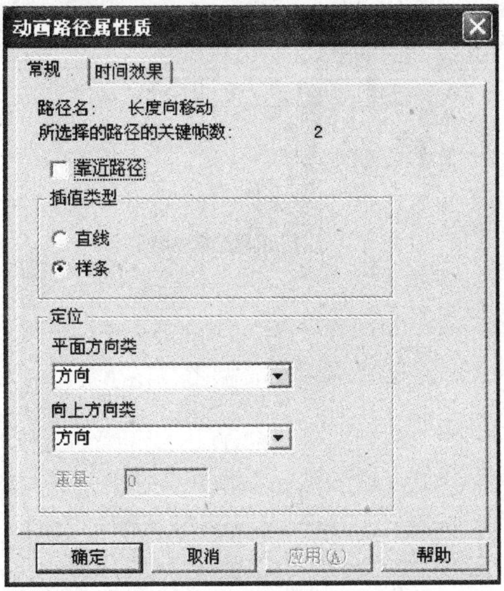

图 2-45 “常规”选项卡

① “路径名”:此字段显示应用于轨迹的智能动画的默认名称(如果尚未准确地输入自定义名称)。

② “所选择的路径的关键帧数”:此字段显示动画轨迹中关键帧的当前数量。对于新轨迹,该字段包含值 1。从轨迹中添加和删除帧时,此字段中的值将自动更新。

③ “靠近路径”:选中此选项即可将动画轨迹指定为闭合环路。CAXA 实体设计随后将把轨迹中的第一帧和最后一帧连接起来,并且使生成的动画和零件方位平滑。如果创建封闭轨迹时没有选择此选项,则动画在轨迹端点之间的接缝处会显得不平滑。

④ “插值类型”:包含两个选项,用于确定 CAXA 实体设计如何在动画轨迹上的关键帧之间填充中间帧。

● “直线” 选择此选项即可使零件沿由直线构成的动画轨迹移动。

● “样条” 选择此选项即可使零件沿弯曲动画轨迹移动。这是默认选项。

⑤“定位”:用于定义零件在沿动画轨迹移动时的方位。这些选项可将零件本地坐标系统的轴与某个点、方向或动画轨迹本身对齐。这些方位属性是全局的,应用于轨迹中的每个关键帧。注意,不能指定“动画路径属性”上的实际方向;该方向是在“关键帧性质”上指定的。

● “平面方向类” 按照零件的本地坐标系统的方向定位。也就是说,可以控制零件沿动画轨迹移动时面对的方向。它的选项包括:
  - “方向” 使零件与某个轴或者任意方向矢量对齐。
  - “位置” 使零件面对某个单独点对齐。
  - “沿轨迹” 使零件与轨迹对齐。
● “向上方向类” 按照零件的本地坐标系统的方向向上定位,即可指定零件哪一个方向是“向上”的。它的选项包括:
  - “方向” 使零件与某个轴或者任意方向矢量对齐。
  - “位置” 使零件面对某个单独点对齐。
  - “转向轨迹” 为实际物理动画选择此选项,模拟摩托车转弯时发生的转向。
● “重量”:仅当选择了“转向轨迹”时此选项可用。在此字段中输入的值越大,转向效果越明显。

2.“时间效果”选项卡

如图2-46所示,“时间效果”选项卡中的选项确定零件与时间相关的运动。可以使用以下“时间效果”选项卡中的选项调整运动的速度,并且创建重复动画。

①“类”:要指定时间效果的类型,从下拉列表框中选择选项之一。

● “无” 对象的动画不应用修改。
● “直线” 使用上面的选项,对象的动画将不应用修改。但是,选择此选项将启用“重复”、“倒转”和“重叠”选项。
  - “重复” 输入动画序列过程中动画应重复的次数。
  - “重叠” 指导动画连续来回重复,产生连续的频繁动画。
  - “倒转” 指导整个动画(包括所有重复)及时倒转。

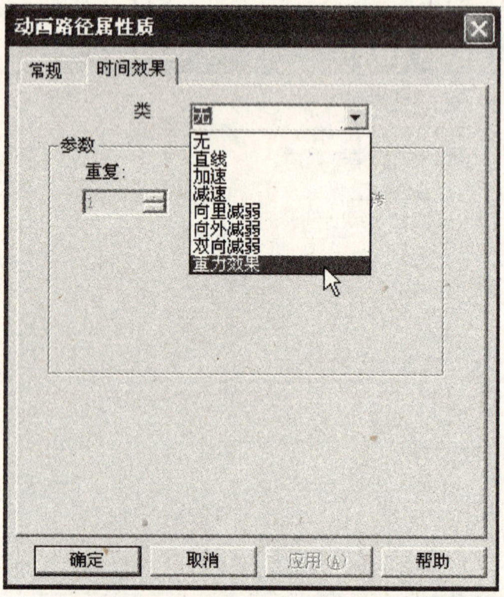

图2-46 “时间效果”选项卡

- “加速”　指导对象在动画进行时加速。
- “减速”　指导对象在动画进行时减速。
- “向里减弱”　指导对象在动画进行时缓慢开始动画，然后逐渐增加到正常速度。
- “向外减弱”　指导对象在动画进行时先以正常速度开始，再减速。
- “双向减弱”　指导对象在动画进行时先缓慢开始动画，然后加速到正常速度，再减速。
- “重力效果”　这是一个快捷方式，用于将类似重力的加速附加到对象的动画上。

2.10　关键帧属性

“关键帧属性”定义可以应用于动画轨迹中的每个关键帧的选项。右击想要的关键帧，并在弹出的快捷菜单中单击“关键帧属性”，如图 2－47 所示即可打开“关键帧性质”对话框。

“关键帧性质”对话框带有四个选项卡。

1. “常规”选项卡

“常规”选项卡如图 2－48 所示。使用“常规”选项卡可以定义关键帧的空间特征。

① “时间”：在此字段中输入 1 和 0 之间的时间值。此值确定动画零件将在哪个时间点到达关键帧。每个动画从相对时间 0 开始并在相对时间 1 结束，这两个位置之间的关键帧不能编辑。移动、插入和删除关键帧将自动重置此字段，以试图维护沿轨迹的匀速动画。此字段只用于微调完整的动画轨迹的速度。

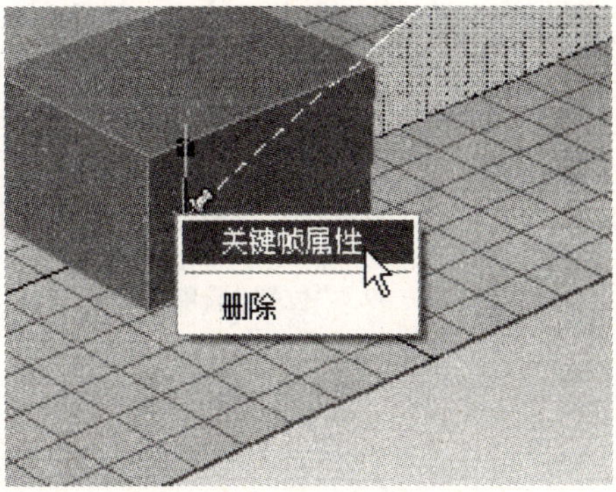

图 2－47　单击“关键帧属性”

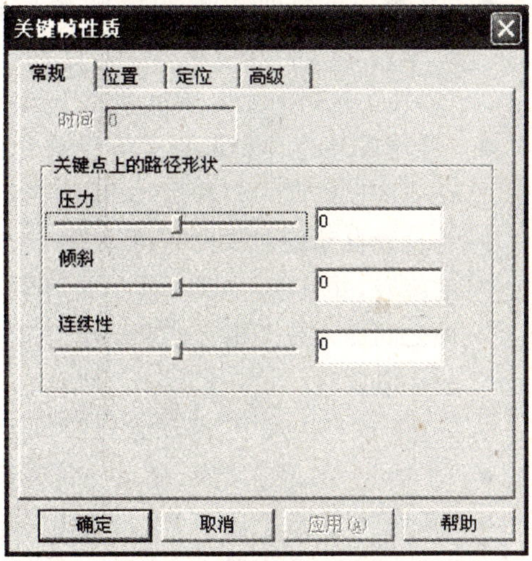

图 2－48　“常规”选项卡

②“关键点上的路径形状”:这些选项仅在“动画路径属性”中的“样条”选项被选中时可用,因为它们仅应用于弯曲轨迹。这些选项定义关键帧点的轨迹图素。对于每个选项,输入－1和＋1之间的值。

- “压力”　编辑此字段中的值可以放松或缩紧关键帧点处的弯曲。输入一个较低的值可以放松或松开弯曲,输入较高的值将缩紧弯曲。输入中间值将产生更加“自然”的弯曲。
- “倾斜”　编辑此字段中的值将使弯曲轨迹的顶点向关键帧的某一侧偏移。
- “连续性”　编辑此字段中的值将更改关键帧两侧上的轨迹的弯曲。输入较高值将创建“两面隆起”轨迹,关键帧的两侧都带有凸起弯曲;输入较低的值将创建一个尖锐轨迹,在关键帧的侧面带有凹陷弯曲。

2. “位置”选项卡

“位置”选项卡如图 2－49 所示。使用其中选项可以指定零件在关键帧处旋转的位置和轴。

①“位置”:指定零件在关键帧处的轴坐标。

- “长度”　零件输入在关键帧的长度坐标。
- “宽度”　零件输入在关键帧的宽度坐标。
- “高度”　零件输入在关键帧的高度坐标。

②“旋转”:包括一个复选框和三个选项。

- “浮动旋转”　CAXA 实体设计选择此选项将根据前一个和后一个关键帧的旋转设置自动旋转零件。可以为两个帧指定旋转,并且使 CAXA 实体设计在关键帧之间插入旋转值。结果将产生沿轨迹的平滑旋转。

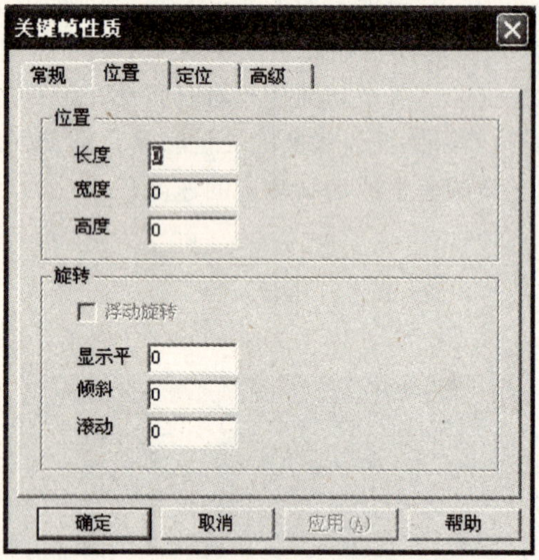

图 2－49　“位置”选项卡

以下选项仅当未选中“浮动旋转”时可用。

- “平铺”　在此字段中,输入旋转矢量的平铺组件。
- “倾斜”　在此字段中,输入旋转矢量的倾斜组件。
- “滚动”　在此字段中,输入旋转矢量的滚动组件。

3. “定位”选项卡

“定位”选项卡如图 2－50 所示。这些属性定义零件在关键帧的方位。由于使用“动画路径属性”为整个轨迹分配了方位类型，因此，特定关键帧的方位方向是在“关键帧性质”对话框中指定的。

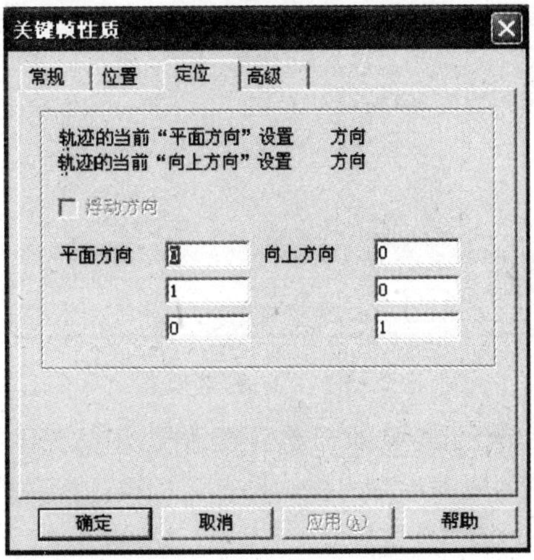

图 2－50　“定位”选项卡

“定位”选项卡中的前两个字段是只读的。

① “轨迹的当前‘平面方向’设置”：显示“动画路径属性”中指定的当前设置，用于将零件的当前坐标系统的“向前方向”与某个点、某个方向或者轨迹本身对齐。

② “轨迹的当前‘向上方向’设置”：显示“动画路径属性”中指定的当前设置，用于将零件的当前坐标系统的“向上方向”与某个点、某个方向或者轨迹本身对齐。

③ “浮动方向”：将根据前一个和后一个关键帧的方位设置定位旋转零件。可以为两个帧指定方位并在关键帧之间插入方位值。结果将产生沿轨迹的平滑旋转。

以下选项仅当未选中“浮动方向”时可用。

④“平面方向”：在这三个文本框中，输入值来定位零件的向前坐标。输入方向的点或三个矢量组件的三个坐标。如果方位类型为“沿轨迹”，则这些文本框不可用。

⑤ “向上方向”：在这三个文本框中，输入值来定位零件的向上坐标。输入方向的点或三个矢量组件的三个坐标。如果方位类型为“转向轨迹”，则这些文本框不可用。

4. “高级”选项卡

“高级”选项卡如图 2－51 所示。使用这些属性来编辑零件的缩放，也可以为缩放和旋转选择参照点或支点。

① “比例”：

- “浮动缩放”　根据前一个和后一个关键帧的缩放设置自动缩放零件。可为两个帧指定缩放比例，并且使 CAXA 实体设计在关键帧之间插入缩放值。结果将产生由一个帧到另一个帧的平滑缩放。在缩放文本框中，为零件输入在当前关键帧的缩放值。例如，输入 2 即可显示零件放大为正常大小的 2 倍。零件的物理尺寸保持不变，只是外形大小更改。

② “旋转点”：这些选项可在零件内指定一个点在缩放和旋转中作为零件锚状图标的备

用点。

例如，将火箭零件的锚状图标点放置在它的一个翼上。如果要将零件放在设计环境中时右侧向上着地，则此位置是适当的；但是，如果要零件绕它的中心点旋转，则它对于旋转是不适当的。使用此字段来指定相对于锚状图标点的旋转点。旋转点选项包括：

- “浮动旋转” 根据前一个和后一个关键帧的设置来设置支点的位置。
- “长度”、“宽度”、“高度” 在这三个文本框中输入想要的旋转点的坐标。实际上，旋转点位置是由这三个相对于当前锚状图标位置的值确定的（相对零件初始状态的相对坐标值）。

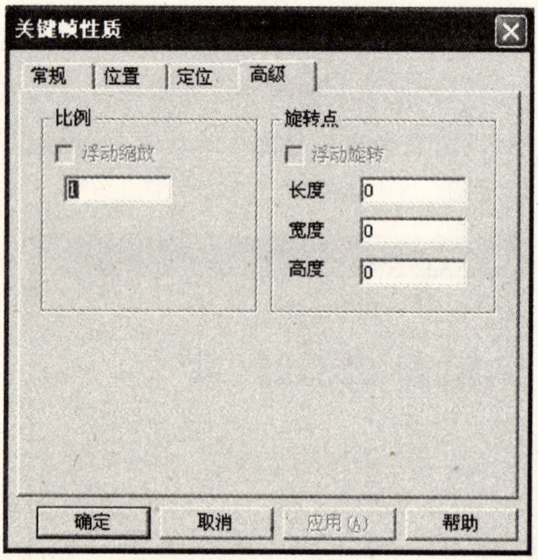

图 2-51 “高级”选项卡

总之，通过正确选取动画对象（及其定位锚），恰当绘制对象的运动轨迹、恰当调整关键帧的运动姿态以及时间关系，并借助三个属性对话框中的属性参数的精确设定，以及其他各种辅助工具，就可以制作出各种各样所需要的动画效果，让世界动起来。

思考练习题

1. 如何确认定位锚的三个方向？浅谈定位锚在动画制作中的重要性。
2. 在CAXA实体设计中共有哪几种添加动画的方法？它们分别有什么特点？
3. 在“智能动画编辑器”中如何调整动画的起始时间？修改动画的时间长度？

第 3 章　让世界动起来

本章要点：

- 使用 CAXA 实体设计软件制作简单的三维动画。
- 掌握旋转、自由轨迹和渐隐渐显动画的操作。

3.1　像风车一样地旋转

在日常生活中，到处都有像风车那样旋转的物体，本节所要做的正是这样一类动画。在这里，可以看到翻动的书本、旋转的魔方，还可以看到地球仪、风车以及三维世界的钟表、秋千，还有……

3.1.1　理发店的标志

打开随书所附光盘中的“理发店的标志. ics”文件。平时经常去理发店，对它门口的那个旋转的标志应该是非常熟悉的。它一般是由红白两色螺旋渲染成的圆柱体，而且总在不停地旋转。打开后如图 3－1 所示，这是经过渲染后的三维模型。渲染三维模型的步骤如下：

① 对于它的动画只是沿着高度方向轴的旋转，先将光标移动到设计环境的右侧，选择”动画“元素中的“高度向旋转”，如图 3－2 所示。

图 3－1　打开“理发店的标志”源文件

图 3－2　选择“高度向旋转”动画图素

② 拖动“高度向旋转”智能动画图素到设计环境中的零件上，光标的一侧出现了一个代表动画片段的小图标，而同时零件边缘变为绿色线条，如图 3－3 所示。

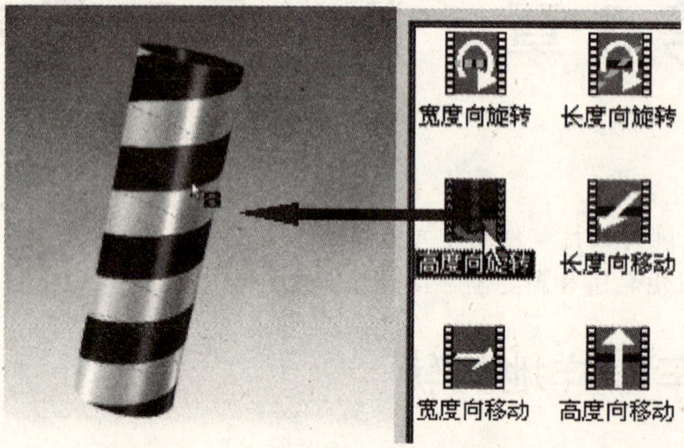

图 3－3 拖放“高度向旋转”动画元素

③ 释放，从而成功地向它添加了一个沿高度方向的旋转，在工具栏上右击，如图 3－4 所示的快捷菜单中选择“智能动画”，打开“智能动画”工具栏。

④ 单击“打开”工具按钮。其功能是在零件设计和动画播放两种状态下切换。当单击这个按钮时，CAXA 实体设计就进入动画播放状态。在动画播放状态下，是不可以对零件进行修改的，如果要进行修改，先要将这种状态关闭。单击“播放”工具按钮，可以看到零件开始沿高度方向旋转。

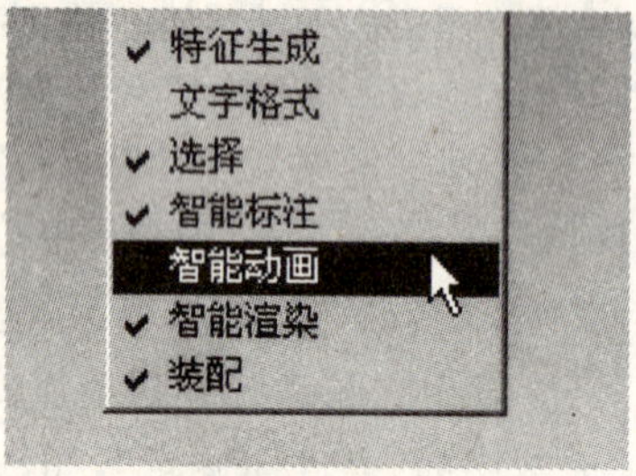

图 3－4 打开“智能动画”工具栏

⑤ 这时没有渲染成功时漂亮，可以将它们在输出 AVI 格式时进行高级渲染。在光盘中有在真实感渲染下生成的动画文件，也可以先学习后面章节的动画输出，然后自己进行输出。

3.1.2 魔 方

大家是否玩过世界三大智力玩具的魔方，是否感受过成功那一刻的兴奋？在这里就用 CAXA 实体设计来模拟魔方成功的那一刻。其步骤如下：

① 打开随书所附光盘的“魔方.ics”文件，设计环境如图 3－5 所示。在这里只让魔方的中间层转动。

② 在零件状态下选择第二层，可以在设计环境中单击选择，也可以在设计树中直接选择。

单击“智能动画”工具按钮，弹出“智能动画向导”对话框，如图 3－6 所示，选择“旋转”单选项及“绕高度方向轴”，同时将旋转角度改为“90”。

图 3－5　打开“魔方”源文件

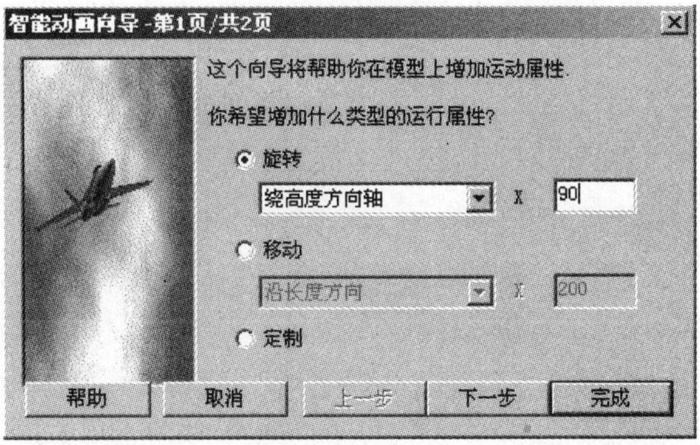

图 3－6　“智能动画向导”对话框

③ 直接单击“完成”按钮，在设计环境中出现一个透明的栅格平面，它是动画运动的基准平面，如图 3－7 所示。

④ 单击“打开”工具按钮，进入动画播放状态。单击“播放”按钮，可以看到零件开始沿高度方向旋转，其过程如图 3－8 所示。

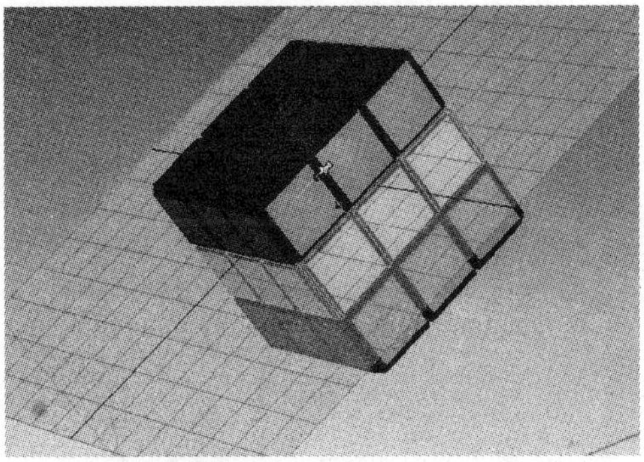

图 3－7　动画基准面

图 3－8　播放动画

可以打开光盘中的“魔方.avi”文件观看最终输出的动画结果，也可以在最后的章节中学习如何将动画输出，自己生成最终的文件。

3.1.3 翻 书

打开随时书所附光盘中的“读书的人.ics”文件，可以看到一个人拿着一本书，如图 3－9 所示。在这个动画中是让书页翻过去，以便欣赏到后面精美的图画。其步骤如下：

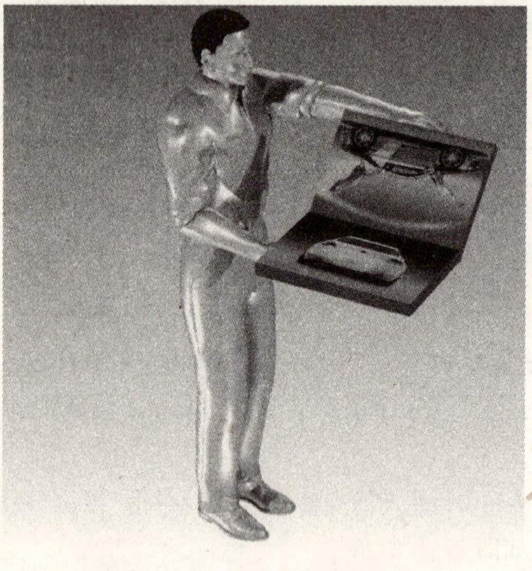

图 3－9　打开“读书的人”源文件

① 在这里只是让书页做一下旋转运动，打开设计树并选择“书页”，单击“智能动画”工具按钮，弹出“智能动画向导”对话框，如图 3－10 所示，选择“旋转”单选项及“绕长度方向轴”，同时将旋转角度改为“135”。

② 单击“完成”后，就可以观看动画了。单击“打开”工具按钮，进入动画播放状态。单击“播放”工具按钮，可以看到零件开始沿高度方向旋转，最终运动结果如图 3－11 所示。

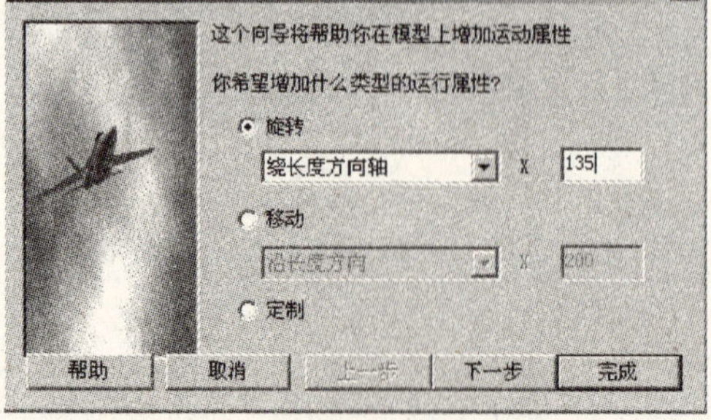

图 3－10　“智能动画向导”对话框

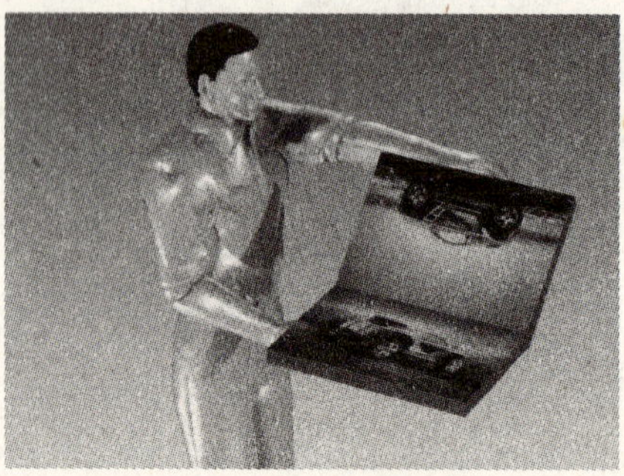

图 3－11　播放动画

在以上三个动画中，所做的都是最简单的，仅仅是利用智能动画图素和智能动画对话框为其添加一个简单的旋转。但是，CAXA 实体设计已经显示出了在三维世界中强大的动画功能。

3.1.4 地球仪

打开随书所附光盘中的“地球仪.ics”文件，设计环境如图 3－12 所示。打开设计树后要注意设计树上的安排，由于这个动画是由地球仪的旋转体公转及球体本身自转所组成的，因此必须在设计树中将它们的层次区分开来，最基本的构成分别是“底座”、“旋转架”及“球体”。选择“旋转架”和“球体”组合成一个装配体，命名为“旋转体”。在以下的任务中就是为球体添加自转，为旋转体添加公转。其步骤如下：

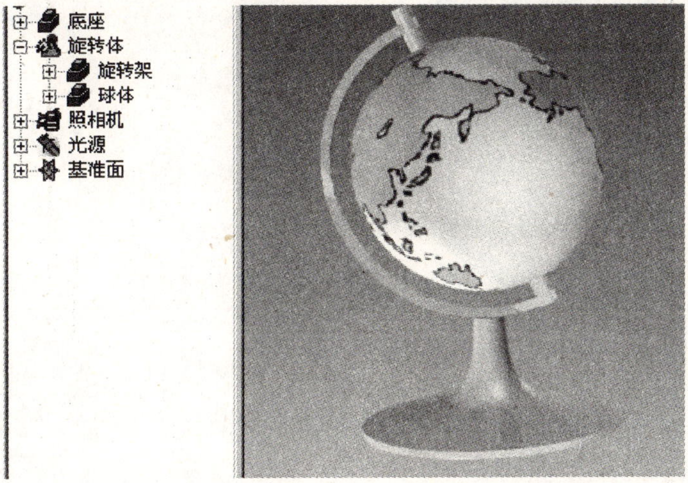

图 3－12 打开“地球仪”源文件

① 为球体添加自转。在零件状态下选择“球体”，单击“智能动画”工具按钮，弹出“智能动画向导”对话框，选择“旋转”单选项及“绕高度方向轴”，同时将旋转角度改为“1440”，如图 3－13 所示。

② 单击“下一步”按钮后，将运动持续时间改为“8”。因为在这个动画片断中所要做的动画时间过短，对于视觉效果和动画层次都不是很好，所以时间长度改为“8”，如图 3－14 所示。

③ 单击“完成”后，如图 3－15 所示弹出动画参考面和运动参考轴。由于球体零件状态下的定位锚并不在所想要的球体中心轴上，因此在这里要将它的高度方向移动到球体的中心轴上。

④ 打开“三维球”，绿色长线就是所要移动的运动参考轴，右击“三维球”上与运动参考轴重合的定位手柄，在弹出的快捷菜单中选择“与轴平行”，然后单击旋转架上倾斜圆柱上方的小圆周，将运动定位手柄移动到与球体中心轴平行，结果如图 3－16 所示。

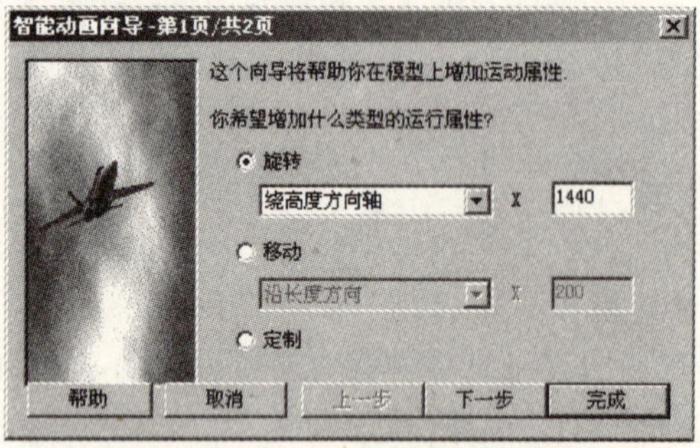

图 3-13 “智能动画向导-第 1 页”对话框

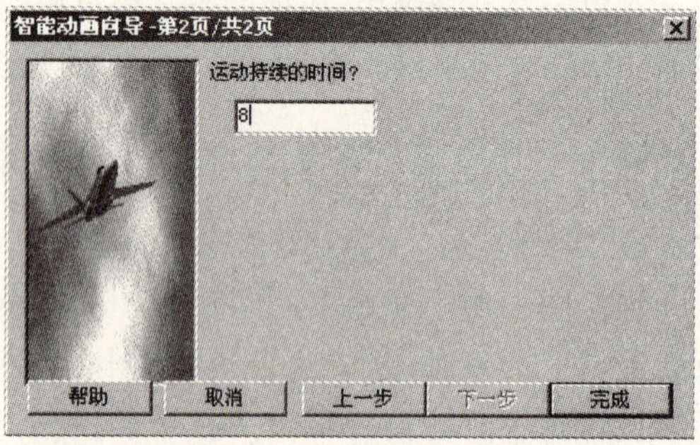

图 3-14 “智能动画向导-第 2 页”对话框

图 3-15 动画参考面和运动参考轴

图 3-16 与球体中心轴平行

⑤ 在屏幕任意空白处单击，取消“三维球”上定位手柄的约束，然后在中心手柄上右击后选择“到中心点”，在球体表面任意点单击，将球体的运动参考轴移动到所需要的位置上，结果如图 3-17 所示。

⑥ 关闭“三维球”，单击“打开”工具按钮，进入动画播放状态。单击“播放”工具按钮，可以看到球体开始沿高度方向自转。再单击“打开”工具按钮，退出动画播放状态。

⑦ 下面添加旋转体部分的公转。在装配状态下选择“旋转体”，如图 3-18 所示。仔细观察定位锚，它是添加动画的基准，在这里代表高度方向的长轴恰好在所想添加旋转的轴上，所以这一次动画的添加既不用事先做准备工作，也不用在添加后移动运动参考轴。

⑧ 单击“智能动画”工具条上的工具按钮，弹出“智能动画向导”对话框，选择“旋转”单选项及“绕高度方向轴”，同时将旋转角度改为“-360”，单击“下一步”按钮，将运动时间长度改

为“8”。单击“完成”按钮，结果如图 3－19 所示。此时，运动参考轴恰好定位在公转的中心轴位置。

图 3－17　移动结果

图 3－18　装配状态下的地球仪

⑨ 单击“打开”工具按钮，进入了动画播放状态。单击“播放”工具按钮，可以看到球体自身开始沿高度方向自转，同时旋转体部分进行公转，完整地模拟了地球仪的运动。运动过程中的一幅图片如图 3－20 所示。可以直接打开光盘中的 AVI 文件观看完整的动画效果，也可以利用本书以后章节的知识输出动画。

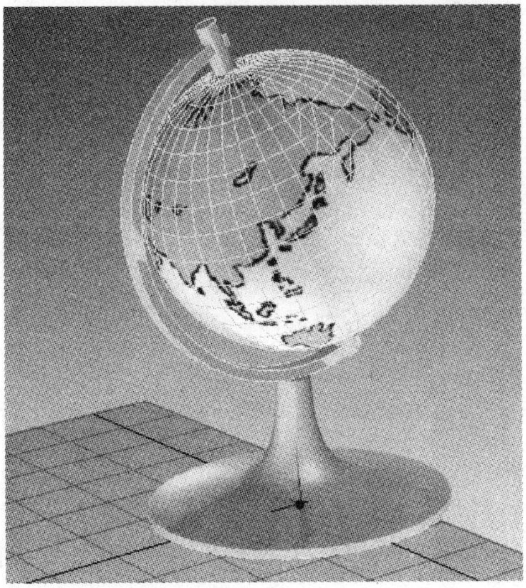

图 3－19　添加高度向旋转

图 3－20　播放动画

3.1.5 风 车

风车是荷兰的象征，也是每个到荷兰的人必去参观的风景。在此节中，简单地模拟一下风车的运动。其步骤如下：

① 打开随书所附光盘中的“风车.ics”文件，设计环境如图 3－21 所示。打开设计树，可以看到有“底座”和“扇叶部分”两个零件；同时，在“扇叶部分”中又有八个被重命名的扇叶，它们是此次动画的主角。

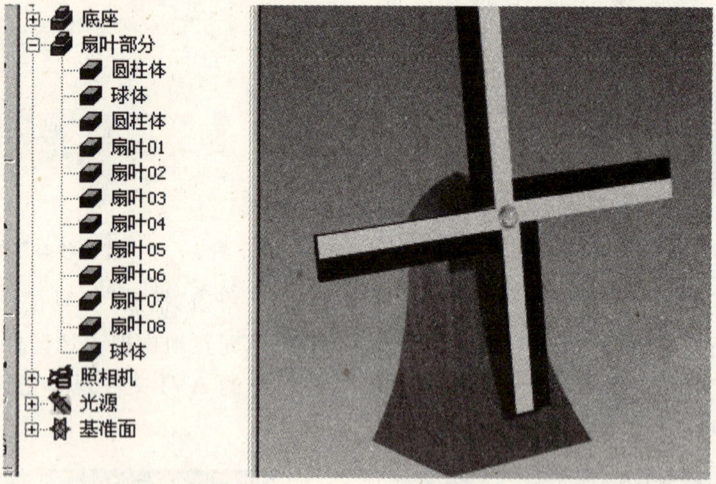

图 3－21 打开“风车”源文件

② 风车的运动与地球仪的运动是一样的，都是公转与自转同时进行。然而，在这一节中，所介绍的风车运动添加与地球仪部分又有明显的区别。在风车中，没有为它添加任何装配，而是在零件与智能图素这两个层次之间实现公转与自转的配合。

③ 先添加公转，在零件状态下选择“扇叶部分”，单击“智能动画”工具按钮，弹出“智能动画向导”对话框，选择“旋转”单选项及“绕高度方向轴”，角度不做修改，单击“下一步”后将动画持续时间改为“8”，单击“完成”按钮，如图 3－22 所示。

④ 将对八个扇叶组成部分添加自转的旋转动画。在这一步要注意，将八步添加完成后再进行播放，若在添加的过程中播放将会有不良影响。

⑤ 在智能图素状态下选择“扇叶 01”，如图 3－23 所示。观察它的定位锚，由于在零件造型时已经考虑到了动画的添加，所以定位锚的位置恰好在想添加旋转的轴上。以后做动画时，在零件设计中最好多考虑一下动画添加时的定位锚状况，同时也要考虑动画的层次。

⑥ 单击“智能动画”工具按钮，弹出“智能动画向导”对话框，选择“旋转”单选项及“绕高

度方向轴”，将角度值改为“1440”；单击“下一步”，将动画持续时间改为“8”，单击“完成”按钮，如图 3-24 所示。

图 3-22　添加高度向旋转

图 3-23　观察定位轴

⑦ 利用同样的顺序为其他七个扇叶添加旋转动画，这一个动画即添加成功。

⑧ 单击“打开”工具按钮，进入了动画播放状态。单击“播放”工具按钮，可以看到风车的运动。运动过程中的一幅图片如图 3-25 所示。

⑨ 可以直接打开光盘中的多媒体文件观看完整的动画效果，也可以利用本书后面章节的知识输出动画。

图 3-24　添加叶片的旋转动画

图 3-25　播放动画

3.1.6 翻倒的骨牌

打开随书所附光盘中的“多米诺骨牌.ics”文件，设计环境如图 3－26 所示。在设计树中可以看到，共有“绿色牌”、“红色牌”、“蓝色牌”和“镜面”四个零件。

图 3－26　打开“多米诺骨牌”源文件

本节要做一个多米诺骨牌依次翻倒的动画。它们单个的动作都是沿轴向旋转一定的角度，最主要是在最后的时间调整，经过适当的时间调整就可以看到三张牌依次翻倒。设计步骤如下：

① 为绿色牌添加旋转运动。单击“智能动画”工具按钮，弹出“智能动画向导”对话框，选择“旋转”单选项及“绕长度方向轴”，将角度值改为“－45”，单击“下一步”后将动画持续时间改为“4”，单击“完成”按钮，如图 3－27 所示。

② 在以上各个实例中，都没有做结束关键帧的观察。在这个实例中，可以做这方面的工作，在定位锚处可以看见一个倾斜的定位锚，在它的锚点上单击，如图 3－28 所示，可以看到出现一个已经旋转－45°的蓝色框架，就是这个运动完成后的绿色牌的位置。

③ 与上面步骤相同，为红色牌和蓝色牌添加相同的沿长度方向轴旋转－45°的运动。单击“打开”工具按钮，进入了动画播放状态。单击“播放”工具按钮，可以看到多米诺骨牌的运动。运动过程中的一幅图如图 3－29 所示。在这个动画中，可以看见，三张牌同时开始旋转，并不是真实的多米诺骨牌运动，所以在后面步骤要调整它的运动时间。

④ 打开“智能动画编辑器”，如图 3－30 所示。在这里可以看到三个动画片断长度和起始时间都一样。

图 3 - 27 添加旋转动画

图 3 - 28 动画位置

图 3 - 29 没有经过时间调整的动画结果

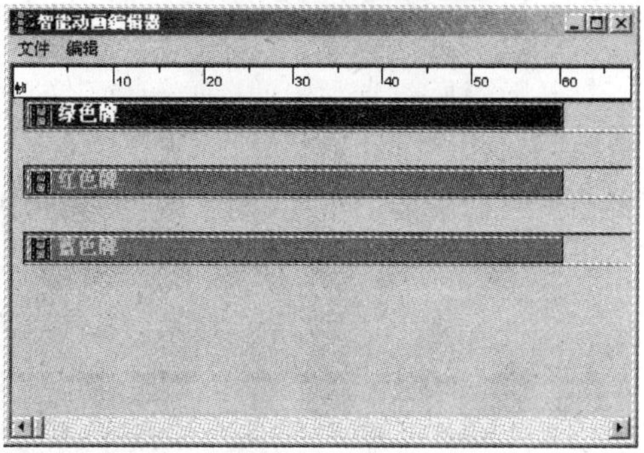

图 3 - 30 打开“智能动画编辑器”

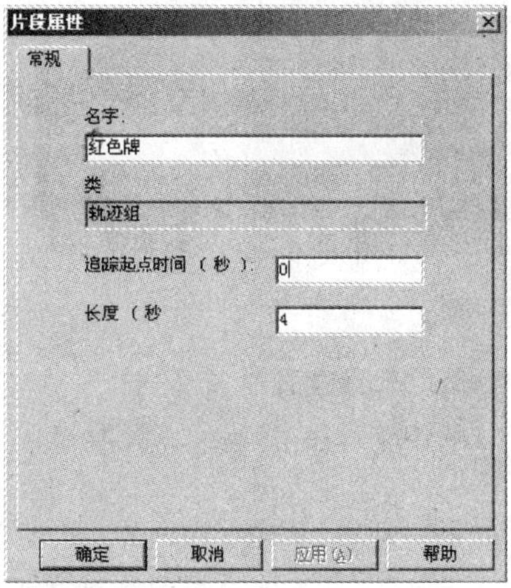

图 3 - 31 “片段属性”对话框

⑤ 调整红色牌的起始时间。在红色牌的动画片段上右击，打开“片段属性”对话框，如图 3 - 31 所示。

⑥ 将追踪起点时间改为“1”，单击“确定”按钮。

⑦ 在蓝色牌的动画片段上右击，打开“片段属性”，将追踪起点时间改为“2”，单击“确定”按钮，“智能动画编辑器”如图 3 - 32 所示。

⑧ 单击“打开”工具按钮，进入了动画播放状态。单击“播放”工具按钮，可以看到多米诺骨牌的运动。运动过程中的一幅图如图 3 - 33 所示。在这个动画中，可以看到三张牌依次开始旋转，成功地模拟了多米诺骨牌的运动。

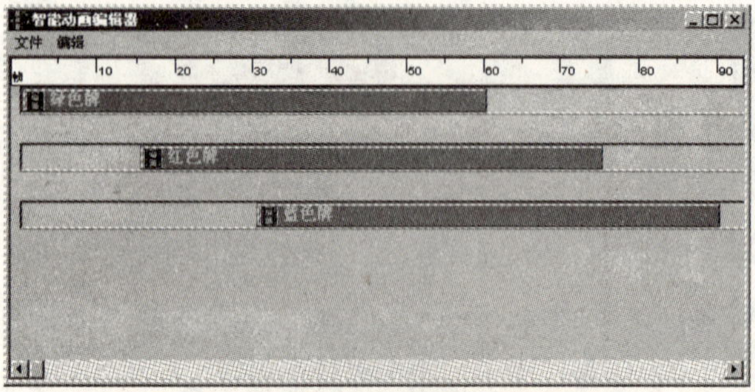

图 3-32　属性调整结果

图 3-33　最终播放效果

3.1.7　三维钟表

打开随书所附光盘中的“钟表.ics”文件，设计环境如图 3-34 所示。打开设计树，看到这块表由“表盘”、“分针”和“时针”三个零件组成。在这个实例中，让它的分针与时针旋转起来。只要调整它们旋转的角度，就可以得到正确的运动图了。设计步骤如下：

图 3-34　打开“钟表”源文件

① 在零件状态下选择“分针”，单击“智能动画”工具按钮，弹出“智能动画向导”对话框，选择“旋转”单选项及“绕高度方向轴”，将角度值改为“4320”；单击“下一步”，将动画持续时间改为“12”，单击“完成”按钮，如图 3-35 所示。

② 在零件状态下选择“时针”，单击“智能动画”按钮，弹出“智能动画向导”对话框，选择“旋转”单选项及“绕高度方向轴”，角度值不做修改；单击“下一步”，将动画持续时间改为“12”，单击“完成”按钮，如图 3-35 所示。

③ 单击“打开”按钮，进入动画播放状态。单击“播放”按钮，可以看到钟表的运动。运动过程中的一幅图片如图 3-36 所示。在这个动画中，时针与分针飞速地转动，恰当地表达了时光飞逝的含义。

图 3-35　添加旋转动画

图 3-36　播放动画

3.1.8 秋　千

打开随书所附光盘中的“荡秋千.ics”文件，设计环境如图 3-37 所示。打开设计树，共有一个“秋千架”零件和一个“秋千和人”的装配。在这个动画的制作中，所要添加的是“秋千和人”的装配动画。设计步骤如下：

① 选择“秋千和人”的装配。单击“智能动画”工具按钮，弹出“智能动画向导”对话框，选择“旋转”单选项及“绕长度方向轴”，将角度值修改为“—45”，单击“完成”按钮，如图 3-38 所示。

② 由于一个完整的荡秋千的动作是由向前、向后、再向前三个动作所组成的，所以先将三个动作添加完毕，再进行时间上的调整。

③ 单击“智能动画”工具按钮，弹出“智能动画向导”对话框，选择“旋转”单选项及“绕长度方向轴”，将角度值修改为“90”，单击“完成”按钮，如图 3-39 所示，添加了向后的动作。

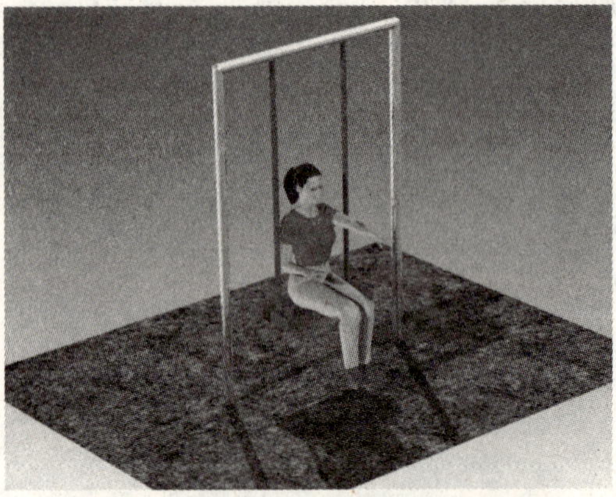

图 3-37　打开“荡秋千”源文件

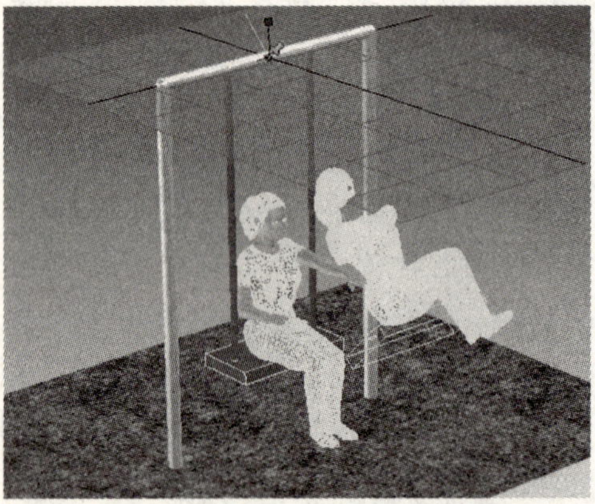

图 3-38　添加旋转动画

④ 观察上一个动作的添加结果，发现旋转的位置好像不太恰当，因为只想让它向后旋转 45°，而实际上旋转了 90°。这是因为在 CAXA 实体设计中，对于一个相同的动画添加对象，它们的动作是叠加的。在这里，添加了两个动作，在时间调整完成后，第二个动作是从第一个动作结束的位置开始运动的，所以在接下来的播放中，会看见它实际上向后旋转的就是 45°。

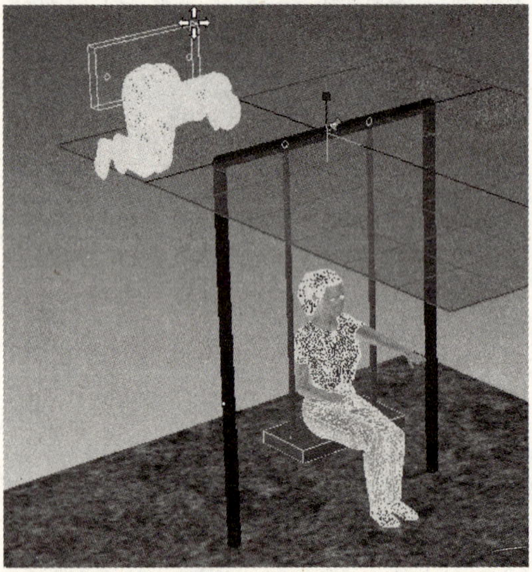

图 3-39　添加第二个旋转

⑤ 与第一个动作的添加一样，选择“秋千和人”的装配，单击“智能动画”工具按钮，弹出“智能动画向导”对话框，选择“旋转”单选项及“绕长度方向轴”，将角度值修改为“－45”，单击“完成”按钮。

⑥ 单击“打开”工具按钮，进入动画播放状态。单击“播放”工具按钮，发现没有任何动作发生。这在前面已经提到，在 CAXA 实体设计中，所添加的动画对于同一个对象来说，它们的效果是叠加的，所以现在系统运行的是一个既向前又向后的旋转，两方恰好抵消，实际表现就是没有任何动作。

⑦ 打开“智能动画编辑器”，在“秋千和人”动画片段上右击，打开“片段属性”对话框，将持续时间长度改为“8”，如图 3-40 所示。

⑧ 单击“确定”按钮，修改三个动作的起始时间和动作时间长度。

⑨ 在第一个“长度旋转”上右击，打开这个智能动画的“片段属性”对话框，将它的起始时间改为“0”，将它的持续时间长度改为“2”，如图 3－41 所示。

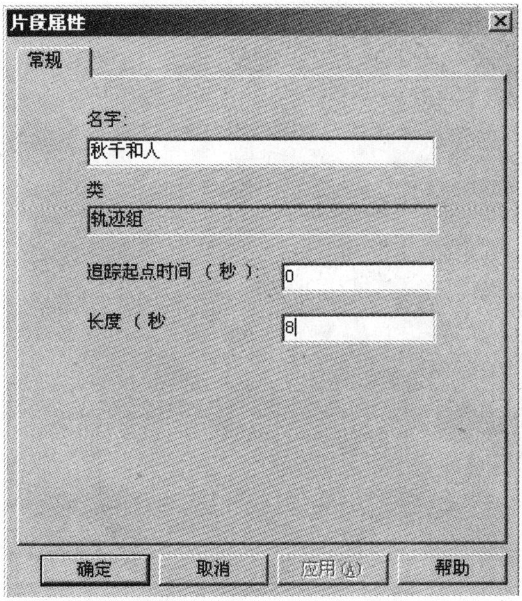

图 3－40　修改“片段属性”(一)

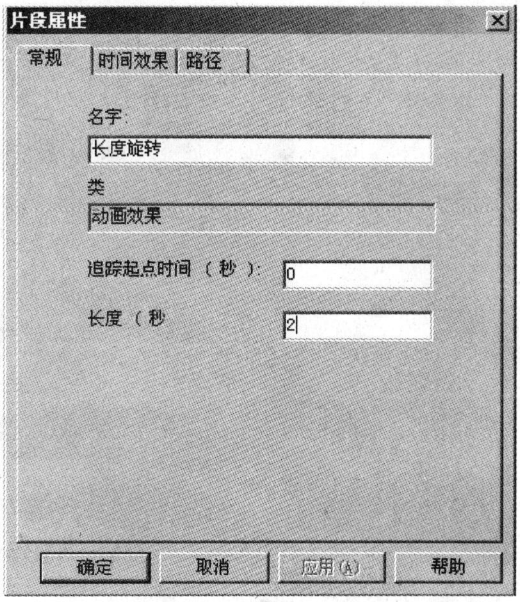

图 3－41　修改“片段属性”(二)

⑩ 将第二个“长度旋转”的起始时间改为“2”，持续时间长度改为“4”；将第三个“长度旋转”的起始时间改为“6”，持续时间长度改为“2”，单击“确定”按钮。“智能动画编辑器”对话框如图 3－42所示。

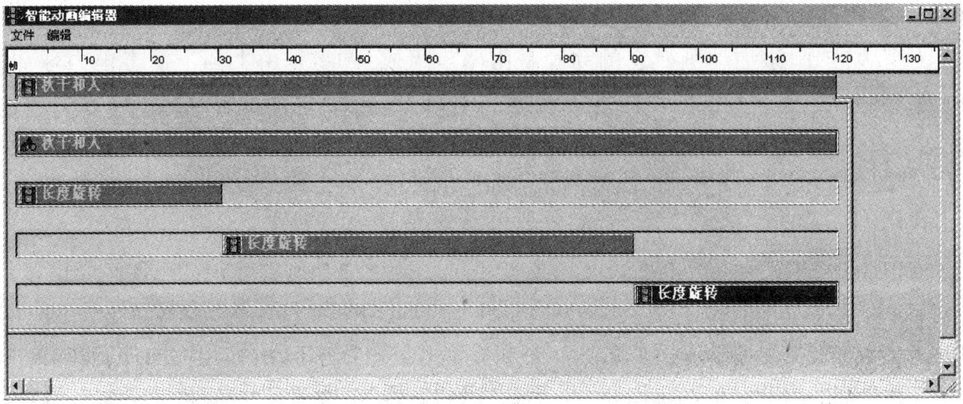

图 3－42　编辑“智能动画编辑器”

⑪ 单击“打开”工具按钮，进入动画播放状态。单击“播放”工具按钮，此时秋千开始按照设计荡起来，如图 3-43 所示。

图 3-43　播放效果

3.1.9　恒力球

打开随书所附光盘中的“恒力球.ics”文件，设计环境如图 3-44 所示。打开设计树，可以看到，共有“恒力球 01”、“恒力球 02”、“恒力球 03”和“支架”四个零件。

本节所要添加的动画是在礼品店常见的一个恒力球的动画，其运动轨迹基本上与秋千的轨迹相同，但在荡秋千的动画中是一个零件的动作添加及时间调整，而在本例中则是两个零件的动作添加和时间调整。设计步骤如下：

① 为恒力球 01 添加动画。它的动画是由两步组成：一步是由上向下撞击恒力球 02，由此带动恒力球 03 的运动；第二个动作是受到恒力球 03 的作用，从而向外旋转。

② 单击“智能动画”工具按钮，弹出“智能动画向导”对话框，选择“旋转”单选项及“绕宽度方向轴”，将角度值修改为“45”，单击“完成”按钮，如图 3-45 所示，添加了向外旋转的动作。在左侧的一个蓝色小圆线代表了旋转后的位置。

③ 为恒力球 01 添加一个完全一样的动作。单击“智能动画”工具按钮，弹出“智能动画向导”对话框，选择“旋转”单选项及“绕宽度方向轴”，将角度值修改为“45”，单击“完成”按钮。

④ 为恒力球 03 添加动画。它的第一个动作是由于恒力球 01 的作用而向外旋转，单击“智能动画”工具按钮，弹出“智能动画向导”对话框，选择“旋转”单选项及“绕宽度方向轴”，将角度值修改为“-45”，单击“完成”按钮。单击在支架上的倾斜了的定位锚，结果如图 3-46 所示。

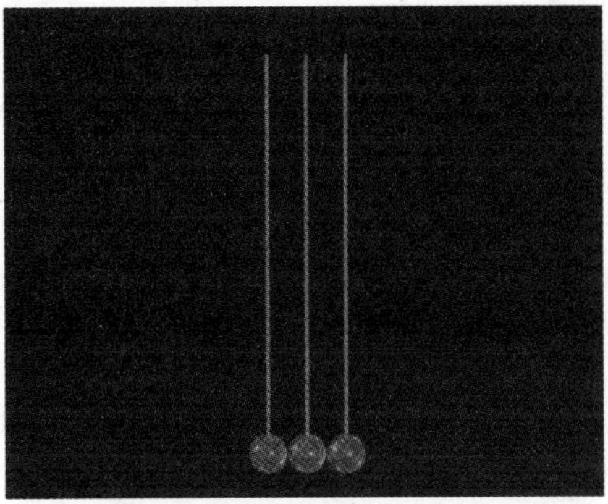

图 3-44 打开“恒力球”源文件

图 3-45 添加一个旋转

⑤ 为恒力球 03 添加第二个动作。单击“智能动画”工具按钮，弹出“智能动画向导”对话框，选择“旋转”单选项及“绕宽度方向轴”，将角度值修改为“45”，单击“完成”按钮。

⑥ 观察没有进行时间调整的结果。单击“打开”工具按钮，进入动画播放状态。单击“播放”工具按钮，恒力球 01 向左旋转了 90°，而恒力球 03 根本不动，这是由于没有进行具体的时间调整。运动结果如图 3-47 所示。

图 3-46 添加第二个旋转

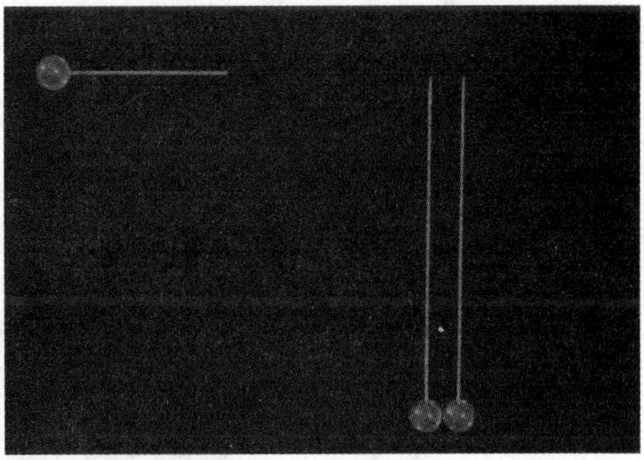

图 3-47 播放效果

⑦ 打开“智能动画编辑器”，调整一下时间。

⑧ 调整恒力球 01 的运动时间。右击“恒力球 01”动画片段，打开“片段属性”，将运动时间长度改为“4”。

⑨ 双击“恒力球 01”展开动画片段，右击第一个“宽度旋转”动画片段，将“片段属性”对话框中的运动时间长度改为“1”，切换到“时间效果”选项卡，将“类”选择为“直线”，并选中“反转”

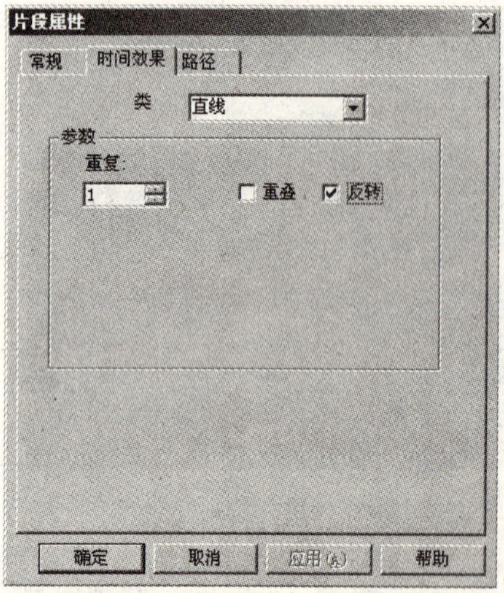

图 3-48 调整属性

复选框，如图 3-48 所示。

⑩ 单击“确定”，在第二个“宽度旋转”动画片段上右击，打开“片段属性”对话框，将它的时间长度改为“1”，起始时间改为“3”。单击“确定”后。恒力球 01 的时间表如图 3-49 所示。

⑪ 下面进行恒力球 03 动画时间的调整。双击“恒力球 03”展开动画片段，右击“恒力球 03”动画片段，单击“属性”，打开“片段属性”对话框，将起始时间改为“1”；右击第一个“宽度旋转”，在“片段属性”对话框中，将持续时间长度改为“1”；右击第二个“宽度旋转”，在“片段属性”对话框中，将起始时间改为“1”。“智能动画编辑器”对话框如图 3-50 所示。

⑫ 此时，单击“打开”工具按钮，进入动画播放状态。单击“播放”工具按钮，恒力球开始按照所设定的时间运动，如图 3-51 所示。

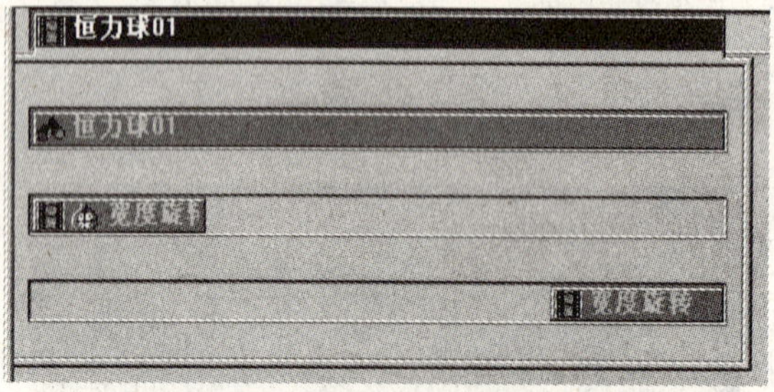

图 3-49 打开“智能动画编辑器”

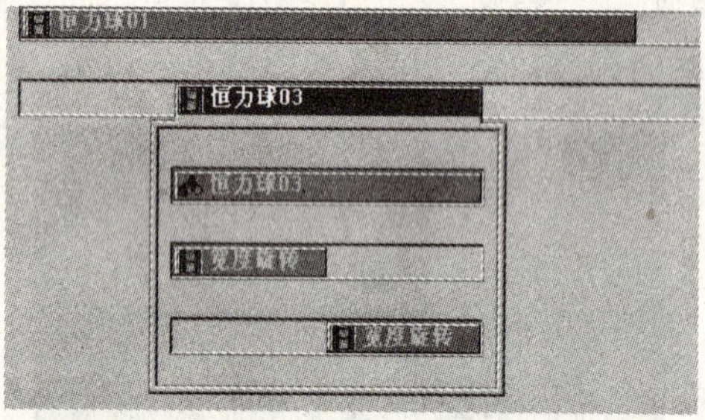

图 3-50 编辑“智能动画编辑器”

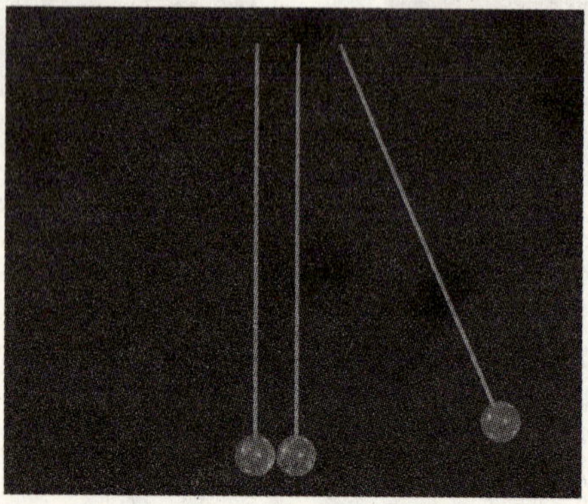

图 3-51 播放效果

3.2　像落叶一样的自由轨迹

3.2.1　逃走的小球

在 3.1 节中所学习的都是旋转动画，它们之间的区别只是在旋转角度、运动时间及运动层次上的一些调整。本节将对自由轨迹动画做一定程度的探讨。所谓自由轨迹的动画，也就是让运动物体以所勾画的路线运动，就像马儿在地上跑，鸟儿在天上飞，鱼儿在水中游一样。打开随书所附光盘中的“逃走的小球. ics”文件，设计环境如图 3 - 52 所示。打开设计树可以看到共有两个零件，其中一个“挡板”是运动的参考位置，另一个“小球”是运动物体。运动小球的设计步骤如下：

图 3 - 52　打开“逃走的小球”源文件

① 在零件状态下选择“小球”，单击“智能动画”工具按钮，弹出“智能动画向导”对话框，单击“下一步”将运动持续时间改为“12”，单击“完成”按钮，如图 3 - 53 所示。出现了蓝色的运动参考平面。

② 这个动画的设计是让小球在四周撞击并最终由唯一的出口出去。为了便于观察利用“视向”工具将视图调整到如图 3 - 54 所示。

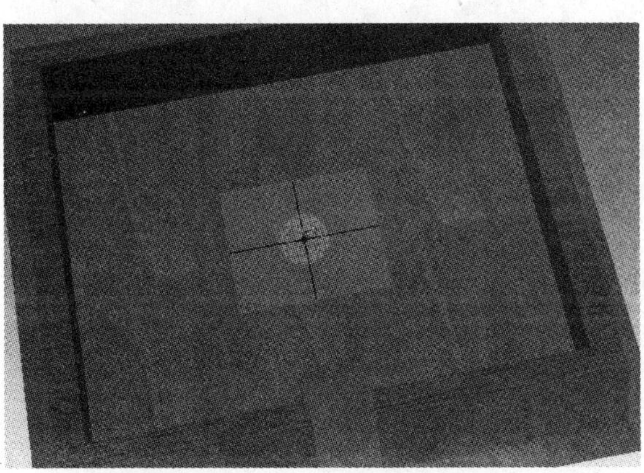

图 3 - 53　添加自定义动画

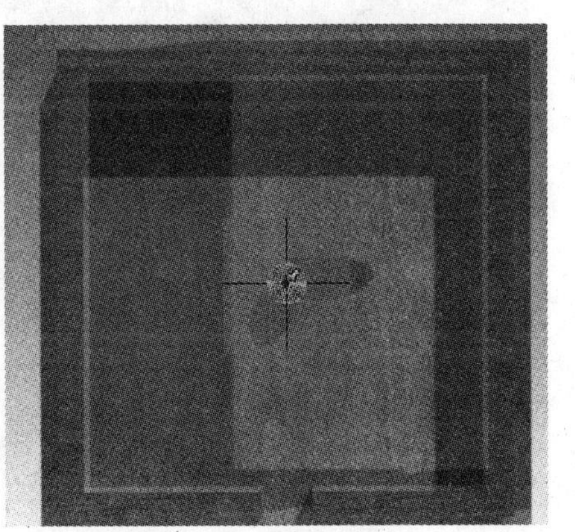

图 3 - 54　调整视图

③ 下面来为小球添加运动。首先单击“延长路径”工具按钮，然后在小球有可能撞击的地方单击，添加下一个关键帧，如图 3－55 所示。注意，在这个动画中对位置的要求不很严格，只要基本符合小球的运动规律即可。

④ 可以根据自己的设计让小球在四周撞击，添加多个关键帧，如图 3－56 所示。

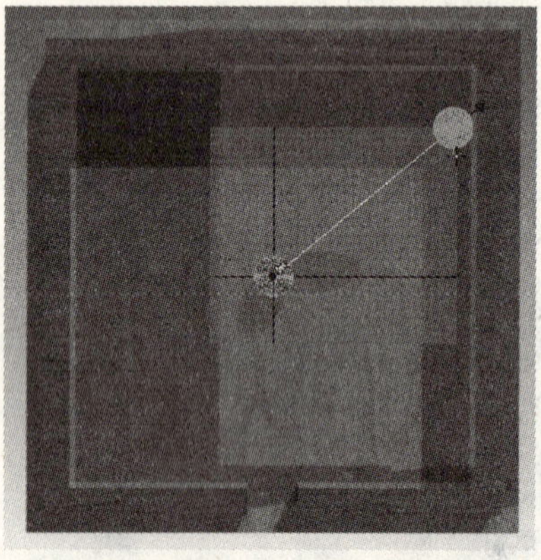

图 3－55 添加关键帧

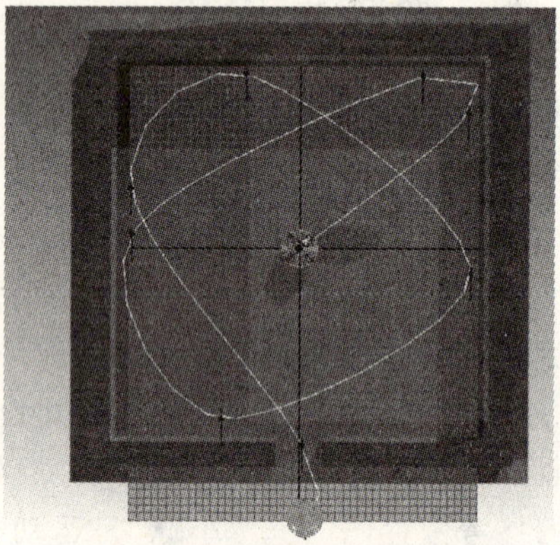

图 3－56 添加多个关键帧

⑤ 关闭延长路径的工具，播放动画，可以看到小球是沿弧线运动的，并不符合所理解的运动轨迹。

⑥ 单击白色路径线，路径线变为黄色，在上面右击后选择“动画路径属性”，如图 3－57 所示。

⑦ 在“动画路径属性”对话框中的“常规”选项卡中，将插值类型改为“直线”，如图 3－58 所示，然后单击“确定”按钮。

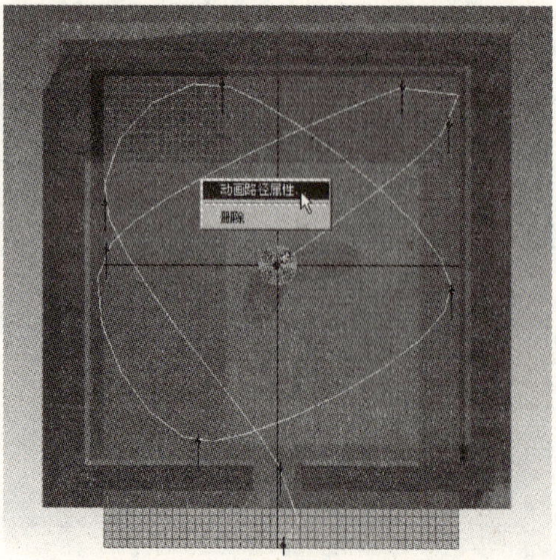

图 3－57 打开“动画路径属性”

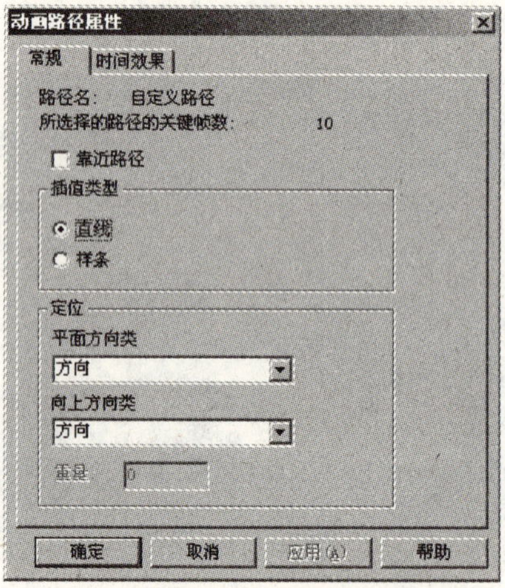

图 3－58 个性改插值类型

⑧ 经过修改的路径如图 3－59 所示，可以看到小球沿直线运动，并与四周撞击，最后出走。

⑨ 观看小球的运动。单击“打开”工具按钮，进入动画播放状态。单击“播放”工具按钮，小球按照所设定的轨迹开始运动，如图 3－60 所示。

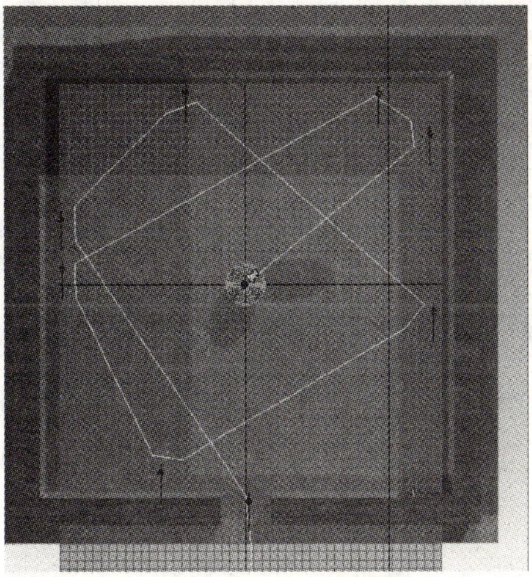

图 3－59　修改后的路径

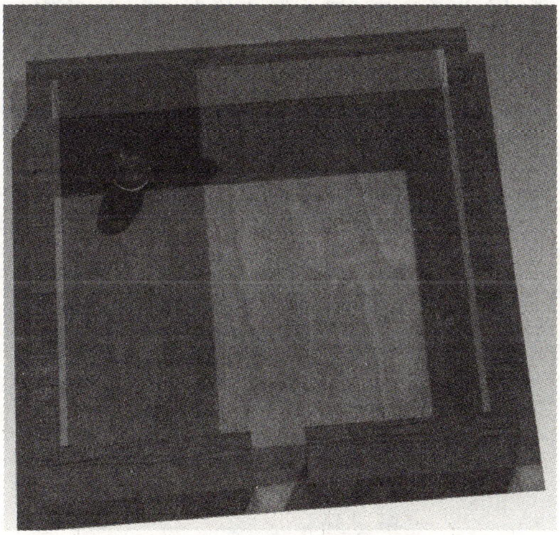

图 3－60　播放效果

3.2.2　旋转的硬币

本例要做的是一个硬币在桌子上旋转最后掉在地上的动画。打开随书所附光盘中的“旋转的硬币.ics”文件，设计环境如图 3－61 所示。打开设计树，看到在设计环境中共有“硬币”、“地板”两个零件和一个“桌子”的装配。其设计步骤如下：

① 在零件状态下选择“硬币”，单击“智能动画”工具按钮，弹出“智能动画向导”对话框，单击“下一步”，将运动持续时间改为“10”，单击“完成”按钮。

② 单击“延长路径”工具按钮，在桌面上任意位置添加一些关键帧。在这个动画中对位置的要求不很严格，前几个关键帧只要基本符合硬币的运动规律即可。最后一个关键帧要添加到桌子的外面，如图 3－62 所示。

③ 下面调整最后一个关键帧的位置，让硬币落到地面后倒下。这个最后位置要求较为严格。首先打开“三维球”，锁住与地面垂直的轴线，在中心手柄上右击后选择“到点”，在地面上任意位置单击，如图 3－63 所示。

④ 因为最后一个动作是硬币躺在地上，所以还利用“三维球”将它旋转到与地面平行的位置，如图 3－64 所示。对于关键帧的调整，主要依赖“三维球”工具，可以把它像零件一样对待。

图 3-61　打开“旋转的硬币”源文件

图 3-62　添加自定义路径动画

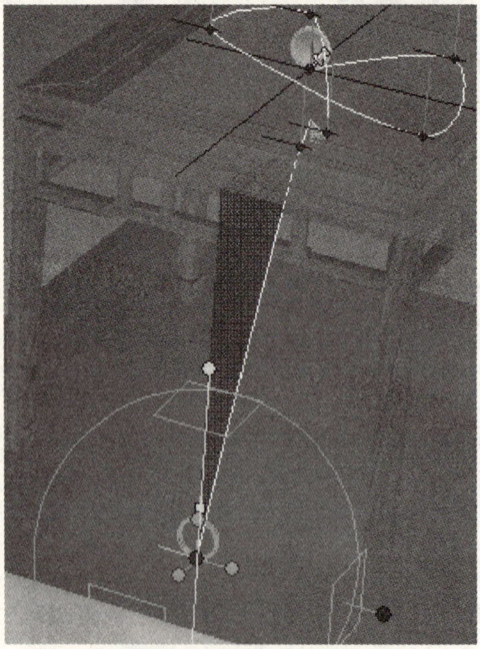

图 3-63　高度向关键帧位置

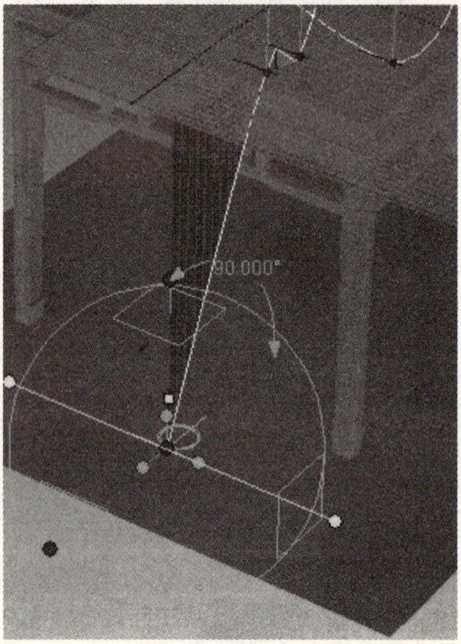

图 3-64　精细调整关键帧位置

⑤ 关闭“三维球”后，播放动画，发现在硬币向桌下掉落的时候不合理，是穿过桌面落下的，如图 3－65 所示。

⑥ 为了解决这个问题，需要调整倒数第二个关键帧，可以利用“三维球”来调整，但此例对位置的要求不很精确，故不采用此方法。选择动画路径后，选择倒数第二个关键帧，如图 3－66所示拖动向上的方形手柄到合适位置即可。

图 3－65　播放效果

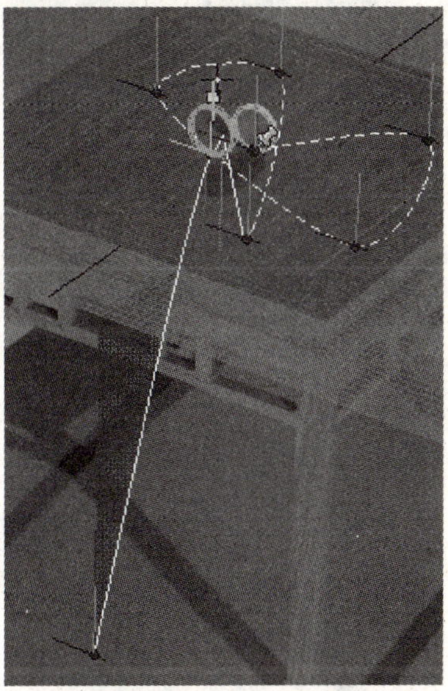

图 3－66　调整关键帧位置

⑦ 再次播放动画，仍然没有达到硬币自转的设计要求。

⑧ 在零件状态下选择硬币，单击“智能动画”工具按钮，弹出“智能动画向导”对话框，选择“旋转”单选项及“绕高度方向轴”，角度改为“3600”，单击“下一步”，将运动持续时间改为“10”，单击“完成”按钮。

⑨ 此时播放动画，最后的运动依然有问题，只要将时间略作调整即可。

⑩ 打开“智能动画编辑器”，双击“硬币”展开动画片段，将“高度旋转”时间长度改为“9”。“智能动画编辑器”对话框如图 3－67 所示。

⑪ 观看硬币的运动。单击“打开”工具按钮，进入动画播放状态。单击“播放”工具按钮，硬币按照所设定的轨迹开始运动，如图 3－68 所示。

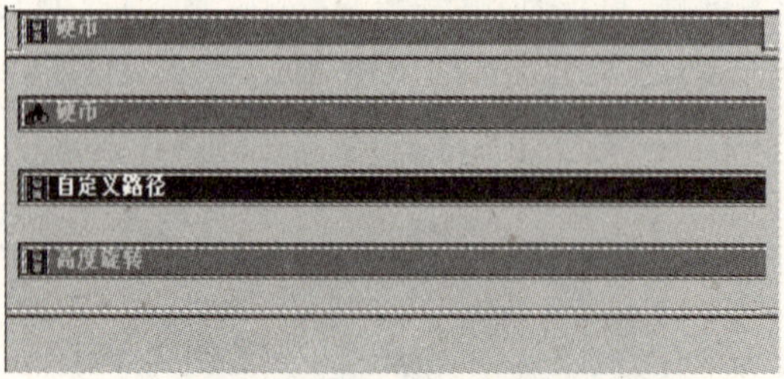

图 3-67　打开“智能动画编辑器”对话框

图 3-68　最终播放效果

3.2.3　五彩的陀螺

陀螺是一种常见的玩具。本例设计一个旋转的五彩陀螺。打开随书所附光盘中的“陀螺.ics”文件，设计环境如图 3-69 所示。在设计树中可以看到，共有“陀螺”、“地面”、“墙面”和“墙面”四个零件。陀螺是所要添加动画的主要零件。其设计步骤如下：

① 在零件状态下选择“陀螺”，单击“智能动画”工具按钮，弹出“智能动画向导”对话框，单击“下一步”，将运动持续时间改为“5”，单击“完成”按钮，如图 3-70 所示。

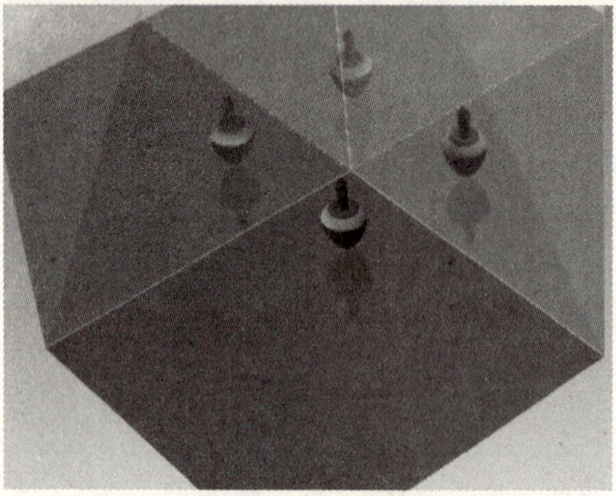

图 3-69　打开“陀螺”源文件

图 3-70　添加自定义路径

② 打开“三维球”，将运动参考平面旋转到与地面平行，结果如图 3-71 所示。

③ 关闭“三维球”后，单击“延长路径”工具按钮，在地面上任意位置添加一些关键帧。在此动画中对位置的要求不很严格，只要基本符合陀螺的运动规律即可，如图 3-72 所示。

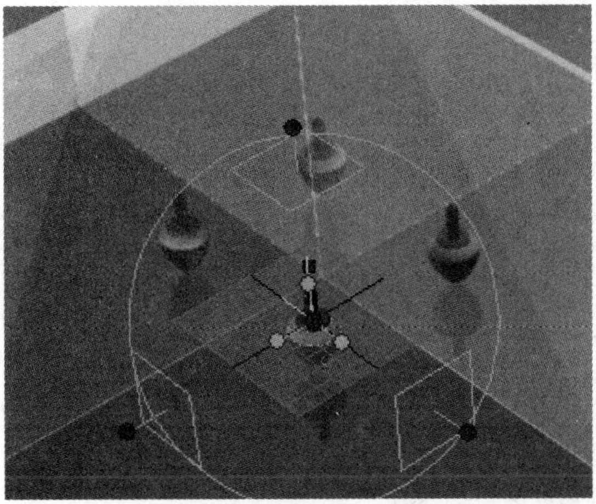

图 3-71　调整动画参考平面

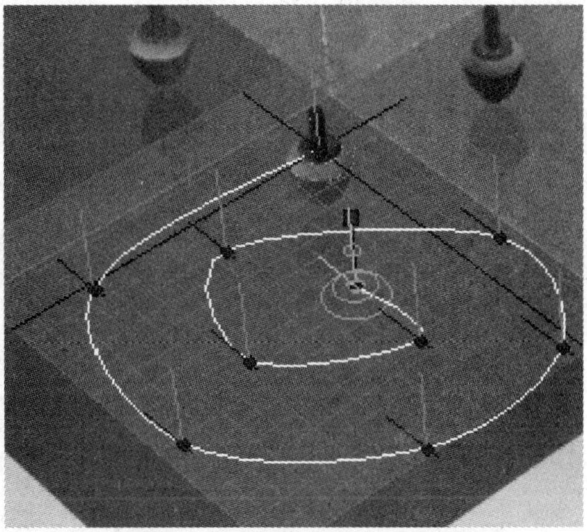

图 3-72　添加自定义路径

④ 在实际中,陀螺运动会有一些弹跳,可以直接拖动关键帧上的方形手柄,如图 3-73 所示。

⑤ 为了让陀螺在运动的时候自转,再为它添加一个旋转动画。在零件状态下选择“陀螺”,单击“智能动画”工具按钮,弹出“智能动画向导”对话框,选择“旋转”单选项及“绕高度方向轴”,角度改为“3600”,单击“下一步”,将运动持续时间改为“5”,单击“完成”按钮,看到旋转轴不在所要求的位置上,因此打开“三维球”调整到正确位置,结果如图 3-74 所示。

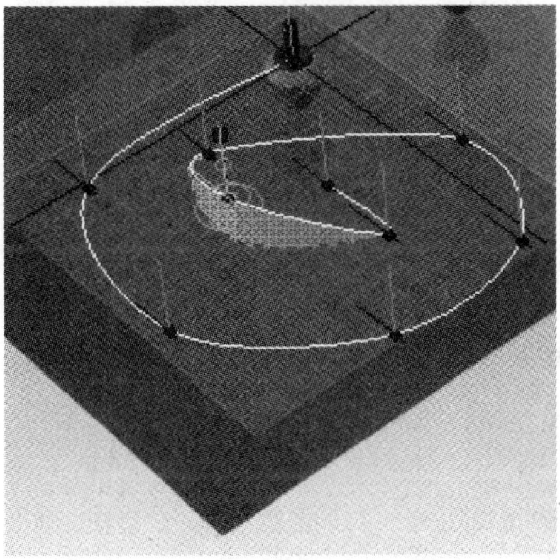

图 3-73　在高度方向上调整

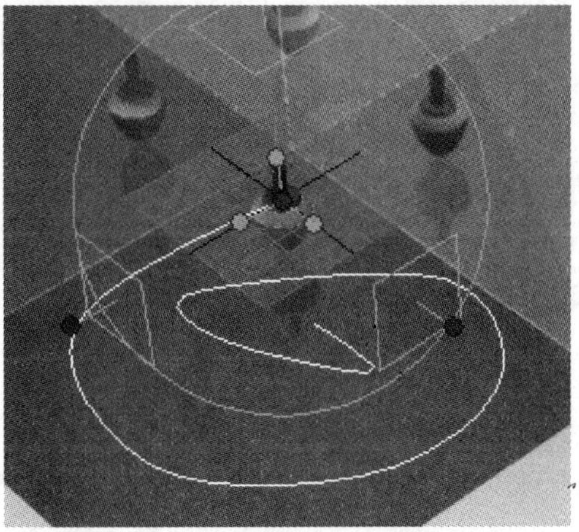

图 3-74　利用“三维球”调整旋转轴

⑥ 所添加的动画都已经完成,单击“打开”工具按钮,进入动画播放状态。单击“播放”工具按钮,陀螺按照所设定的轨迹开始运动,如图 3-75 所示。

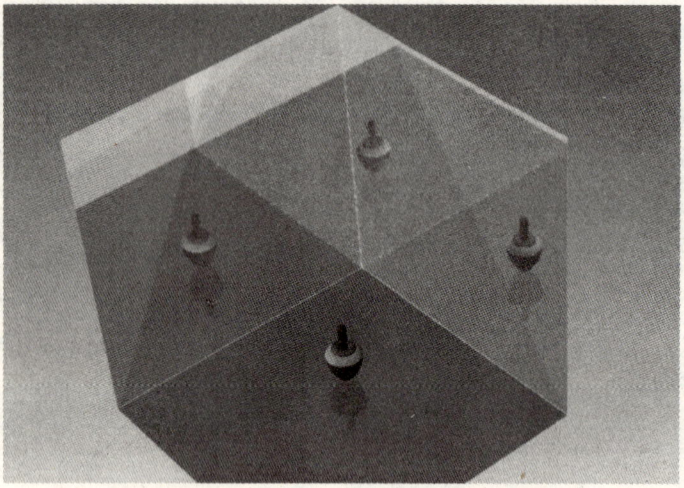

图 3-75 播放效果

3.2.4 漂亮的投篮

经常在电视上看到篮球运动员做的一个个精彩的投篮动作，在这里制作一个投篮的动画。打开随书所附光盘的“篮球.ics”文件，设计环境如图 3-76 所示。打开设计树，可以看到有“篮球”、“地板”和“篮框”三个零件。其中，“篮球”是这个动画的主角。设计步骤如下：

① 在零件状态下选择“篮球”，单击“智能动画”工具按钮，弹出“智能动画向导”对话框，单击“下一步”，将运动持续时间改为“16”，单击“完成”按钮。

② 在设计环境中出现了运动参考平面，但它并不是所想要的平面，打开“三维球”，将它移动到合适位置，结果如图 3-77 所示。

③ 关闭“三维球”后，单击“延长路径”工具按钮，将篮球穿过篮框落在地上弹跳后停止的路径大致添加出来，如图 3-78 所示。

④ 在这个动画中，对几个关键帧的位置要求比较严格。首先调整通过篮框的关键帧。选择通过篮框的关键帧，打开“三维球”工具，右击中心手柄后，选择“到中心点”，然后在篮框上单击，结果如图 3-79 所示。

⑤ 篮球与地面之间的距离是所要调整的距离。选择第一个与地面接触的关键帧，打开“三维球”，锁定与地面垂直的方向轴，右击中心手柄后选择“到点”，然后单击地面上任意可操作点。沿着锁定方向向上移动“95”，如图 3-80 所示，从而成功地调整了第一个落地位置。

图 3-76　打开“篮球”源文件

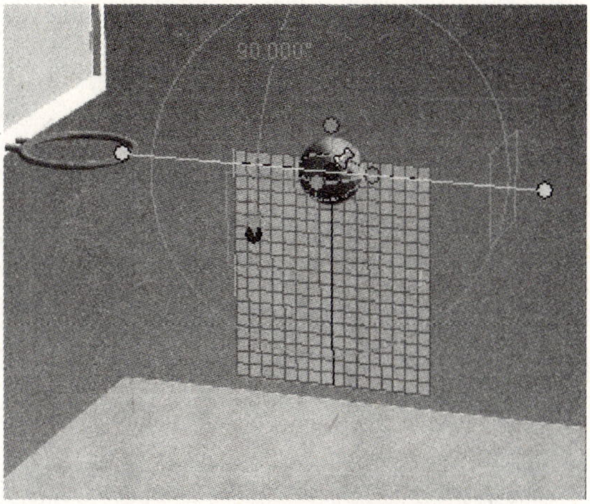

图 3-77　调整动画参考平面

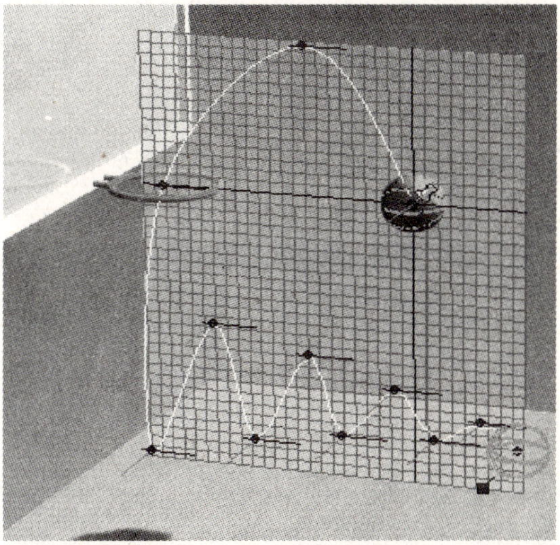

图 3-78　添加关键帧

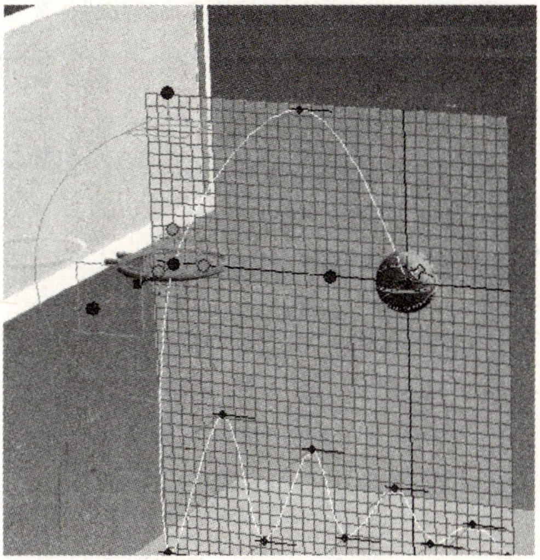

图 3-79　利用“三维球”精高速关键帧的位置

⑥ 同上一步操作，调整以后每一个与地面接触的关键帧的位置，最终运动轨迹如图 3-81 所示。

⑦ 播放动画，篮球已经可以按照所设定的路线运动了，但是美中不足，就是它的运动速度自始至终都是一样的。这可以通过智能动画编辑器来调整。

⑧ 打开“智能动画编辑器”，双击“篮球”展开动画片段。在“自定义路径”上右击，打开“片段属性”，切换到“时间效果”选项卡，将“类”选择为“向外减弱”，如图 3-82 所示。

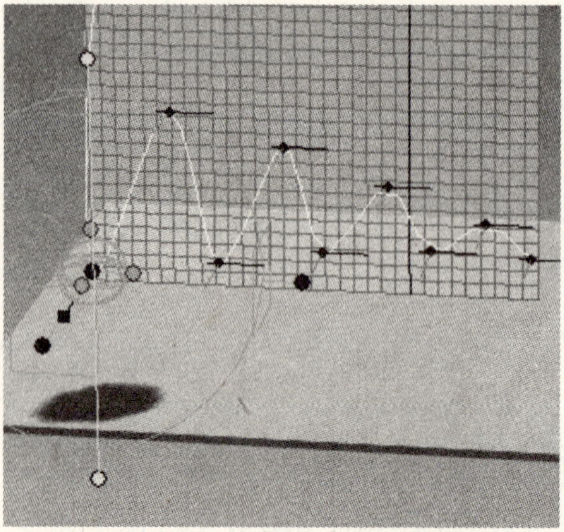

图 3-80　利用“三维球”精调关键帧的位置

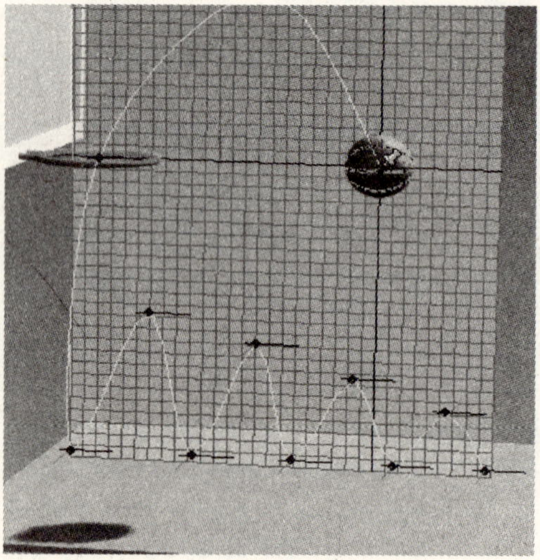

图 3-81　调整完成的路径

⑨ 单击“确定”退出“片段属性”，关闭“智能动画编辑器”，所添加的时间效果是让运动速度在后期变慢。

⑩ 单击“打开”工具按钮，进入动画播放状态。单击“播放”工具按钮，篮球按照所设定的轨迹开始运动，如图 3-83 所示。

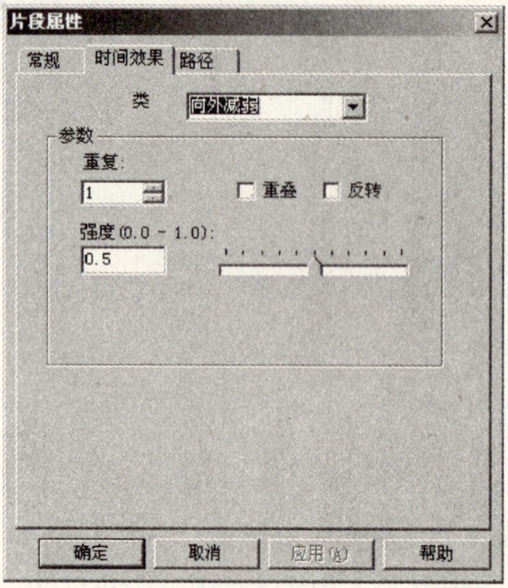

图 3-82　修改关键属性

图 3-83　播放效果

3.2.5　发射的炮弹 1

本例为添加一个由飞机上发射的炮弹的动画。打开随书所附光盘中的“炮弹.ics”文件，设计环境如图 3－84 所示。打开设计树可看到有“炮弹”和 standm025 两个组件。由于所模拟的是一个炮弹从飞机上发射的情境，它的运动是有规律的，分别由“向前运动”、“向下运动”和“旋转”三个动画片段组成。下面依次添加三个动画片段。

图 3－84　打开“炮弹”源文件

① 在装配状态下选择“炮弹”，首先添加沿长度方向的移动，也就是向前的移动。单击“智能动画”工具按钮，弹出“智能动画向导”对话框，选择“移动”单选项及“沿长度方向”，将移动值改为“800”，单击“下一步”，将动画持续时间改为“5”，单击“完成”按钮，如图 3－85 所示。

图 3－85　添加长度向移动

② 添加向下的移动。单击“智能动画”工具按钮，弹出“智能动画向导”对话框，选择“移动”单选项及“沿高度方向”，将移动值改为“－200”，单击“下一步”，将动画持续时间改为“5”，单击“完成”按钮，如图 3－86 所示。

③ 再来添加旋转，单击“智能动画”工具按钮，弹出“智能动画向导”对话框，选择“旋转”单选项及“绕宽度方向轴”，将移动值改为“－50”，单击“下一步”，将动画持续时间改为“5”，单击“完成”按钮。

④ 此时播放可以看到，炮弹沿着所设计的路线移动，但是在向下的速度和旋转上总觉有

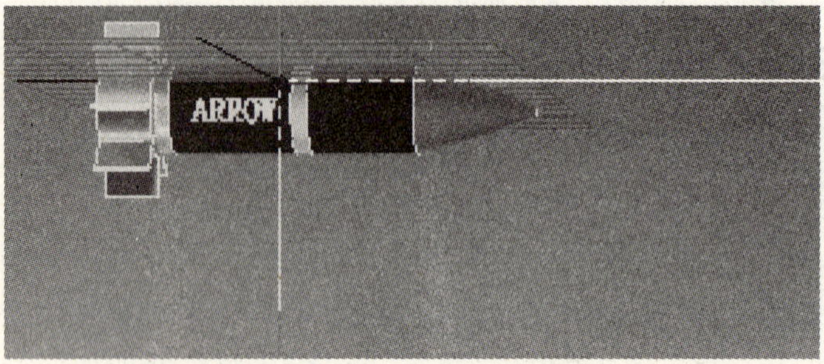

图 3-86　添加高度向移动

些不妥，因为向下及旋转都是一个加速运动。

⑤ 打开“智能动画编辑器”，双击“炮弹”展开动画片段，先修改高度方向的移动，右击“高度移动”动画片段，打开“片段属性”，切换到“时间效果”选项卡中，将“类”选为“重力效果”，如图 3-87 所示。单击“确定”按钮。

⑥ 在“宽度旋转”动画片段上右击，打开“片段属性”对话框，同样在“时间效果”选项卡中，将“类”改为“加速”，如图 3-88 所示，单击“确定”按钮。

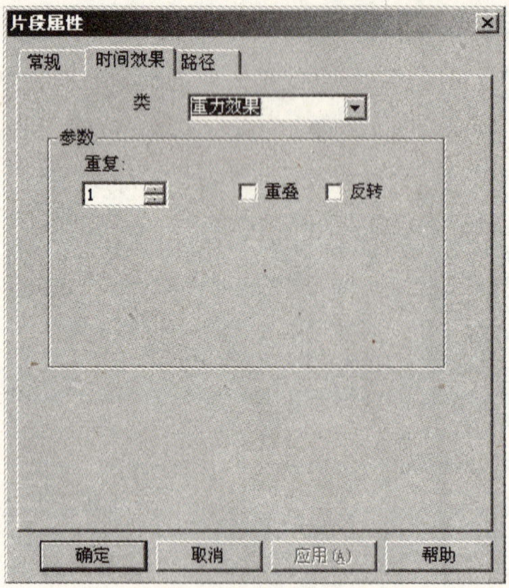

图 3-87　调整“时间效果”

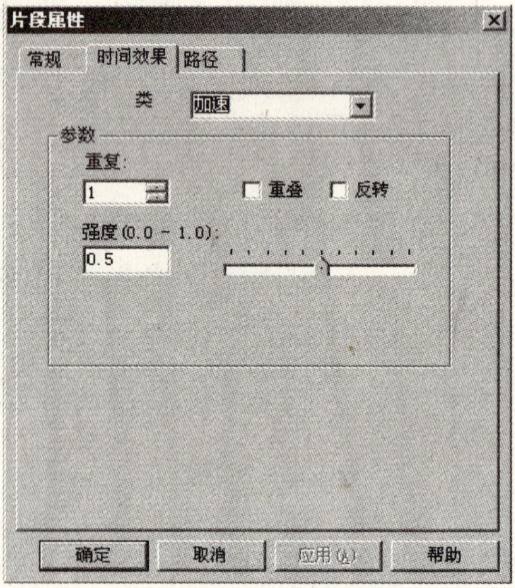

图 3-88　“时间效果”调整结果

⑦ 修改完成的“智能动画编辑器”如图 3-89 所示。

⑧ 观看炮弹的动画。单击“打开”工具按钮，进入动画播放状态。单击“播放”工具按钮，炮弹按照所设定的轨迹开始运动，如图 3-90 所示。

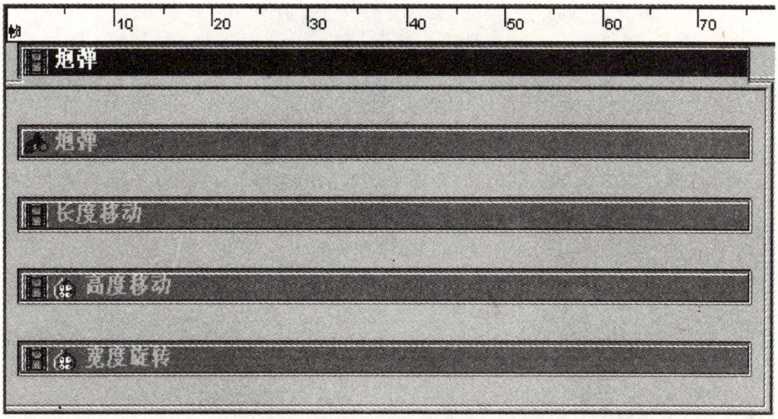

图 3-89　编辑"智能动画编辑器"

图 3-90　播放效果

3.2.6　发射的炮弹 2

下面用另一种更为简便的方法来为炮弹添加动画，设计步骤如下：

① 选中对象"炮弹"，单击"智能动画"工具按钮，弹出"智能动画向导"对话框，选择"定制"单选项，单击"完成"按钮，如图 3-91 所示。

② 如图 3-92 左图所示，"炮弹"上显示出一栅格平面（动画轨迹平面）。激活"三维球"，将该栅格平面旋转 90°，使动画轨迹平面处于垂直方位，如图 3-92 所示。

③ 关闭"三维球"后，单击"延长路径"工具按钮，然后将炮弹沿弹道轨迹运动的路径大致添加出来，如图 3-93 所示。

④ 选中弹道轨迹，右击选取"动画路径属性"，在"动画路径属性"对话框中选"平面方向类"定位方式为"沿轨迹"，如图 3-94 所示。

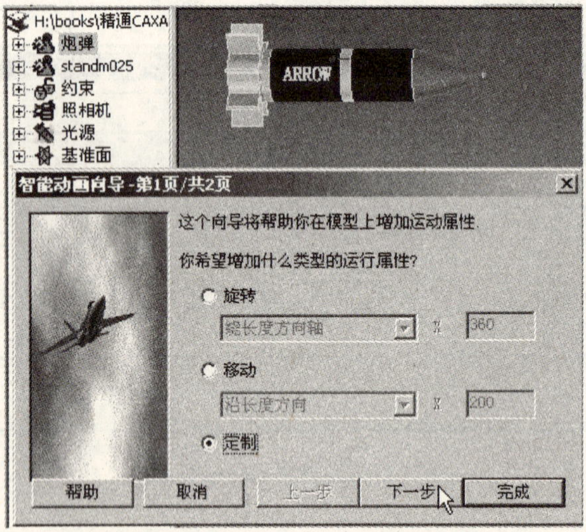

图 3-91　为“炮弹”添加“定制”动画

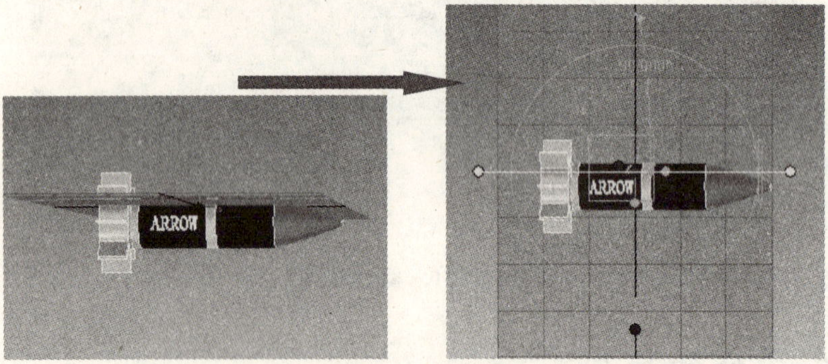

图 3-92　使动画轨迹平面处于垂直方位

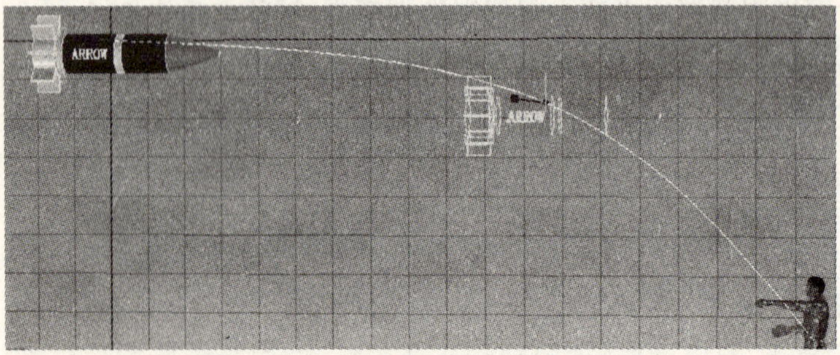

图 3-93　添加“炮弹”的弹道轨迹

⑤ 单击“打开”工具按钮,进入动画播放状态。单击“播放”工具按钮,炮弹开始按照所设定的轨迹运动。

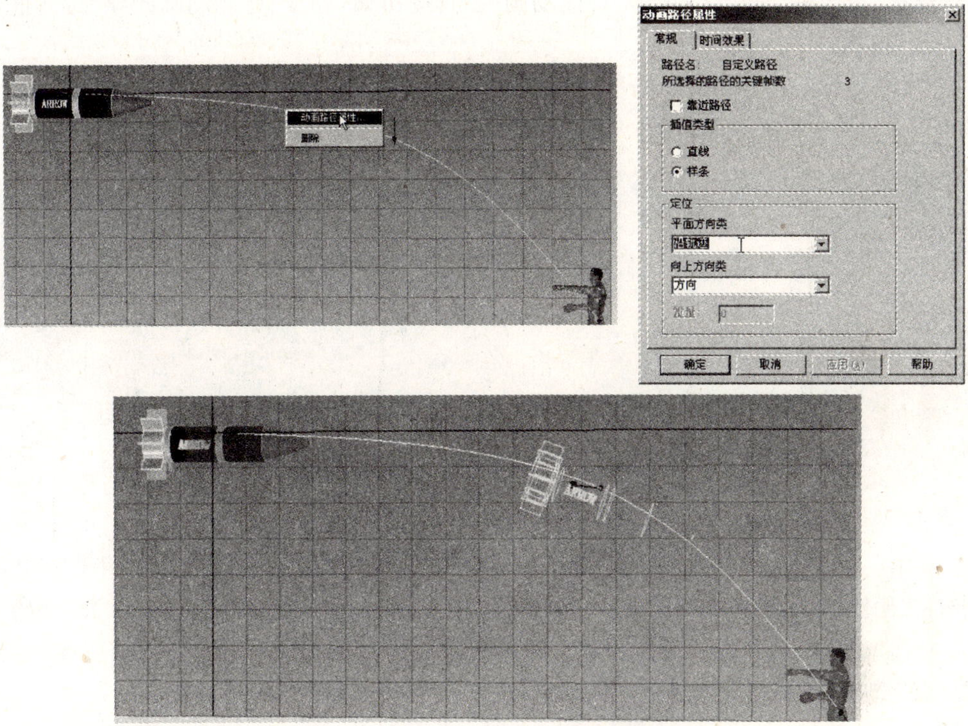

图 3-94　设定弹道轨迹“沿轨迹”属性

3.3　轻轻地我走了,正如我轻轻地来

3.3.1　怀念英雄

本节所讲的是一些由 CAXA 实体设计所体现出来的消失或渐现的动画。打开随书所附光盘中的“怀念英雄. ics”文件,设计环境如图 3-95 所示。在左侧设计树上可以看到,由“包围物”零件和“詹天佑”文字组成。所要添加的动画主要由两个动画组成:第一个动画是包围物沿高度方向旋转 180°,即可将詹天佑三个字显现出来;第二个动画是让詹天佑三个字由小到大逐渐显现出来。具体步骤如下:

① 给包围物添加旋转。在零件状态下选择“包围物”,单击“智能动画”工具按钮,弹出“智能动画向导”对话框,选择“旋转”单选项及“沿高度方向轴”,将移动值改为“180”,单击“完

成”按钮。

② 将包围物压缩，添加詹天佑三个字从无到有的过程。

③ 选择“詹天佑”三个字，单击“智能动画”工具按钮，弹出“智能动画向导”对话框，直接单击“完成”按钮。

④ 单击“延长路径”工具按钮，在任意位置单击，如图 3－96 所示，为它添加了一个新的关键帧。

图 3－95　打开“怀念英雄”源文件

图 3－96　添加关键帧

⑤ 在第一个关键帧上右击，选择“关键帧属性”，在弹出“关键帧属性”对话框中，选择“高级”选项卡，在“比例”中填写“0.02”，如图 3－97 所示。这个关键帧的意思是由原大的 2%开始动画。

⑥ 单击“确定”，修改第二个关键帧。在第二个关键帧上右击，打开“关键帧属性”对话框，选择“位置”选项卡，将“长度”、“宽度”和“高度”都改为“0”，如图 3－98 所示。

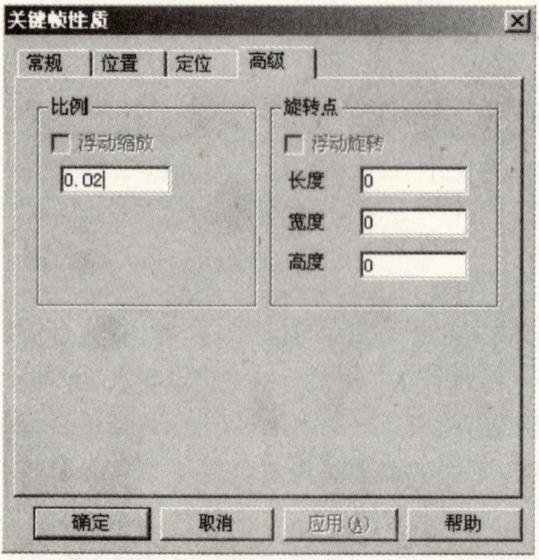

图 3－97　修改关键帧属性(一)

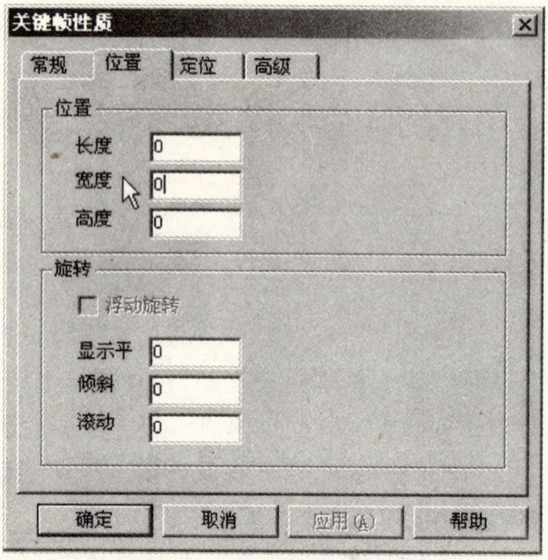

图 3－98　修改关键帧属性(二)

⑦ 播放动画，可以看到詹天佑三个字由小到大的变化。

⑧ 观看动画，发觉三个字的变化略显仓促。打开“智能动画编辑器”，在“詹天佑”上右击，将动画的起始时间改为“1”。“智能动画编辑器”对话框如图 3－99 所示。

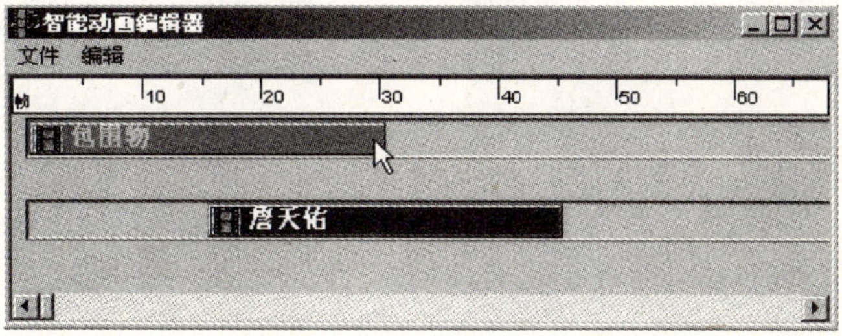

图 3－99　调整“智能动画编辑器”

⑨ 观看动画。单击“打开”工具按钮，进入动画播放状态。单击“播放”工具按钮，包围物旋转过后，展现出詹天佑三个字的扩大，如图 3－100 所示。

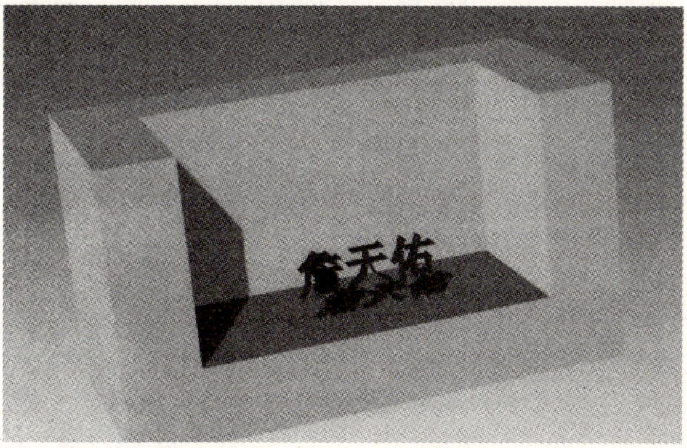

图 3－100　播放效果

3.3.2　倒计时

中国获得了 2008 年的奥运会举办权，而倒计时是在运动会中最常见的事。在这一节中利用 CAXA 实体设计来进行一个倒计时的设计。打开随书所附光盘的“倒计时.ics”文件，设计环境如图 3－101 所示。打开设计树，可以看见共有“背景”、“1”、“2”、“3”四个零件。设计步骤如下：

① 所添加的动画是由 3 至 1 的倒计时，首先添加 3 的动画。在零件状态下选择“3”，单击“智能动画”工具按钮，弹出“智能动画向导”对话框，设置为沿高度方向移动 10，单击“下一

步”，将“时间”改为“4”，单击“完成”按钮，如图 3－102 所示。

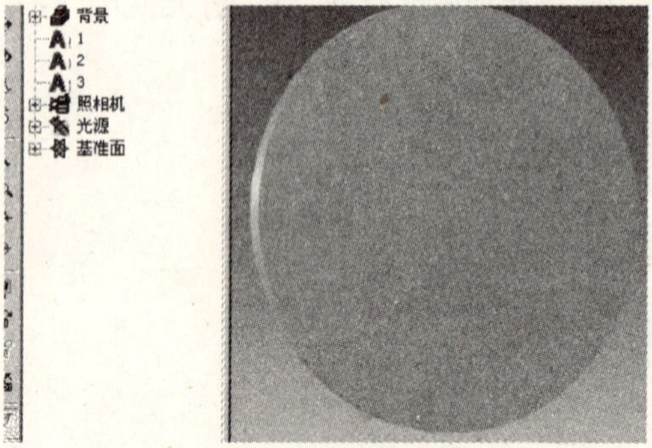

图 3－101　打开“倒计时”源文件

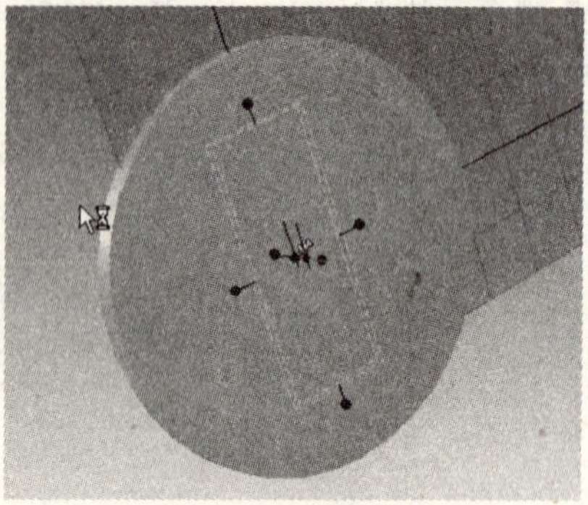

图 3－102　添加动画

② 要设计的是让它由内向外、由大到小出现，所以需要改变起始关键帧。

③ 在第一个关键帧上右击，打开“关键帧性质”对话框，选择“高级”选项卡，将“比例”框中改为“0.01”，如图 3－103 所示。这样，起始位置就确定了。

④ 与对“3”的动画添加一样，对“2”和“1”做同样的动画添加。

⑤ 播放动画。此时可看见三个字同时出来而且不再消失，如图 3－104 所示。

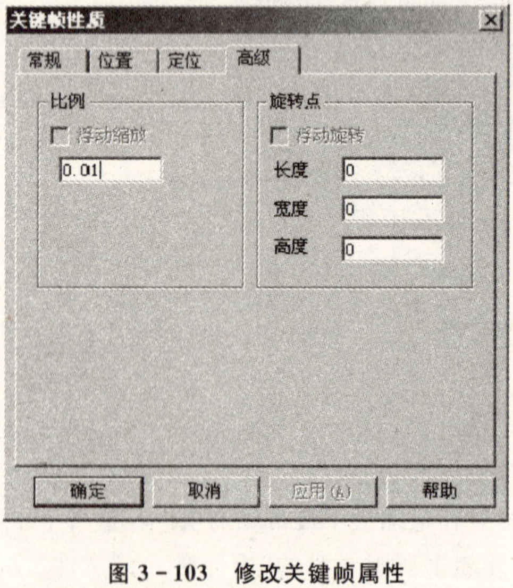

图 3－103　修改关键帧属性

图 3－104　未调整时间的播放效果

⑥ 通过修改时间解决它们同时出现的问题。打开“智能动画编辑器”，将“2”的动画起始时间改为“3”，将“1”的动画起始时间改为“6”。“智能动画编辑器”对话框如图 3－105 所示。

⑦ 再次播放，此时的动画已经开始有了顺序，但是在最后还是全都堆积在背景上。

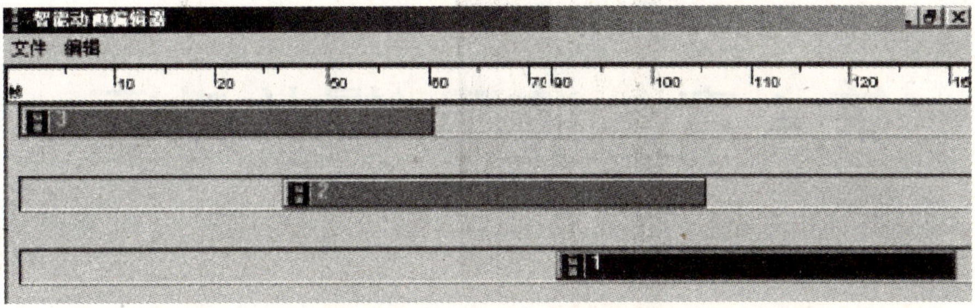

图 3－105 调整动画编辑器

⑧ 在“3”的动画片段上双击展开，在“高度移动”上右击，打开“片段属性”，切换到“时间效果”选项卡，将“类”改为“直线”，并选中“重叠”复选框，如图 3－106 所示。

⑨ 单击“确定”，对“2”和“1”的“高度移动”做同样的处理。

⑩ 观看动画。单击“打开”工具按钮，进入动画播放状态。单击“播放”工具按钮，三个字依次出现并消失，如图 3－107 所示。

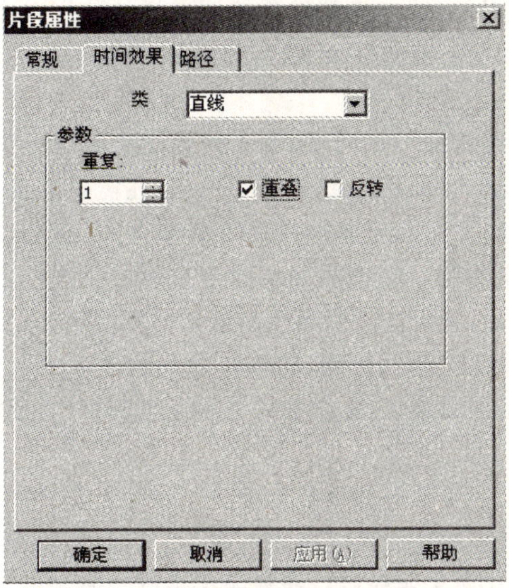

图 3－106 修改片段属性

图 3－107 播放效果

思考练习题

1. 打开随书所附光盘中的“骰子.ics”文件，添加一个旋转骰子的动画，效果与陀螺动画相同，注意旋转轴的位置。
2. 根据生活中的事物设计一个渐隐渐显的动画。

第 4 章　装配/爆炸动画

本章要点：

- 掌握 CAXA 实体设计软件装配设计的基本操作。
- 掌握产品装配/爆炸动画的基本制作方法。
- 掌握产品剖切的原理并制作剖切类动画。

日常所看到的产品，或者要设计/制造的产品，一般都是由许多零件和部件按照严格的装配关系和装配规则组装而成的。例如一辆汽车由动力系统、运载系统、传动系统、变速系统及行走系统等多个系统部件组成。其中，每一个系统又都由更次一级的部件、子件及零件组装而成，从而形成一个个复杂的空间结构和逻辑关系。但是，这些零部件是按照怎样的装配次序/路径（工艺）和定位关系装配到一起的呢？这些装配在一起的复杂、精巧的产品，其静态的内部结构和动态的运动方式又是怎样的呢？

对于教师而言，在给学生讲授产品设计或机械结构课程的时候，为了帮助学生直观、形象地认识产品的内部结构和工作原理，深刻理解和掌握产品设计/制造的知识，往往需要准备非常多的二维挂图或者各种各样的立体模型；同时，为了动态地展示产品内部结构和工作方式等，除了要将产品模型切去四分之一，还要在实验室中将一个产品的实物拆来拆去。这样，不仅成本很高，效率低下，而且课堂效果是机械、抽象的，且无法吸引学生的求知与创造热情。而借助现代计算机三维技术情况就大不一样了，通过装配动画仿真，使零件之间的关系一目了然，主动与从动的运动清清楚楚。这样，不仅教师备课简单了，实验投入减小了，课堂气氛活跃了，学生兴趣激发了，而且教学效果也提高了。

对于企业来说，产品的设计开发、生产制造及销售服务等各个环节都是以相关人员对产品的了解和理解为前提。要让顾客更早、更形象、更直观地在产品上市之前或一上市就认识和接受新产品，往往要花很大的精力和费用制作广告图片或实物样机以便与顾客进行沟通，但实际效果并不理想；产品设计生产过程中要让更多的相关人员参与进来，使他们看懂大量、复杂的二维工程图纸往往是很困难的，而沟通不畅又会造成许多不必要的更改和反复，从而使产品的上市周期拉长、成本加大、质量下降；另外，还要为生产线上的工人与售后服务人员进行大量的操作培训；等等。而今天通过装配/机构动画，在产品设计阶段就可以将产品的内在结构和运动原理非常清晰地展示给客户和相关人员，不用涉及实际生产中的任何一个环节，只是在电脑上通过仿真就可以很好地解决这些问题。

4.1　装配设计知识准备

CAXA 实体设计系统具有强大的装配功能。它将装配设计与零件造型设计集成在一起，不仅提供了一般三维实体建模所具有的刚性约束能力，同时还提供了三维球装配的柔性装配方法，并保证快捷、迅速、精确地利用零件上的特征点、线、面来进行装配定位。其中，三维球定位装配、无约束定位装配、约束定位装配及尺寸约束装配等是 CAXA 实体设计系统提供的零件定位的有效装配方法。不同装配方法有各自的应用范围，在产品设计中可以根据不同情况选定不同的装配约束方式。

对于装配设计，一般分为几何装配和逻辑装配。几何装配是在三维空间中对零件位置关系的约束，也是一般意义上理解的装配，是本书介绍的重点。实际上，对于一个产品，特别是一个多零件产品，几何装配仅仅是一小部分；对于零件与组件，逻辑装配同样占有非常重要的地位。在多数情况下，不同的零件或部件可能由不同的设计人员设计完成，因此，在装配设计过程中会产生干涉或发现某个零件设计上的缺陷。为此，系统还提供了干涉检查和允许对零件修改的功能，同时还能保证将装配设计中所作的修改信息正确地传递给相关零件。

CAXA 实体设计可以在同一工作界面下完成设计与装配。本节将依次介绍装配工具，并在最后着重介绍零件与装配件的剖切。

1. 三维球装配

“三维球”就像人的手一样，可以将任何三维对象灵活地“放置”到需要的方位上。三维球是现代 CAD(计算机辅助设计)中最有用的三维操作工具，在装配设计中同样是最基本、最常用的操作工具。本书第 1 章已经详细介绍了三维球的功能，在这里不再赘述。

2. 无约束装配

“无约束装配”工具能够以源零件和目标零件的指定设置为基准快速定位源文件，是 CAXA 实体设计所特有的装配设计方法。其工具按钮为 。无约束装配像三维球装配一样，仅仅是移动零件之间的空间相对位置，没有添加固定的约束关系，即没有约束零件的空间自由度。因此，利用拖动或旋转操作仍然可以改变零件之间的相对位置。

3. 约束装配

“约束装配”就是通过给零件或组件添加一个个约束，将其六个自由度限制到最低程度(零自由度即不能运动)，从而使其定位、定向限制在装配所要求的位置和方向上。其工具按钮为 。约束种类如图 4 - 1 所示。

利用“约束装配”工具可保留零件或装配件之间的空间关系。因本章中所做的动画一般不

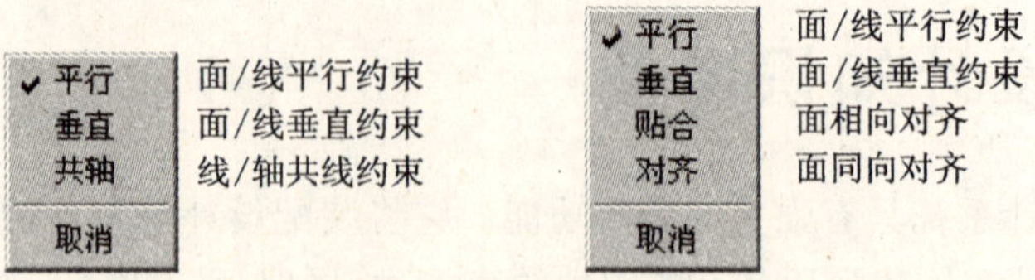

图 4-1　“约束”的种类

要求使用约束装配，所以“约束装配”的使用将在第 6 章中详细介绍。

4. 装配爆炸——拆卸

装配的反过程可以形成拆卸。

5. 剖切显示

为了看清楚零件或装配体的内部结构，可将它的一部分或外部件进行静态或动态切除显示，从而得到零件或装配体剖视动画，即“渐隐/渐显”动画。CAXA 实体设计系统中的“零件/装配剖视”工具提供了利用剖切长方体将零件进行剖视的工具。

对零件或装配进行剖视的方法是，选择主菜单上的“修改”|“截面”或单击“截面”工具按钮，激活“剖视”工具条，如图 4-2 所示。对于装配件，剖切只对选中的零件/装配件进行切除显示，未选中的零件/装配件不作切除显示。

图 4-2　剖视工具

在“剖视”工具条中，单击“剖面工具”下拉列表框的下三角按钮，可选择如下可用的剖面工具：

“X-Z 平面”　沿设计环境网格长度/高度平面生成一个剖视平面。

“X-Y 平面”　沿设计环境网格长度/宽度平面生成一个剖视平面。

“Y-Z 平面”　沿设计环境网格宽度/高度平面生成一个剖视平面。

“与视图平行”　生成与当前视图平行的剖视平面。

“与面平行”　生成与指定面平行的剖视平面。

Block　生成一个可编辑的剖视长方体。

“选择-生成截面”工具条中其他工具的含义如下：

定义选择-生成截面工具　此选项可用于确定放置剖视工具的点、面或零件。

反转曲面方向工具　此选项可用于使剖视工具的当前表面方位反向。

确定工具　此选项将完成应用操作并退出。

应用工具　此选项将完成应用操作但不退出，并允许生成附加剖视工具。

取消工具　若在“应用工具”之后选择此选项，则保留应用操作后退出；若在选择“应用工具”之前选择此选项，则不保留应用操作而退出。

下面将以“偏心柱塞泵”中为例介绍剖视操作的方法和步骤。

① 打开随书所附光盘中的“偏心柱塞泵装配.ics”文件，或系统安装时在安装目录下的同名文件，路径为 CAXA\CAXASOLID\Documentation\Tutorial\“偏心柱塞泵”。将所有的零件组合成一个装配，如图 4-3 所示。

② 在装配状态下选择偏心柱塞泵的“装配 76”，然后单击“截面”工具按钮，弹出“选择-生成截面”工具条。从“剖面工具”下拉列表框中选择所需的 Block 剖切方式。单击“定义截面工具”工具按钮，在设计环境中单击偏心柱塞泵，如图 4-4 所示。

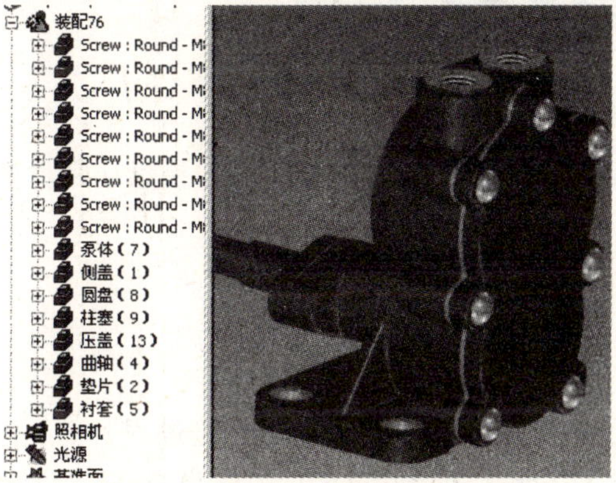

图 4-3　打开“偏心柱塞泵”源文件

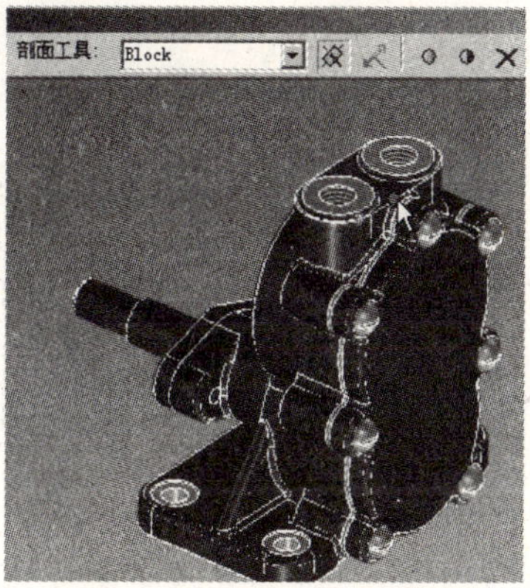

图 4-4　添加剖视工具

③ 此时出现剖切长方体，调整剖切长方体的智能手柄到恰好剖切四分之一偏心柱塞泵处，如图 4-5 所示。

④ 单击“确定”工具按钮，剖切结果如图 4-6 所示。

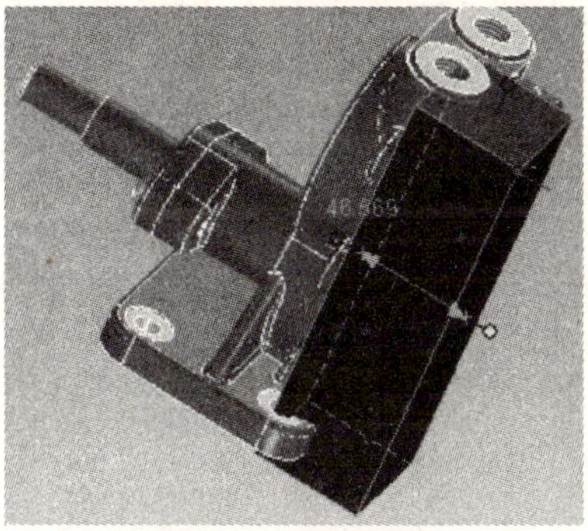

图 4-5　剖切长方体

图 4-6　剖切结果

⑤ 在剖切长方体上右击，选择“隐藏”，就可以看见剖切后的结果，如图 4－7 所示。

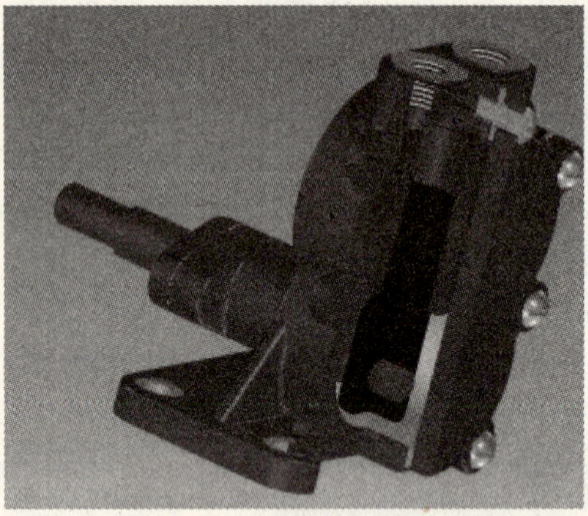

图 4－7　隐藏剖切长方体

本例中由于想要剖切的是零件的一半，所以用 Block 来作剖切工具，如果想让零件整体消失，可以采用各种平面作为剖切工具。

4.2　产品装配动画

在本节中，将制作一个简单的产品装配动画，即用动画表现装配的完整过程。

打开随书所附光盘上的 triball01.ics 文件，或者打开 CAXA 实体设计安装目录下的 CAXA\CAXASOLID\Documentation\Tutorial\ triball01.ics 文件，如图 4－8 所示。

工作区域中共有五个零件，其中一个为基座，其他四个装配件。单击“显示设计树”工具按钮，打开设计树，将它们分别重命名为“底座”、“方型插件”、“圆柱”、“长方键”、“双圆柱插件”，如图 4－9 所示。

图 4－8　打开 triball01 源文件

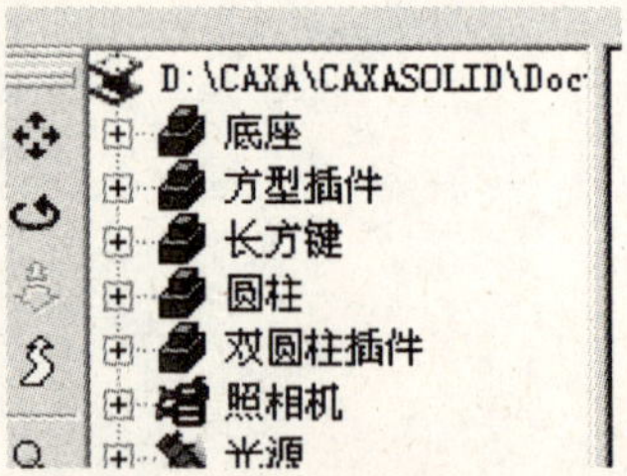

图 4－9　修改设计树

4.2.1　装配方型插件

方型插件(燕尾型插件)的装配步骤如下:

① 确立基准,利用“三维球”工具将定位锚的位置移动到如图 4－10 所示位置。这一步非常关键,因为动画的基准都是以定位锚为准的。

② 单击“智能动画”工具按钮,在弹出的“智能动画向导”对话框中直接单击“下一步”,将时间改为“4”,单击“完成”按钮,如图 4－11 所示。

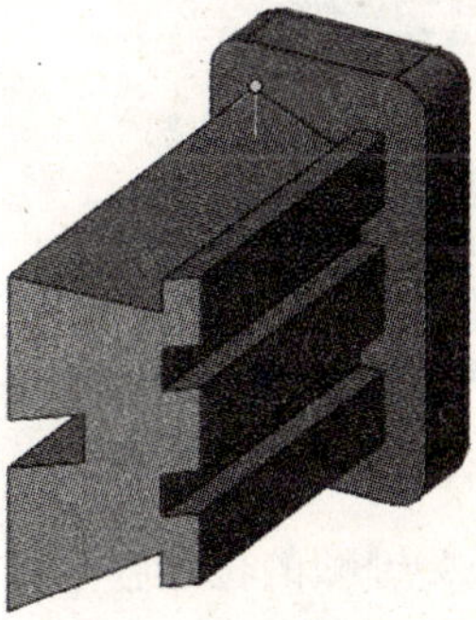

图 4－10　移动定位锚

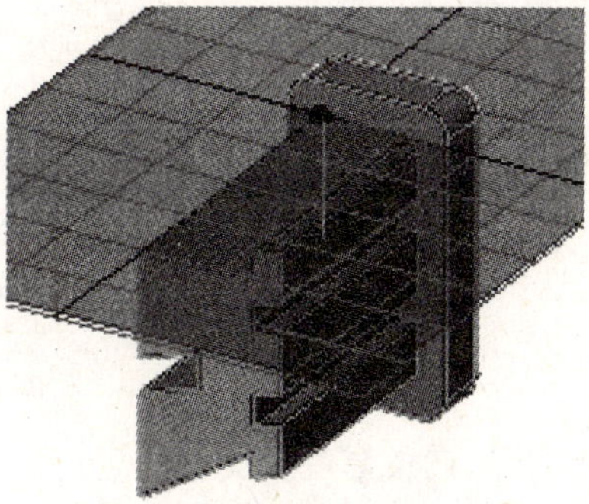

图 4－11　添加自定义动画

③ 单击“延长路径”工具按钮,在装配路线上任意位置单击,添加两个关键帧,如图 4－12 所示。

④ 调整两个关键帧的位置。首先调整第二个关键帧,打开“三维球”工具,利用中心手柄将第二个关键帧移动到最终装配位置,如图 4－13 所示。

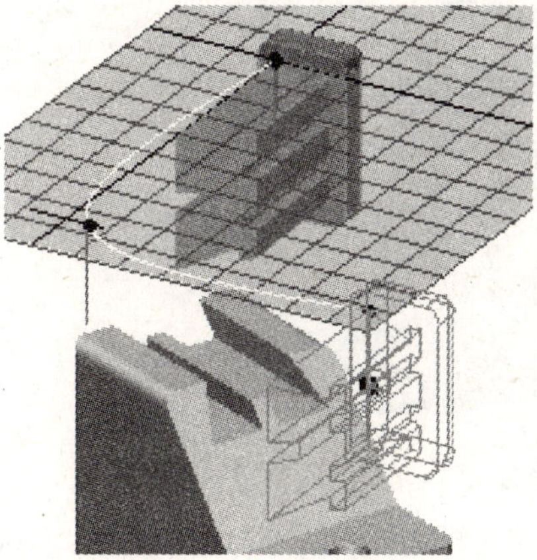

图 4－12　添加关键帧

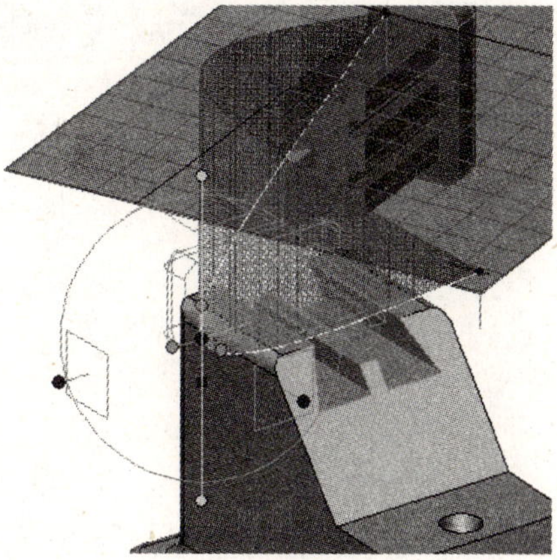

图 4－13　编辑关键帧

⑤ 利用"三维球"工具将第二个关键帧的位置向底座后方移动距离为5，如图4－14所示。这样，第二个关键帧的位置就确定下来。

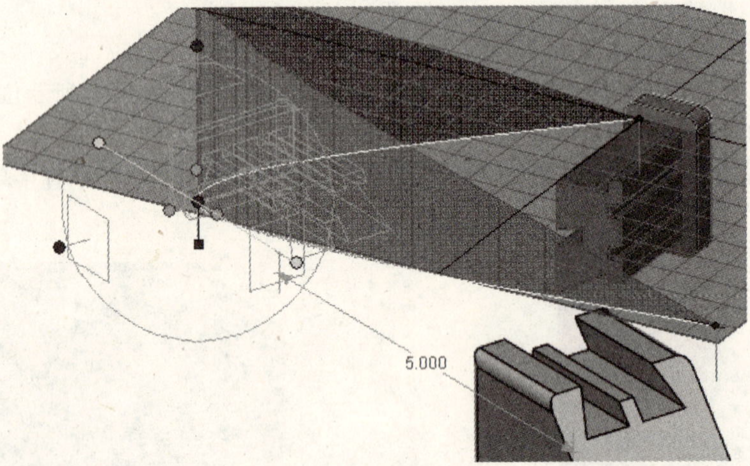

图4－14　移动关键帧

⑥ 同样，调整第三个关键帧，打开"三维球"工具，将第三个关键帧的位置移动到装配的最终位置，如图4－15所示。这样，"方型插件"关键帧的位置就确定下来。

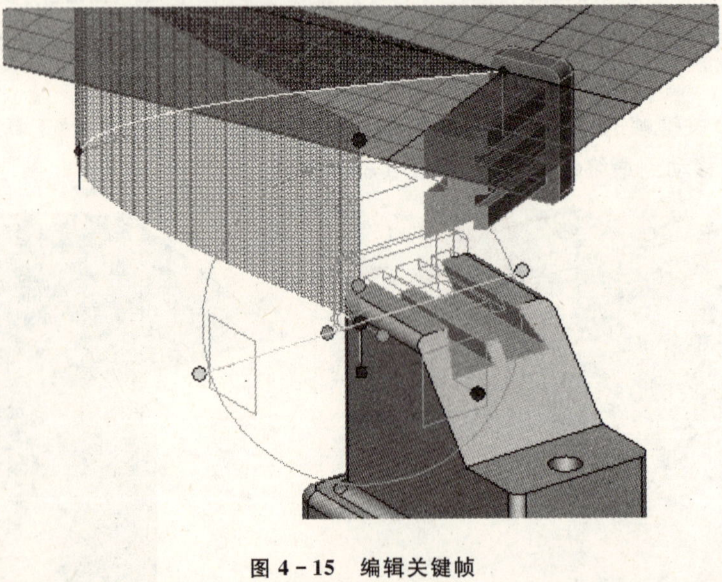

图4－15　编辑关键帧

⑦ 通过"智能动画"工具条上的控制按钮，播放方型插件的动画。可以看到，现在动画的路径是弧形的。单击"方型插件"，在上面右击后，选择"动画路径属性"，在"动画路径属性"对

话框的“常规”选项卡中，将“插值类型”改为“直线”，如图 4－16 所示。

⑧ 单击“确定”按钮，动画的路径如图 4－17 所示。再进行播放，可以看到，方型插件按照设计的路径进行装配了。

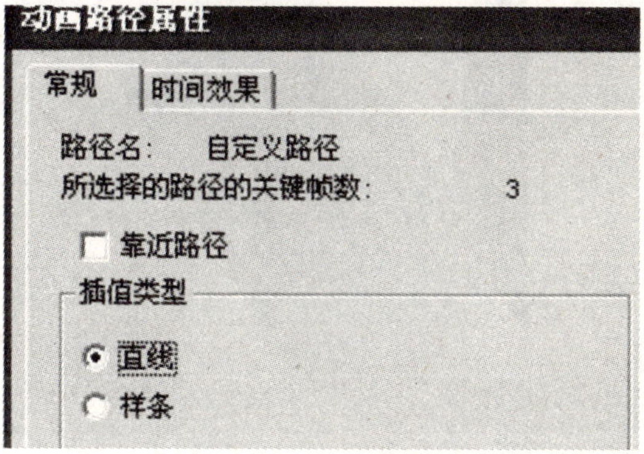

图 4－16　调整插值类型

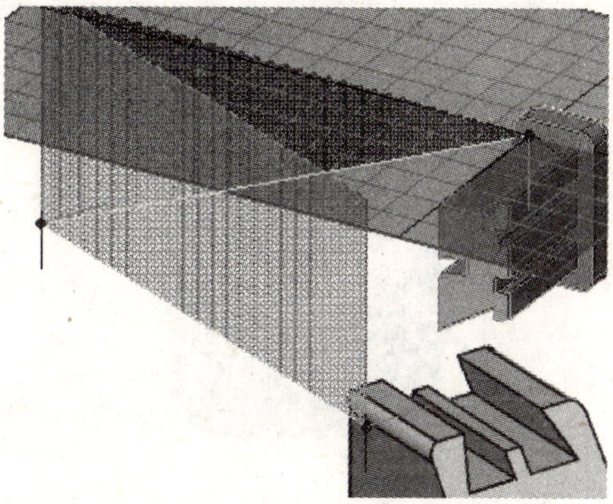

图 4－17　调整结果

4.2.2　装配圆柱轴

本节要做的是“圆柱”的装配动画。将圆柱轴的运动分步进行：第一步将圆柱轴立起来，与所要插入的位置轴平行；第二步将它移动到所要插入位置的上方，与轴重合；第三步将圆柱轴的槽孔位置与底座上槽孔位置对正，即以自身做参考旋转一定的角度；第四步圆柱轴将向下移动，装配到位。在 CAXA 实体设计的动画中，实体的旋转和移动都是以定位锚为基准的，而在一个零件的一次运动中，如本动画中圆柱轴的旋转和移动，都是以零件的定位锚为基准，虽然添加了四个动画片段。定位锚的移动位置将导致旋转轴在空间的旋转方向。而 CAXA 实体设计中以第一个动画片段的定位锚为准，在以后的运动中定位锚的三轴方向并不叠加，所以在本次动画中要先将第三步圆柱轴绕高度方向轴旋转添加，然后添加第一、二、四步。

由于在第三步中沿高度方向旋转的角度是需要知道的，这里有两种方法：一是将圆柱轴移动到底座上方，利用智能标注工具进行测量；二是在调整关键帧的时候先将它调整到第一步的位置，然后进行第三步的旋转，最后再将它恢复到第一步的位置。下面分别介绍这两种方法。

第一种方法的步骤如下：

① 在 CAXA 实体设计中将圆柱轴完成第一、二步的移动，用“智能标注”工具测量如图 4－18 所示 A 面与 B 面之间的夹角。其中，A 面是圆柱轴键槽处靠内侧面，B 面是底座上有绿色方框的表面。得到的结果是 19.914°。

② 单击“智能动画”工具按钮，在弹出的“智能动画向导”对话框中添加“绕高度方向轴”旋转 19.914°。单击“完成”按钮，即完成第三步动画的添加，如图 4－19 所示。这里只有一个

高度方向的旋转。

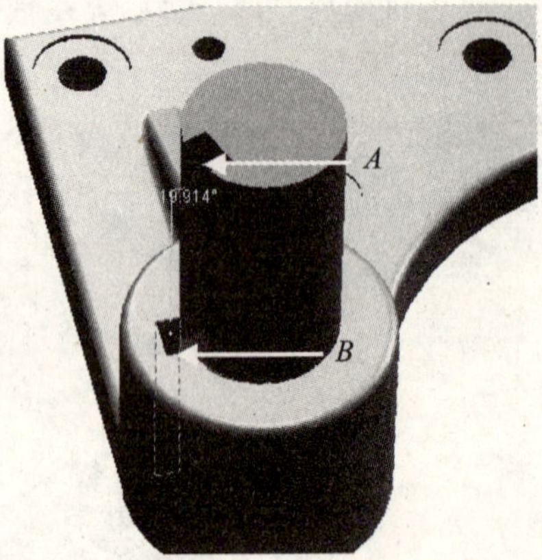

图 4－18　测量角度

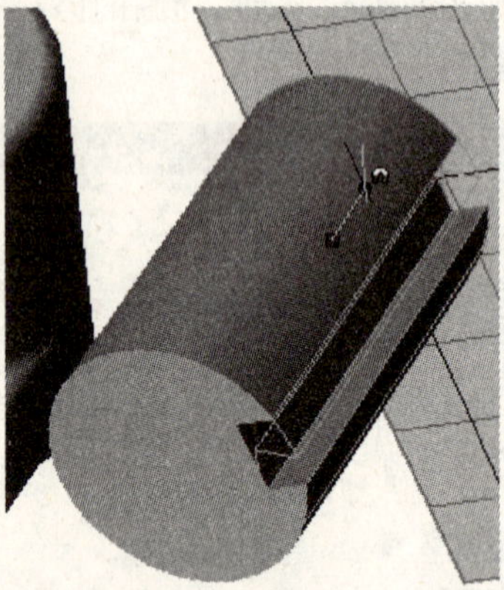

图 4－19　添加第一个动作

第二种方法的步骤如下：

① 单击“智能动画”工具按钮，在弹出的“智能动画向导”对话框中直接单击“完成”按钮，不做任何修改。单击“延长路径”工具按钮后，在装配路线上任意位置单击。利用“三维球”工具调整第二个关键帧的位置，右击中间与轴平等的定向手柄后，在快捷菜单中选择“与轴平行”，再单击“底座”上圆柱轴的装配位置的圆面，如图 4－20 所示。

② 在这里进行旋转，即右击与第二个关键帧平行的键槽侧面后，再单击“底座”上装配位置的键槽侧面，如图 4－21 所示。

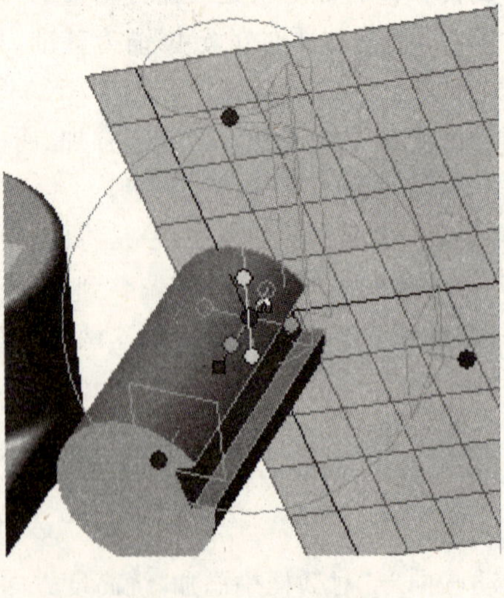

图 4－20　调整关键帧

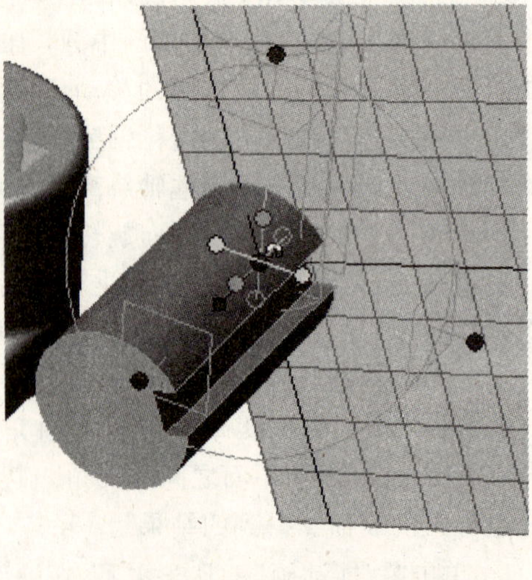

图 4－21　旋转关键帧

③ 再次右击与第二个关键帧的轴平行的定位手柄，在快捷菜单中选择“与轴平行”，这一次选择圆柱轴本身的圆周表面，如图 4-22 所示。

可以看到，第二种方法与第一种方法添加的绕高度方向轴旋转的结果是相同的。这两种方法都可以完成第三步的旋转。

下面添加第一、二、四步。

① 添加第一步，即让圆柱轴先与装配位置轴向平行。单击“智能动画”工具按钮，在弹出的“智能动画向导”对话框中直接单击“完成”，不做任何修改。单击“延长路径”工具按钮后，在装配路线上任意位置单击。利用“三维球”工具调整第二个关键帧的位置。先调整三维球与轴线平行的定位轴到与底座上装配位置的轴线平行，然后修改关键帧的属性，将位置调为“0,0,0”，如图 4-23 所示。

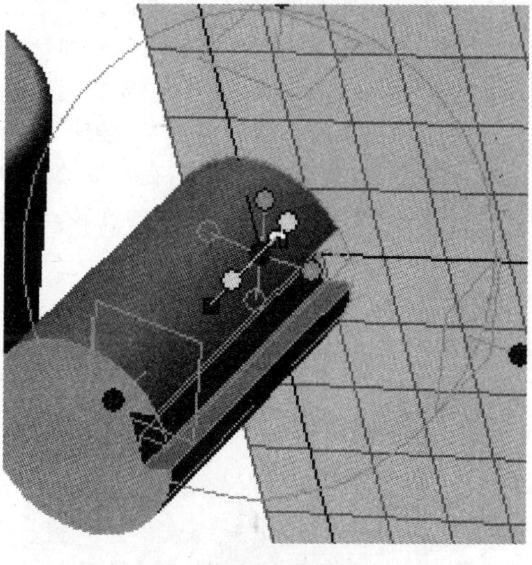

图 4-22 复位关键帧

图 4-23 调整关键帧位置

② 第二步是将它移动到底座装配位置的正上方，这是一个直线运动。此处需要注意的是，在 CAXA 实体设计中对于一个固定的零件，其运动效果是叠加的。首先单击“智能动画”工具按钮，在弹出的“智能动画向导”对话框中直接单击“完成”，不做任何修改。单击“延长路径”工具按钮后，在装配路线上任意位置单击。由于这一步的基础是圆柱轴已经旋转直立，所以只要将定位锚移动到位即可。打开“三维球”工具，利用中心手柄的“到中心点”功能，将第二个关键帧移动到底座装配位置上表面圆心处，如图 4-24 所示。

③ 由于三步是同时运转的，因此观察不到运动的实际效果。打开“智能动画编辑器”对话框，对它们的运动时间进行调整。首先打开“圆柱”的智能动画“片段属性”，将起始时间改为“4”、持续时间长度改为“8”，然后双击展开“圆柱”智能动画片段，将“高度旋转”的动画片段的

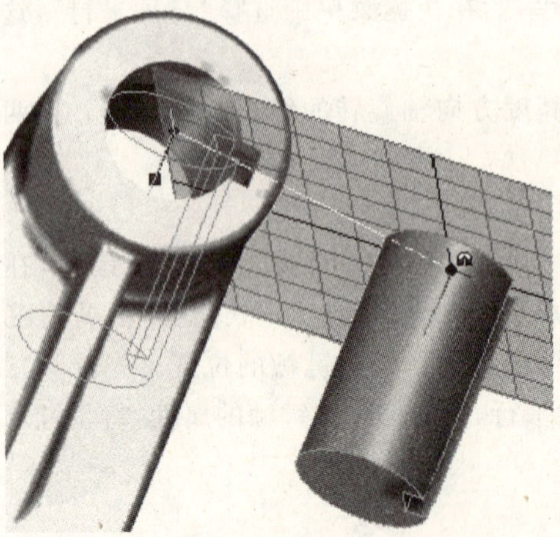

图 4-24 调整关键帧

起始时间改为“4”，持续时间长度改为“2”；将第一个“自定义路径”即圆柱轴旋转直立的动画片段的起始时间改为“0”，持续时间长度改为“2”；将第二个“自定义路径”即圆柱轴移动到底座正上方的动画片段的起始时间改为“2”，持续时间长度改为“2”。此时，再进行播放，即可观察到圆柱轴依次旋转并移动到底座装配位置正上方，然后沿高度方向旋转。

④ 添加第四步向下移动的动画。利用智能标注工具先将移动距离即底座装配位置的上表面与下表面的距离测量出来，结果为“2.5”。

⑤ 单击“智能动画”工具按钮，在弹出的“智能动画向导”对话框中直接单击“完成”，不做任何修改。单击“延长路径”工具按钮后，在装配路线上任意位置单击。利用“三维球”工具调整第二个关键帧的位置，先将它移动到与圆柱轴重合的位置，右击中心手柄，在快捷菜单中选择“到中心点”；再单击圆柱轴下表面；然后将第二个关键帧做第一步和第三步的旋转；最后将它沿高度方向向下移动“2.5”，如图 4-25 所示。

⑥ 将第二个关键帧的位置恢复到与圆柱轴初始位置方向的对应，先以高度方向为中心轴旋转 19.914°，再右击与中心轴平行的方向手柄，在快捷菜单中选择圆柱轴周转圆面，如图 4-26 所示。

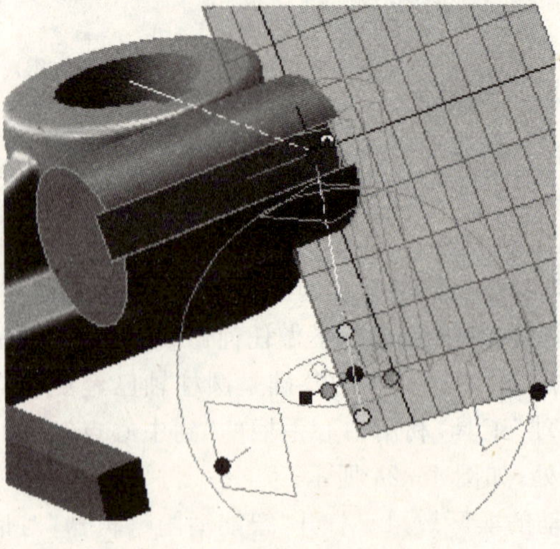

图 4-25 调整高度向移动

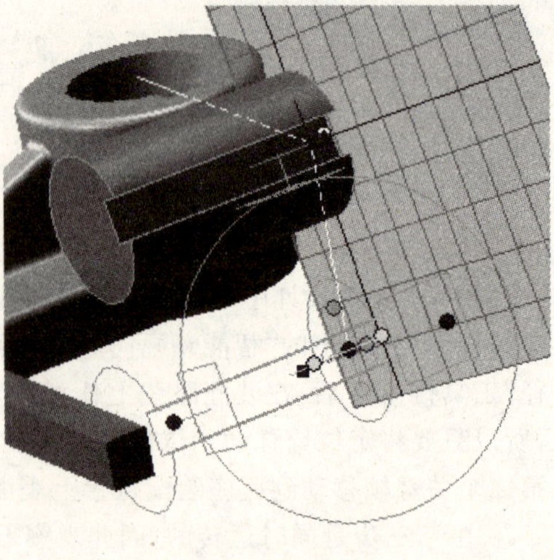

图 4-26 调整关键帧

⑦ 打开“智能动画编辑器”,修改第三个“自定义路径”属性,将它的持续时间长度改为“2”,起始时间改为“6”,单击“确定”按钮。这时的“智能动画编辑器”对话框如图 4 - 27 所示。

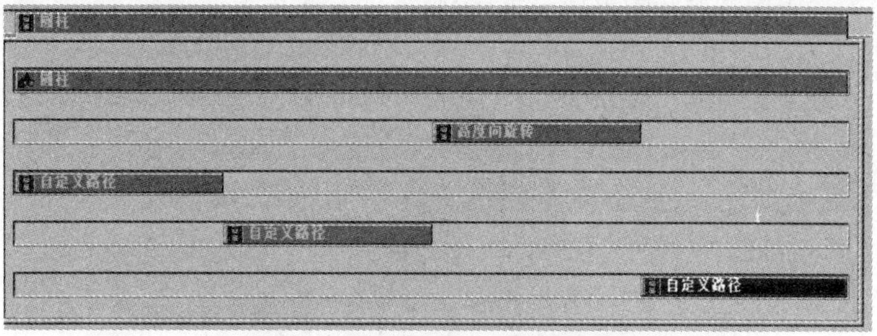

图 4 - 27　修改“智能动画编辑器”

⑧ 播放动画,可以看到圆柱轴依次运动,最后装配到位。

4.2.3　装配长方键

下面进行“长方键”动画的添加。长方键的动画不再分步添加,让它沿自由轨迹移动。

① 将定位锚的位置移动到长方键底面的一个角点上,如图 4 - 28 所示。

② 单击“智能动画”工具按钮,在弹出的“智能动画向导”对话框中单击“下一步”,然后将时间改为“4”,单击“完成”按钮。单击“延长路径”工具按钮后,在装配路线上任意位置双击。利用“三维球”工具调整第二个关键帧的位置到装配最终位置,然后向上移动“5”,如图 4 - 29所示。

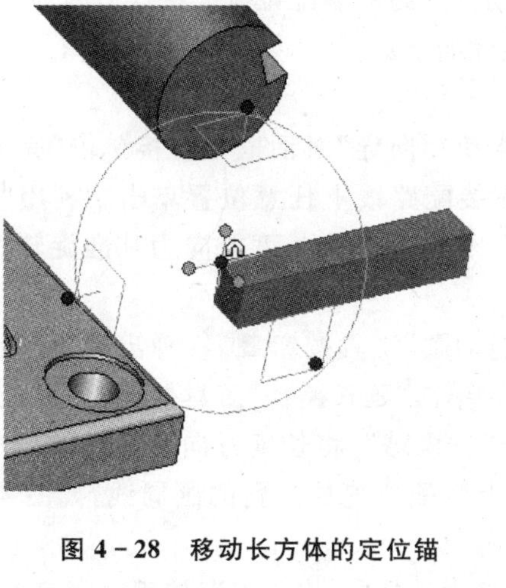

图 4 - 28　移动长方体的定位锚

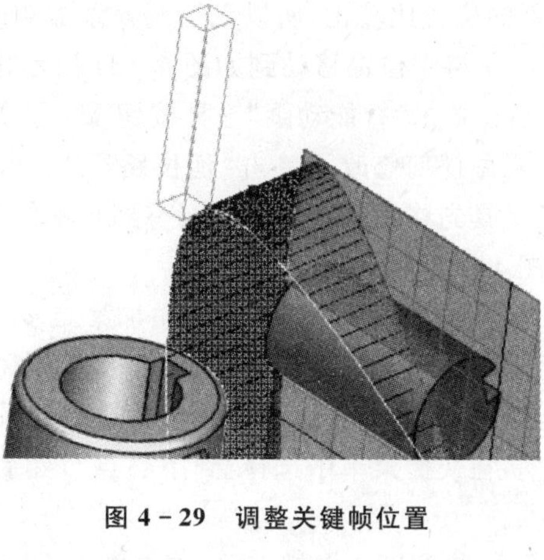

图 4 - 29　调整关键帧位置

③ 利用“三维球”工具将第三个关键帧的位置移动到最终的位置，并将“动画路径属性”对话框中的“插值类型”改为“直线”，最终轨迹如图 4－30 所示。此处要注意，第三个关键帧旋转的方向要与第二个关键帧旋转的方向一致，否则将会发现在长方键插入的时候它会绕高度轴方向多转一个圈。

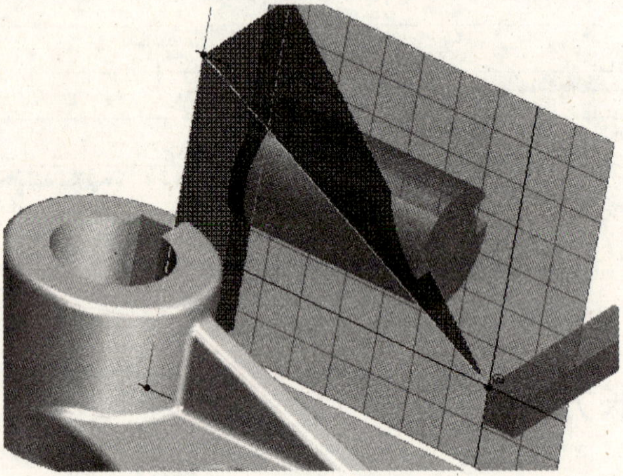

图 4－30　修改插值类型

4.2.4　装配双圆柱插件

本节将分步制作双圆柱插件的动画：第一步是向上旋转 180°立正过来；第二步移动到装配位置上方；第三步旋转到与装配孔同轴；第四步移动到最终的装配位置。在这里因为双圆柱插件的位置比较正，所以无须调整添加顺序。具体步骤如下：

① 将定位锚移动到如图 4－31 所示位置。

② 单击“智能动画”工具按钮，在弹出的“智能动画向导”对话框中直接单击“完成”按钮，不做任何修改。单击“延长路径”工具按钮，在装配路线上任意位置单击。利用“三维球”工具先将第二个关键帧调整到与零件重合的位置，再以定位锚长度方向为基准旋转 180°，如图 4－32 所示。

③ 关闭“三维球”工具后添加第二步。单击“智能动画”工具按钮，在弹出的“智能动画向导”对话框中直接单击“完成”按钮，不做任何修改。单击“延长路径”工具按钮，在装配路线上任意位置单击。由于动画的累积效果，只要打开“三维球”，将长度方向锁定后，右击中心手柄，在快捷菜单中选择“到中心点”，然后选择底座上装配位置处的孔的圆周线，如图 4－33 所示。

④ 将宽度方向锁定后，右击中心手柄，在快捷菜单中选择“到中心点”，然后选择底座上装

配位置处的孔的圆周线，如图 4－34 所示。到此第二步的运动添加完毕。

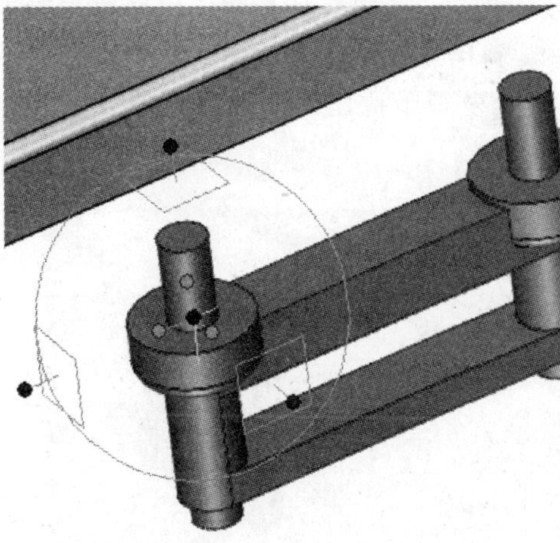

图 4－31　调整关键帧位置(一)

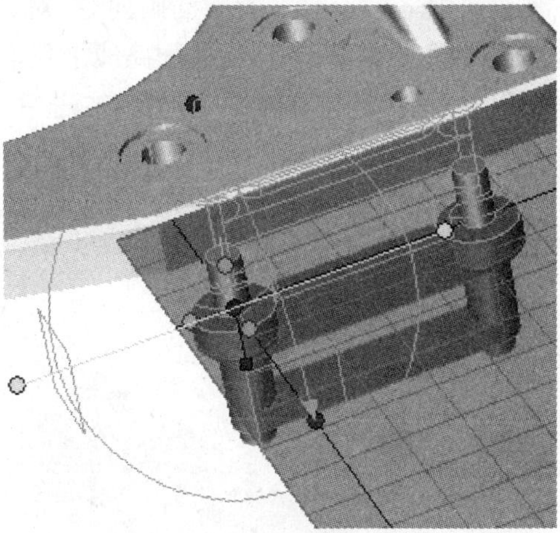

图 4－32　调整关键帧位置(二)

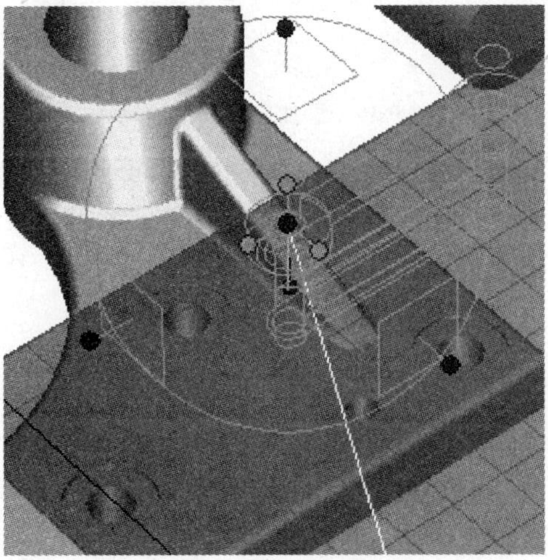

图 4－33　调整关键帧位置(三)

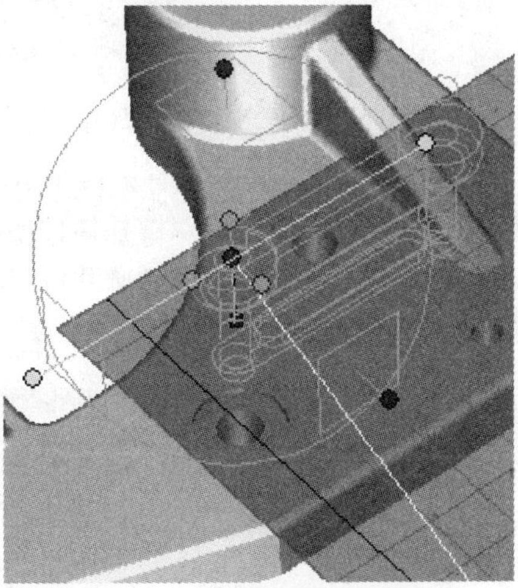

图 4－34　调整关键帧位置(四)

⑤ 关闭“三维球”，添加第三个动画。第三个动画是以高度方向为中心的旋转。单击“智能动画”工具按钮，在弹出的“智能动画向导”对话框中直接单击“完成”按钮，不做任何修改。单击“延长路径”工具按钮，在装配路线上任意位置单击。打开“三维球”，先将它移动到与零件重合的位置，再右击与长度方向重合的定位手柄，在快捷菜单中选择“点到点”，依次单击装配位置处两个圆孔的中心点，如果中心点不易选中，则单击同一方向的圆周点即可，如图 4－35 所示。

⑥ 关闭“三维球”,添加第四个动画。第四个动画是沿高度方向的移动。单击“智能动画”工具按钮,在弹出的“智能动画向导”对话框中直接单击“完成”按钮,不做任何修改。单击“延长路径”工具按钮,在装配路线上任意位置单击。利用“三维球”先将第二个关键帧移动到与零件重合,再将高度方向锁定;右击中心手柄,在快捷菜单中选择“到中心点”,单击装配位置对应处,如图 4－36 所示。

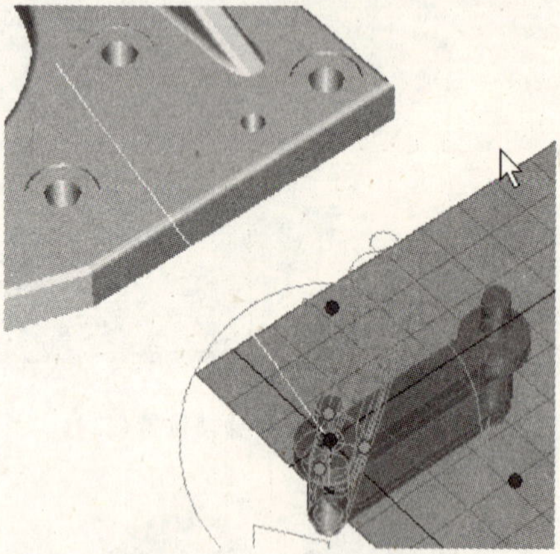

图 4－35　调整关键帧位置(五)

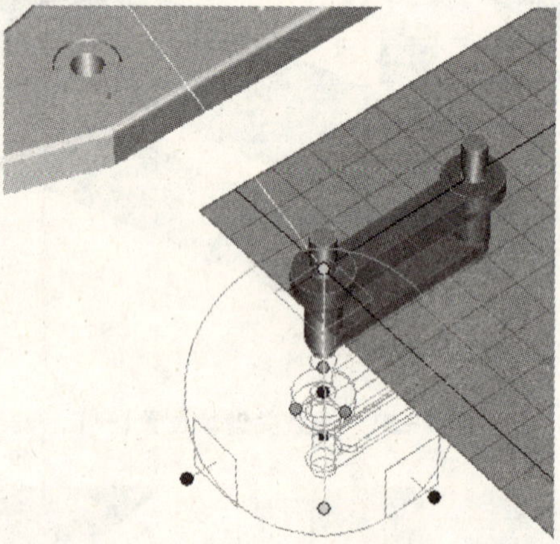

图 4－36　添加向下移动的动画

⑦ 到此完成了双圆柱插件的四个运动步骤的添加。播放动画,可看到它们同时运动。打开“智能动画编辑器”,先将双圆柱插件的动画片段打开,将起始时间设为“16”,持续时间设为“8”。双击展开双圆柱插件的动画片段,依次将四个动画片段的起始时间改为“0,2,4,6”,持续时间改为“2”,如图 4－37 所示。

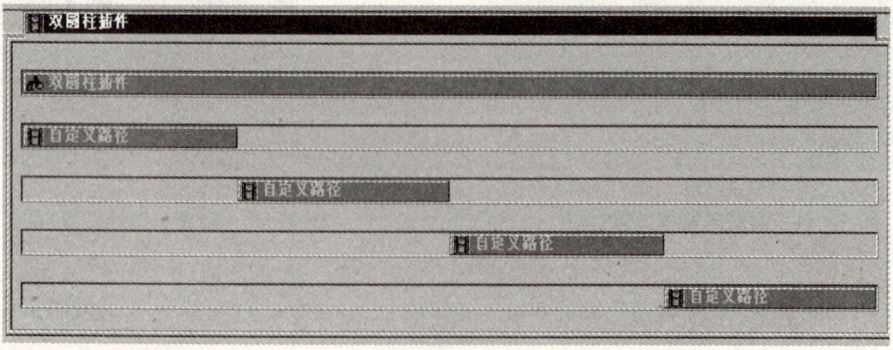

图 4－37　修改“智能动画编辑器”

第一个装配动画完成了。播放动画,可见四个装配件自由或有序地飞入它们的装配位置。截取其中一个镜头,如图 4－38 所示。

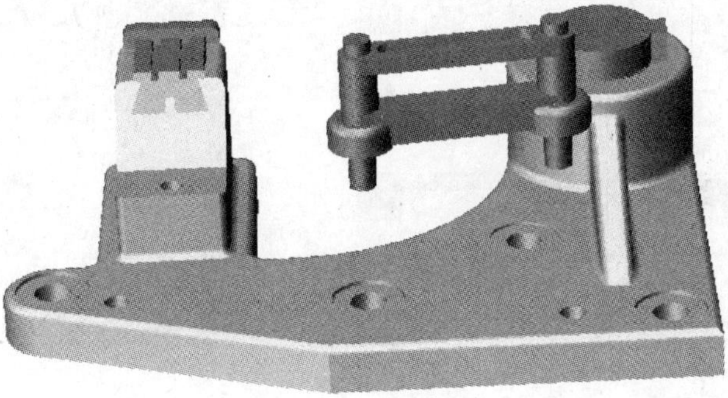

图 4－38　播放动画

4.2.5　装配反向——拆卸

前几小节用几种不同方法实现了几个零件装配动画的设计。下面用两种方法让刚完成的装配过程反向运动起来。

① 选中一个已添加了装配动画的零件如圆柱轴，此时会显示其动画路径，如图 4－39 所示。单击其动画路径，右击并在弹出的快捷菜单上选取“动画路径属性”，在弹出的“动画路径属性”对话框中，将“时间效果”选项卡上的“类”改为“直线”，如图 4－40 所示。此时，参数项激活，选“重复”数量为“1”，选取“反转”，单击“确定”按钮。播放刚完成的装配动画，发现圆柱轴的装配过程反向变成了反装配——拆卸动画。

② 打开“智能动画编辑器”，双击展开双圆柱插件的动画，在“自定义路径”动画条上右击，选择“属性”，弹出“片段属性”，如图 4－41 所示。同样，在“片段属性”的“时间效果”选项卡中将“类”改为“直线”，选“重复”数量为“1”，选取“反转”，单击“确定”按钮，如图 4－42所示。播放刚完成的装配动画，发现双圆柱插件的装配过程反向变成了反装配——拆卸动画。

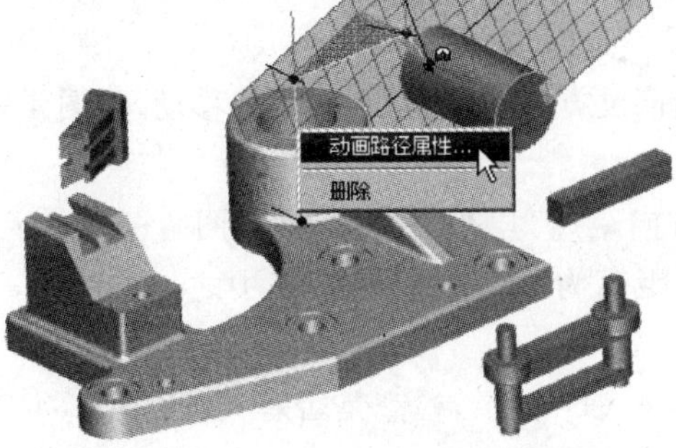

图 4－39　编辑“动画路径属性”

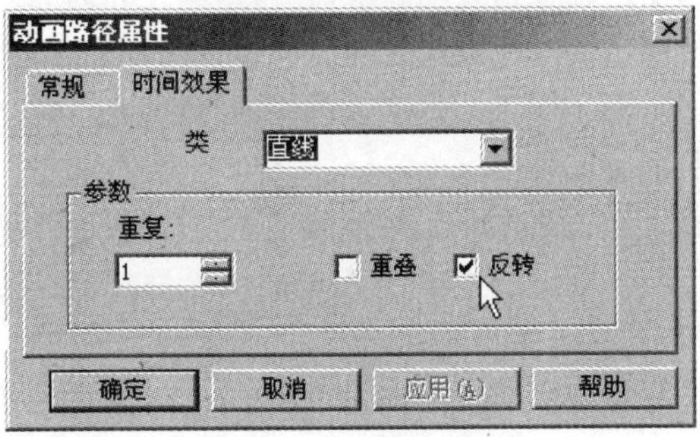

图 4－40　设定“反转”

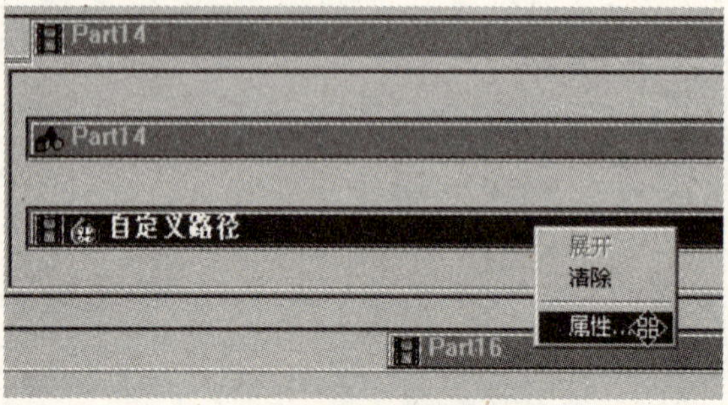

图 4-41 编辑动画"片段属性"

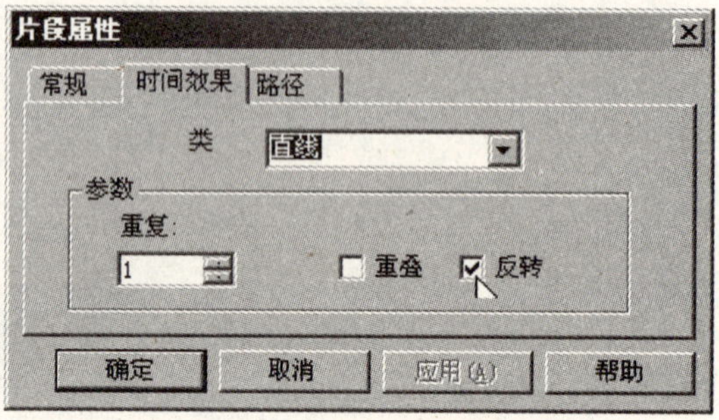

图 4-42 设定"反转"

4.3 减速器的拆解/爆炸动画

通过 4.2 节的学习,已经知道如何将不同零件按规定路径、姿态和时间次序装配在一起,并通过"反转"实现了装配过程的反向。而"爆炸"正是将已经装配在一起的装配件一件件地拆卸出来。由此可见,装配与爆炸的动画是一个过程的正反两种表现。本节将以一个减速器为实例,制作它的爆炸动画。在 CAXA 实体设计中,装配的爆炸动画一般利用三维球移动出来,而在制作装配动画时,同样是利用动画轨迹将各个零部件移动到正确的位置。在制作过程中,要仔细考虑各个零件的运动时间及相互的距离,切忌互相干涉。

打开随书所附光盘的"减速器装配.ics"文件或系统安装时在安装目录下的同名文件,路径为 CAXA\CAXASOLID\Documentation\Tutorial\"减速器"。这是一个已经装配成功的减速器,为它添加一个爆炸动画。爆炸动画,顾名思义,就是将所有零件有序地分离出来,使学习者对产品的组成和结构有更加清楚的认识。

在添加动画之前,同样先对设计树做一定的修改,以便添加动画时更加方便。第一步将四个 Screw:Cheese - M3.0 x 4.0 组成一个装配,并重命名为"视孔盖螺栓"。第二步将输入轴和输出轴分别装配起来,在做这项工作时,最好先将箱盖压缩,以便更清楚地分辨它们分别属于哪个装配。经过处理后的设计树如图 4-43 所示。具体步骤如下:

① 选择"进气塞"装配中的"进气塞"(6),添加沿高度方向距离为"-200"的移动,如图 4-44 所示。

② 选择"视孔盖螺栓"装配,添加一个沿高度方向距离为"200"的移动,如图 4-45 所示。

③ 给六个螺栓装配中的螺栓添加沿高度方向距离为"200"的移动,其中之一如图 4-46 所示,其余的均与此相同。

④ 利用"智能动画"工具栏控制播放动画,如图 4-47 所示,检查是否有失误。

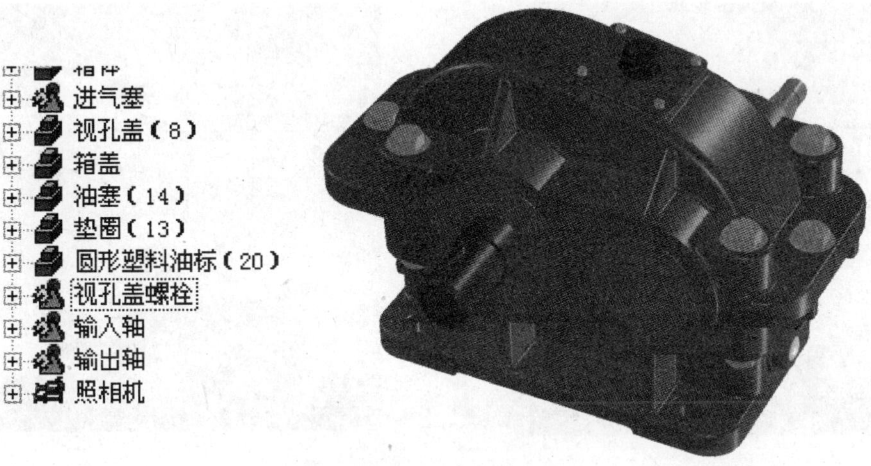

图 4-43　调整后的设计树

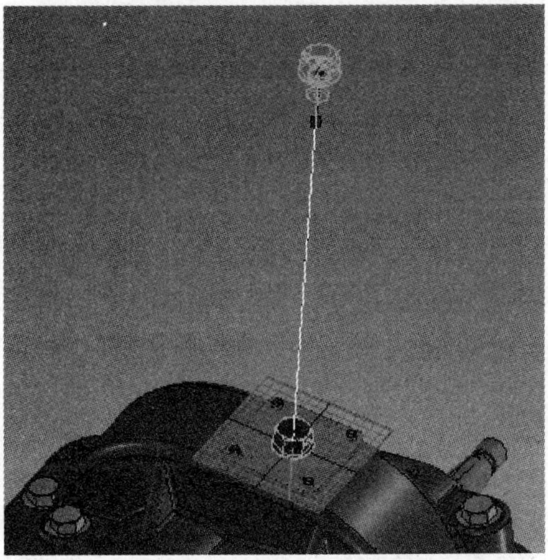

图 4-44　添加进气塞的动画

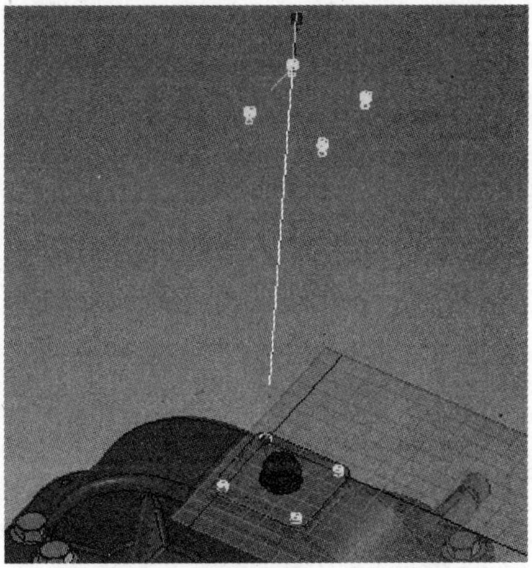

图 4-45　添加视孔盖的动画

⑤ 给视孔盖添加沿高度方向距离为“180”的移动，如图 4-48 所示。

⑥ 给箱盖添加沿高度方向距离为“150”的移动，如图 4-49 所示。

⑦ 给进气塞装配中的螺母添加动画，同样是沿高度方向距离为“150”的移动。在这一次添加中要注意利用“三维球”工具将轨迹移动到与箱体垂直，如图 4-50 所示。

⑧ 为了在时间上得到配合，必须在“智能动画编辑器”中修改起始时间。首先将视孔盖的起点时间设为“1”，然后将箱盖和进气塞装配中的螺母的起始时间设为“2”，修改完成后的“智能动画编辑器”对话框如图 4-51 所示。

图 4-46　添加螺栓的动画

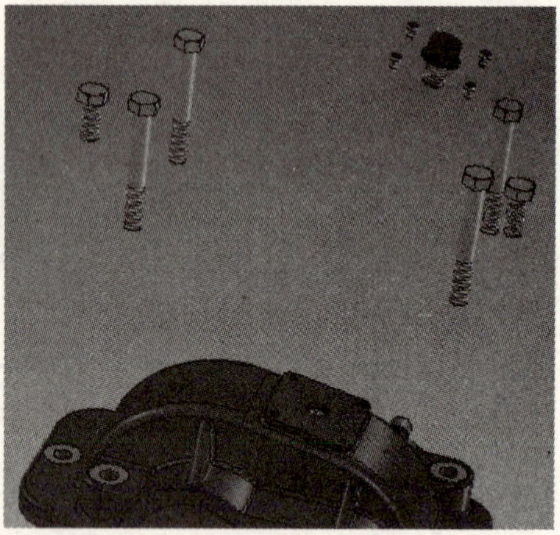

图 4-47　播放动画(一)

图 4-48　添加视孔盖的移动

图 4-49　添加箱盖的移动

图 4-50　添加进气塞的移动

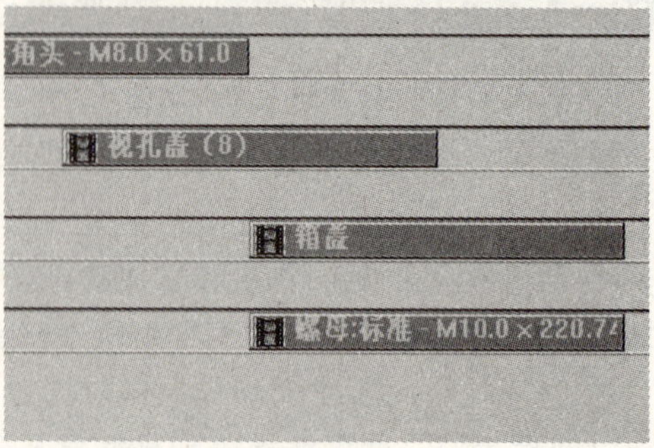

图 4-51　调整“智能动画编辑器”

⑨ 至此,减速器的箱盖部分向上移动的动画完成,播放动画如图 4 - 52 所示。

图 4 - 52　播放动画(二)

⑩ 为了便于操作,将所有已经完成动画添加的零件压缩。给圆形塑料油标添加沿高度方向距离为“50”的移动,如图 4 - 53 所示。

⑪ 给油塞添加沿高度方向距离为“50”的移动,如图 4 - 54 所示。

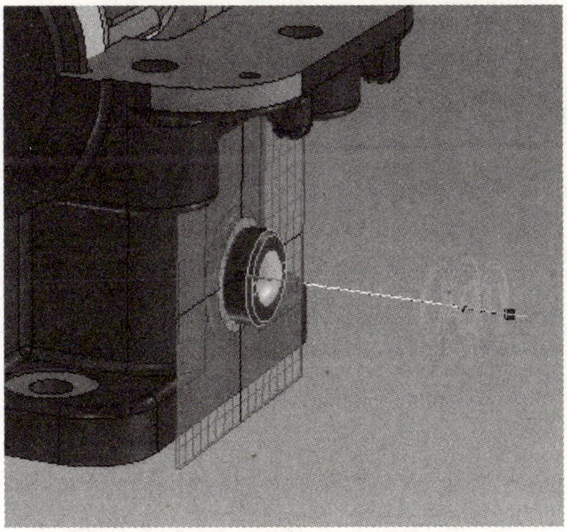

图 4 - 53　添加塑料油标的动画

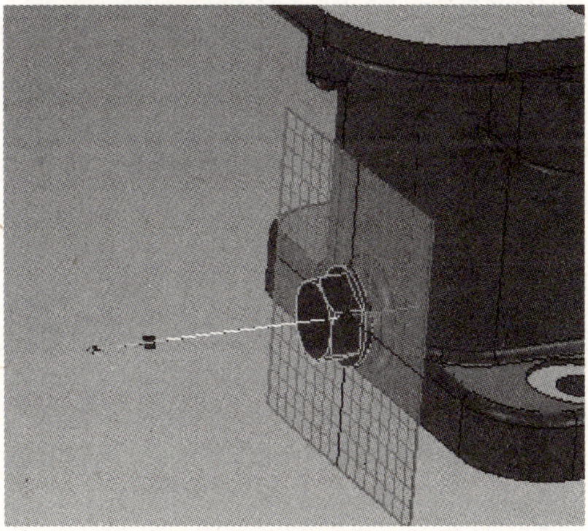

图 4 - 54　添加油塞的动画

⑫ 给垫圈添加沿高度方向距离为“30”的移动，如图 4－55 所示。

⑬ 将圆形塑料油标和油塞的起始时间改为“4”，垫圈的起始时间改为“5”，修改完的“智能动画编辑器”对话框如图 4－56 所示。

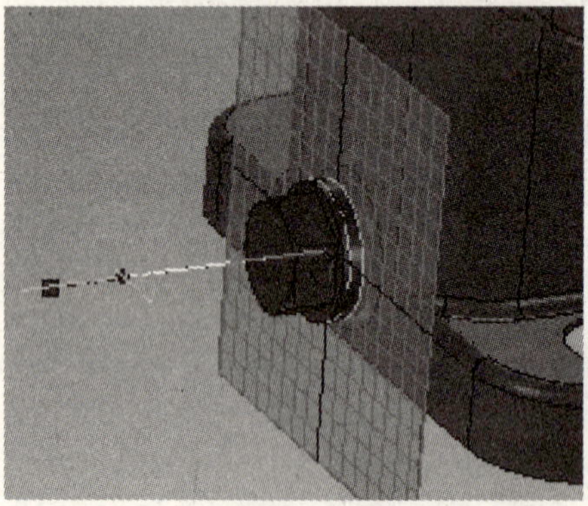

图 4－55　添加垫圈的动画

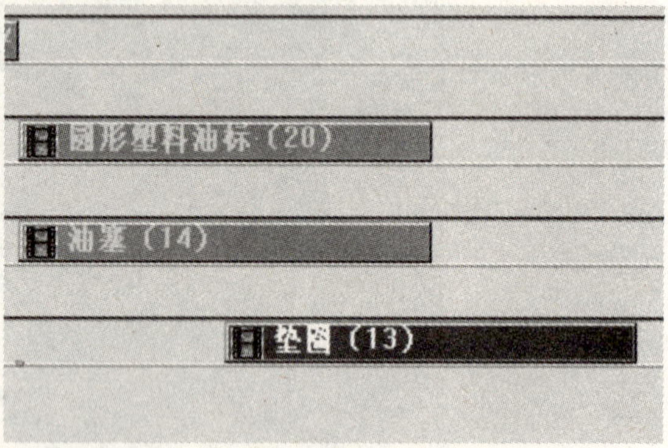

图 4－56　调整“智能动画编辑器”

⑭ 将输出轴压缩，给输入轴装配添加动画。添加沿宽度方向距离为“80”的移动，然后添加沿长度方向的反向移动，距离为“50”，将“动画路径属性”对话框中的插值类型改为“直线”，最终动画轨迹如图 4－57 所示。

⑮ 将除主动轴外的所有零件压缩。给“嵌入端盖(24)”添加沿高度方向距离为“100”的移动，如图 4－58 所示。

图 4－57　添加主动轴的动画

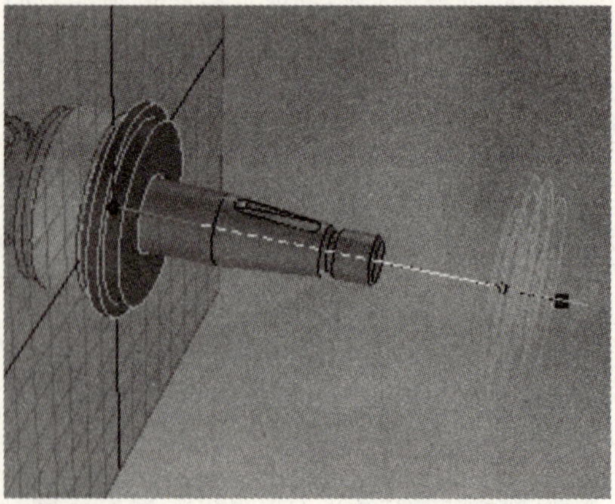

图 4－58　添加嵌入端盖的动画

⑯ 给紧邻“嵌入端盖(24)”的“20BC－轴承”添加沿高度方向距离为“90”的移动，如图 4－59 所示。

⑰ 给同样相邻的“挡油环(21)”添加沿高度方向反向距离为“80”的移动，如图 4 - 60所示。

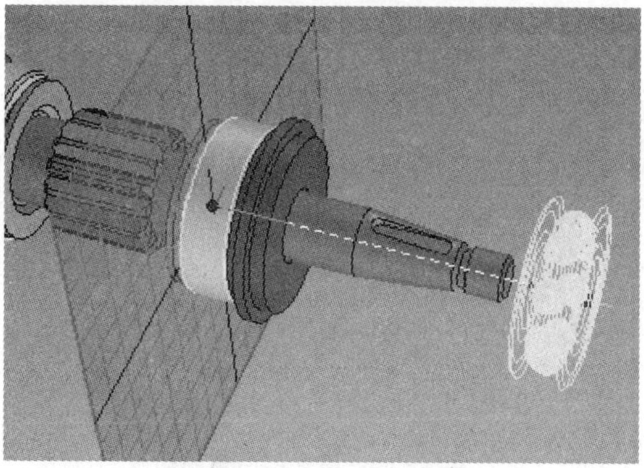

图 4 - 59　添加轴承的动画

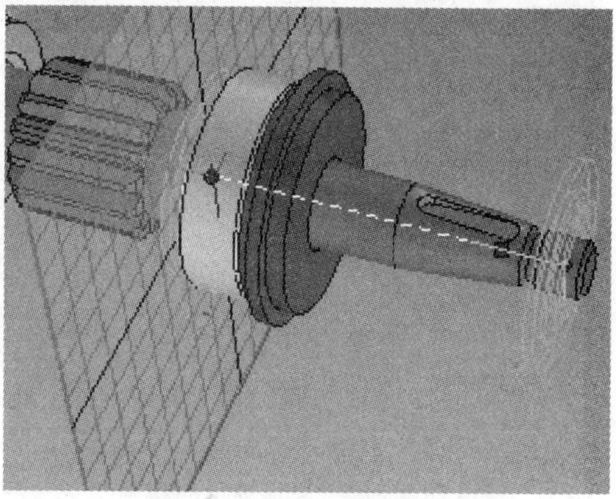

图 4 - 60　添加挡油环的动画

⑱ 给“嵌入端盖(19)”添加沿高度方向距离为“60”的移动，如图 4 - 61 所示。

⑲ 给“调整环”添加沿高度方向反向距离为“50”的移动，如图 4 - 62 所示。

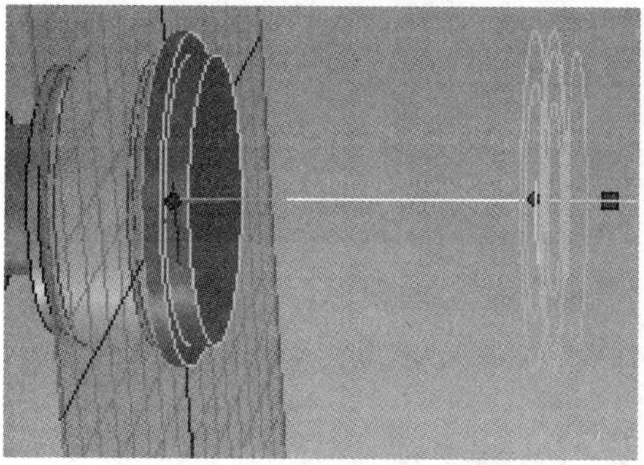

图 4 - 61　添加嵌入端盖的动画

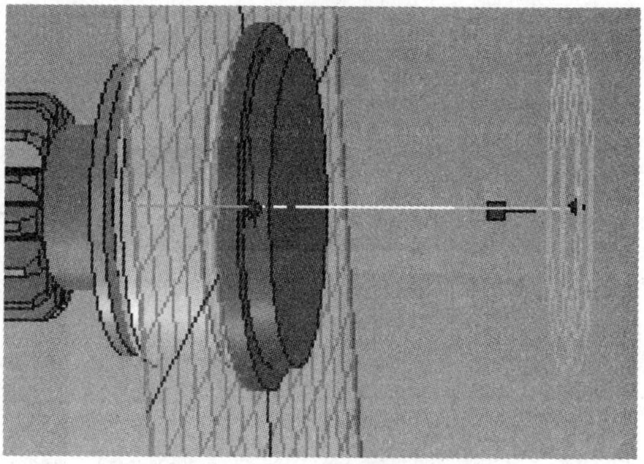

图 4 - 62　添加调整环的移动

⑳ 给相邻的“20BC -轴承”添加沿高度方向距离为“40”的移动，如图 4 - 63 所示。

㉑ 给相邻的“挡油环(21)”添加沿高度方向反向距离为“30”的移动，如图 4 - 64 所示。

㉒ 在“智能动画编辑器”上调整起始时间。从“输入轴”开始依次将起始时间改为“4”，“6”，“7”，“8”，“6”，“7”，“8”，“9”，如图 4 - 65 所示。

㉓ 输入轴的动画全部完成。播放动画如图 4 - 66 所示。

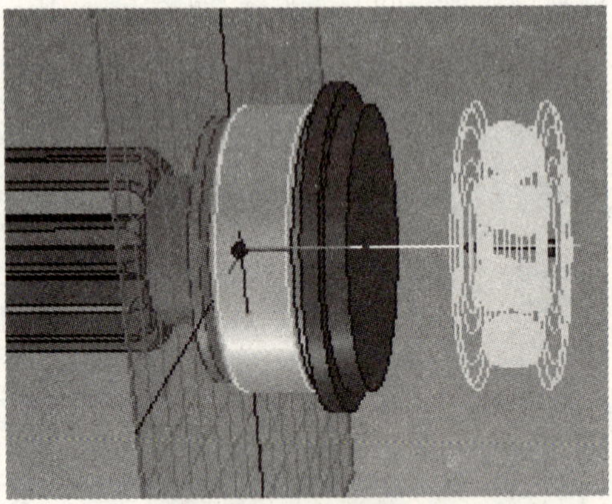

图 4-63　添加轴承的动画

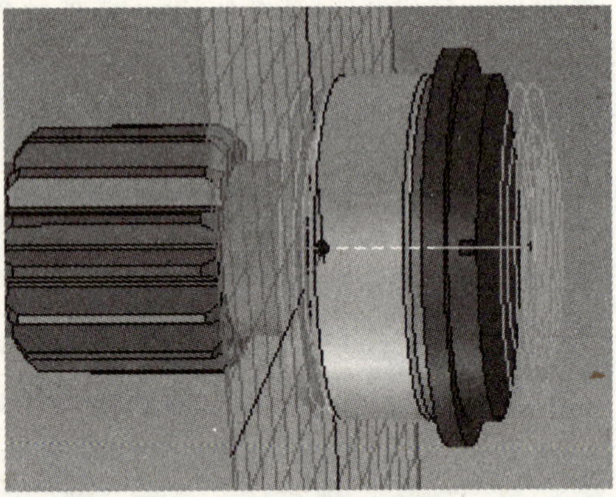

图 4-64　添加挡油环的动画

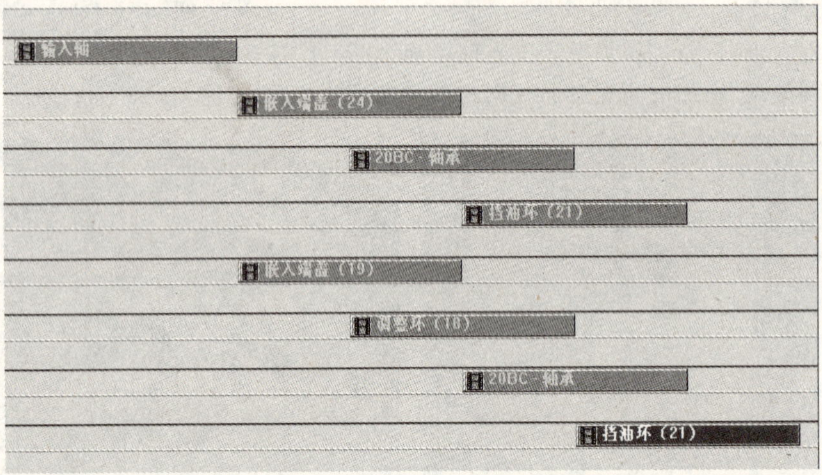

图 4-65　调整“智能动画编辑器”

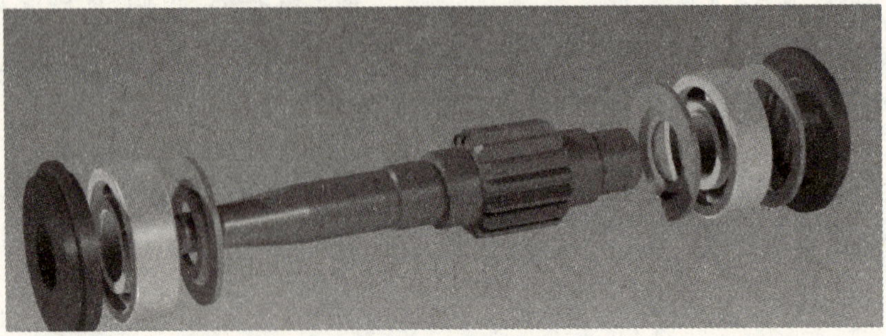

图 4-66　播放动画(三)

㉔ 将输入轴压缩，输出轴解除压缩，给输出轴装配添加动画。添加沿宽度方向的反向移动，距离为“80”，然后添加沿长度方向的反向移动，距离为“50”，将“动画路径属性”对话框中的插值类型改为“直线”。最终动画轨迹如图 4－67 所示。

㉕ 将箱体压缩。给“嵌入端盖（尼龙 66）”添加沿高度方向距离为“100”的移动，如图 4－68 所示。

图 4－67　添加输出轴的动画

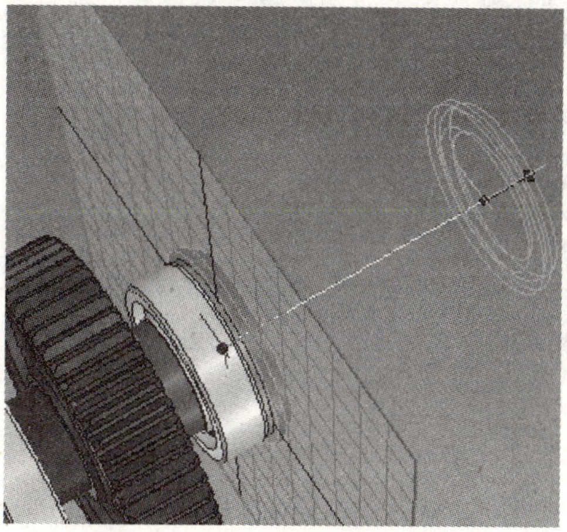

图 4－68　添加嵌入端盖的动画

㉖ 给“调整环（26）”添加沿高度方向反向距离为“90”的移动，如图 4－69 所示。

㉗ 给相邻的“30BC－轴承”添加沿高度方向距离为“80”的移动，如图 4－70 所示。

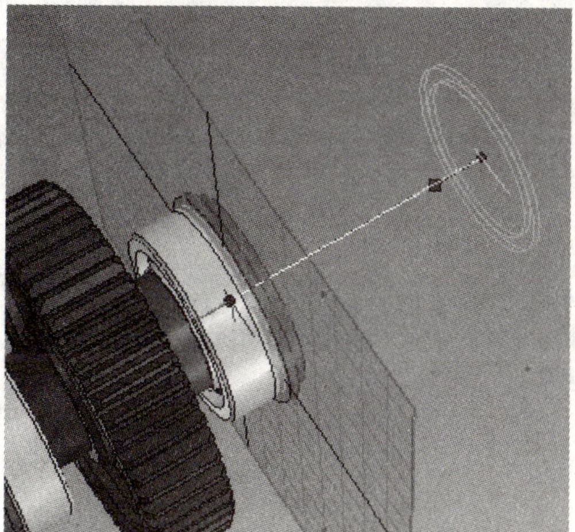

图 4－69　添加调整环的移动动画

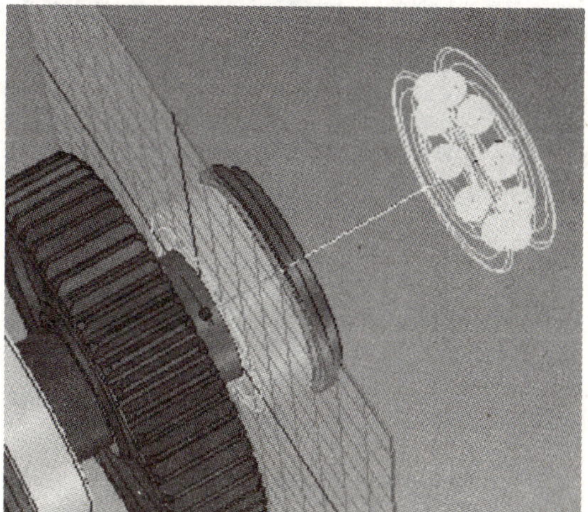

图 4－70　添加轴承的动画

㉘ 给相邻的"支承环(29)"添加沿高度方向距离为"70"的移动，如图 4－71 所示。

㉙ 给"齿轮(31)"添加沿高度方向反向距离为"60"的移动，如图 4－72 所示。

图 4－71　添加支承环的动画

图 4－72　添加齿轮的动画

㉚ 给"嵌入端盖(16)"添加沿高度方向距离为"90"的移动，如图 4－73 所示。

㉛ 给相邻的"30BC－轴承"添加沿高度方向距离为"80"的移动，如图 4－74 所示。

图 4－73　添加嵌入端盖的动画

图 4－74　添加轴承的动画

㉜ 在“智能动画编辑器”上调整起始时间。从“输出轴”开始依次将起始时间改为“4”，“6”，“7”，“8”，“9”，“10”，“6”，“7”，如图 4－75 所示。

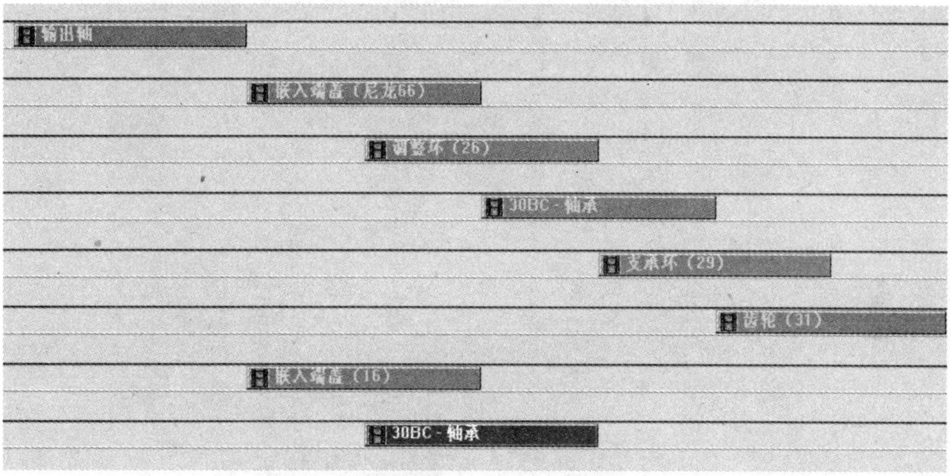

图 4－75　调整“智能动画编辑器”

㉝ 输出轴的动画添加完成。播放动画如图 4－76 所示。

图 4－76　播放动画(四)

㉞ 减速器的爆炸动画制作完成，将所有被压缩文件解压缩。播放动画如图 4－77 所示。

㉟ 同理，也可以将所作的爆炸拆解动画“反转”，从而得到反向的爆炸拆解动画——装配动画。

图 4-77 播放动画(五)

4.4 剖视动画

在动画中,经常可以看到一件物品的消失或浮现,在生活中也有许多这样的实例。在本节中将做几个剖切动画,它们将沿某一方向逐渐消失,与第3章中所讲述的放大缩小区别很大。在工业上尤其是在教育和培训上,为了能清晰地认识和观察一个产品或实物的内部结构,需要将其一部分切掉,或者绘制多张挂图。这样,不仅成本很高,而且很不直观,效果也不理想。现在通过CAXA实体设计三维动画,可以在计算机上很容易地实现产品的剖切和拆装,不仅降低了成本,而且非常直观、生动。

4.4.1 减速器装配的剖切动画

本节中,将4.3节的减速器箱盖的一半进行动态切除,即逐渐地切除,不仅可以在运动过程中观察减速器的内部结构,同时还可以进行运动模拟。具体添加剖切动画的步骤如下:

① 打开随书所附光盘中的"减速器装配.ics"文件或系统安装时在安装目录下的同名文

件，路径为 CAXA\CAXASOLID\Documentation\Tutorial\“减速器”。为它添加一个剖切动画，让零件上半部分的一半逐渐消失，以便观察它的内部结构和运动。首先还是要在设计树部分做一些准备工作，将参与剖切的所有零件组成一个装配件，重命名为“剖切部分”。设计树如图 4－78 所示。

② 同样，将两个轴及其附属旋转件分别组成“输入轴”与“输出轴”装配，设计树如图 4－79 所示。

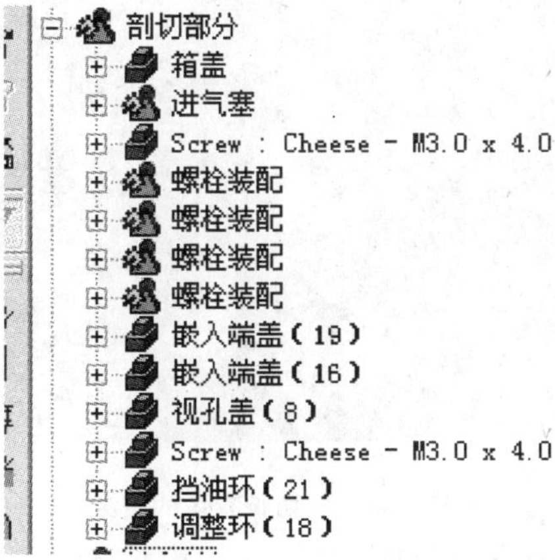

图 4－78　调整设计树

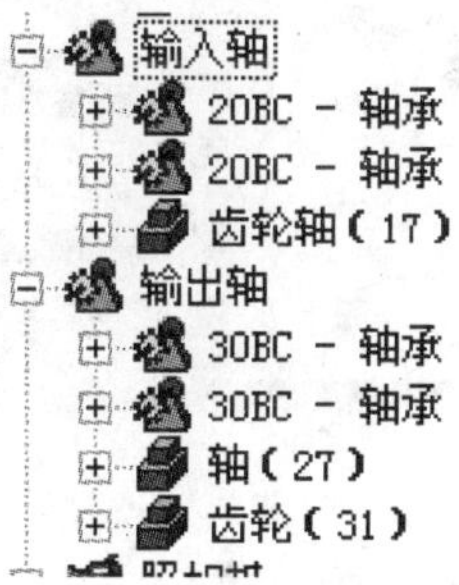

图 4－79　修改设计树

③ 选择“剖切部分”后单击“截面”工具按钮，将“剖面工具”设为 Block，单击“定义截面工具”工具按钮，在零件表面任意部分单击后出现剖切体，如图 4－80 所示。

④ 利用智能手柄及“三维球”工具使剖切体恰好将“剖切部分”装配体的一半剖切，如图 4－81 所示。

图 4－80　添加剖切工具

图 4－81　调整剖切长方体

⑤ 单击“完成”按钮，如图 4-82 所示，右击截面工具，在快捷菜单中选择“隐藏”，将剖面工具的阴影部分隐藏。

⑥ 这时，剖切工具中属于“剖切部分”的零件都被隐藏了，如图 4-83 所示。

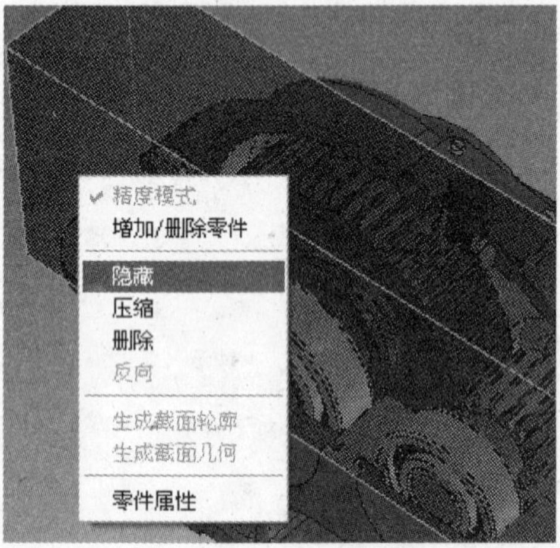

图 4-82　隐藏剖切长方体

图 4-83　隐藏剖切长方体的结果

⑦ 为了让剖切部分逐渐消失，需要将剖切工具沿高度方向移动“233”，利用“三维球”就可以完成这一步，如图 4-84 所示。

⑧ 下面添加剖切部分的动画，与给零件添加动画的过程是一样的。单击“智能动画”工具按钮，添加沿高度方向反向距离为“-233”的移动。单击“下一步”，将时间改为“10”，单击“完成”按钮，如图 4-85 所示。

图 4-84　调整剖切长方体的位置

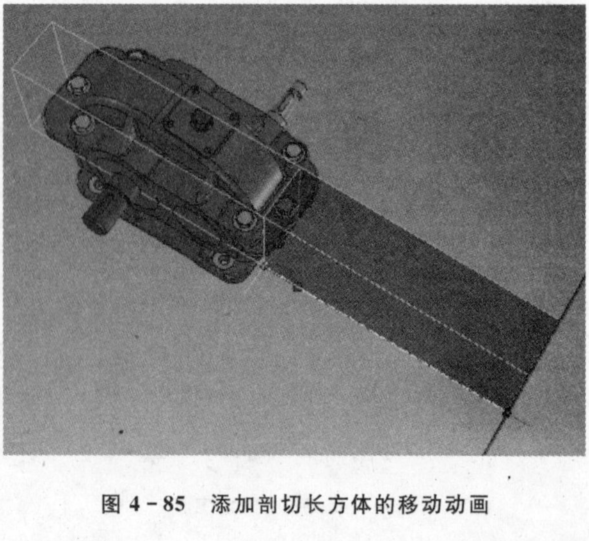

图 4-85　添加剖切长方体的移动动画

⑨ 将剖切工具隐藏，使用“智能动画”工具栏控制动画播放，可以看到剖切部分逐渐消失。在剖切过程中截取的一个画面如图 4－86 所示。

图 4－86　播放动画

为了让剖切动画更加生动，可以给减速器添加上传动，在本节开始已经设定了输入轴和输出轴，现在只要给它们添加旋转动画即可。此减速器设计时传动比是“55/15”，依此比例添加旋转即可。先给输入轴添加以高度方向为中心的 2 640°的旋转，再给输出轴添加以高度方向为中心的 720°的旋转。将它们的运动时间改为“10”。这样，在运动过程中就可以观察到轴的旋转了。

4.4.2　悠悠球

悠悠球是一种老少皆宜的玩具，可以玩出各种花样。本节制作一个简单的悠悠球动画。它由两部分构成：一是球自身向上、向下移动与旋转的动画；二是绳子逐渐消失和出现的动画。本节利用剖切面的动画来完成。具体步骤如下：

① 打开本书随书所配光盘中的“悠悠球.ics”文件。在这个文件中，共有三个部分组成：球、绳和玩悠悠球的人，如图 4－87 所示。

② 如果机器运转较慢,可以将人压缩,在完成的时候再解压缩。先为球添加运动,球的具体运动是由两个部分组成的。一是沿宽度方向的移动,单击“智能动画”工具按钮，添加沿宽度方向反向距离为“—400”的移动。单击“下一步”按钮,将时间改为“10”,单击“完成”按钮,如图 4 - 88 所示。

图 4 - 87　打开“悠悠球”源文件

图 4 - 88　添加球的运动

③ 再给球添加绕高度向的旋转,让球以高度方向为轴旋转 10 圈。单击“智能动画”工具按钮，添加绕高度方向的旋转,旋转角度为 3 600°。单击“下一步”按钮,将时间改为“10”,单击“完成”按钮。

④ 播放动画,可以看到球在自转的同时向上滚动,但绳子没有任何动作。下面给绳子添加其应有的动作。

⑤ 将球压缩,在零件状态下选择绳,单击“截面”工具按钮，将“剖面工具”设为“与面平行”,单击“定义截面工具”工具按钮，在绳子底面单击,出现剖切面,如图 4 - 89 所示。

⑥ 单击“完成”工具按钮，选择剖切面。单击“智能动画”工具按钮，添加沿高度方向距离为“400”的移动。单击“下一步”按钮,将时间改为“10”,单击“完成”按钮,如图 4 - 90 所示。

⑦ 在设计树上将球解压缩,右击剖切工具,在快捷菜单中选择“隐藏”。播放动画,可以看到这一次球与绳同步向上。这样真实地模仿了现实中的悠悠球运动。截取其中一个画面如

图 4－91 所示。

图 4－89　添加剖切面

图 4－90　为剖切面添加移动动画

⑧ 为了更加真实，选择智能动画“片段属性”对话框，利用“时间效果”选项卡让球做上下的往复运动。打开“智能动画编辑器”，选择球的动画中的“宽度移动”，打开它的“片段属性”对话框，选择“时间效果”选项卡，将“类”选择为“直线”，并选择“重叠”复选框，如图 4－92 所示。

⑨ 对球的高度运动与剖切工具做同样的处理，可以看到它们的“片段属性”上都有了一个时钟，表示为它们添加了时间效果。在这里“重叠”是指将当前的运动从终点向始点重新做一次，时间长度还是 10 s，所以对刚才的动画效果速度提高了。播放动画，可以看到悠悠球在向上滚动后又向下滚动。

在这个动画的输出中，要注意不要用真实感渲染。

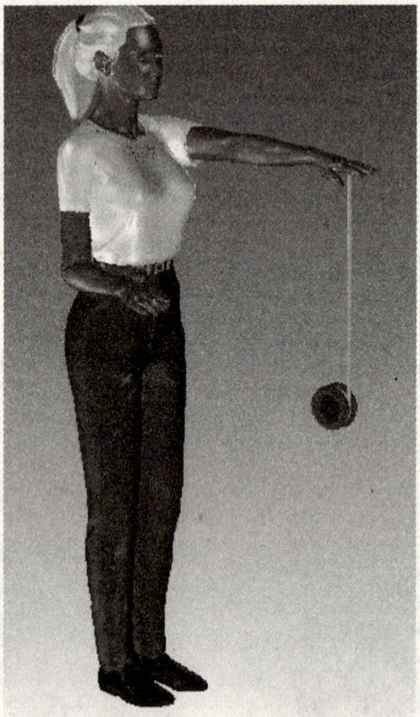

图 4－91 播放动画

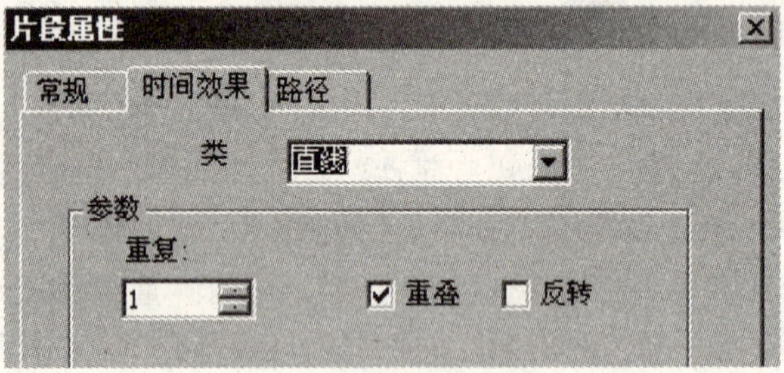

图 4－92 调整时间效果

思考练习题

1. 将 4.2 节中的装配做一个相反的爆炸动画，可以采用两种方法：一是将零件先行装配成功，然后进行动画的添加；二是根据已有动画在智能动画编辑器上调整时间效果，从而达到想要的目的。
2. 对随书所附光盘中的“偏心柱塞泵.ics”添加剖切动画，将它的四分之一剖切开。

第 5 章　光影/漫游动画

本章要点：

- 掌握光源和视向的添加及其基本参数的使用。
- 掌握光源和视向动画添加的基本操作。

光与影的美妙瞬间让多少人迷恋沉醉，身临其境的感觉更是让多少人心向神往，虚拟 3D 世界对现实立体时空的仿真，是以往任何语言描述言犹未尽、任何平面表达逊色不及的境界，这正是现代 3D 动画的无限魅力，而今天这些都已不再高深莫测，不再遥遥不可及。现在就从每个人的想象中开始。

5.1　光源的添加与设置

本节首先介绍 CAXA 实体设计中与光源相关的基本知识，在以后的学习和自己的精细刻画中将会用到这些知识。

1. 光　源

光束是二维和三维世界之间最重要的差别之一。在表现三维世界时，光的主题是必不可少的。任何一个曾经观看过日落景象的人，都会感觉到光对场景外观所产生的影响。当旋转三维物体和/或移动它的光源时，光照方面的问题就会进一步凸显出来。

传统制作机械加工零件的工程师或金属预制件的厂商，是不关心光照的问题的。他们优先考虑的问题是精确的尺寸限定和抽象的表面粗糙度。不过，当需要偏重于审美，尤其是今天，形象、生动地表达和沟通成为人们普遍关注的重点的时候，产品和零件的表面就需要逼真地表现出来，光影就变得尤为重要，几乎所有用于展示的建筑效果图与产品广告都使用光影。

在具体应用 CAXA 实体设计的时候，应考虑是否使用光影技巧。考虑在设计环境光照时，应该遵守人们从经验中总结出来的这些规则：如果要在零件表面上安排颜色或其他修饰，应该考虑光照的问题，毕竟颜色是光的反射和吸收的结果；如果设计不需要颜色和其他的表面装饰，就不需要关心光照的问题。

在使用 CAXA 实体设计中共有三种光源来修饰三维设计环境的外观和情调：

(1) 平行光　使用这类光在单一的方向上进行光线的投射和平行线照明。平行光可以照亮它在设计环境中所对准的所有组件。尽管平行光在设计环境中同对象的距离是固定的，但还是可以拖动它在设计环境中的图标，来改变它的位置和角度。平行光存在于所有预定义的CAXA 实体设计的设计环境模板中，尽管它们的数量和属性可能不同。

(2) 聚光源　在设计环境或零件的特定区域中，使用这类光显示一个集中的锥形光束。就像在剧场中一样，CAXA 实体设计的聚光源可以用来制作戏剧性的效果。在一个设计中可以用它来表现实际的光源，如汽车的大灯。与平行光不同，可以拖动或使用“三维球”工具移动/旋转聚光源；可以自由改变它们的位置，而没有任何约束；也可以选择将聚光源固定在一个图素或零件上。

(3) 点光源　这种光源是球状光线，均匀地向所有方向发光。例如，可以使用点光源表现办公室平面图中的光源。它们的定位方法与聚光源相同。

2. 使用光源向导在设计环境中插入光源

给设计环境中添加任何类型的光源所使用的程序都是一样的，而 CAXA 实体设计的插入光源向导可以引导完成整个过程。其步骤如下：

① 在 CAXA 实体设计中新建一个设计环境，或打开一个已有的文件。单击“生成”|“光源”。

② 此时，光标已经发生了变化，在光标右下角有一个灯的符号。这时需要在设计环境中单击需要添加光源的点，确定新光源的位置，也可以利用“三维球”工具将它任意移动。单击后弹出“插入光源”对话框，如图 5-1 所示。

③ 在“插入光源”对话框中可以选择需要的光源种类，其具体含义和性质将在以后的章节中介绍，因为只有聚光源具有所有的属性选项卡，因此选择“聚光源”，然后单击“确定”按钮。此时，系统弹出如图 5-2 所示的对话框，询问是否需要在设计环境中显示光源，单击“是”按钮。

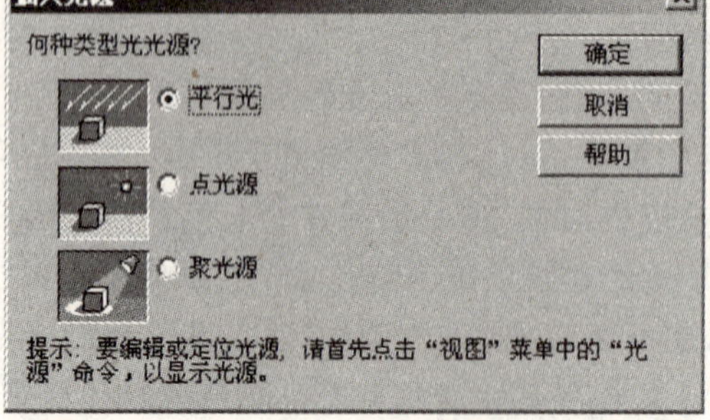

图 5-1　“插入光源”对话框

图 5-2　提示显示光源对话框

④ 弹出如图 5-3 所示的“光源向导-第 1 页”对话框，在这里可以选择光源的亮度和颜色。使用上方的滑尺可以设置光源的相对亮度，或在亮度栏中输入一个数值。可以输入大于

1 的数值，来创建一个特别明亮的光源。下面可以编辑光源的颜色，单击“选择颜色”，在弹出的对话框中，双击所需要的颜色即可。

⑤ 单击“下一步”按钮，进入如图 5-4 所示“光源向导-第 2 页”，在这里选择“是”或“否”，来指定光源是否产生阴影。在大部分设计环境中，应该只有不多几种光源产生阴影，而这些光源的位置应该仔细地安排，以取得赏心悦目的效果。过多的阴影非但不会加强设计环境，反而会使人无法在工作时集中注意力。

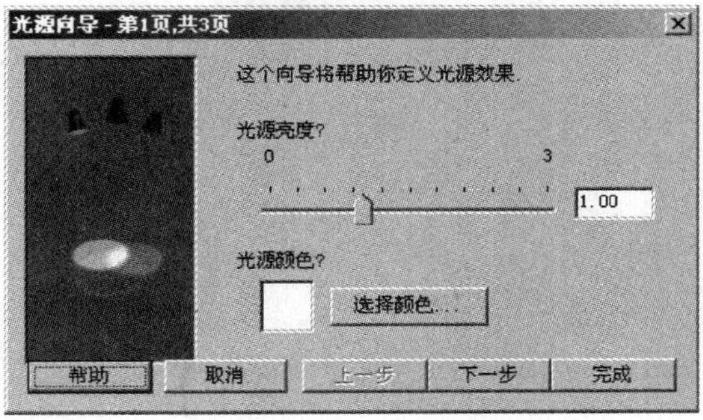

图 5-3　“光源向导-第 1 页”对话框

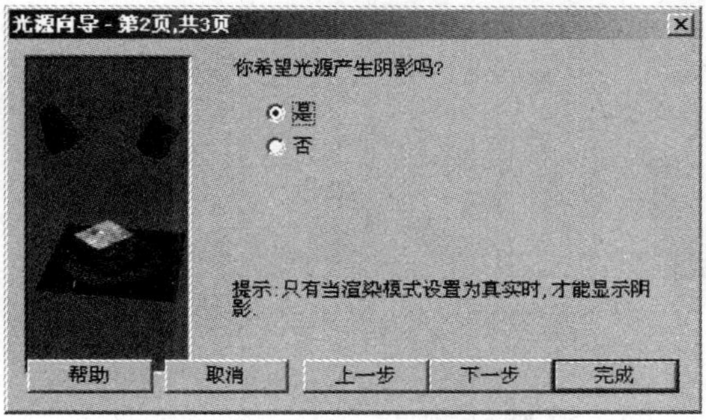

图 5-4　“光源向导-第 2 页”对话框

⑥ 如果插入的是平行光或点光源，则可以直接单击“完成”按钮。而此时单击“下一步”转入如图 5-5 所示的“光源向导-第 3 页”对话框，设置“聚光源光束角度”。在 CAXA 实体设计中显示的聚光源是两个相互对齐的光锥：一个是在内侧的、亮度大小不变的光锥；另一个是在外侧的、亮度不断降低的光锥。使用上部的滑尺选择内侧光锥的大小。数值越大，设计环境中的光线角度也越宽。使用底部的滑尺，指定两个光锥的外侧边缘之间的角度，来决定外侧光线不断降低亮度的情况。从内侧光锥的边缘开始，光线的亮度均匀降低，最后在外侧光锥的边缘达到强度 0。内部光锥和两个亮度衰减角（光锥每侧一个）的总和，不能超过 160°；否则，CAXA 实体设计将得到提示而自动调整亮度衰减角。

⑦ 单击“完成”按钮，即在设计环境中插入聚光源。设计环境中五个默认的平行光和新添加的一个聚光源同时出现，如图 5-6 所示。

⑧ 在设计环境中，平行光呈现圆柱形，聚光源呈现透明的锥形，而点光源呈现球形。如果选择一个光源，将出现一条线或锥体来表明这个光源在设计环境中的走向。如果设计环境中显示了光源，但却无法看到，可以使用调整设计环境工具或移动视向工具，将视点向后移动。如果光源被挡在零件的另一侧，则可以使用动态旋转工具，直到光源出现。

⑨ 当所有光源都处于视野中时，可以采用下面的方法，修改它们及其对设计环境的影响：

- 移动光源，并改变它的方向；
- 修改颜色和光源的强度；
- 调整当前向零件提供照明光源的数目；

- 添加或修改光源投射的阴影；
- 修改衰减值，即光照的亮度随距离而降低的方式；
- 指定高级聚光源设置，如滤色片和光锥角。

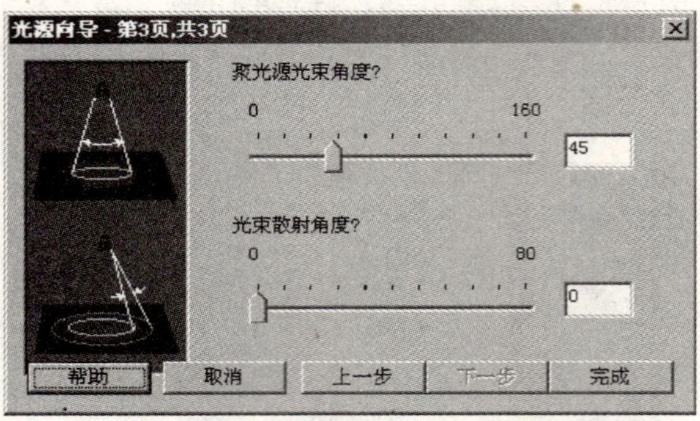

图 5-5 "光源向导-第 3 页"对话框

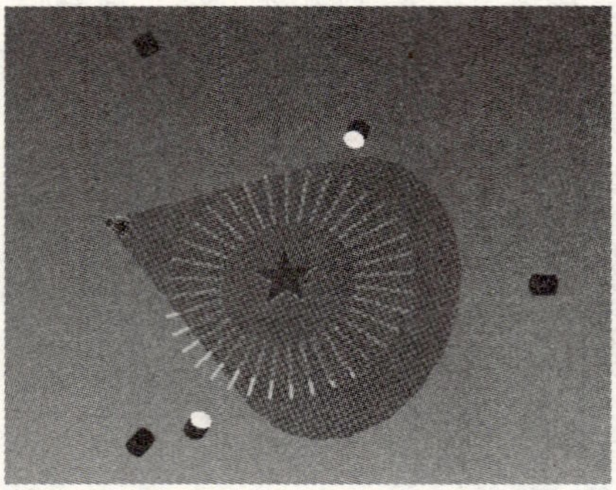

图 5-6 完成插入光源

3. 光源的设置

在默认情况下，虽然可以看到光和阴影，但在CAXA实体设计的设计环境中是看不见光源的。修改光照，必须首先显示光源。其步骤如下：

① 右击设计环境背景的任何地方，从快捷菜单中单击"显示"，弹出如图 5-7 所示的"设计环境性质"对话框，选择"光源"复选框，即可在设计环境中看见光源。此外，也可以单击"显示"|"光源"，来显示设计环境中的光源。通过同样的步骤可以进行光源的隐藏。

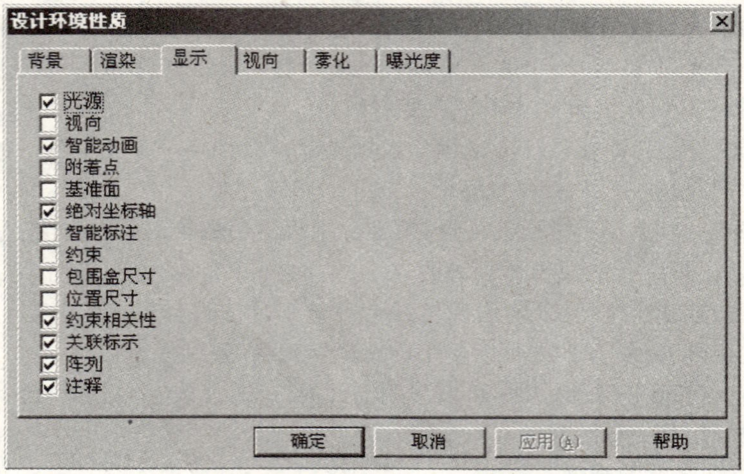

图 5-7 "设计环境性质"对话框

② 如果光源在设计环境中显示，则可以对它进行修改，或者将它移动到设计环境中的一个新的位置。这项操作可以用于所有类型的 CAXA 实体设计光源，尽管操作的程序和结果可能是不同的。在设计环境中，可以拖动一个平行光的图标，来改变它的角度。平行光在移动时，好像是被一根绳子拴在设计环境的中央。这根“绳子”表现为一条黄色或红色的直线，从光源延伸到设计环境的中央。在设计环境中，直线的颜色表示平行光是从前面（黄色），还是从后面（红色）照亮其中的对象的，如图 5－8 所示。

图 5－8　选择光源

③ 安排聚光源和点光源的位置与安排智能图素的选项是一样的。既可以拖动聚光源和点光源，改变它们的位置，也可以使用“三维球”，根据需要移动或旋转聚光源和点光源。当然，还可以编辑聚光源和点光源的位置和锚形标记选项卡中的选项，来改变它们的位置。

④ 尽管所有 CAXA 实体设计的设计环境中都有光源，而且这些光源在默认情况下是打开的，但是仍然可以关闭光源或删除它们来改变设计环境的外观。下面的选项适用于平行光、聚光源和点光源。要关闭一个光源，右击它，从弹出的快捷菜单中，取消对“光源开”选项的选择。重复前面的步骤，重新选择“光源开”选项，将光源再次打开。要从设计环境中删除一个光源，右击这个光源，从弹出的快捷菜单中，选择“删除”即可。

⑤ 在 CAXA 实体设计的设计环境中提供了添加阴影的选项，使一个零件具有真实感。阴影可以突出不平整的表面，并开辟零件内部的空间，如烟囱的内部、螺栓的螺纹或叉子的齿尖。

5.2　光源效果动画

5.2.1　产品展示

光和影的动画非常有趣，而且表现力很强。本节制作的动画是一个在简单产品展示中光的应用，让光逐渐亮起来从而突出产品。其步骤如下：

① 打开随书所附光盘上的“泵体.ics”文件或者打开 CAXA 实体设计安装目录下的 CAXA\CAXASOLID\Documentation\Tutorial\“偏心柱塞泵”\“泵体(9).ics”文件，设计环境如图 5－9 所示。

② 为了让动画效果明显，打开设计树，单击“光源”前面的加号将光源展开。在光源上右击后如图 5－10 所示，单击“光源开”选项。

③ 关闭系统默认的所有光源，使设计环境完全变暗。

④ 单击“生成”|“光源”后，在设计环境中任意位置单击，弹出“插入光源”对话框。

⑤ 选择“聚光源”后单击完成，在系统询问是否显示光源中选择“是”，此时弹出“光源向导-第 1 页”对话框，为了让效果更加明显，将光源亮度调整为“3”，颜色不做修改，如图 5－11 所示。

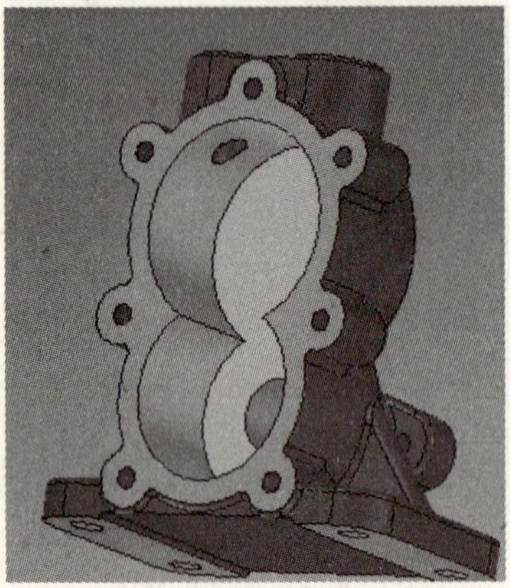

图 5－9　打开“泵体”源文件

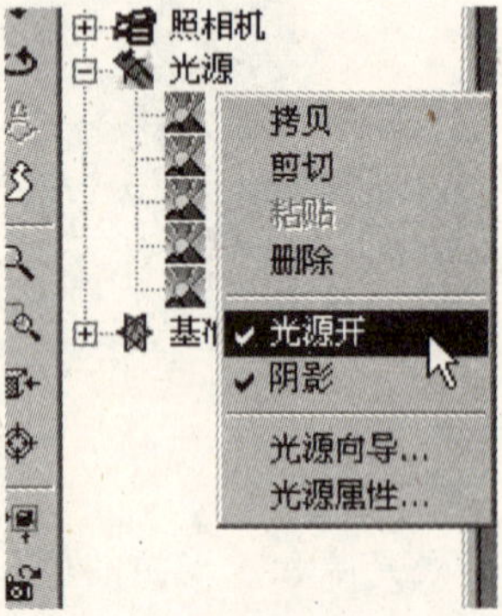

图 5－10　关闭光源

⑥ 单击“下一步”按钮，进入“光源向导-第 2 页”对话框，选择“否”，即不添加阴影，如图 5－12 所示。

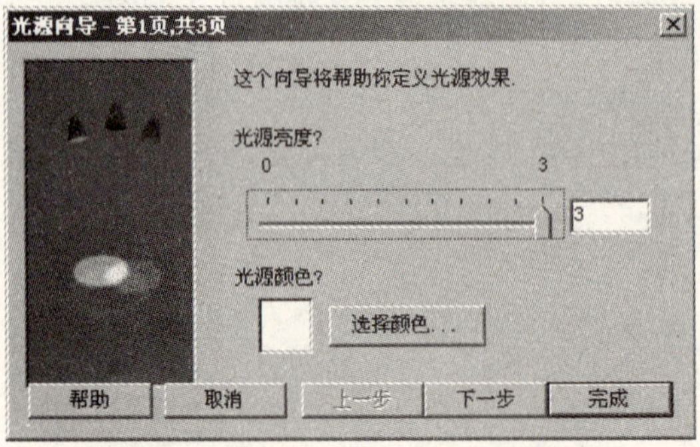

图 5－11　“光源向导-第 1 页”对话框

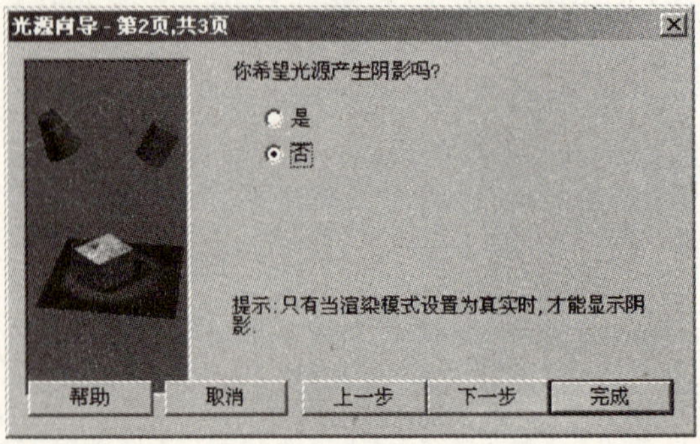

图 5－12　“光源向导-第 2 页”对话框

⑦ 单击“下一步”按钮，进入“光源向导-第 3 页”对话框，修改“聚光源光束角度”为“30”，将“光束散射角度”改为“5”，如图 5－13 所示。

⑧ 单击“完成”按钮，如图 5－14 所示。可以看到，在设计环境中新增加了一个聚光源，它将零件的部分照亮。如果所添加的光源与图中所示位置不同，只要在以下步骤调整到正确位置即可。

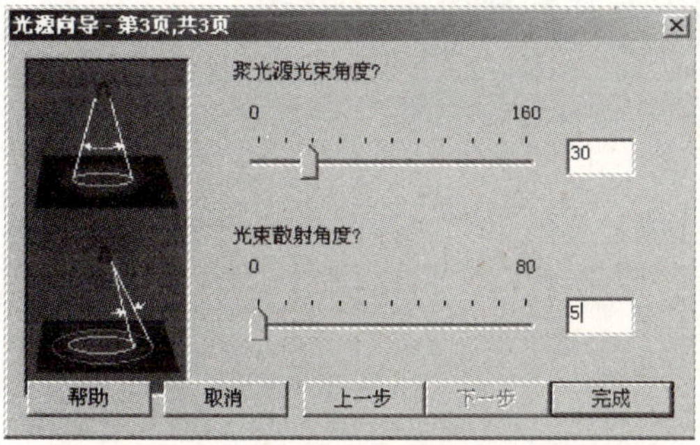

图 5－13　“光源向导-第 3 页”对话框

图 5－14　插入光源

⑨ 打开“三维球”工具，右击与光束同轴的短定位手柄，选择“与面垂直”，然后选择内腔正面，再利用外侧长手柄将它向外拖动，如图 5－15 所示。

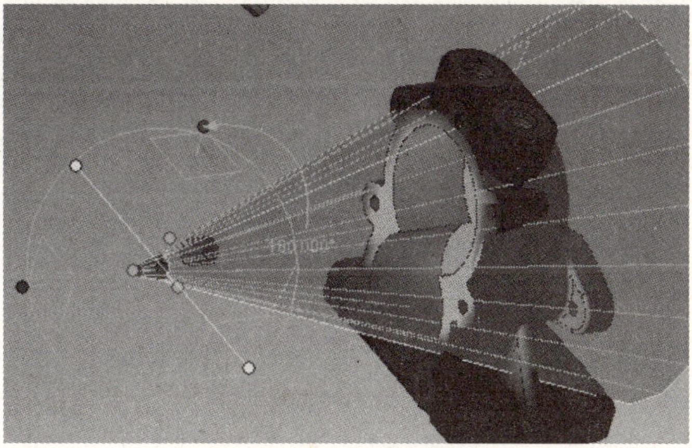

图 5－15　移动光源(一)

⑩ 右击中心手柄，选择“到点”，然后选择如图 5－16 所示的内腔中点。

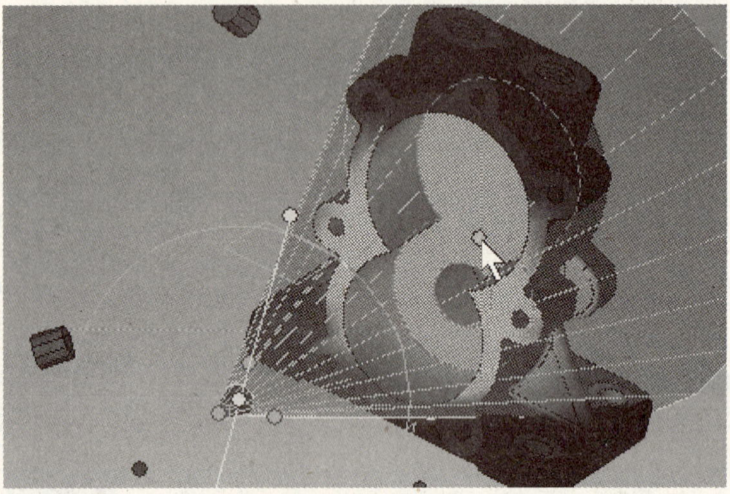

图 5－16　移动光源(二)

⑪ 由于所做的动画是零件逐渐变亮的过程，所以在起始位置是没有一点灯光的，移动完成后的聚光灯位置如图 5－17 所示。

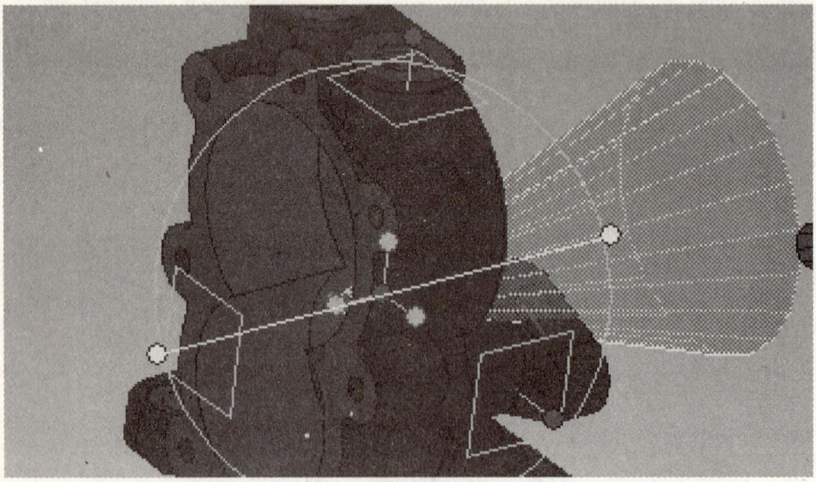

图 5－17　调整光源的位置

⑫ 单击“智能动画”工具按钮添加智能动画，在弹出的“智能动画向导”中选择“移动”，在下拉列表框中选择“沿高度方向”，将运动长度改为“400”；单击“下一步”按钮，将时间改为“10”，单击“完成”按钮，如图 5－18 所示。

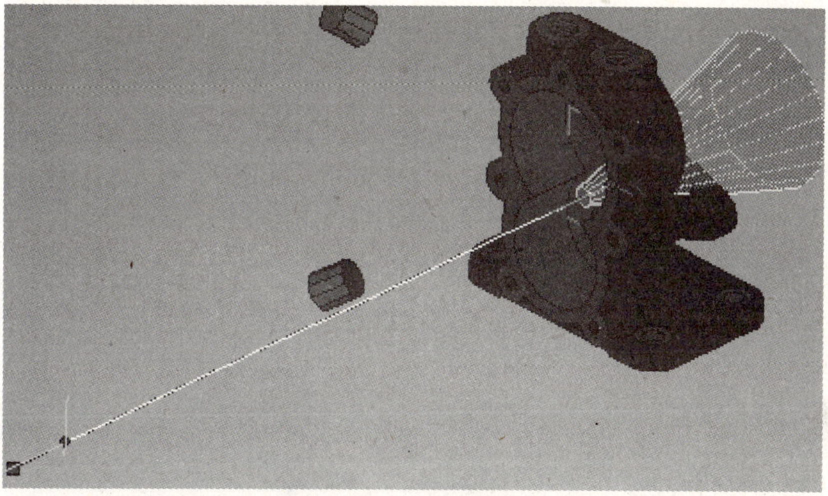

图 5－18　添加光源的动画

⑬ 此时，单击“打开”工具按钮，然后播放动画。最后一个画面如图 5－19 所示。

⑭ 将所有的光源隐藏，调整视图，此时产品展示动画就完成了。输出动画，播放过程如图 5－20所示。

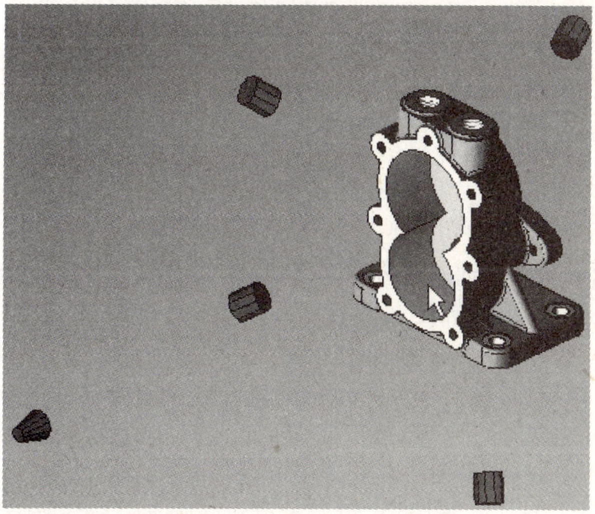

图 5－19　播放动画最后一个画面

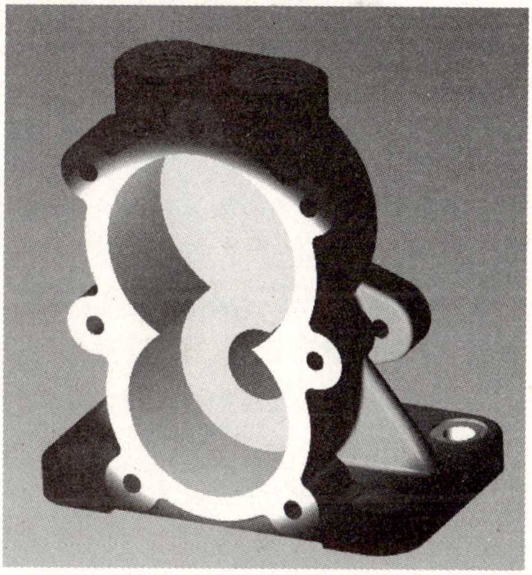

图 5－20　播放动画

5.2.2 灯　塔

制作灯塔动画的步骤如下：

① 打开随书所附光盘中的“灯塔.ics”文件，渲染结果如图 5－21 所示。在图中可以看到灯塔有几个不同的影子，光线也不是很清楚。为了增强动画效果，先设置光源。

图 5－21　打开“灯塔”源文件

② 打开设计树，单击“光源”前面的加号打开系统光源，共有五个光源。关闭第一个和第二个光源，关闭第三个和第四个光源的阴影。

③ 单击“生成”|“光源”，在设计环境中任意位置单击，弹出“插入光源”对话框。

④ 选择“聚光源”，单击“完成”按钮，在系统询问是否显示光源中选择“是”，此时弹出“光源向导-第 1 页”对话框，为了让效果更加明显，将光源亮度调整为“3”，颜色不做修改。

⑤ 单击“下一步”按钮，进入“光源向导-第 2 页”对话框，选择“否”，即不添加阴影。

⑥ 单击“下一步”按钮，进入“光源向导-第 3 页”对话框，修改“聚光源的光束角度”为“20”，将“光束散射角度”改为“5”。

⑦ 单击“完成”按钮，如图 5－22 所示。可以看见，在设计环境中新增加了一个聚光源，它将零件的部分照亮。如果所添加的光源与图中所示位置不同，只要在以下步骤调整到正确位置即可。

⑧ 打开“三维球”工具，将它移动到灯塔红色顶子的中心处，并选用定位手柄让它与地面垂直，如图 5－23 所示。

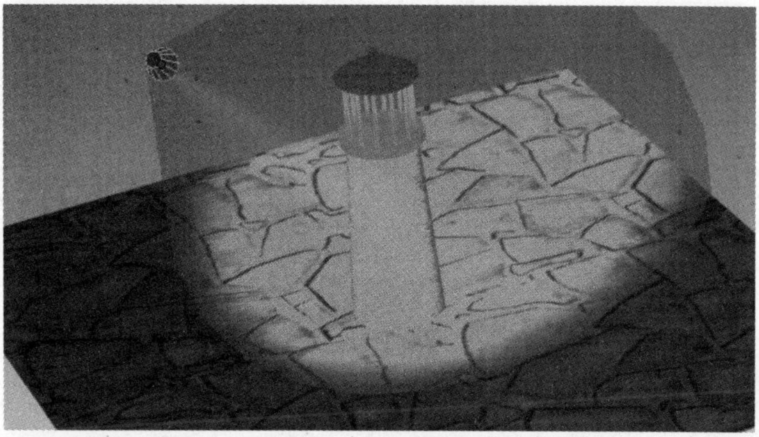

图 5－22　添加聚光源

图 5－23　调整聚光源的位置

⑨ 为了在以后的动画中表现比较真实，先将聚光源向下移动“10”，再将它向一侧旋转45°，如图 5－24 所示。

⑩ 光源的定位锚是不能脱离光源而自由移动的，所添加的动画又不是以已有定位轴旋转的，那么应该怎么办呢？首先在它的上面添加一个高度向旋转。单击“智能动画”工具按钮，在弹出的“智能动画向导”中选择“旋转”单选项及“绕高度方向轴”，单击“完成”按钮，如图 5－25所示。

⑪ 可以看到，设计环境中的绿色长轴即是运动的旋转轴。在这里可以利用“三维球”工具对它进行定位。打开“三维球”，利用与光源同轴的定位手柄将旋转轴调整成与地面垂直，如图 5－26所示。

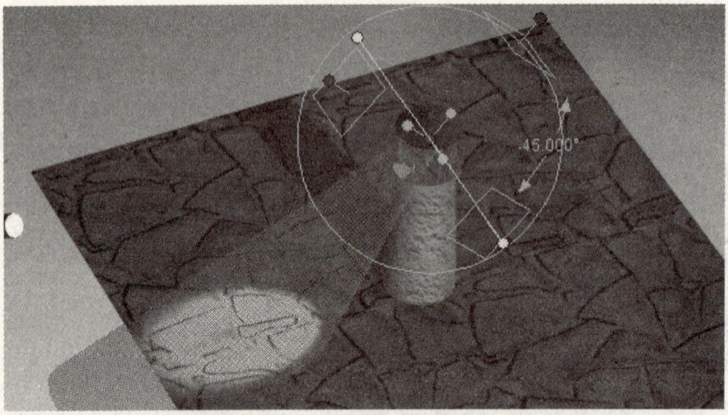

图 5-24　旋转聚光源

图 5-25　添加高度向旋转

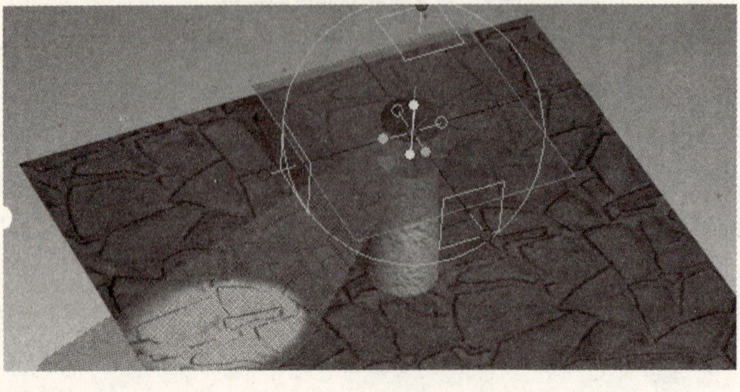

图 5-26　调整旋转轴

⑫ 将所有的光源隐藏，然后播放动画，发现除了灯塔上方有一点点光在移动外，看不见其他效果。这是因为那些效果应是渲染输出后的效果。利用第 9 章的知识将动画输出，选取其中一张图片如图 5－27 所示。

图 5－27　播放动画

⑬ 下面是一个关于光源的高级应用。如图 5－28 所示，在设计树上右击所创建的聚光源，选择“光源属性”。

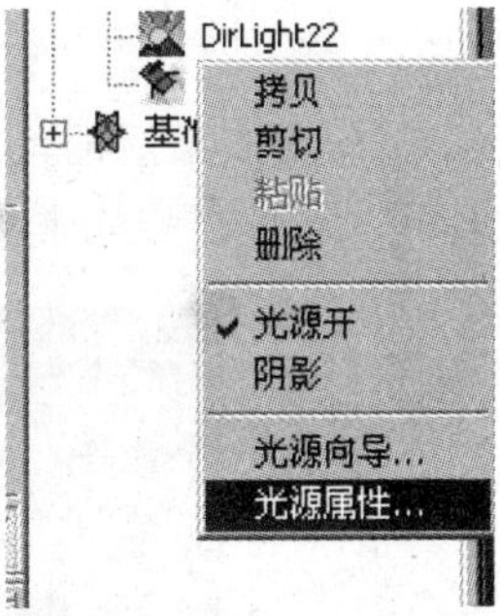

图 5－28　打开光源属性

⑭ 在设计环境中弹出“现场光特征”对话框，将光源重命名为“探照灯”，如图 5－29 所示。

⑮ 打开到“冻结”选项卡，然后在“冻结类型”中选择“颜色过滤器”，在“冻结实体”中选择“圆形”，单击“浏览”按钮，选择“外星小人.jpg”图片文件，如图 5－30 所示。

⑯ 渲染完成后的结果如图 5－31 所示。在灯光中出现了一个外星小人，它正是刚才所添加的图片的效果。

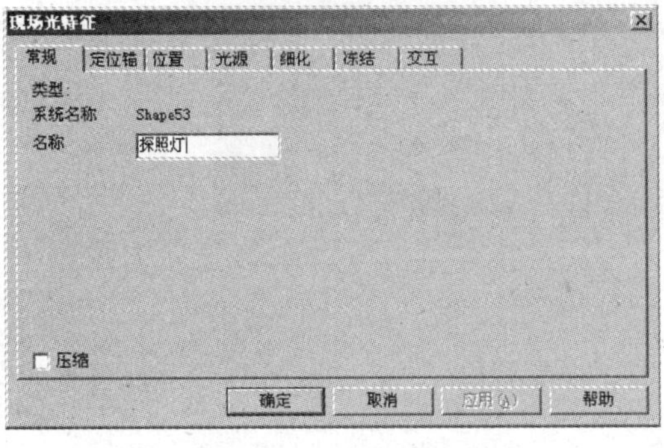

图 5－29　调整光源属性

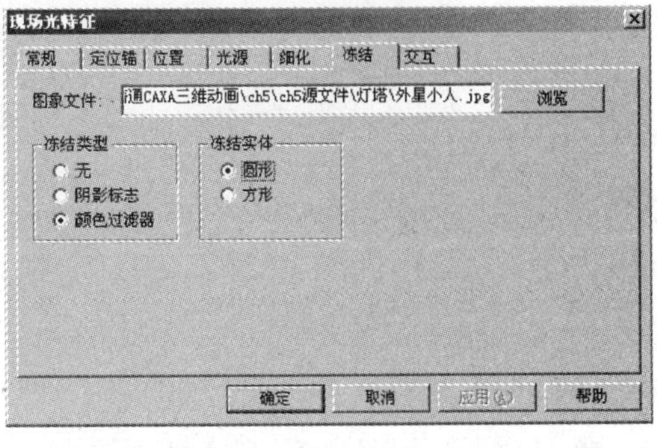

图 5－30　插入图片

图 5-31 渲染效果

⑰ 输出渲染后的动画，可以看见小人也随灯光移动，如图 5-32 所示。利用这一特殊的属性可以制作很多非常有意思的动画。

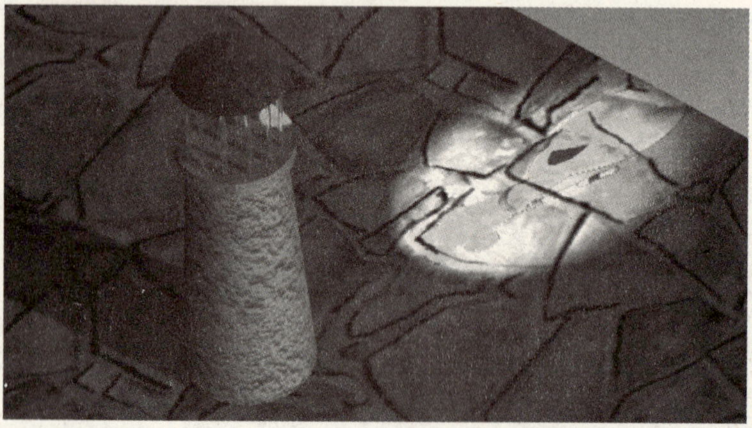

图 5-32 输出渲染后的动画

⑱ 为了制造一些神秘气氛，可以再次打开“光源”选项卡，将“颜色”改为紫色，如图 5-33 所示。

⑲ 此时，设计环境中外星人的周围出现了淡淡的紫色，更添加了神秘的气氛，如图 5-34 所示。可以输出动画观看最终的效果。

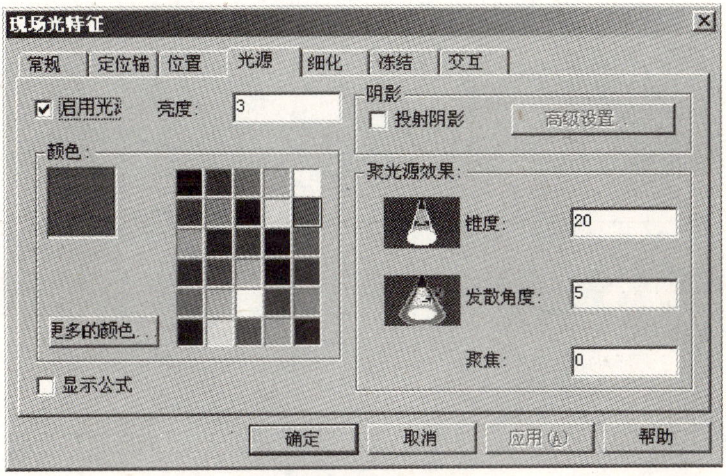

图 5-33　调整光源颜色

图 5-34　播放动画

5.2.3 日　晷

在以上两个例子中，可以看到 CAXA 实体设计在光源动画方面的功能，下面制作一个影子的动画。在我国古代曾经有过利用日影测得时刻的一种计时仪器，叫做日晷。它通常由铜制的指针和石制的圆盘组成。制作步骤如下：

① 打开随书所附光盘中的"日晷.ics"文件，经过渲染后设计环境如图 5-35 所示。

图5-35　打开"日晷"源文件

② 因为所做的是影子的动画，为了获得更好的动画效果，需要将现在的光源的阴影关闭。打开设计树，将系统自带的光源的阴影关闭，渲染后设计环境如图5-36所示。

图5-36　插入点光源

③ 单击"生成"|"光源"，在设计环境中任意位置单击，弹出"插入光源"对话框。

④ 由于模拟的是太阳的运动，所以选择"点光源"，单击"完成"按钮，在系统询问是否显示光源中选择"是"。此时，弹出"光源向导-第1页"对话框，不做任何修改。

⑤ 单击"下一步"按钮，进入"光源向导-第2页"对话框，选择"是"，添加阴影。

⑥ 单击"完成"按钮，即在设计环境中新增加了一个点光源，它是用球体来表示的。它将零件的部分照亮。如果所添加的光源与图中所示位置不同，只要在以下步骤调整到正确位置即可。

⑦ 下面的任务是给点光源定位，利用 CAXA 实体设计的优势来进行这次定位。在设计环境中的空白处右击，弹出如图 5-37 所示的快捷菜单，选择“垂直分割”。

⑧ 将两个视图调整，将其中一个调整为主视图，另一个调整为左视图，具体位置如图 5-38 所示。

⑨ 打开“三维球”，利用“三维球”工具进行点光源的定位，在左侧视图上调整它的高度，如图 5-39 所示。

⑩ 在主视图上调整点光源另外两个方向的位置，如图 5-40 所示。

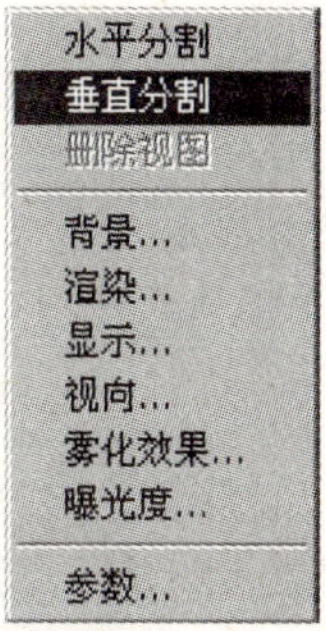

图 5-37　分割视图

图 5-38　分割视图的结果

图 5-39　调整点光源的高度

图 5-40　调整点光源的位置

⑪ 关闭“三维球”，开始添加动画。单击“智能动画”工具按钮，在弹出的“智能动画向导”对话框中直接单击“完成”。由于在上一步的调整中会产生与底面平行的智能动画参考平面，但需要的是与屏幕平行的参考平面，因此在这一步中，如果是与屏幕平行则不做修改；如果不是则利用“三维球”进行调整，如图 5-41 所示。

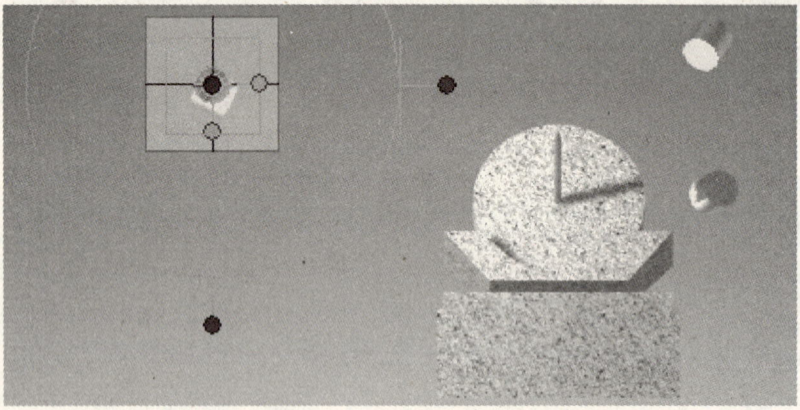

图 5-41　最终光源的位置

⑫ 单击“延长路径”工具按钮，添加两个关键帧，要求是一段向下的弧线，具体位置如图 5-42所示。

⑬ 播放动画或是渲染输出，发现阴影没有发生变化，只在一个位置上，如图 5-43 所示。

⑭ 为了让阴影发生变化，在点光源上右击，单击“光源属性”，打开“点光源特征”对话框，切换到“光源”选项卡，如图 5-44 所示。

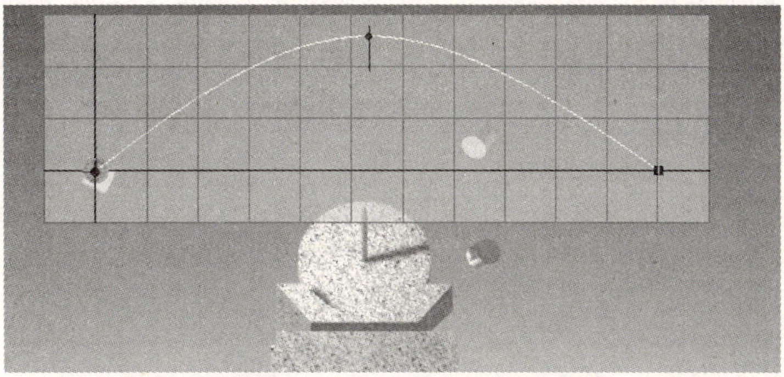

图 5 - 42　添加光源的路径

图 5 - 43　播放动画

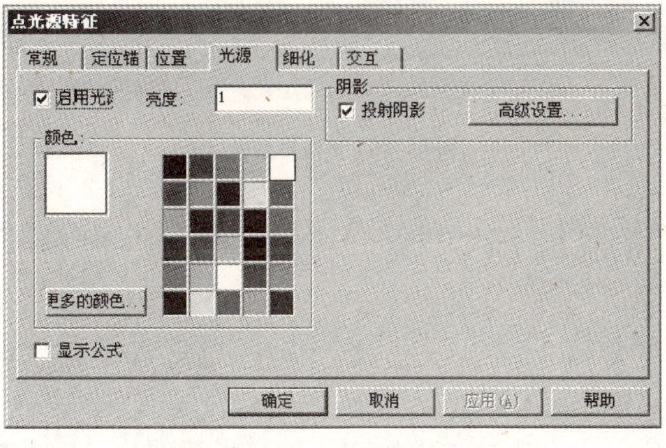

图 5 - 44　打开"点光源特征"对话框

⑮ 单击“阴影”区域的“高级设置”按钮，弹出如图 5－45 所示“高级阴影设置”对话框，选择“光线跟踪”，单击“确定”按钮。

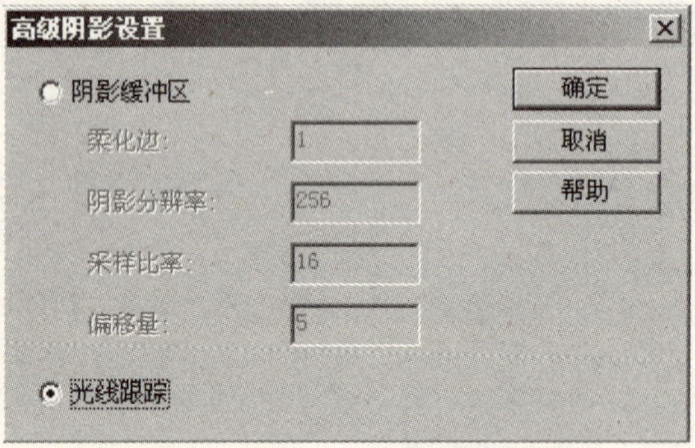

图 5－45　调整“高级阴影设置”

⑯ 此时，再进行动画播放或将动画输出，可以看到影子开始运动了，如图 5－46 所示。

图 5－46　重新播放效果

5.3　视向的添加与切换

1. 插入和显示视向

视向是什么？它是 CAXA 实体设计中的眼睛，以前在操作零件时都是将零件移来移去，而视向则是走来走去，从不同的角度来观看产品。正所谓“横看成岭侧成峰，远近高低各不同”。利用实体设计提供的视向向导和视向属性，可以设置和调整镜头的方位，从不同的角度观看或渲染对象。

① 插入视向时，单击菜单栏中“生成”|“视向”，光标变成照相机图标。在设计窗口中单击放置照相机的地方，弹出“视向向导-第 1 页”对话框，如图 5－47 所示。

② 选择视向方向，并在“视点距离”的文本框中输入指定距离，单击“下一步”，弹出“视向向导-第 2 页”对话框，确定是否“使用透视”和启用视向，如图 5－48 所示。

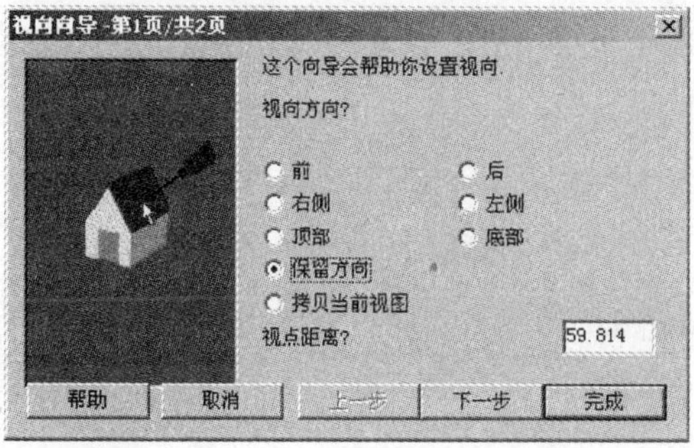

图 5－47　“视向向导-第 1 页”对话框

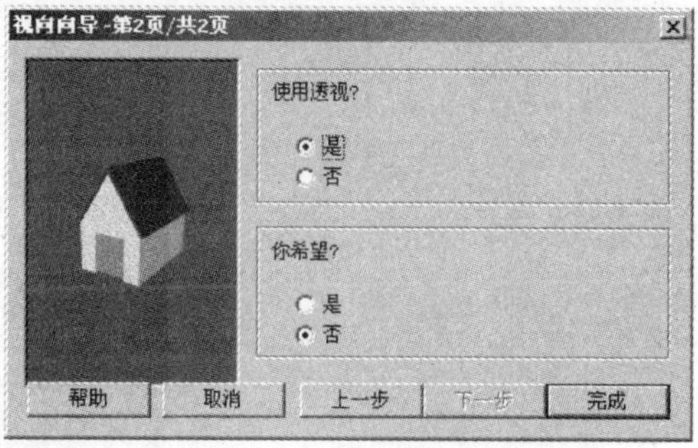

图 5－48　“视向向导-第 2 页”对话框

③ 单击“完成”按钮，弹出如图 5－49 所示的对话框，询问是否要显示所有视向。

④ 选择“是”，屏幕上出现表示视向的照相机及表示视点的红色方形手柄，如图 5－50 所示。

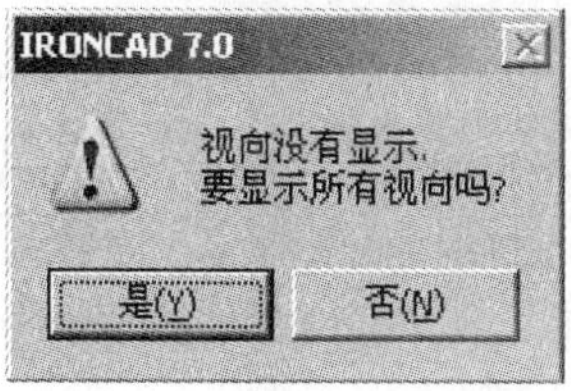

图 5－49　对话框

图 5－50　生成新的视向

2. 视向基本操作

为了显示特定的三维图像，有时需要调整当前的视向。CAXA 实体设计提供了三种设置视向的方法。

① 打开“三维球”,利用它可以精确地移动或旋转照相机,如图 5－51 所示。

② 直接拖动照相机图标,可改变其位置,而拖动红色方形手柄可调整视点和视点距离,如图 5－52 所示。

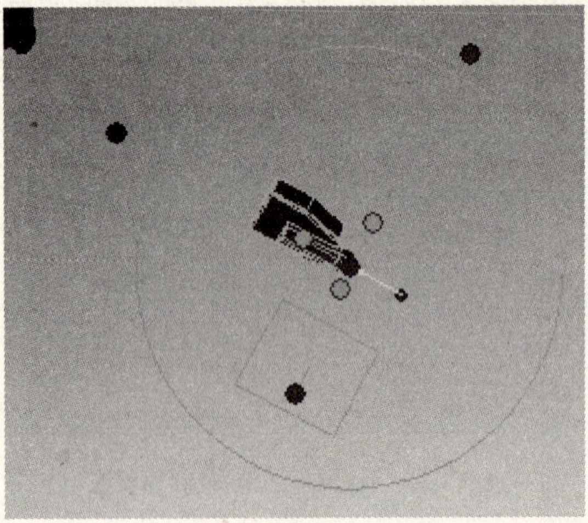

图 5－51　调整视向位置

图 5－52　选择视向

③ 在“视向属性”对话框中可以调整照相机的视向。右击设计环境中的照相机图标,或单击设计树中展开的照相机图标,在弹出的快捷菜单上选择“视向属性”,打开“视向属性”对话框;单击“视向”标签,打开该选项卡,修改位置、视点和方向等参数后,单击“确定”,如图 5－53 所示。

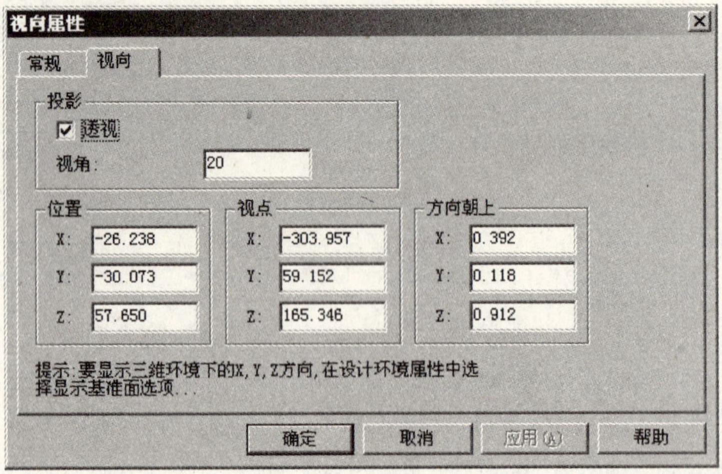

图 5－53　打开“视向属性”对话框中的“视向”选项卡

复制某一视向时，右击照相机图标，在弹出的快捷菜单上选择“复制”。再次右击屏幕上显示的任一照相机图标，在弹出的快捷菜单上选择“粘贴”，则新复制的照相机（视向）与原照相机重合，可单击新照相机将其拖到指定的位置。

删除某一视向时，右击照相机图标，在弹出的快捷菜单上选择“删除”或“剪切”，该照相机（视向）消失。

启用所选视向时，右击照相机图标，在弹出的快捷菜单上选择“视向”；也可以在设计树中右击，展开指定的照相机图标，在弹出的快捷菜单上选择“视向”。系统按所选视向显示零件。

视向这一功能对于动画制作非常重要，因为不可以在添加动画的视向下进行视向类操作，但又不得不时时检查视向的位置，所以一定要注意当前视向并进行正确的切换。

5.4　视向效果动画——漫游艺术画廊

视向动画，顾名思义，就是眼睛运动的动画。在漫游艺术画廊实例中，来逛一下美术馆中“逃走的画廊”吧。具体步骤如下：

① 打开随书所附光盘中的“逃走的画廊. ics”文件，如图 5 - 54 所示。美术馆及灯光都已做好，只要添加视向及其动画即可。

② 为了方便观察和添加动画，将处于屋顶的长方体压缩，此时就可以看见画廊内部的情形了，如图 5 - 54 所示。在这个画廊里面正在举办一个“逃离画框”主题展，在正面墙上有五幅画，在两侧各有三幅。现在作为一个参观者，从门口走入，然后向两侧巡视一下，最后从右侧开始仔细地欣赏每幅画。

图 5 - 54　打开“逃走的画廊”源文件并将屋顶隐藏

③ 在这里首先添加一个新的视向，然后为新的视向添加动画。单击“打开”菜单中的“生成”|“视向”菜单项，光标右下角变成一小照相机，在设计环境中的空白处单击，弹出“视向向导-第1 页”对话框，将“视向方向”改为“前”，将“视点距离”改为“100”，如图 5－55 所示。

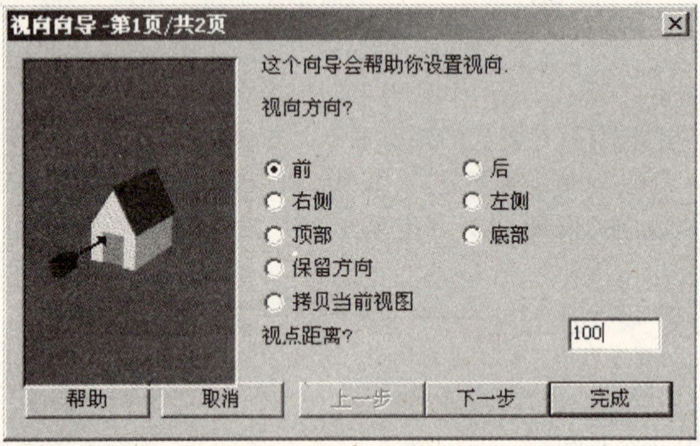

图 5－55　添加视向

④ 单击“完成”按钮，弹出是否显示视向的对话框，单击“是”按钮，在设计环境中生成新的视向，如图 5－56 所示。

图 5－56　生成新的视向

⑤ 打开“三维球”，利用“三维球”调整新增视向的位置，先将它旋转 90°与墙体正面垂直，再利用中心手柄的“到点”功能将它移动到正面中间那幅画的正中央，如图 5－57 所示。这样做是为了对运动过程中的关键帧进行调整，以观察其是否能在运动过程中获得理想效果。

图 5－57　调整视向的位置

⑥ 利用“三维球”工具将视向移离墙面“100”，此时要注意在视向间切换的操作。当使用添加动画的视向观看时，绝对不能使用视向工具调整，否则所做的视向定位将被移动。先在所要添加动画的视向上右击切换到其中，如图 5－58 所示。

图 5－58　观察视向

⑦ 此时表现的是在距离墙面 100 mm 处所观察到的景象，是否觉得有些过大了。那么如何调整呢？首先确定是哪一个参数影响了观察效果。在设计树上右击所添加的视向，在弹出的快捷菜单中选择“视向属性”，打开“视向属性”对话框，如图 5－59 所示。

⑧ 在“视向”选项卡中，“视角”选项现在的数值是“20.330”，是它影响了实际观察的效果。在这里直接调整“视角”参数值就可以改变效果。但只有单击“确定”关闭“视向属性”对话框后

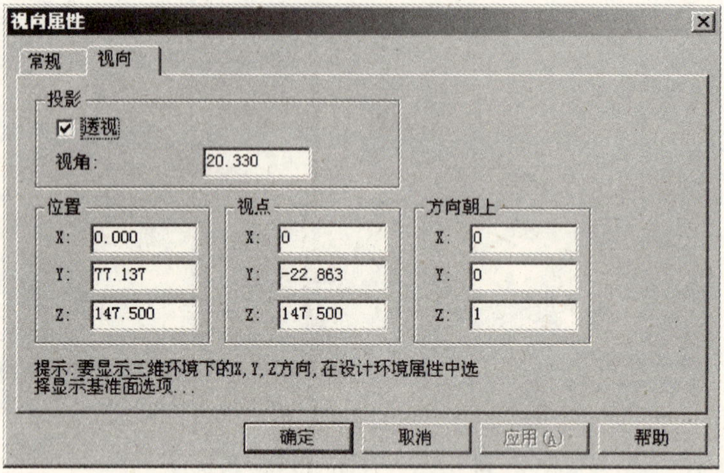

图 5-59　打开“视向属性”对话框

才可以看到调整后的效果。如果使用三键鼠标,就可以用中间的滚轮直接动态调整“视角”大小;如果不是三键鼠标,则只能在此修改“视角”参数值了。

在设计环境中单击,然后利用鼠标的滚轮调整视图,如图 5-60 所示。

图 5-60　调整视角

⑨ 此时,再次在设计树上右击以准备添加动画的视向,选择“视向属性”,弹出“视向属性”对话框如图 5-61 所示。这时,在“视向”选项卡中“视角”的值已经改为“44.842”,如果采用修改参数的方法,那么直接在此修改即可。

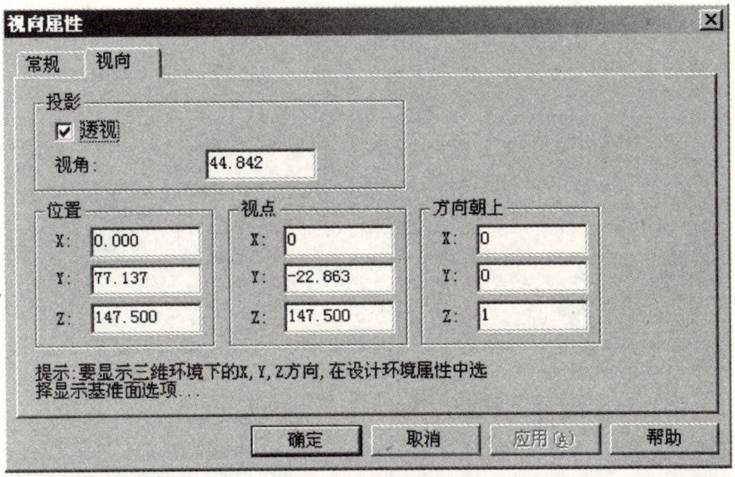

图 5－61　显示“视向属性”

请记住滚轮这个有效的工具，因为在添加视向动画时它是非常有用的，通过它可以很直观地知道在这个位置会看到怎样的结果。

⑩ 这一步同样要小心，因为要做的工作仍是移动视向，因此需要先能看见视向。有时会非常自然地利用“视向”工具旋转和移动设计环境，而这样会将前面所做的工作全部破坏。因为现在看到的设计环境就是用所添加的视向看到的，如果移动或旋转设计环境，这个视向也会同样进行移动和旋转。正确的方法是，在如图 5－62 所示的设计树中右击 Isometric，在弹出的快捷菜单中选择“视向”，也可以右击其他视向。现在之所以选择这个轴测图是因为它的视图比较清楚。

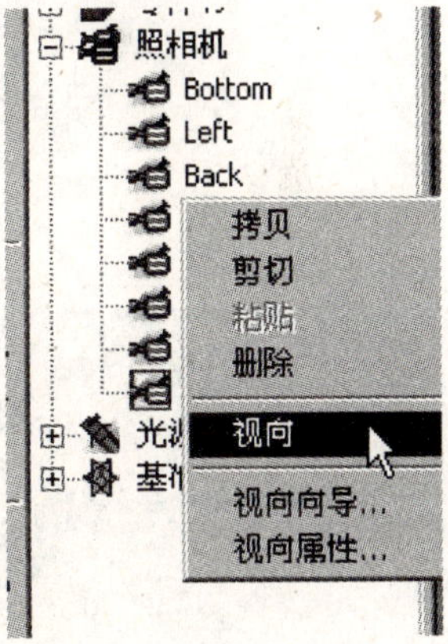

图 5－62　打开“视向”

⑪ 下面要选择进入这间屋子后所处的位置，单击所要添加动画的视向，然后打开“三维球”工具，再将它向后移动“200”，具体位置如图 5－63 所示。

⑫ 关闭“三维球”，再次在设计环境中或者设计树上右击添加动画的视向，然后选择“视向”菜单项，如图 5－64 所示。这就是一进入画廊所看到的图像。

⑬ 同样需要小心地切换“视向”，然后将“视向”后移“400”，即移动到门外，进入“视向”设计环境，如图 5－65 所示。这就是动画的起始点。

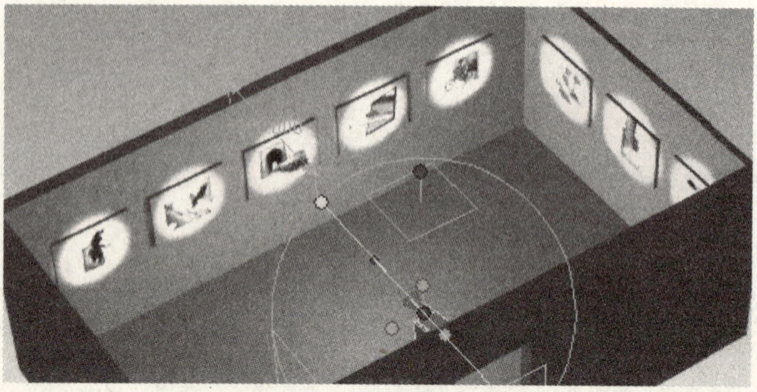

图 5-63　调整视向位置

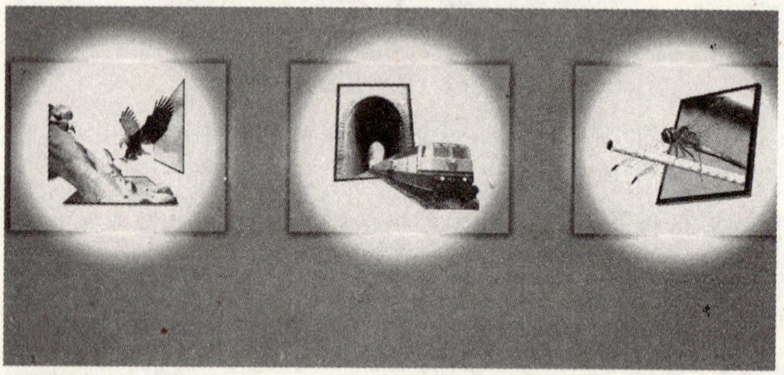

图 5-64　生成视向观察

图 5-65　观察结果

⑭ 当然,还可以继续利用“三维球”移动视向,然后观察每一个位置所取得的视觉效果。首先切换视向;然后添加动画。单击“智能动画”工具按钮,在弹出的“智能动画向导”对话框中单击“下一步”按钮,因为是要慢慢地欣赏动画,所以将时间修改为“60”。如果计算机运算较快,还可以将时间继续加长。

⑮ 通过“指定面”视向工具将视图调整为俯视图,并单击“延长路径”工具按钮,在门口位置添加三个关键帧,其中一个是正视,另外两个分别是向两侧观察,如图 5-66所示。

⑯ 进门之后,在展室内添加 11 个关键帧,它们的具体位置如图 5-67 所示,分别在每幅画前方约100 mm 处。

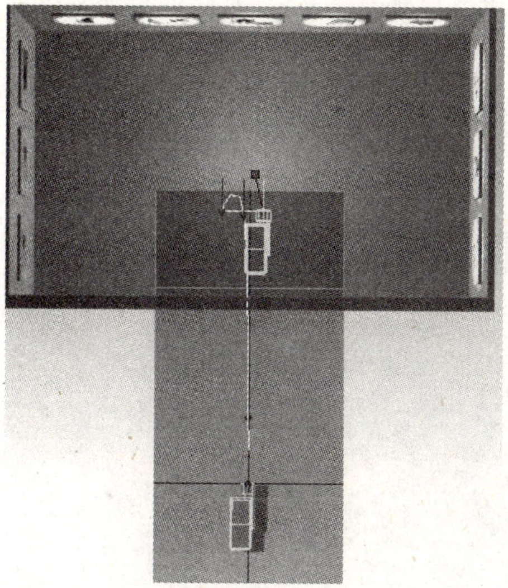

图 5-66　添加智能动画

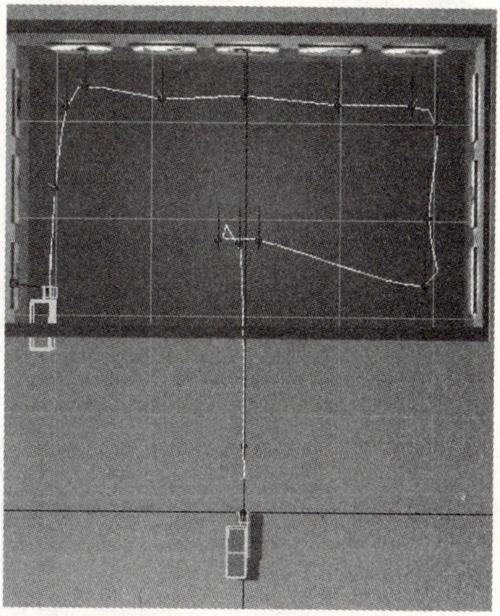

图 5-67　添加关键帧

⑰ 此时播放动画，但却发现具体位置和角度都不尽如人意。所以需要对每一个关键帧的位置进行精确定位。首先单击一进门的关键帧。打开“三维球”，这一帧的位置已经确定，它与一进门正对面那幅画的距离为“300”。由于对它所做的调整是在动画参考平面上移动的，所以一定要在每一步的移动中将它锁定在所做的参考平面上，实际操作时就是在每一步移动中都只沿“三维球”的一根轴移动。在对这一帧的调整中，共有三步：

- 第一步如图 5-68 所示，锁定与正面墙平行的长轴，右击中心手柄后选择“到点”，然后单击图中光标所指的绿色圆点。

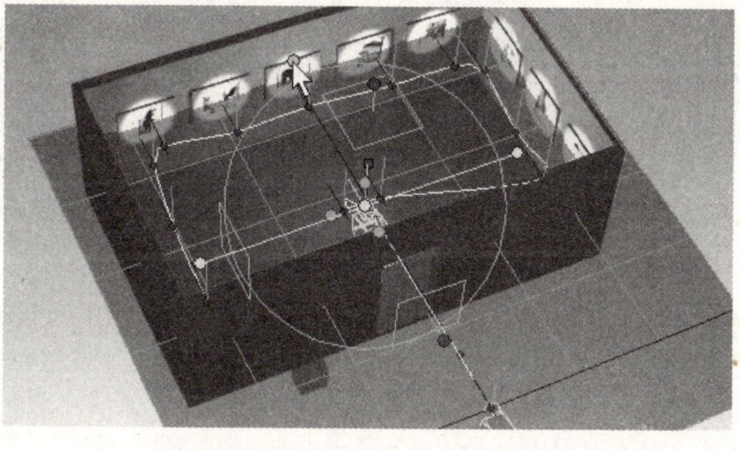

图 5-68　调整关键帧的位置(一)

-第二步的移动，只是锁定的轴发生了变化，变成了与侧面墙平行的轴。右击“三维球”的中心手柄，选择“到点”，再在图 5-69 中光标所指位置单击即可。

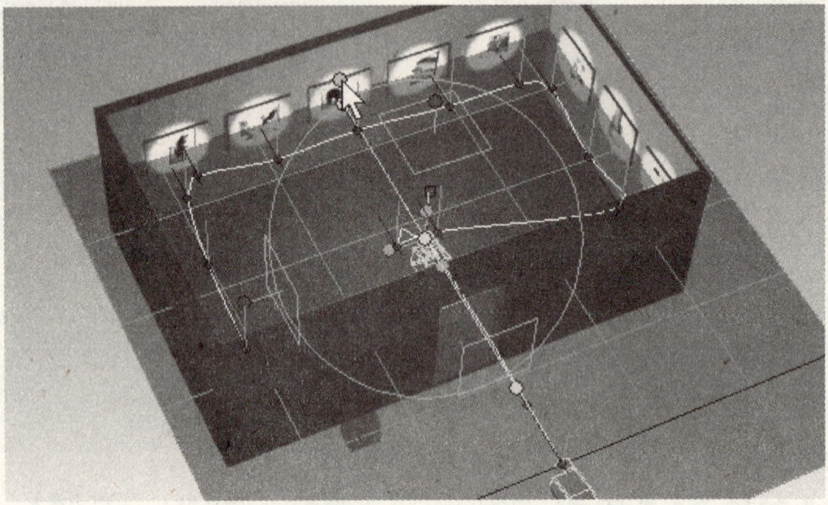

图 5-69　调整关键帧的位置(二)

-第三步就是向后移动“300”，如图 5-70 所示。

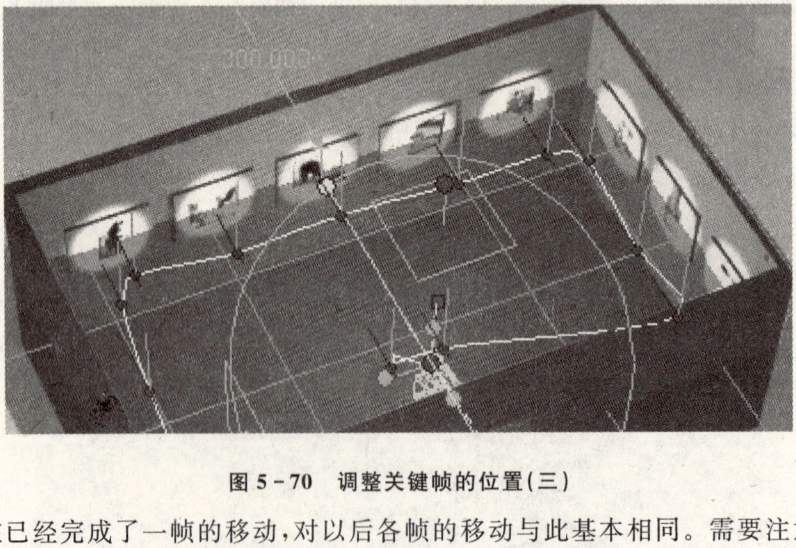

图 5-70　调整关键帧的位置(三)

⑱ 现在已经完成了一帧的移动，对以后各帧的移动与此基本相同。需要注意的是，在旋转时，尽量通过定位手柄的“与面垂直”或“与边平行”来完成，因为单独旋转一个角度在这里不易实现。首先是门口两个关键帧，分别是向两侧看，位置与上一个关键帧完全一样，而角度分别向两侧旋转 90°。如图 5-71 所示即为向右侧观看的关键帧最终位置。

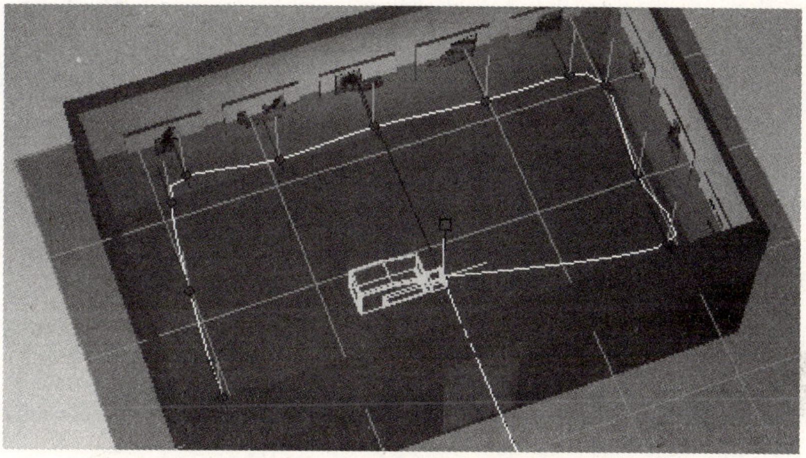

图 5－71　调整关键帧的位置(四)

⑲ 调整右侧的三个关键帧，位置分别为与画面中点相距 100 mm 且垂直于画面。只是在第三个关键帧处要旋转 30°，如图 5－72 所示。

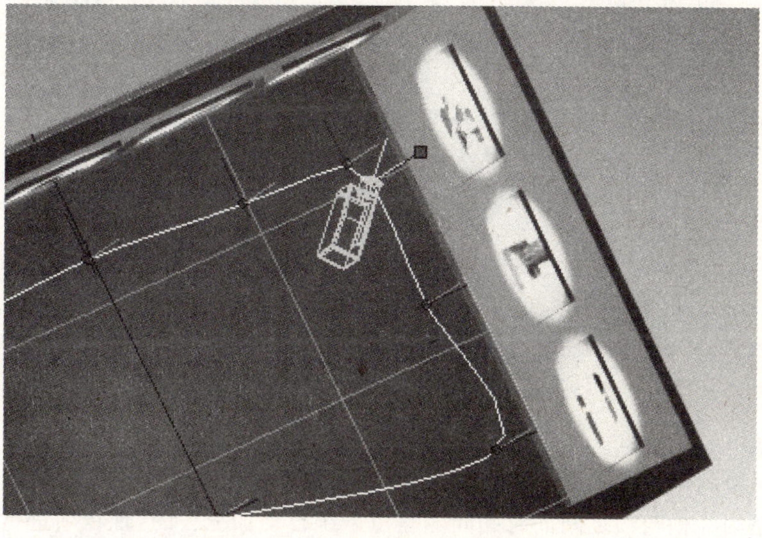

图 5－72　调整关键帧的位置(五)

⑳ 对中间五个关键帧进行调整，它们同样与画面垂直且有一段距离。将第三个观看火车的距离改为“50”，在这里可以实现一个近距离的观察。对最后一个关键帧同样需要旋转一个角度，如图 5－73 所示。

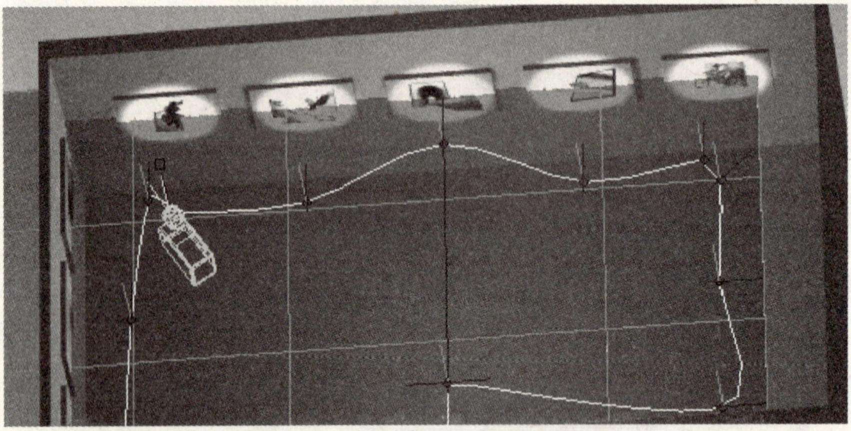

图 5-73　调整关键帧的位置(六)

㉑ 调整最后三个关键帧的位置，只要垂直于画面且距离为“100”即可，如图 5-74所示。

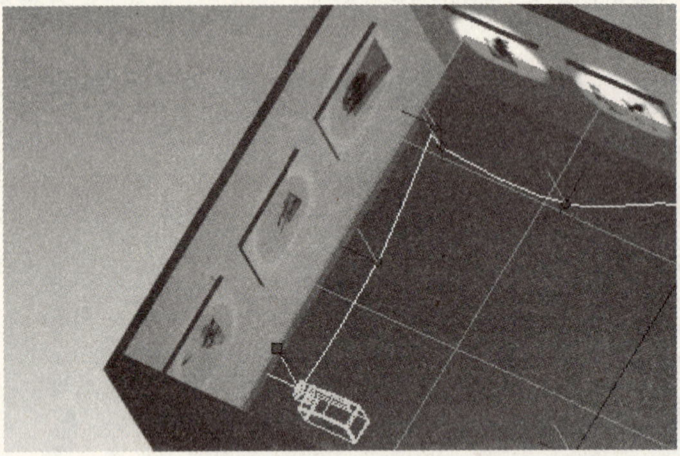

图 5-74　调整关键帧的位置(七)

㉒ 现在切换到运动视向中，播放动画，即可开始欣赏了。但是会发现画面在运动过程中有些跳动，这是因为帧与帧之间的时间间隔是由系统自动加上去的，现在须进行自定义。打开“智能动画编辑器”，双击展开视向动画片段，在画面下面的自定义路径片段上右击，打开“片段属性”对话框，切换到“路径”选项卡，如图 5-75 所示。

㉓ 单击“当前关键”的向上微调按钮，将“当前关键”调整为“2”，并将“关键点起始时”调整为“0.2”，如图 5-76 所示。

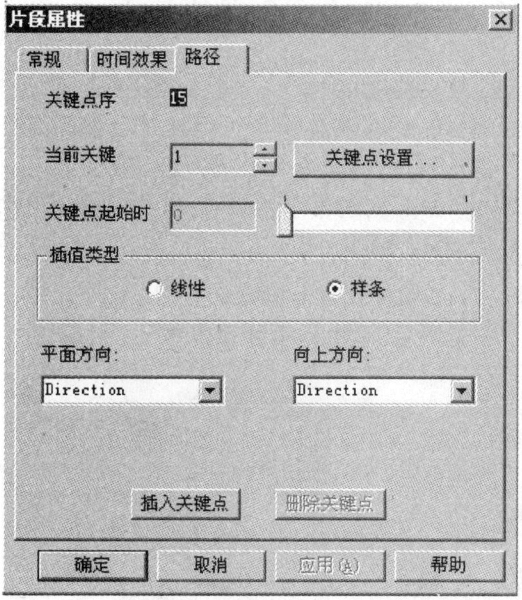

图 5－75　打开“片段属性”对话框

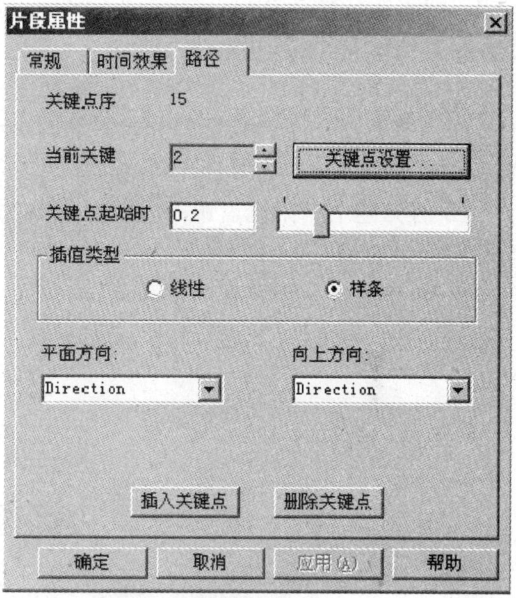

图 5－76　修改“片段属性”

㉔ 同步骤㉓，将 3～14 关键帧的起始时间分别修改为“0.25”，“0.3”，“0.35”，“0.4”，“0.45”，“0.5”，“0.55”，“0.6”，“0.65”，“0.7”，“0.8”，“0.9”，单击“确定”按钮完成对时间的修改。

㉕ 此时再播放动画就不会有跳动的感觉了。选择其中一帧如图 5－77 所示。

图 5－77　播放动画

5.5　透镜动画

本节将制作一个比较特别的光影动画——放大镜，CAXA实体设计可以通过造型和渲染来实现放大镜的效果。其操作步骤如下：

① 打开随书所附光盘中的“琵琶行.ics”文件，设计环境如图5-78所示，共有“背景”、“琵琶行”和“放大镜”三个零件。

② 由于这是一个特殊的动画，它的放大效果是由造型和渲染来决定的，所以首先介绍一下造型。放大镜是一个旋转实体，其旋转面如图5-79所示，是由一个圆切出来的。

图5-78　打开“琵琶行”源文件

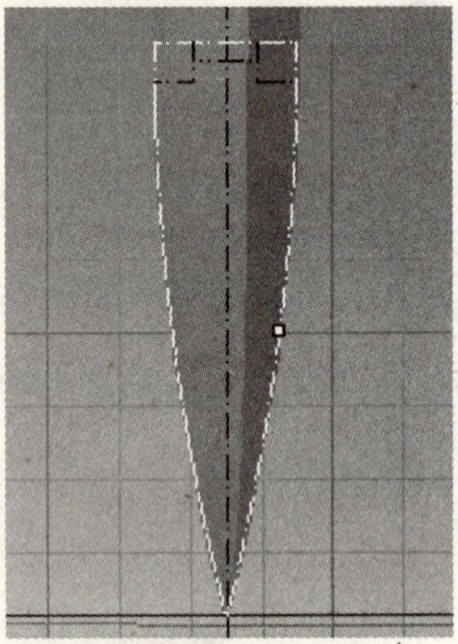

图5-79　放大镜的截面

③ 为放大镜添加上表面的光泽，就可以找到放大效果了。在零件状态下选择“放大镜”，然后从右侧“表面光泽”智能图素中拖放“清澈玻璃”到放大镜上，如图5-80所示。

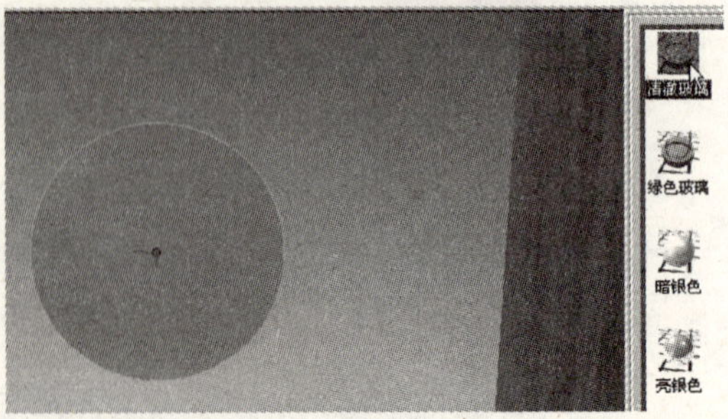

图5-80　添加材质

④ 将渲染过的放大镜利用“三维球”工具移动到距离背景距离为“50”的位置，如图5-81所示。

⑤ 此时不能看到有任何变化，将视图调整到正视，等待渲染结束，如图5-82所示。由于特殊的造型和渲染，“浔阳江头”四个字变大了。

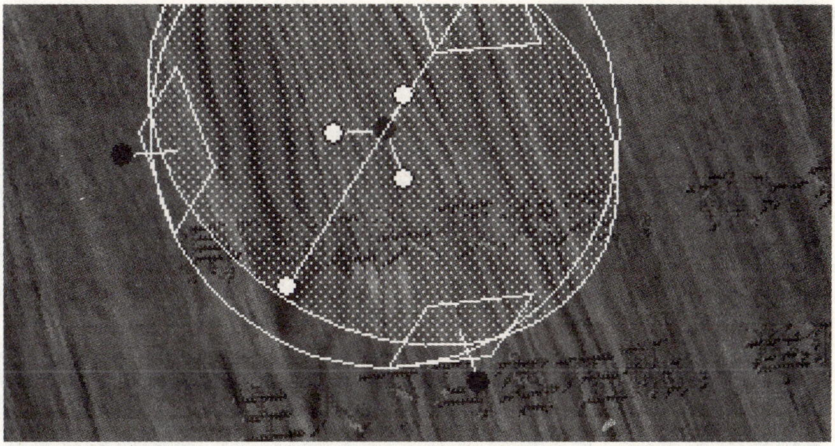

图 5-81　调整放大镜位置

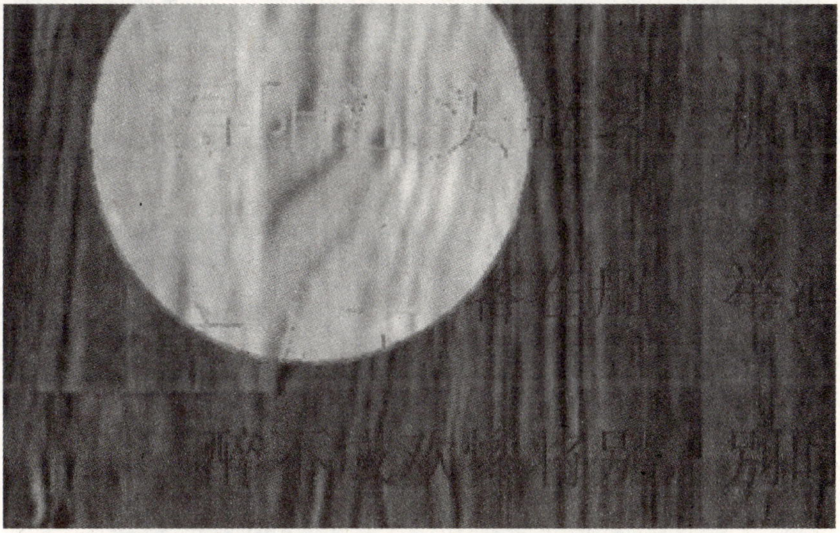

图 5-82　放大的效果

⑥ 添加放大镜的智能动画,实际上也是一个自由轨迹的动画,因为只是让它来移动从而可以看清所有的字。在零件状态下选择“放大镜”,单击“智能动画”工具按钮,在弹出的“智能动画向导”对话框中单击“下一步”按钮,因为是要慢慢地欣赏动画,所以将时间修改为“10”。

⑦ 弹出的智能动画参考平面并不与桌面平行。打开“三维球”,利用“三维球”旋转智能动画参考平面,如图 5－83 所示,智能动画参考平面与背景平面平行。

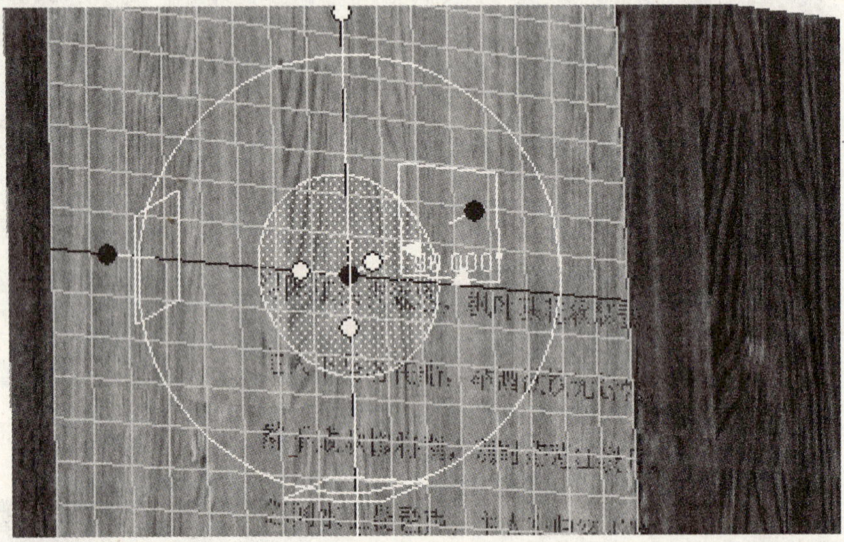

图 5－83　添加智能动画

⑧ 在第一句诗的最后位置添加一个关键帧,如图 5－84 所示在关键帧上右击,在弹出的快捷菜单中选择“关键帧属性”。

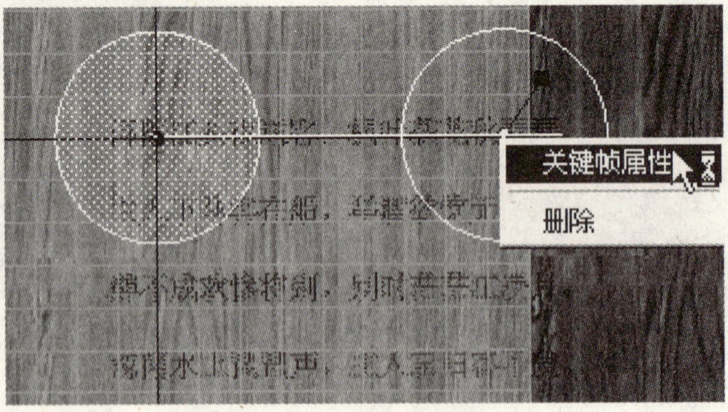

图 5－84　添加关键帧

⑨ 打开“关键帧性质”对话框,切换到“位置”选项卡,将长度修改为“0”,将宽度修改为“180”,如图 5－85 所示。

⑩ 单击“确定”按钮结束第一个动作的添加。

⑪ 继续添加动画。首先在零件状态下选择“放大镜”,单击“智能动画”工具按钮 ,在“智

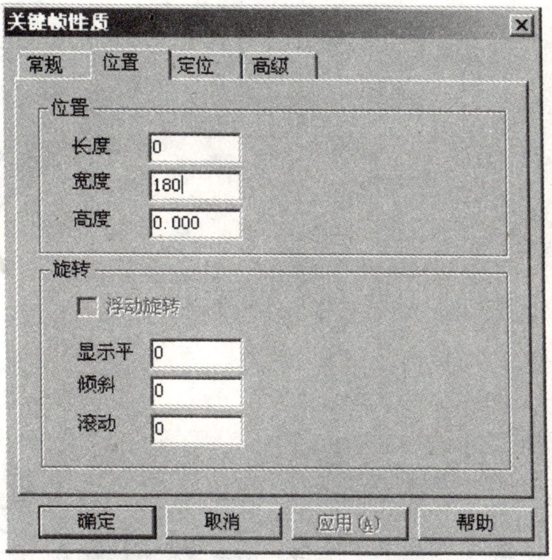

图 5-85　调整"关键帧性质"对话框

能动画向导"对话框中直接单击"完成"按钮。添加一个关键帧，并修改关键帧的属性，将长度修改为"38"，宽度修改为"-180"，如图 5-86 所示。

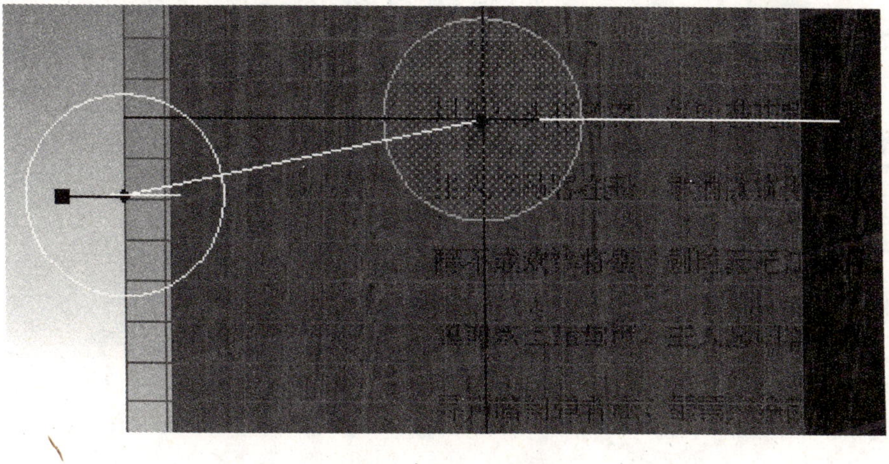

图 5-86　添加关键帧

⑫ 将上面第一个动作重复添加四次，第二个动作重复添加三次。

⑬ 打开"智能动画编辑器"，将放大镜总的时间长度修改为"58"。修改横向平移的起始时间分别为"12"，"24"，"36"，"48"，修改斜向下移动的起始时间分别为"10"，"22"，"34"，"46"。

⑭ 播放动画就可以看见放大镜的运动轨迹了。取其中一个画面如图 5-87 所示。

图 5-87　播放动画

思考练习题

1. 制作一个光源与视向的综合动画。具体要求为模拟一个手持电筒的人进入屋内观察的动画。
2. 利用本章知识,进行教室的造型,并以教师的视角进行巡视。

第 6 章　机构/约束动画

本章要点：

- 掌握 CAXA 实体设计软件中关于约束装配的基本操作。
- 掌握 CAXA 实体设计软件中关于尺寸约束的基本操作。
- 掌握约束动画制作的基本方法。
- 掌握基本机构动画制作的思路。

6.1　约束的添加

在 CAXA 实体设计软件中，可以通过约束来制作动画。简单地说，就是将零件 B 约束在零件 A 上，当为 A 添加动画后，B 也随着 A 运动，这就是约束动画的基本意义。本节介绍 CAXA 实体设计中可以添加的两种约束：一是利用约束装配工具添加装配约束，二是利用智能尺寸添加尺寸约束。

6.1.1　“约束装配”工具的使用

CAXA 实体设计提供利用“无约束装配”工具对零件和装配件添加对齐约束条件。“约束装配”工具类似于“无约束装配”工具。它们之间的区别在于“约束装配”工具是一种锁定的约束。利用“约束装配”工具可以保留零件或装配件之间的空间关系。单击“约束装配”工具按钮，并选定一个源零件单元，即可显示可用的“定向/移动”选项的符号，当显示出需要的“定向/移动”选项并选定需要的目标零件单元后，可应用约束装配条件，几种约束可供选用，现以表 6－1 简单说明。在应用“约束装配”工具时，可能需要转换约束装配条件，按空格键可以进行转换。

下面就“约束装配”工具的使用做一个简单的示例。

① 从“图素”元素库中将一个“长方体”图素拖入设计环境中，再拖入一个“多棱体”图素。为了对它们进行装配，要将这两个智能图素分别拖至不[illegible]，使之成为两个独立的零件。

② 将多棱体的侧面分别设置为不同的颜色，以便在进行操作中更清楚地看到“约束装配”工具的效果。

③ 在本示例中要将多棱体重新定位。CAXA 实体设计软件中先被选择的零件是可以移动的零件。这一点在制作约束动画时需要特别注意，顺序决定着一个动画的成功与否。首先在零件编辑状态选择多棱体。

表 6-1　几种可供选用的约束装配

约束装配选项	应用结果
	平行。重定位源零件，使其平直面或直线边与目标零件的平直面或直线边平行
	垂直。重定位源零件，使其平直面或直线边与目标零件的平直面(相对于其方向)或直线边垂直
	贴合。重定位源零件，使其平直面既与目标零件的平直面贴合(采用反方向)又与其共面
	对齐。重定位源零件，使其平直面既与目标零件的平直面对齐(采用相同方向)又与其共面
	共轴。重定位源零件，使其直线边或轴在其中一个零件有旋转轴时与目标零件的直线边或轴对齐

④ 单击"约束装配"工具按钮，将光标移动到如图 6-1 所示的边 A，使边 A 作为多棱体实施零件操作的单元。当边 A 呈绿色加亮显示后单击，将会出现默认的"定向/移动"图标，如图 6-1 所示的 B。

⑤ 将光标移动到长方体，在长方体的不同面与边上切换，可以看到多棱体的蓝绿色轮廓显示并被更新，从而反映出上述操作所得到的结果。将光标定位到长方体上需要实施约束装配操作的对应边上，在本例中是指长方体正面的长边，该边以绿色加亮显示。

⑥ 现在可以利用空格键切换可用的"定向/移动"选项，或者在设计环境中任意位置右击，从弹出的快捷菜单中选择与利用空格键切换对应的选项。但这一次不做任何修改，单击如图 6-2 所示的边 A 后即实施了约束装配操作。

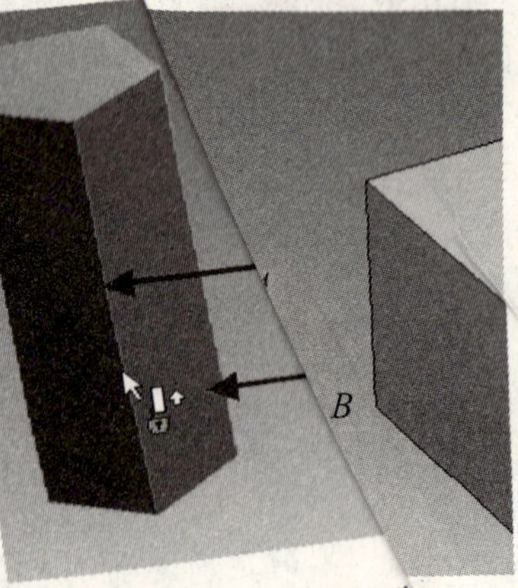

图 6-1　添加约束装

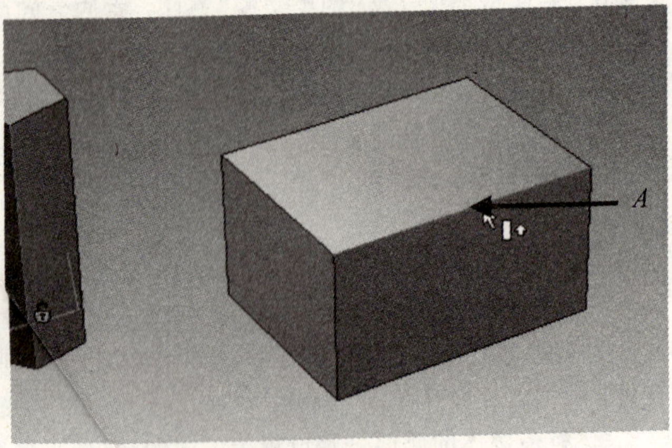

图 6-2　添加约束装配(二)

⑦ 完成约束装配操作后，在多棱体和长方体的指定边之间施加了“平行”约束。在两条被约束的边之间出现一根两头都带箭头的绿色直线。沿该直线显示有一个平行符号和一个星号（*），表示存在一个锁定的平行约束，如图 6－3 所示。

⑧ 单击“约束装配”工具按钮取消对它的选择，然后单击任意空白处取消对多棱体的选择。在零件状态下重新选择多棱体，使其呈蓝绿色加亮显示，而约束呈蓝色显示。单击约束中间的平行图标并向上拖动，以重定位该符号，如图 6－4 所示。

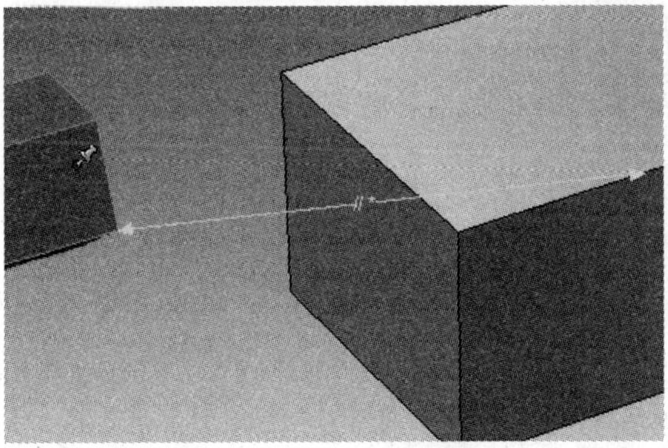

图 6－3　平行约束装配

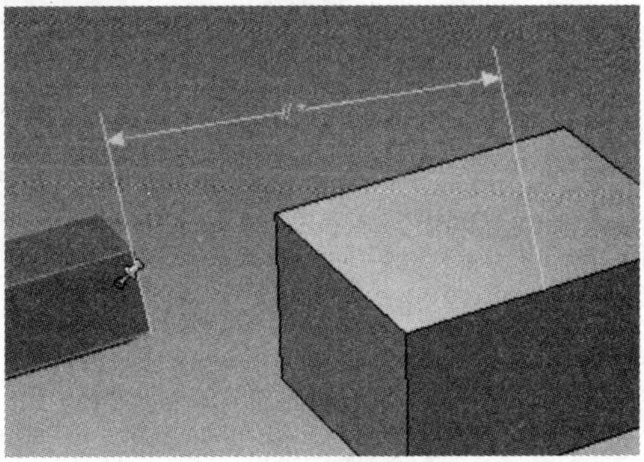

图 6－4　移动装配标志

⑨ 添加另外一个约束。在零件状态下选择用于重定位的多棱体，将其指定为源零件。单击“约束装配”工具按钮，将光标移动到多棱体的上表面，则该面呈绿色加亮显示。单击后会显示默认的“定向/移动”图标，而“约束装配”图标则附着在该面上，表示该面已被选定，如图 6－5 所示。

⑩ 将光标移到长方体的各个面后，可以再次观察到多棱体的蓝绿色轮廓显示并被更新，从而反映出相对于长方体的当前面应用默认选项后的效果。

⑪ 将光标定位到长方体的顶面上，直至该面以绿色加亮显示，如图 6－6 所示。

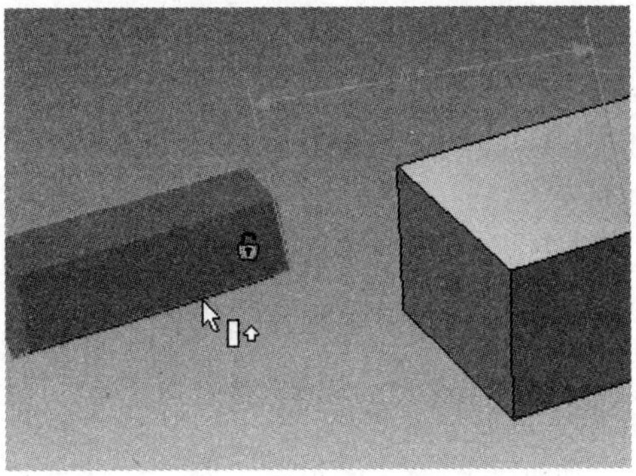

图 6－5　添加表面平行约束

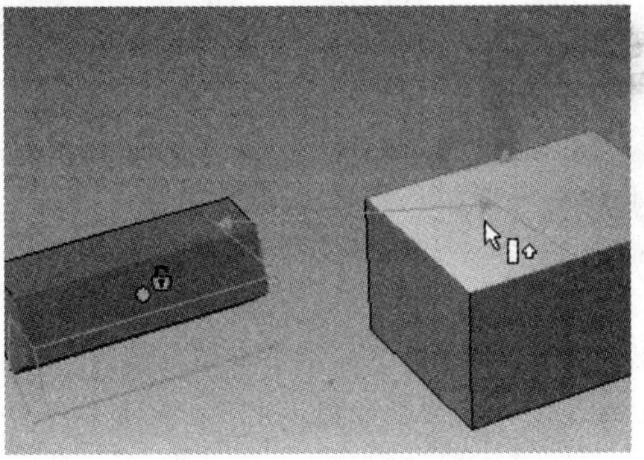

图 6－6　选择约束面

⑫ 利用默认的“平行”选项，在长方体零件上单击，完成“约束装配”操作。这样，在多棱体和长方体的指定面之间施加了“贴合”约束。多棱体被重新定位，并使其指定面与长方体的指定面贴合，如图 6－7 所示。

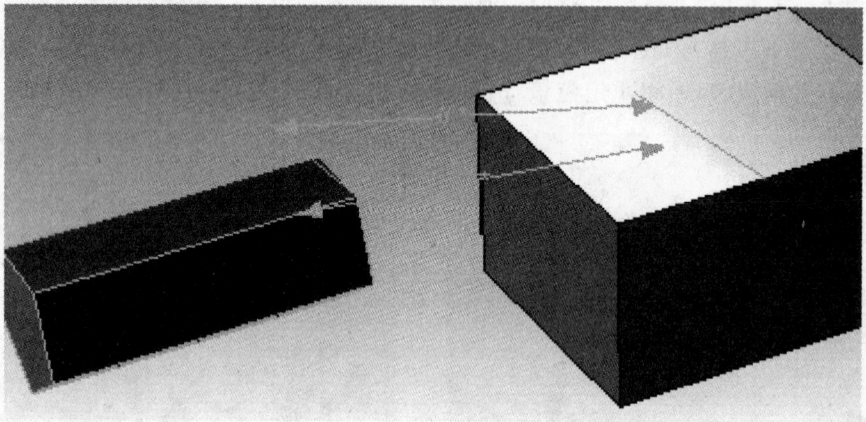

图 6－7　添加完成后的约束标志

⑬ 在多棱体的定位锚上右击，然后从弹出的快捷菜单中选择“空间自由移动”选项，从而改变多棱体的定位操作特征。在零件状态下选择“多棱体”，并将其拖放到设计环境中的另一个位置，可以观察到约束条件的应用效果。

⑭ 单击“打开设计树”工具按钮，打开设计树，显示约束的位置，如图 6－8 所示。“约束”列在多棱体零件的下方（此处位于零件下），也列在“约束”目录下。同时还应注意，它们的默认状态为“锁定”，以锁上的挂锁图标表示。

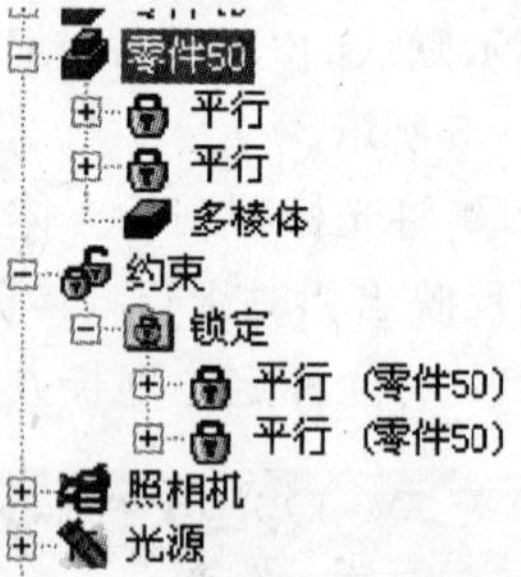

图 6－8　设计树上的约束

⑮ 添加第三个约束。在零件状态下选择用于重定位的多棱体，将其指定为源零件。单击“约束装配”工具按钮，移动光标到多棱体上表面，直至其以绿色加亮显示。单击将其指定为源零件上实施第三个约束装配操作的单元，并将“定向/移动”图标定位到长方体的正前表面上，直至其边呈绿色加亮显示，光标显示如图 6－9 所示。此时，不能实施操作。这个光标符号表示，对该面的选择与一个或多个已有的约束相冲突。

⑯ 在所选择的面上单击，使选择得以执行。尽管多棱体和长方体的指定面之间出现一个约束显示，但多棱体并不重定位。同时，如图 6－10 所示，看到星号（＊）并没有同约束平面中心的“平行”符号一起显示出来。这是约束并未采用的又一个可见信号。

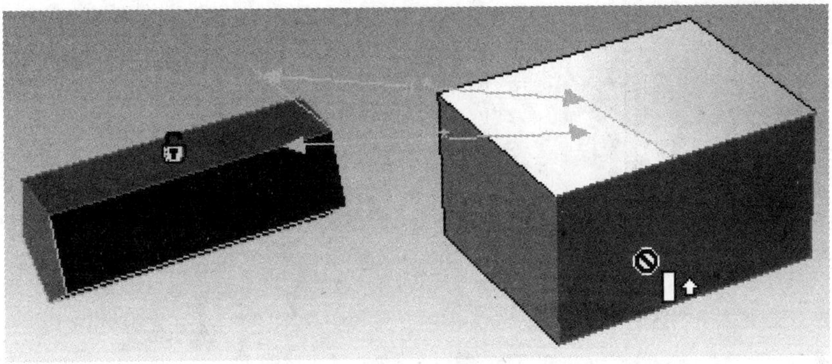

图 6-9　约束冲突禁止添加

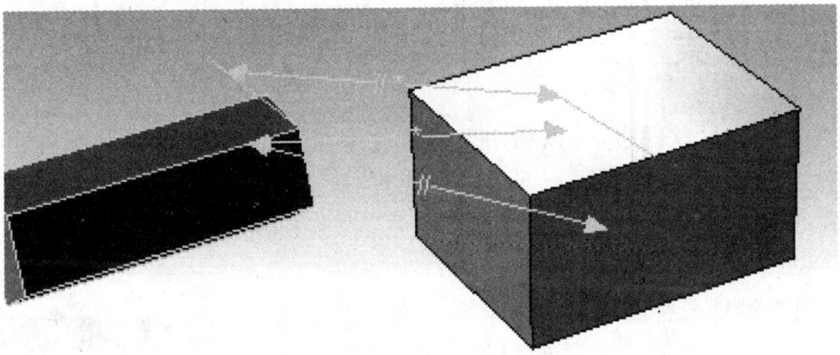

图 6-10　强行添加的结果

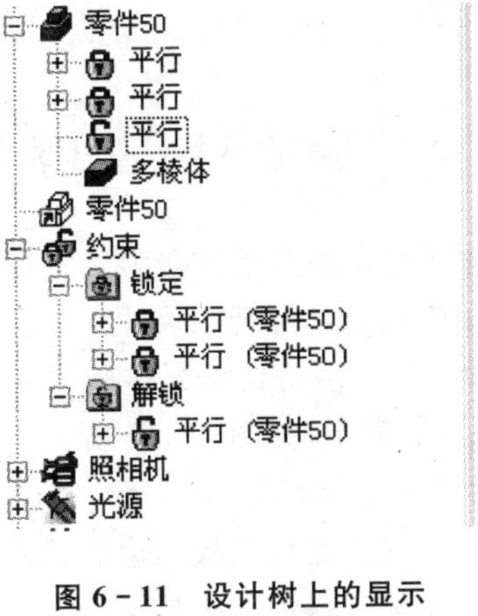

图 6-11　设计树上的显示

⑰ 单击“打开设计树”工具按钮打开设计树，显示约束的位置。如图 6-11 所示，图中发现有一个“平行”约束有“未锁定”图标，是用打开的挂锁表示的。

⑱ 在设计树上，右击第二个“平行”约束图标，并从弹出的快捷菜单中取消对“锁定”选项的选择。同样，在设计树上，右击第三个“平行”约束图标，并从弹出的快捷菜单中选定“锁定”选项。这样，“平行”约束就被锁定，而其在设计树上的图标则变成一个锁住的挂锁，从而使第三个“平行”约束在设计环境中变为有效，如图 6-12 所示。

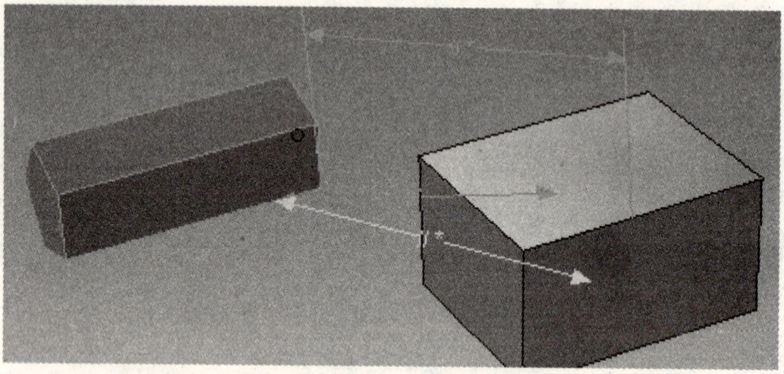

图 6-12 强行锁定

6.1.2 尺寸约束

在 CAXA 实体设计软件中，可以利用智能尺寸来指定图素、零件及装配件之间的相互位置关系。一般的智能尺寸使用可以通过“智能标注”工具条打开。“智能标注”工具条如图 6-13 所示，上面依次为“线性标注”、“垂直标注”、“水平标注”、“角度标注”、“半径标注”和“直径标注”。

智能尺寸可在零件或智能图素编辑状态应用。当智能尺寸在零件编辑状态应用于同一零件的组件上时，它们的功能就仅相当于标注尺寸，不能被编辑或锁定。用于零件编辑状态时两个单独零件之间和智能图素编辑状态相同零件的组件之间的智能尺寸（第一个选择的边上的尺寸除外），都是功能完全的智能尺寸，可按需要编辑或锁定。

图 6-13 “智能标注”工具条

① 新建一个设计环境，然后从“图素”元素库中将一个“厚板”图素拖入到设计环境中，再从“图素”元素库中拖出一个“长方体”图素，到板的上表面。

② 由于长方体拖放到了厚板之上，所以两个图素都成为同一零件的组件。为了测量长方体图素与零件的面、边或顶点之间的距离，必须在智能图素编辑状态添加智能尺寸。在智能图素编辑状态选择“长方体”，单击“线性标注”工具按钮后，将光标移动到长方体侧面底边的中心位置，直至出现一个绿色智能捕捉中心点且该边呈绿色加亮显示，如图 6-14 所示。

③ 单击将光标拖动到板上与长方体选定面平行的边，直至其呈绿色加亮显示。当移动光标时，这条绿色的边会加亮显示，则智能尺寸的端点与长方体上的选定点及板的边之间距离最短处对齐。同样，拖动光标时，智能尺寸的值将不断更新。当光标与绿色加亮显示的边上的点对齐时，单击以给智能尺寸设定第二个点，出现了智能尺寸，如图 6-15 所示。

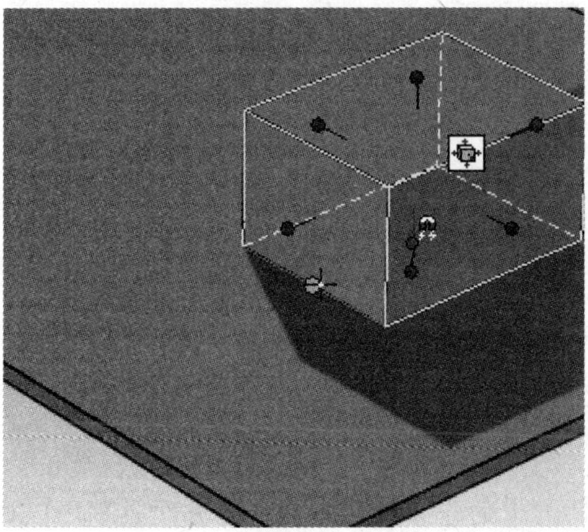

图 6-14　选择标注起始点

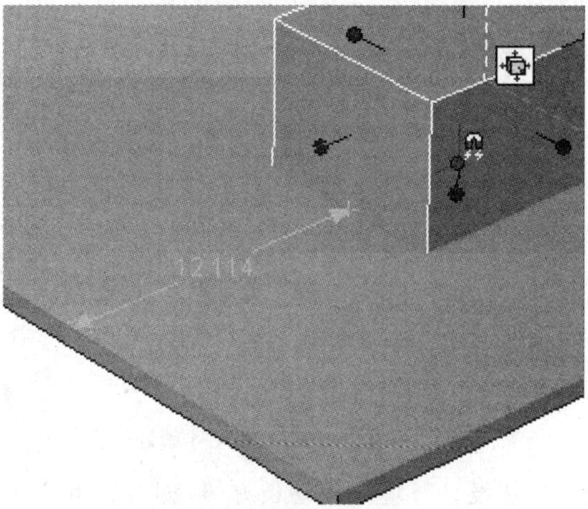

图 6-15　添加标注尺寸

④ 在智能尺寸值的显示位置右击，从弹出的快捷菜单中选择“编辑该智能尺寸”，打开“编辑智能标注”对话框，在“值”字段输入其他值，然后单击“确定”按钮。长方体的位置将在板上相应地更新，如图 6-16 所示。

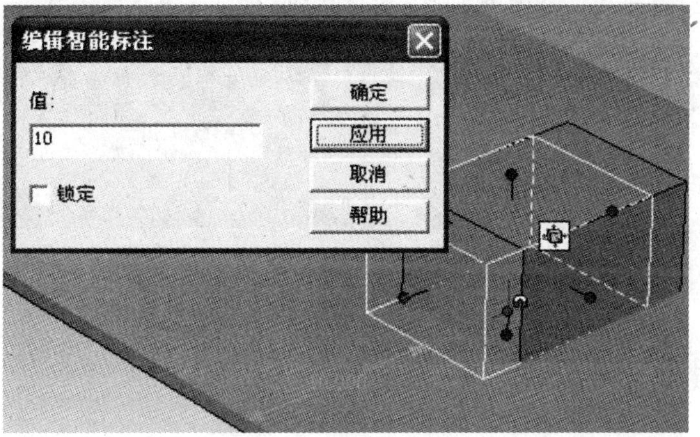

图 6-16　编辑标注尺寸

⑤ 现在可以利用智能尺寸把智能图素的位置锁定在其他图素上。下面把长方体图素锁定在厚板上。在智能图素编辑状态下选择“长方体”，在修改过的数值上右击，在弹出的快捷菜单中选择“锁定”。此时，长方体在这一方向的位置就固定在厚板上了。数值的旁边将显示一个星号，表示该智能尺寸已被锁定。如图 6-17 所示。

⑦ 单击“打开设计树”工具按钮，显示约束的位置。可以看到被约束的智能尺寸在设计

树上的“约束”目录下，以锁上的挂锁显示，如图 6-18 所示。

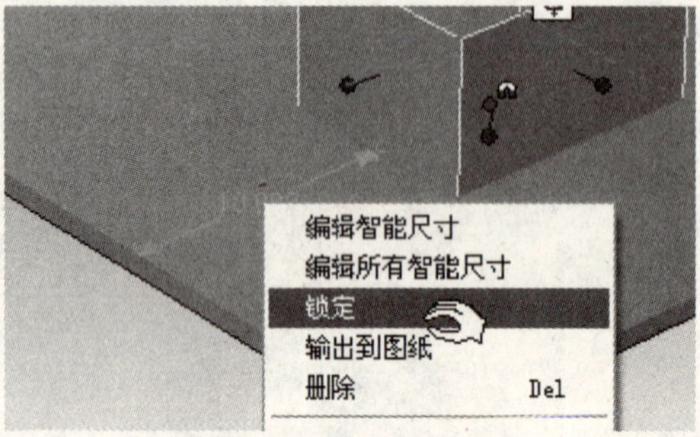

图 6-17 将尺寸锁定

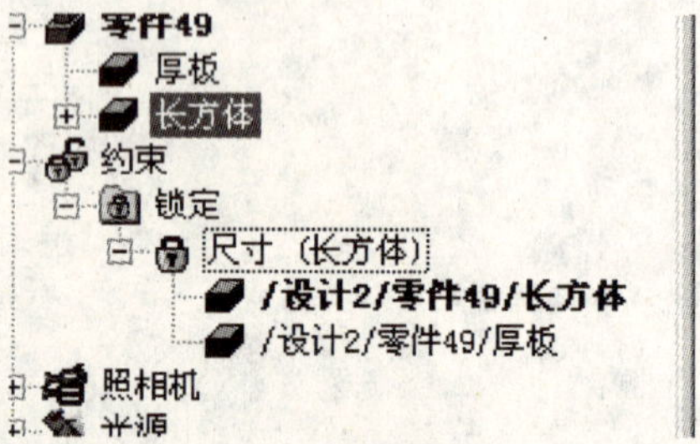

图 6-18 设计树上的尺寸约束

在设计环境中拖动长方体，即可了解这一尺寸约束的作用。在被锁定的方向是不可以拖动的，如图 6-19 所示。

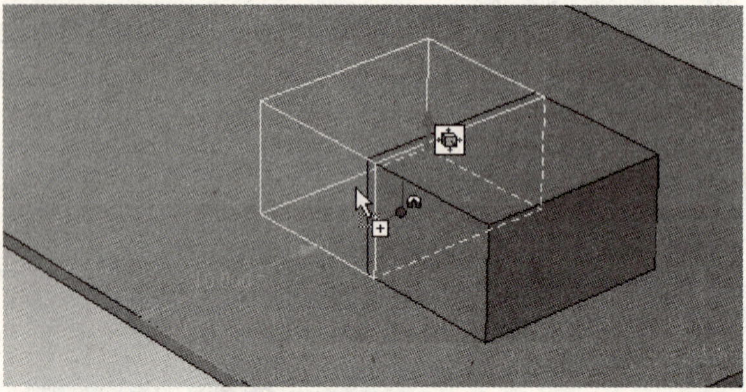

图 6-19 锁定尺寸

6.2 连杆机构动画

连杆机构是工业生产中常见的机构，能实现多种运动形式的变换，承载能力较高，可用于远距离的传动，一般制造较容易，成本较低。在 CAXA 实体设计中可以选用约束动画的添加，轻松地模仿连杆机构的动画。

6.2.1 平行四边形机构

先从最简单的做起，首先是平行四边形机构，打开随书所附光盘中的“平行四边形机构

. ics”文件，设计环境如图 6－20 所示。可以看见，平行四边形机构对应边长度相等且平行，在左侧的设计树上可以看到黑色杆是支架，不参与运动，而浅绿色杆是主动杆，深绿色杆是从动杆，红色杆是连杆。平行四边形结构比较特殊，所以它的动画添加与后面的添加略有不同。

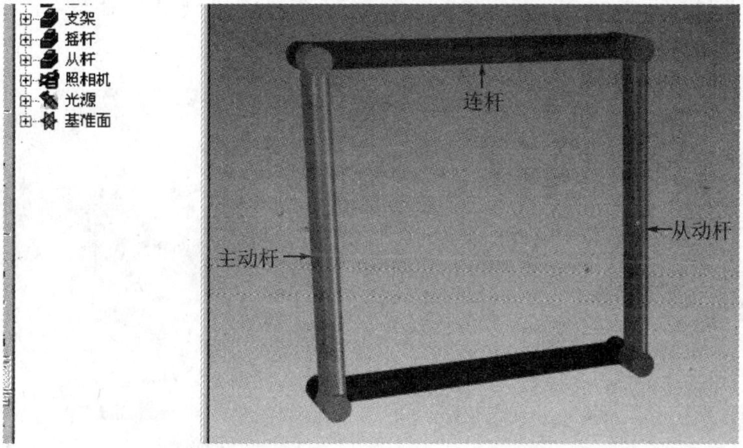

图 6－20　打开“平行四边形机构”源文件

① 确定主动杆的定位锚。在零件状态下选择“主动杆”，发现它的定位锚在杆体中间，与所要求的位置不符，单击选择定位锚。打开“三维球”，利用“三维球”中心手柄的“到中心点”将定位锚移动到主动杆下底面的中心处，最终位置如图 6－21 所示。

② 关闭“三维球”，如图 6－22 所示从右侧“动画”智能图库中直接拖出一个“长度向旋转”智能动画到浅绿色的主动杆上。

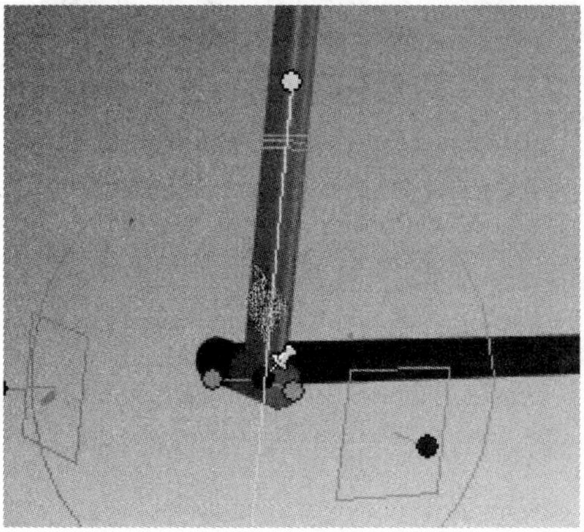

图 6－21　移动定位锚

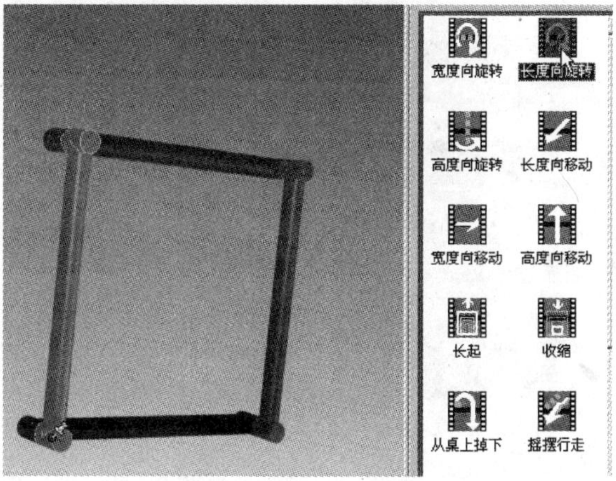

图 6－22　拖入智能图素

③ 播放动画，可以看见只有浅绿色主动杆做旋转，如图 6-23 所示。约束动画的含义将在下面的步骤中体现出来。因为在以下的步骤中不会再为其他零件添加动画，只是通过约束让它们动起来。

④ 将红色连杆约束到浅绿色主动杆上，在零件状态下选择红色连杆，单击“约束装配”按钮后，在与浅绿色主动杆同轴的一端单击，如图 6-24 所示。

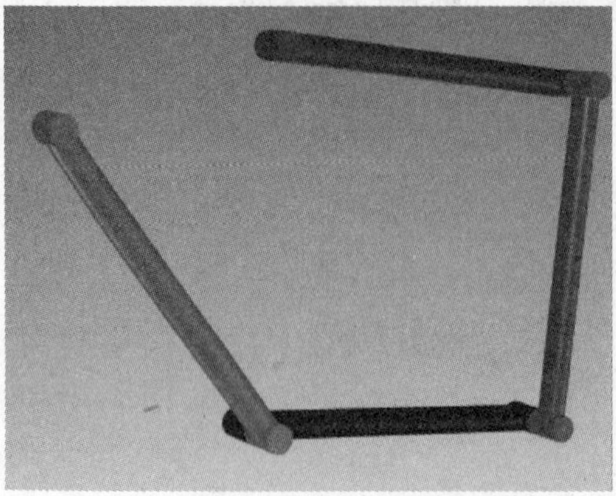

图 6-23　播放动画(一)

图 6-24　添加第一个约束

⑤ 在设计环境任意处右击，在弹出的快捷菜单中选择“共轴”，如图 6-25 所示。

⑥ 如图 6-26 所示，在浅绿色主动杆上对应位置处单击，就完成了将连杆到主动杆上的约束。

图 6-25　选择约束类型

图 6-26　添加约束装配

⑦ 在添加约束时要注意零件约束的对应问题，否则会出现意想不到的错误。在这里先播放一下当前的动画，可以看到红色连杆虽然没有添加动画，但是由于它与浅绿色主动杆之间约束的存在，也随着运动起来，如图 6－27 所示。

⑧ 添加深绿色从动杆的动画。对于深绿色从动杆，它有两个端点，只要分别限制这两个端点的运动即可。首先限制与红色连杆同轴的一端，具体做法是：在零件状态下选择深绿色从动杆，然后单击“约束装配”工具按钮，选择约束端后将约束条件修改为“同轴”，再单击红色连杆的同轴端。关闭“约束装配”后播放动画，深绿色杆也一起运动，如图 6－28 所示。

图 6－27　播放动画(二)

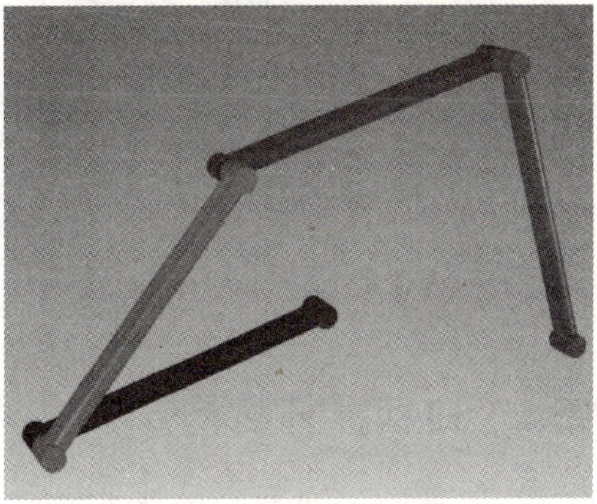

图 6－28　给第三个杆添加动画

⑨ 但是现在深绿色从动杆只约束了一端，它的运动还不能唯一确定。下面把它约束到黑色支架上，在零件状态下选择深绿色从动杆，单击“约束装配”工具按钮，再单击它尚未约束的一端，将约束条件修改为“共轴”后，单击支架上同轴的一端，最终从动杆的约束条件如图 6－29 所示，在杆件两端各有一个共轴的约束。

⑩ 播放动画，可以看到一个完整的平行四边形机构的动画，如图 6－30 所示。由于平行四边形机构比较特殊，所以只用几个共轴的约定就可以完成它的运动约束了。不过，以后的四连杆机构中将不会如此简单。同样，在运动过程中有干涉，而这里只做原理动画，没有考虑装配干涉。

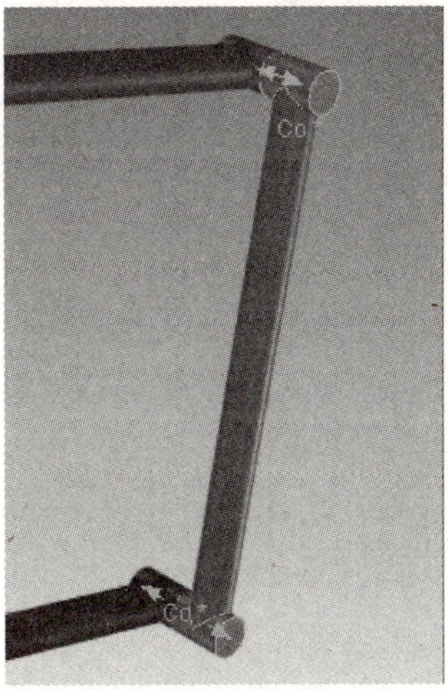

图 6－29　添加深绿色杆的约束

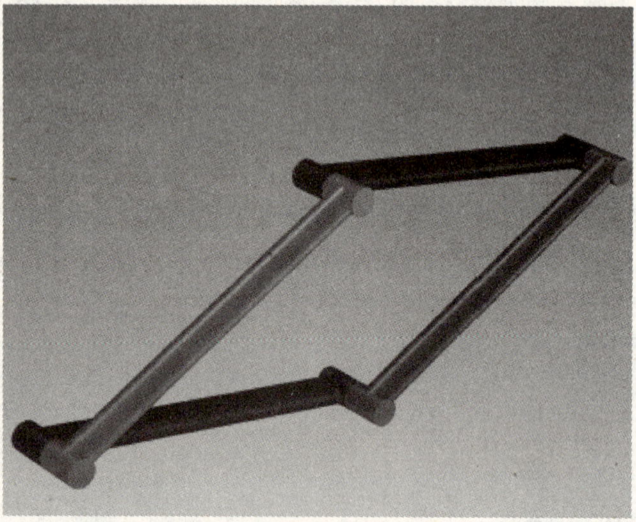

图 6 - 30　播放动画(三)

6.2.2　曲柄摇杆机构

从这一个实例开始讲解四连杆机构中的一些最常见的运动实例。

打开随书所附光盘中的“四连杆机构.ics”文件，设计环境如图 6 - 31 所示。打开设计树可以看见有四个零件，它们分别是“机架”对应黑色杆，“曲柄”对应红色杆，“摇杆”对应绿色杆，“连杆”对应蓝色杆。

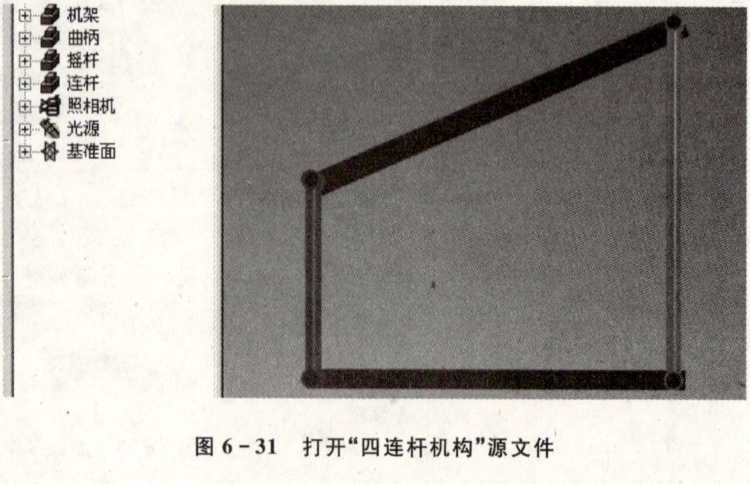

图 6 - 31　打开“四连杆机构”源文件

在这一个实例中要添加的是四连杆中最常见的曲柄摇杆机构。在这个机构中，最短杆与最长杆长度之和小于其余两杆长度之和，最短杆是红色的曲柄。曲柄匀速回转，摇杆即绿色杆非匀速摆动(可获得急回性质)。

① 为红色的曲柄添加一个宽度向旋转。在零件状态下选择红色“曲柄”，然后从右侧“动画”智能图库中拖出一个“宽度向旋转”到红色曲柄上。

② 在这个动画中只有红色曲柄需要添加运动，其他的运动都由下面所添加的约束来完成，所以在这里先为蓝色连杆添加约束。它共有两个端点，只要将这两个端点的运动轨迹分别限制即可。首先来约束与红色曲轴共轴的一端。在零件状态下选择蓝色“连杆”，单击“约束装配”工具按钮。选择与红色曲柄共轴的一方。这时虽然看不见蓝色连杆的共轴圆柱，但是依然可以选择，因为在当前状态下只有蓝色连杆处于激活状态。然后右击选择“共轴”，再在红色曲柄的圆柱外表面单击。播放动画如图 6 - 32 所示，蓝色连杆已经与红色曲柄共同运动了。

③ 给蓝色连杆的另一端添加约束。这一端的约束添加是重点也是难点，如果出现问题会带来意想不到的麻烦。首先来分析这一端的运动轨迹。它与支架上的与绿色摇杆配合的端点有一个不变的距离，所以有必要为它添加一个距离的约束。在零件状态下选择蓝色“连杆”，单击“线性标注”工具按钮，在蓝色连杆与绿色摇杆相配合的一端单击圆面中心，再将光标移动到绿色摇杆与黑色支架配合的一端上表面的中心处。如图 6 - 33 所示在设计环境中显示出一个尺寸标注，单击完成这个尺寸标注。

图 6 - 32　播放动画(一)

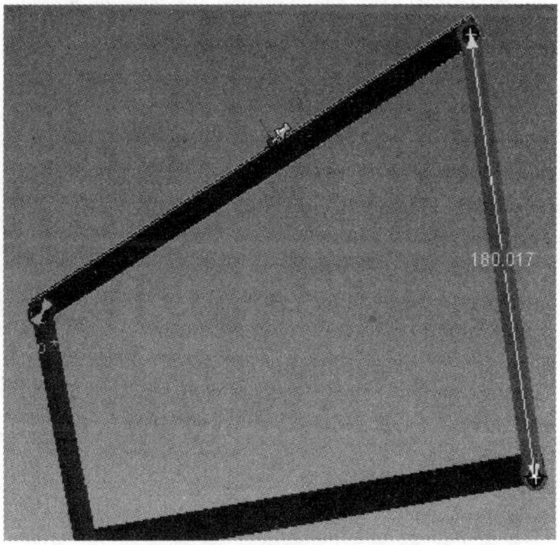

图 6 - 33　添加约束

④ 在设计环境中出现的尺寸标注仅仅是一个标注，对运动没有任何影响，所以要先将它锁定。尺寸约束在设计环境中是蓝色的，如图 6 - 34 所示在所显示的数字上右击，在弹出的快

捷菜单中选择“锁定”，在尺寸的后面出现了一个小五角星的符号，表示这个尺寸已经添加了约束。那么，这个运动是否成功呢？可以通过播放动画来看一下。如图 6－35 所示蓝色连杆已经脱离了它应有的轨道，向后面飞去。这是因为添加的约束还不能达到要求。

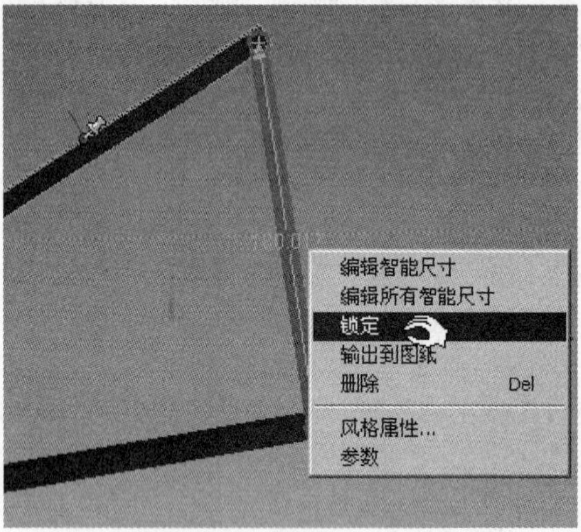

图 6－34　锁定尺寸约束

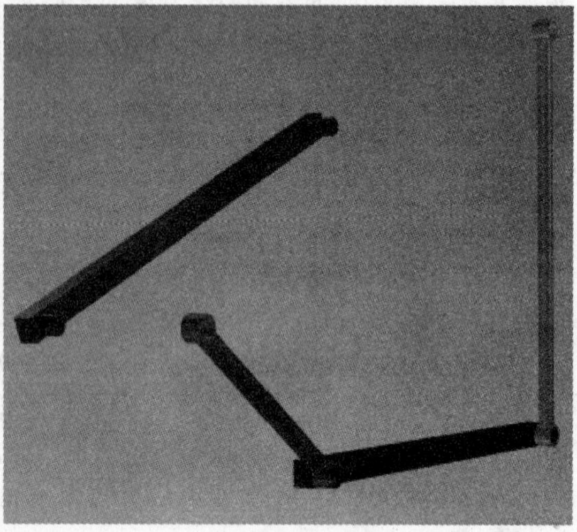

图 6－35　播放动画(二)

⑤ 下面再添加一个约束，这个约束是蓝色连杆杆体上表面与黑色支架上表面之间距离的约束。其意义是让蓝色连杆只能在一个平面内运动。在零件状态下选择蓝色“连杆”，单击“线性标注”工具按钮，在这里一定要注意添加的是面与面的距离约束，所以在选择时一定要选择面。如图 6－36 所示，首先选择蓝色连杆杆体上表面，再将光标移动到黑色支架的上表面。仔细观察会发现光标处有一个小的平行四边形，它表示选择对象是面。此时，在设计环境中显示出一个尺寸标注，单击完成这个尺寸标注。

⑥ 同样，对这个尺寸约束要先将它锁定。在尺寸约束所显示的数字上右击，在弹出的快捷菜单中选择“锁定”，在尺寸的后面出现了一个小五角星的符号，表示这个尺寸已经添加了约束。

⑦ 播放动画，在理论上可以执行的约束到实际环境中又是怎么样的呢？如图 6－37 所示，连杆并未按照所设定的路线运动。

⑧ 结束动画播放后，再来观察这个作品。首先在零件状态下选择蓝色“连杆”，在面与面的约束上单击，如图 6－38 所示发现面与面约束的锁定没有了，在运动过程中它的约束不成立。打开设计树，展开约束，可以看见在约束里面有一个“解锁”，而且其中有一个“尺寸”，就是所添加的面与面的约束。

⑨ 是什么原因使所添加的约束失效了呢？在 CAXA 实体设计中，这种理论上成立的约束它是不承认的。因为它只能从多维约束到少维约束，就目前这个问题来说，面与面的约束是

二维约束，而点与点的约束是一维约束。系统在识别的时候先认同了点与点的一维约束，而对后来的面与面的二维约束即不予理睬。为了解决这个问题，只要将添加的顺序修改一下即可。先将已经添加的约束删除，在两个尺寸约束的数字上右击，在快捷菜单中选择“删除”。设计环境如图 6－39所示，在左侧的设计树也仅仅剩下了一个同轴的约束。

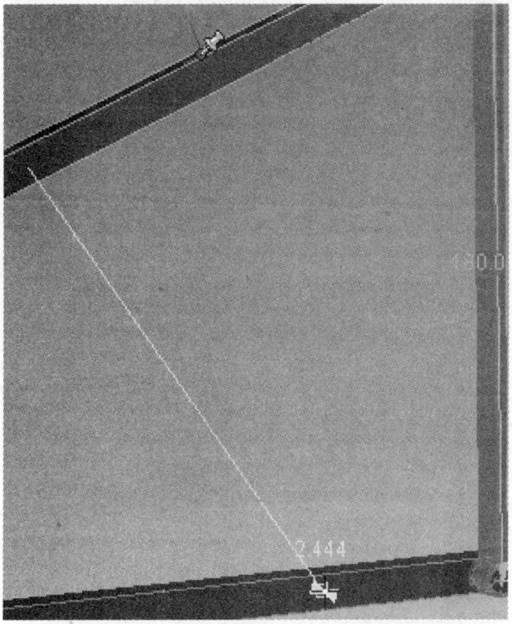

图 6－36　添加面面约束

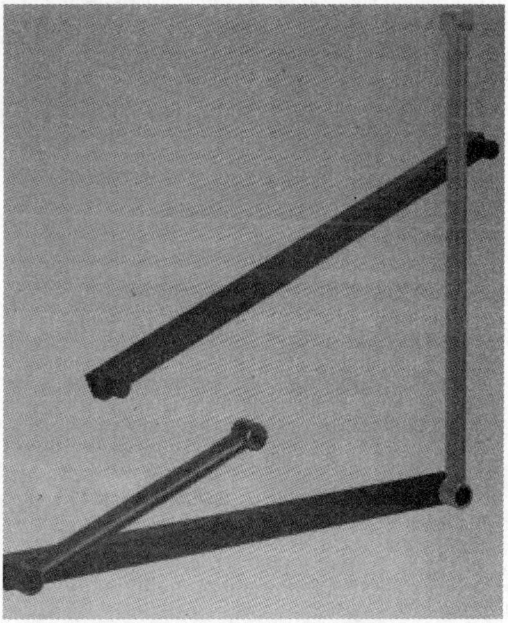

图 6－37　播放动画(三)

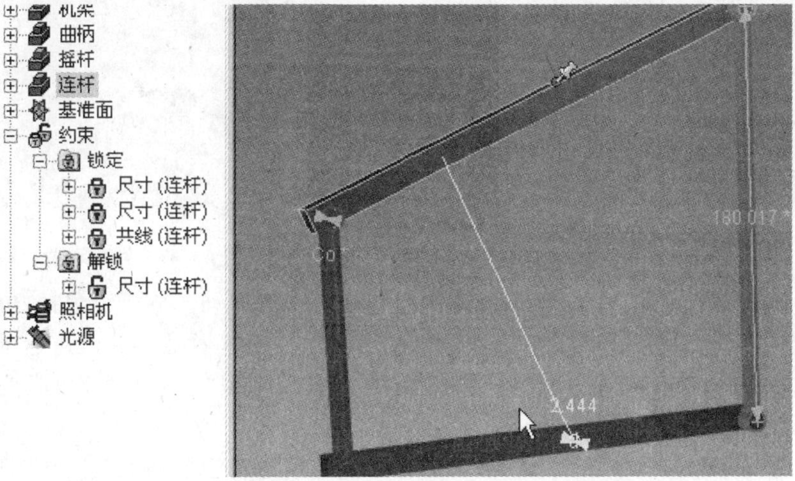

图 6－38　观察设计树

图 6-39　重新添加约束

⑩ 再次添加两个尺寸约束，添加的方法与前面一样，只是将顺序颠倒，先添加面与面之间的尺寸约束，再添加点与点之间的约束。添加后一定要将尺寸约束锁定，只有锁定的约束才会对将来的运动有影响，否则是没有作用的。最终设计环境如图 6-40 所示。

⑪ 此时播放动画，连杆的两端都有了唯一的路线，如图 6-41 所示。

图 6-40　添加结果

图 6-41　播放动画(四)

⑫ 此时，对这个动画依然不能满意，因为绿色摇杆尚未运动。分析绿色摇杆的运动，它的一端是固定在黑色支架上的，而另一端是与蓝色连杆配合随着做唯一的轨迹运动。这两个端点都是一个共轴的约束。在零件状态下选择绿色“摇杆”，利用“约束装配”工具为两端分别添加一个共轴的约束，如图 6-42 所示。

⑬ 播放动画，如图 6-43 所示，可以看见在红色曲柄运动的带动下，蓝色连杆和绿色摇杆都开始按唯一的轨迹运动。

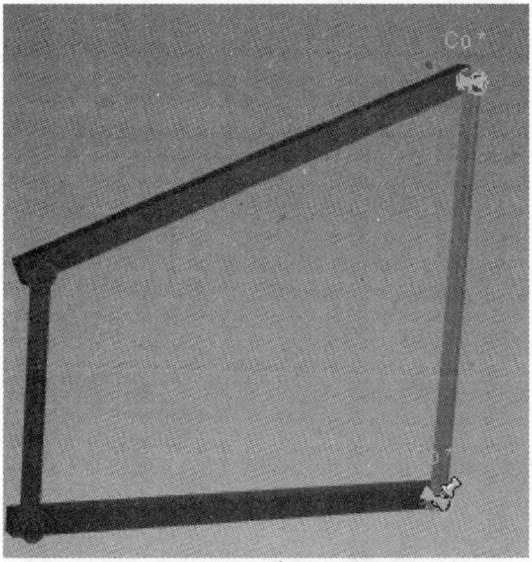

图 6-42　添加摆杆动画

图 6-43　播放动画(五)

⑭ 在这里限制了蓝色连杆的运动。下面介绍另一种方法，就是将绿色摇杆的运动两端限制，再将蓝色的连杆约束到上面。首先将已经添加的所有约束删除，再来约束绿色连杆。将绿色连杆与黑色支架配合的一端利用“约束装配”工具添加一个“共轴”的约束，然后利用“线性标注”工具将它的上表面与黑色支架的上表面尺寸标注出来并锁定，再将它的另一端与红色曲柄运动端的距离标注出来并锁定。在这个过程中可能需要将蓝色连杆先行锁定。最终设计环境及设计树如图 6-44 所示。

图 6-44　重添加约束

⑮ 播放动画,如图6-45所示。绿色摇杆的运动轨迹唯一确定下来。

⑯ 将蓝色连杆的压缩解除,将它的两端分别通过“约束装配”工具约束到红色曲柄和绿色摇杆的配合端。播放动画,可以看见与前面装配完全一样的动画,如图6-46所示。

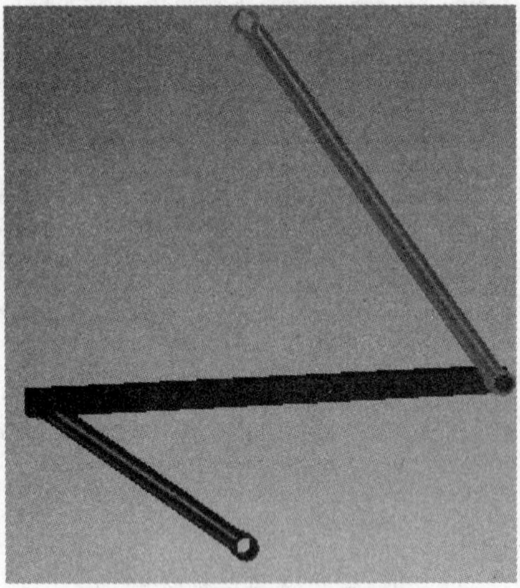

图6-45 播放动画(六)

图6-46 播放动画(七)

在这一个实例中介绍了两种方法,推荐的是前一种方法,因为在所做的动画中有可能是一个多杆机构,依照第一种方法“顺藤摸瓜”,就可以为它们添加所有的动画了。

由于原始文件在以下章节中还要用到,所以建议大家将做好运动的文件另存。

6.2.3 双曲柄机构

双曲柄机构是四连杆机构中的另一种形式,要求最短杆与最长杆长度之和小于其余两杆长度之和,将最短杆固定做支架,主动曲柄匀速回转,从动曲柄非匀速回转(但同时间主从曲柄均转一周)。

① 打开随书所附光盘中“四连杆机构.ics”文件,对颜色和名称都修改一下,先将红色曲柄改为黑色“支架”,再将蓝色连杆改为红色“主动曲轴”,绿色摇杆改为蓝色“连杆”,黑色支架改为绿色“从动曲轴”,最终结果如图6-47所示。

② 在零件状态下选择红色“主动曲轴”,发现定位锚不在所想要的位置,单击选择定位锚,打开“三维球”将它移动到与黑色支架配合的端点中心处,如图6-48所示。

③ 关闭“三维球”,从右侧“动画”智能图库中将一个“宽度向旋转”拖放到红色主动曲轴上,播放动画如图6-49所示。

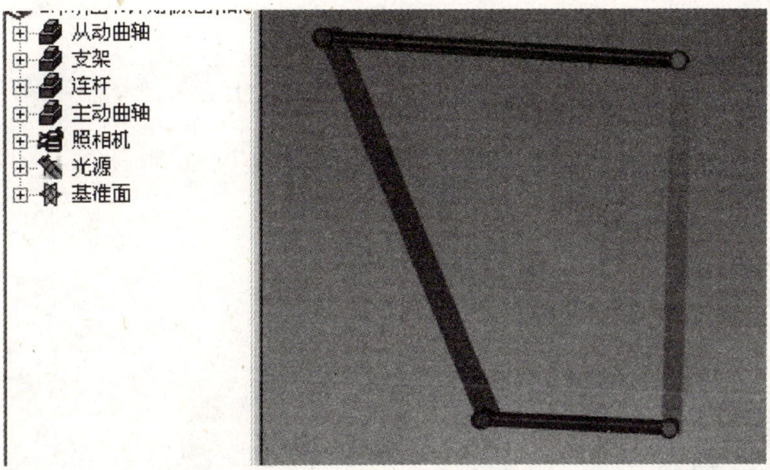

图6-47 修改四连杆机构

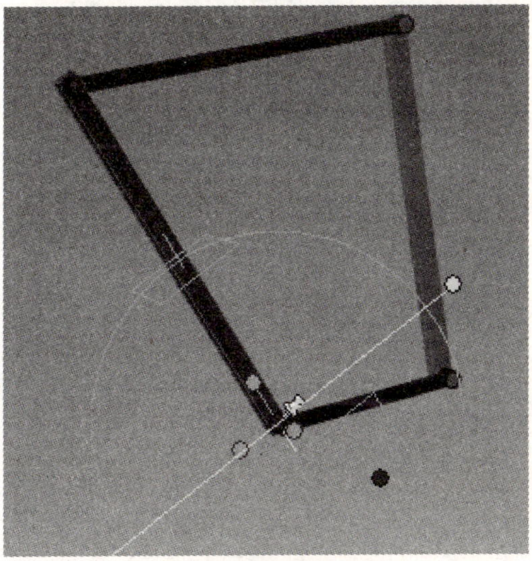

图6-48 调整定位锚

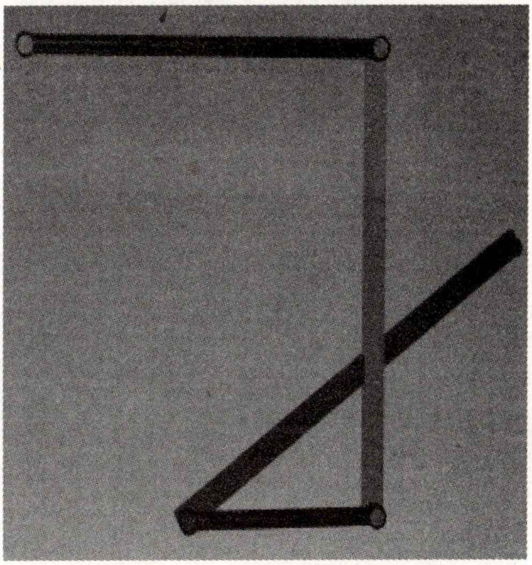

图6-49 播放曲柄动画

④ 在这个运动中同样只添加一个主运动，其他运动均由主运动而来。下面为蓝色连杆的两端添加约束。首先在零件状态下选择蓝色“连杆”，利用“约束装配”工具添加与红色主动曲轴相配合一端共轴，然后关闭“约束装配”工具；再利用“线性标注”工具添加从端点上表面到红色主动曲轴上表面的尺寸标注，并将其锁定，如图6-50所示。

⑤ 继续添加点到点的约束，如果需要可以将绿色从动曲轴压缩，再利用“线性标注”添加从绿色从动曲轴一端到与红色主动曲轴相配合一端的上表面中心的距离，将其锁定，如

图 6-51 所示。

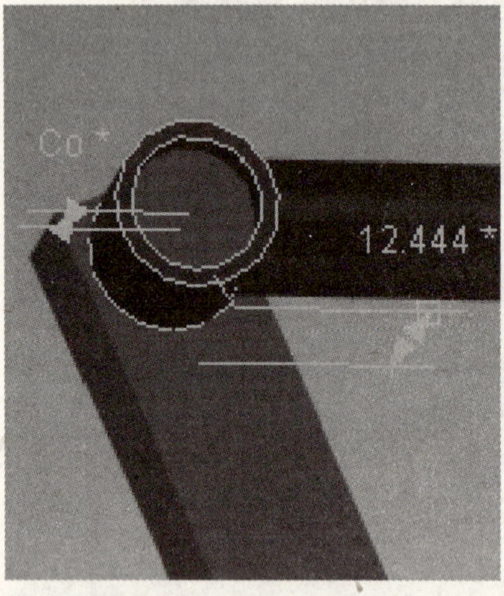

图 6-50　添加连杆约束(一)

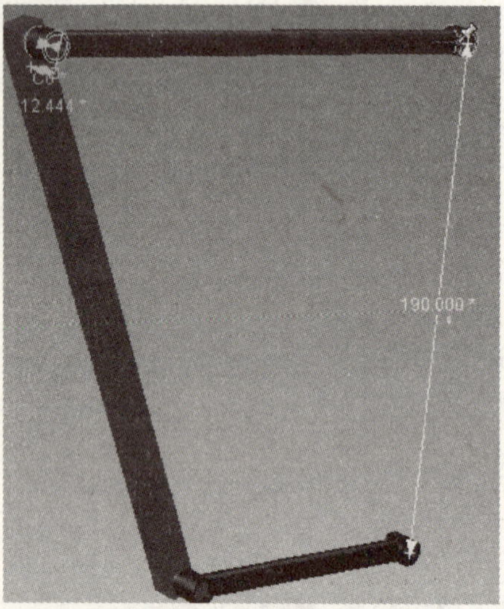

图 6-51　添加连杆约束(二)

⑥ 播放动画，蓝色连杆的两端轨迹已经唯一确定了，如图 6-52 所示。

⑦ 将绿色从动曲轴解压缩，将它的两端分别利用"约束装配"工具与黑色支架和蓝色连杆共轴约束。再次播放动画如图 6-53 所示，机构运动已经符合要求。

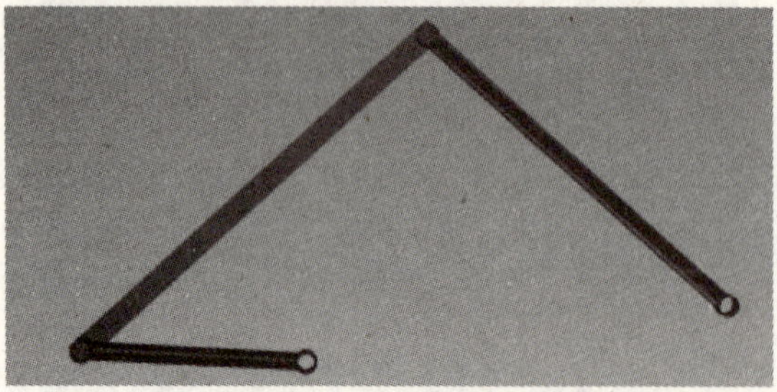

图 6-52　播放动画(一)

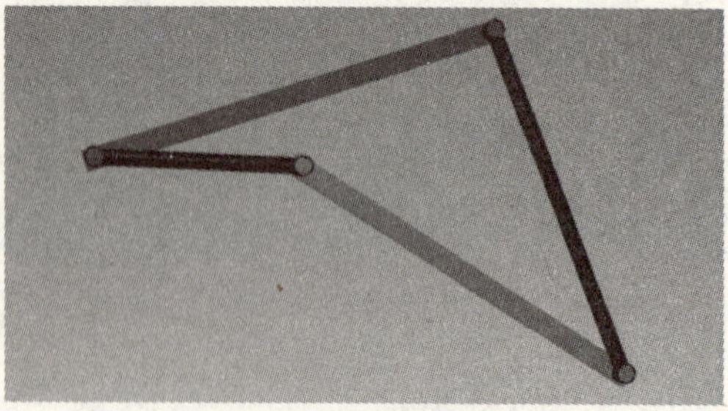

图 6-53　播放动画(二)

6.2.4　双摇杆机构

双摇杆机构中最短杆与最长杆长度之和大于其余两杆长度之和，取任一杆为机构，分别做摆动。

① 打开随书所附光盘中"四连杆机构. ics"文件，对颜色和名称做一修改，红色曲轴改为蓝

色“连杆”，绿色摇杆改为黑色“支架”，如图 6－54 所示。

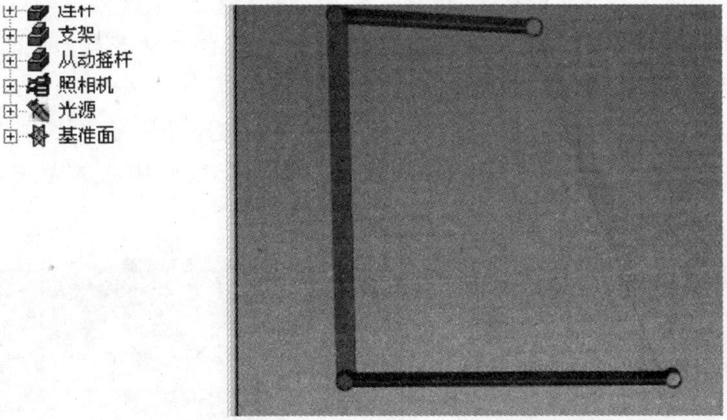

图 6－54　调整四连杆机构

② 在零件状态下选择红色“主动摇杆”，定位锚的位置并不在所想添加运动的位置，单击定位锚。打开“三维球”，利用“三维球”将定位锚移动到想添加旋转的位置，具体位置如图 6－55 所示，为与黑色支架配合的中心轴处。

③ 在双摇杆机构运动中，摆动是有一定角度限制的。具体位置可以根据杆长计算，在这里只做它的简单的原理动画，所以就不再计算了。利用“智能动画”为红色主动摇杆添加一个以宽度方向为轴的 10°的摆动，运动结束后的位置如图 6－56 所示。

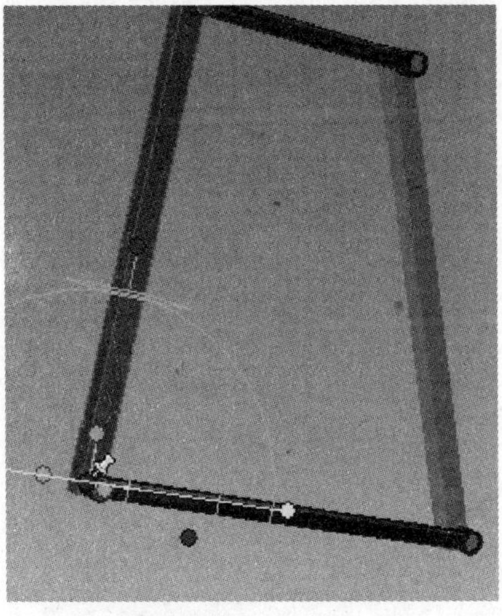

图 6－55　调整定位锚位置

图 6－56　播放摆杆动画

④ 在这个运动中同样只添加一个主运动，其他运动均由主运动而来。下面为蓝色连杆添加约束。首先在零件状态下选择蓝色“连杆”，利用“约束装配”工具添加与红色主动摇杆相配合一端共轴，关闭“约束装配”工具；再利用“线性标注”工具添加从端点上表面到红色主动摇杆上表面的尺寸标注，并将其锁定，如图 6－57 所示。

⑤ 继续添加点到点的约束，如果需要可以将绿色从动摇杆压缩，再利用“线性标注”添加从绿色从动摇杆一端到与红色主动摇杆相配合一端的上表面中心的距离，并将其锁定，如图 6－58 所示。

图 6－57　添加摆杆约束

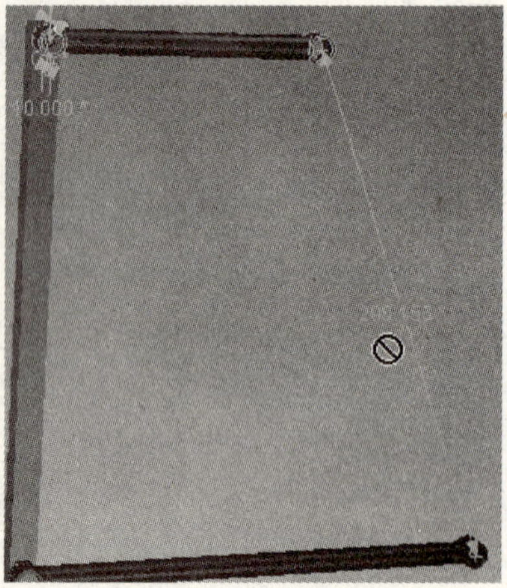

图 6－58　添加连杆约束

⑥ 播放动画，蓝色连杆的两端轨迹已经唯一确定，如图 6－59 所示。

⑦ 将绿色从动摇杆解压缩，将它的两端分别利用“约束装配”工具与黑色支架和蓝色连杆共轴约束。播放动画如图 6－60 所示，机构运动已经符合要求。

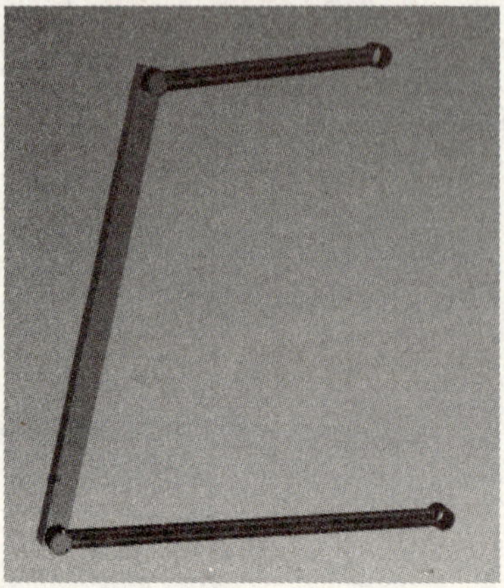

图 6－59　播放连杆动画

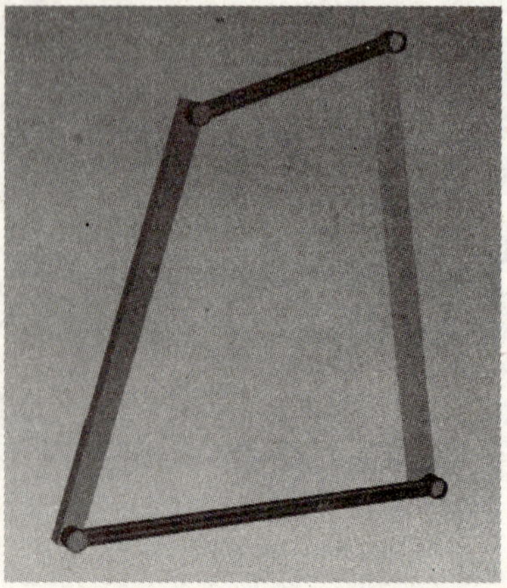

图 6－60　播放机构动画

6.2.5　对心曲柄滑块机构

对心曲柄滑块机构要求曲柄长度小于或等于连杆长度，曲柄匀速回转，滑块非匀速往复移动。

① 打开随书所附光盘中的“对心曲柄滑块.ics”文件，设计环境如图 6－61 所示。红色零件为“曲轴”，是运动的主动件，蓝色零件为“连杆”，绿色零件为“滑块”。

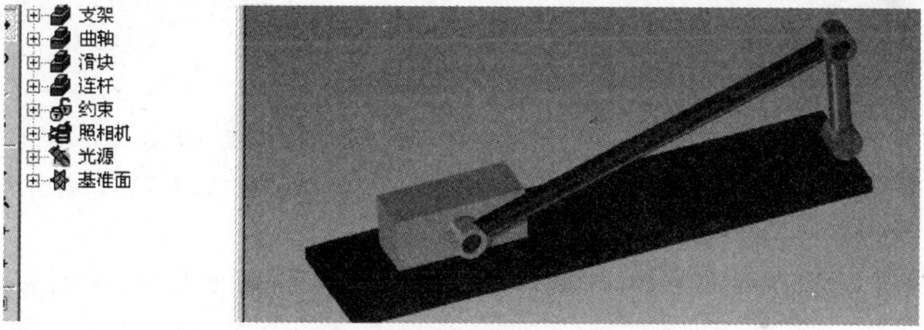

图 6－61　打开“对心曲柄滑块”源文件

② 在零件状态下选择红色“曲轴”，从右侧“动画”智能图库中向曲轴拖入一个“宽度向旋转”的智能图素。

③ 为蓝色连杆添加约束，它的约束的添加首先是与红色曲柄配合端的一个共轴。在零件状态下选择蓝色“连杆”，单击“约束装配”工具按钮，先在配合端圆周面上单击，再右击，在弹出的快捷菜单中选择“共轴”，再次在红色曲轴配合端表面单击，添加共轴装配。

④ 为蓝色连杆添加另一个约束。这个端点的约束是添加一个从端点中心到支架上表面的尺寸约束。在零件状态下选择蓝色“连杆”，利用“线性标注”工具，先单击端点中心，再单击支架上表面添加尺寸标注，在标注尺寸上右击选择“锁定”。最终蓝色连杆约束如图 6－62 所示。

图 6－62　添加连杆约束

⑤ 播放动画，可以看见蓝色连杆的另一端与支架平面平行运动，如图 6-63 所示。

图 6-63 播放动画

⑥ 绿色滑块的运动添加同样比较简单。在零件状态下选择“滑块”，利用“约束装配”工具，先单击绿色滑块的圆柱表面，再右击，在弹出的快捷菜单中选择“共轴”约束类型，然后单击蓝色连杆配合表面。

⑦ 约束添加完成后再次播放动画，可以看到绿色滑块随着蓝色连杆开始运动，如图 6-64 所示。

图 6-64 播放最终效果动画

6.2.6 偏置曲柄滑块机构

偏置曲柄滑块机构是曲柄匀速回转，滑块非匀速往复移动（有急回性质）的一种机构。

① 打开随书所附光盘中的“偏置曲柄滑块.ics”文件，设计环境如图 6-65 所示。红色零件为“曲柄”，是运动的主动件，蓝色零件为“连杆”，绿色零件为“滑块”。

② 在零件状态下选择红色“曲柄”，从右侧“动画”智能图库中向曲柄拖入一个“高度向旋转”的智能图素。

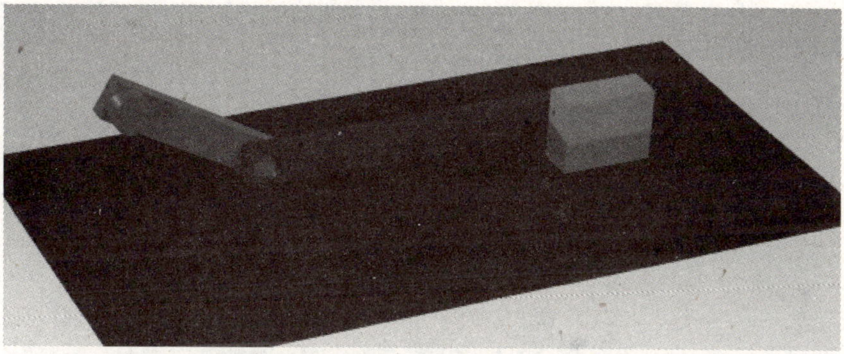

图 6－65　打开“偏置曲柄滑块”源文件

③ 现在为蓝色连杆添加约束。首先是与红色曲柄配合端的共轴约束。在零件状态下选择蓝色“连杆”，单击“约束装配”工具按钮，先在配合端圆周面上单击，再右击，在弹出的快捷菜单中选择“共轴”，再次在红色配合端表面单击添加共轴装配。

④ 下面为蓝色连杆添加另一个约束。将视图旋转，这个约束是添加一个从端点中心到支架上表面的尺寸约束。在零件状态下选择蓝色“连杆”，利用“线性标注”工具，先单击端点中心，再单击支架上表面添加尺寸标注，在标注尺寸上右击，在弹出的快捷菜单中选择“锁定”。最终蓝色连杆约束如图 6－66 所示。

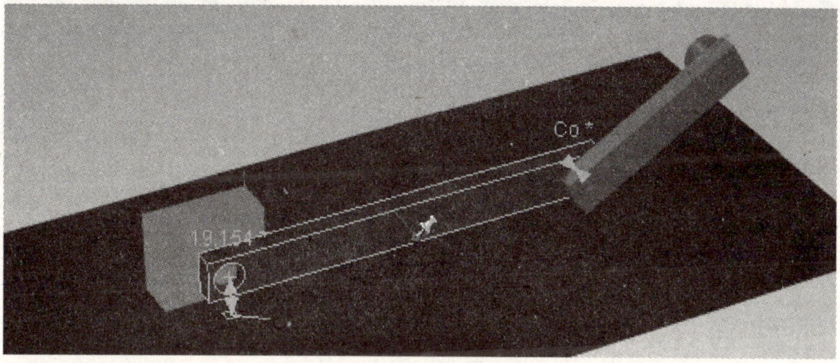

图 6－66　添加连杆的约束

⑤ 播放动画，可以看见蓝色连杆的另一端与支架平面平行运动，如图 6－67 所示。

⑥ 绿色滑块的运动添加同样比较简单。在零件状态下选择“滑块”，利用“约束装配”工具，先单击绿色滑块的圆柱表面，再右击，在弹出的快捷菜单中选择“共轴”约束类型，然后单击蓝色连杆配合表面。

⑧ 约束添加完成后再次播放动画，可以看到绿色滑块随着蓝色连杆开始运动，如图 6－68 所示。

图 6-67　播放动画

图 6-68　最终效果动画

6.2.7　摆动导杆机构

摆动导杆机构是曲柄匀速回转，导杆非匀速摆动(有急回性质)的一种机构。

① 打开随书所附光盘中的“摆动导杆机构. ics”文件，设计环境如图 6-69 所示。红色零件为“曲柄”，是运动的主动件，蓝色零件为“连接块”，绿色零件为“导杆”。

② 添加主运动。在零件状态下选择红色“曲柄”，从右侧“动画”智能图库中向曲柄拖入一个“宽度向旋转”的智能图素。播放动画如图 6-70 所示。这个动画的添加与以上动画有所不同，通过观察知道，绿色摆杆一端是与黑色支架约束到一起的，而另一端即决定摆动的一端是跟随曲柄运动的。

图 6-69　打开“摆动导杆机构”源文件

③ 为了更容易理解这个动画的原理，首先将蓝色连接块隐藏，然后在零件状态下选择绿色“导杆”，利用约束装配工具将绿色导杆的一端约束到黑色支架上，如图 6-71 所示。

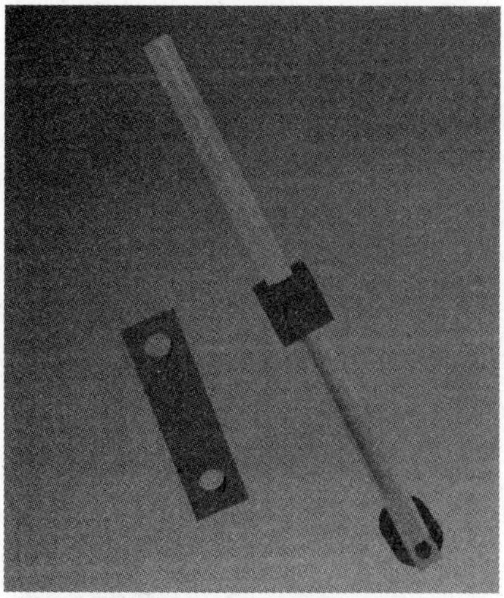

图 6-70　添加曲柄动画

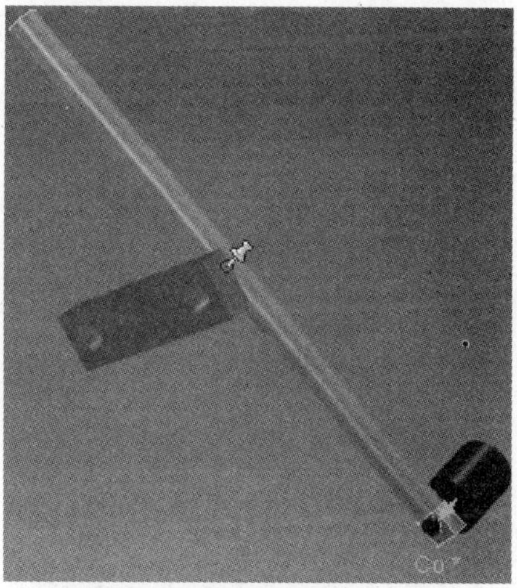

图 6-71　添加导杆的共轴约束

④ 下一个约束的添加是本实例的重点，它添加得成功与否决定了其是否运动。它的添加也比较独特，希望读者能仔细思考这个约束的原理并在以后动画的制作中能学以致用。由于曲柄做旋转，而摆杆是固定一端同时摆动，所以具体约束是添加一个从摆杆侧面到曲柄一端中心点的距离约束。在零件状态下选择绿色“导杆”，单击“线性标注”工具按钮，然后单击如图 6-72 所示的十字光标所在面。

⑤ 在如图 6－73 所示红色曲柄旋转端的圆孔中心处单击，显示一数值为“2.5”的尺寸标注。

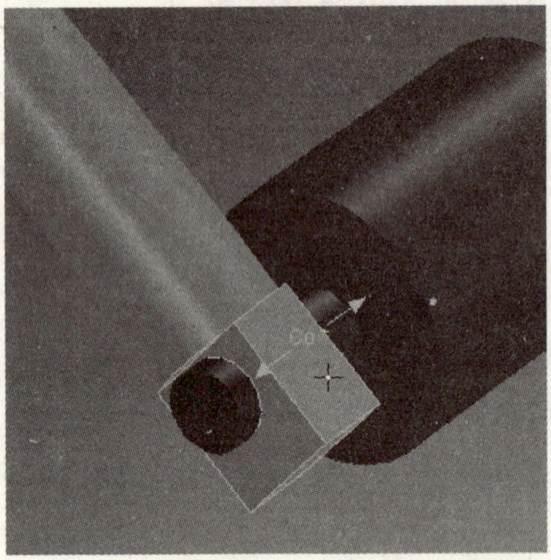

图 6－72　添加面与点的尺寸约束

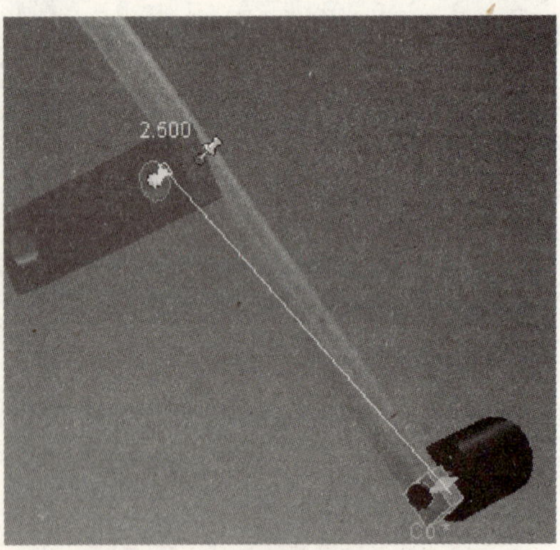

图 6－73　添加成功的尺寸约束

⑥ 在数字上右击，在弹出的快捷菜单中选择“锁定”。播放动画，如图 6－74 所示，可以看到导杆已经同红色曲柄一起摆动起来。

⑦ 将蓝色连接块解压缩，并为它添加约束。它的约束是分别与红色曲柄和绿色导杆的两个共轴约束，如图 6－75 所示。

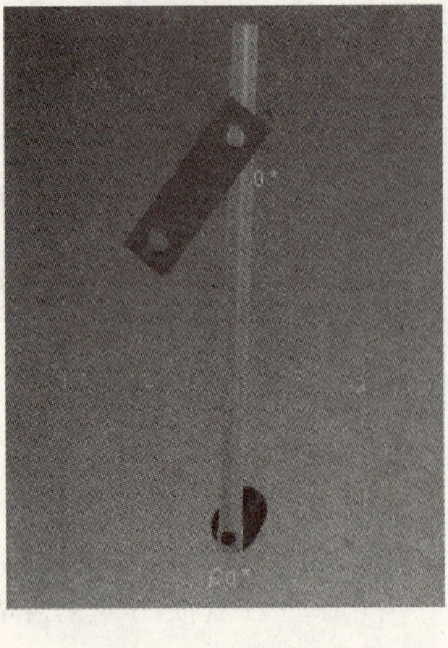

图 6－74　播放动画

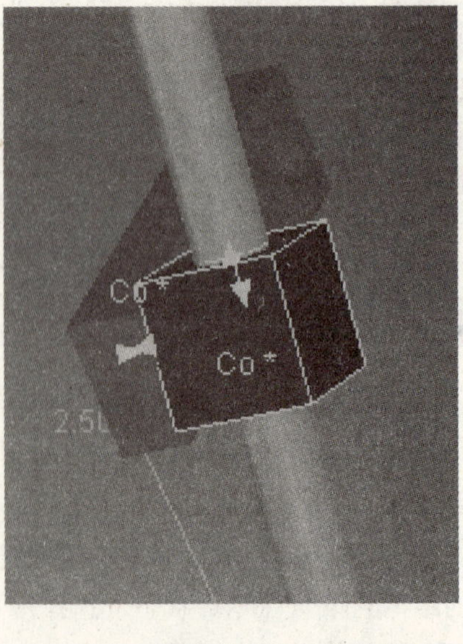

图 6－75　添加蓝色连接块的约束

⑧ 再次播放动画，如图 6 - 76 所示，在红色曲柄的带动下，蓝色连接块和绿色导杆一起运动起来。

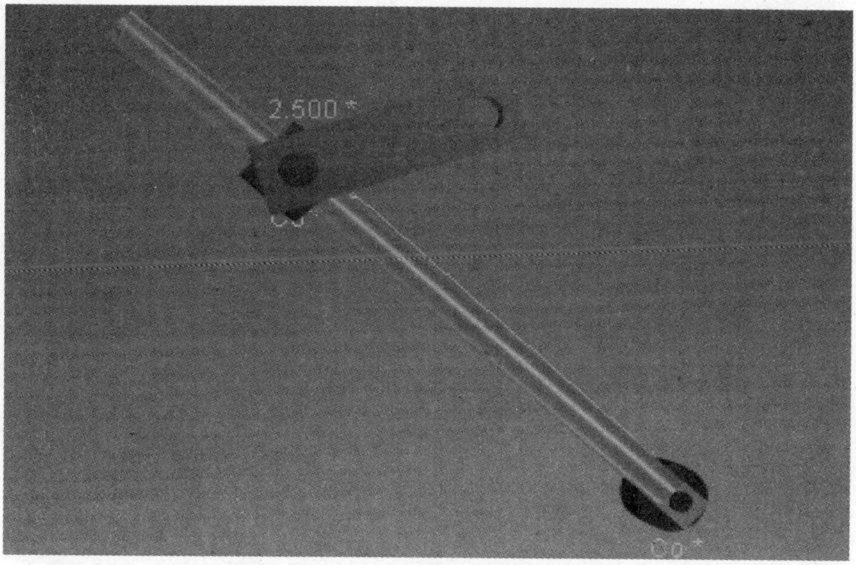

图 6 - 76　最终动画效果

6.2.8　定块机构

定块机构有两种：一种是摆缸机构，另一种是定缸机构。由于摆缸机构的约束原理与摆杆机构非常相似，这里就不再介绍了。本节主要是做一个定缸机构的动画。

① 打开随书所附光盘中的“定块机构. ics”文件，设计环境如图 6 - 77 所示。其中，有红色“摆杆”、蓝色“连接杆”、绿色“导杆”和黑色“缸”四个零件。

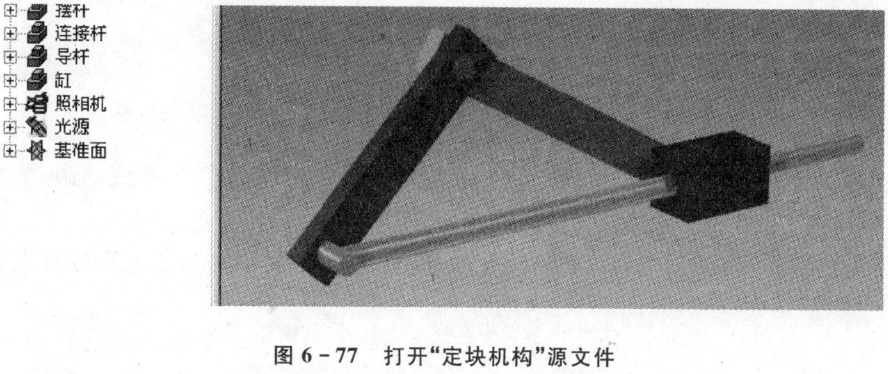

图 6 - 77　打开“定块机构”源文件

② 在这个运动中红色摆杆是主动件，所以先添加它的动画。利用“智能动画向导”为红色摆杆添加一个以高度方向为轴的15°的旋转，如图6－78所示。

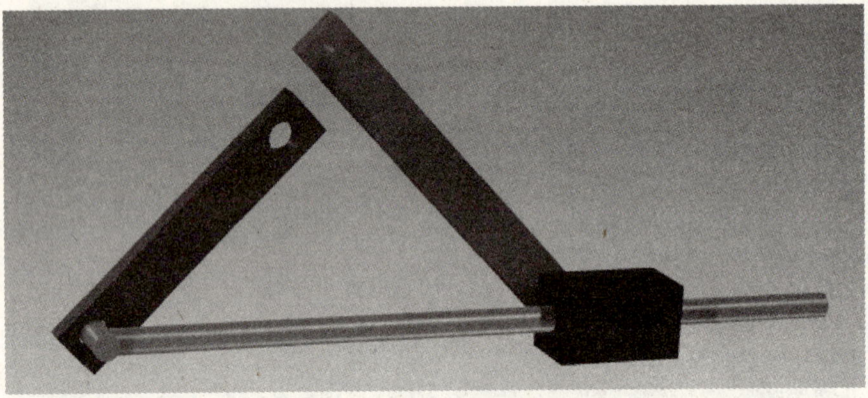

图6－78　添加摆运动

③ 在这个动画实例中，蓝色连接杆的动画添加是重点也是难点。在零件状态下选择蓝色“连接杆”，先将它与红色摆杆共轴的一端添加一个“共轴”约束；再将绿色导杆压缩，添加从圆孔中心到黑色缸上表面和正面的两个尺寸标注，如图6－79所示。

图6－79　添加蓝色杆约束

④ 在两个尺寸标注上右击，在弹出的快捷菜单中选择“锁定”。播放动画，如图6－80所示。

⑤ 将绿色导杆解压缩，它的运动约束比较容易添加，只要将它与蓝色连接杆配合的一端添加一个“共轴”约束即可，如图6－81所示。

图 6－80　播放动画

图 6－81　最终动画效果

6.3　轮系机构动画

6.3.1　齿轮传动机构

齿轮传动是一种应用非常广泛的机械传动，主要用于传递两轴之间的运动和动力。传动稳定，使用可靠，工作寿命长。

① 在 CAXA 实体设计中新建一个设计环境，从右侧“工具”智能图库中拖出一个“齿轮”智能图素到设计环境中释放，弹出如图 6－82 所示的“齿轮”对话框，将齿数改为“24”，齿廓改为“渐开线”，厚度改为“20”，孔半径改为“10”，分度圆半径改为“25”，然后单击“确定”按钮。

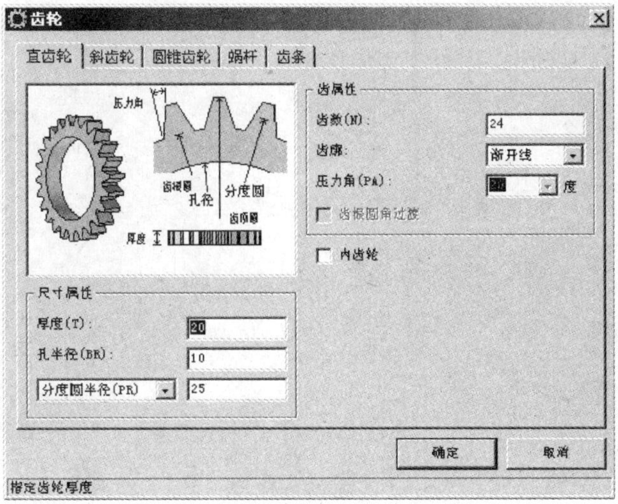

图 6－82　“齿轮”对话框

② 在设计环境中已有一个齿轮，再从右侧“工具”智能图库中拖出一个“齿轮”智能图素到设计环境中释放，将齿数改为“48”，齿廓改为“渐开线”，厚度改为“20”，孔半径改为“0”，分度圆半径改为“50”，然后单击“确定”按钮。

③ 此时，在左侧设计树中将第一个“直齿轮”重命名为“主齿轮”，将第二个“直齿轮”重命名为“从齿轮”，如图 6-83 所示。

图 6-83　添加两个齿轮

④ 为了让齿轮更加逼真，对从齿轮做一定的修改。首先从右侧“图素”智能图库中向从齿轮中心拖入一个“孔类圆柱体”智能图素，将“高度”修改为“5”，“长度”修改为“80”，再向中心拖入一个“圆柱体”的智能图素，将“高度”修改为“15”，“长度”修改为“40”，如图 6-84 所示。

⑤ 对从齿轮的另一侧做同样的操作，再向中心拖入一个高度为“50”，长度为“20”的“孔类圆柱体”智能图素，并对相应的边进行半径为“2”的过渡，再从右侧“表面光泽”智能图库中拖一个“亮绿色”到从动齿轮的表面，如图 6-85 所示，从齿轮的造型及渲染就完成了。

图 6-84　修改齿轮外形

图 6-85　修改完成的齿轮

⑥ 对主齿轮进行造型和渲染，主齿轮的造型比较简单，只要在中心孔两边加一个“2”的“倒角”就可以了，同时从右侧“表面光泽”智能图库中向它表面拖一个“亮红色”智能图素，如图 6－86所示。

⑦ 在这个动画中要添加的是两个齿轮的运动模拟动画。首先就是将两个齿轮装配到位，装配共有两步。第一步先将它的中心距调整好，因为中心距是两个节度圆半径之和，所以先选择主齿轮；打开“三维球”工具，利用中心手柄将红色的主齿轮移动到绿色从齿轮的中心处，再向一侧移动“75”，如图 6－87 所示。两个齿轮装配的第一步就完成了。

图 6－86　修改完成的两个齿轮

图 6－87　装配两个齿轮

⑧ 如果存在高度不一致的问题，那么先利用“三维球”调整一致，然后进行第二步操作，就是调整轮齿的啮合状态，让它们在装配上不干涉。同样，利用“三维球”工具，先将它沿高度方向旋转一个较小的角度，再通过修改数字让它们之间的装配协调，如图 6－88 所示。

⑨ 关闭“三维球”工具，为齿轮添加动画。根据齿数知道它们的转速之比是“2∶1”，所以在添加时首先在零件状态下选择“主齿轮”，单击“智能动画”工具按钮，在“智能动画向导-第 1 页”对话框中添加一个“绕高度方向轴”的旋转，角度不变。为了让动画可以更加清楚，单击“下一步”，将运动时间改为“60”，单击“完成”按钮。

⑩ 添加从齿轮的动画。在零件状态下选择从齿轮，单击“智能动画”工具按钮，在“智能动画向导-第 1 页”对话框中添加一个“绕高度方向轴”的旋转，角度修改为“180”。为了让动画更加清楚，单击“下一步”，将运动时间改为“60”，单击“完成”按钮。播放动画如图 6－89 所示，可以看见有很明显的干涉，由于在添加动画时没有仔细考虑旋转的方向问题，所以主从齿轮的旋转都是顺时针的。

⑪ 在零件状态下选择绿色“从齿轮”，单击“下一个路径”工具按钮，在出现的智能参考

平面中心红色圆点处右击,打开“关键帧性质”对话框,选择“位置”选项卡,在“显示平”的角度前添加一个负号,如图 6-90 所示,单击“确定”按钮。

图 6-88 调整齿间间隙

图 6-89 干涉的动画

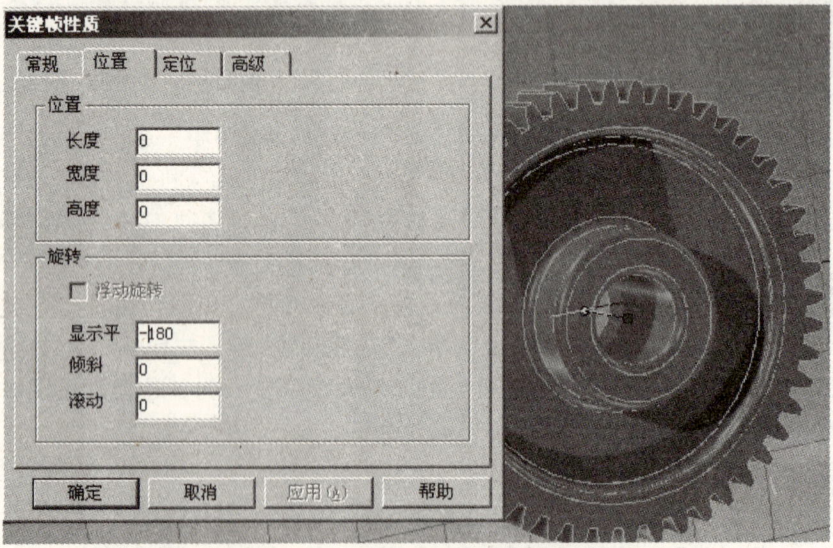

图 6-90 调整关键帧性质

⑫ 此时,播放动画如图 6-91 所示,可以看到在红色主齿轮的带动下,绿色齿轮做和谐的运动。

图 6－91　最终动画效果

6.3.2　非完整齿轮机构

非完整齿轮机构是由齿轮机构演化而来的，主动齿轮上只制出一个或几个轮齿，当主动齿轮匀速连续回转时，带动从动齿轮做间歇运动。

① 在 CAXA 实体设计中新建一个设计环境，从右侧“工具”智能图库中向设计环境中拖入一个“齿轮”智能图素。打开“齿轮”对话框，在“直齿轮”选项卡中将“齿数”修改为“24”，“齿廓”修改为“渐开线”，“厚度”修改为“10”，“孔半径”修改为“10”，“分度圆半径”修改为“25”，如图 6－92 所示。

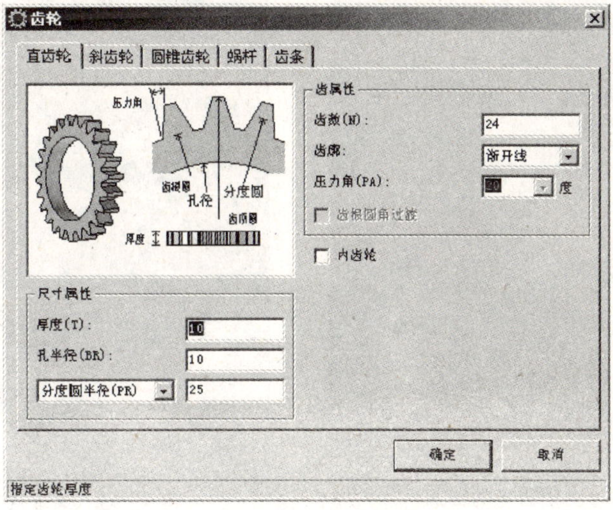

图 6－92　添加齿轮

② 单击“确定”后生成一个齿轮。在零件状态下选择生成的齿轮，打开“三维球”，在水平方向复制一个同样的齿轮，从右侧“表面光泽”智能图库中向第一个齿轮拖一个“亮红色”的智能渲染，再向第二个齿轮拖入一个“亮绿色”的智能渲染。打开设计树，将第一个齿轮重命名为“主动齿轮”，将第二个齿轮重命名为“从动齿轮”，如图 6-93 所示。

图 6-93　添加完成的两个齿轮

③ 对齿轮的外形轮廓进行调整。在智能图素状态下右击主动齿轮，在弹出的快捷菜单中选择“编辑截面”，将齿轮截面修改为如图 6-94 所示形状。具体操作方法是，先将多余的齿廓删除，再利用“圆弧：圆心和两端点”工具将删除部分连接起来。

④ 单击“确定”后再对从动齿轮进行修改。在智能图素状态下右击从动齿轮，在弹出的快捷菜单中，选择“编辑截面”，将截面修改为如图 6-95 所示图形。具体操作方法是，每隔四个齿删除两个齿形，共删除四次，然后用“圆弧：圆心和两端点”工具将所缺部分补齐。

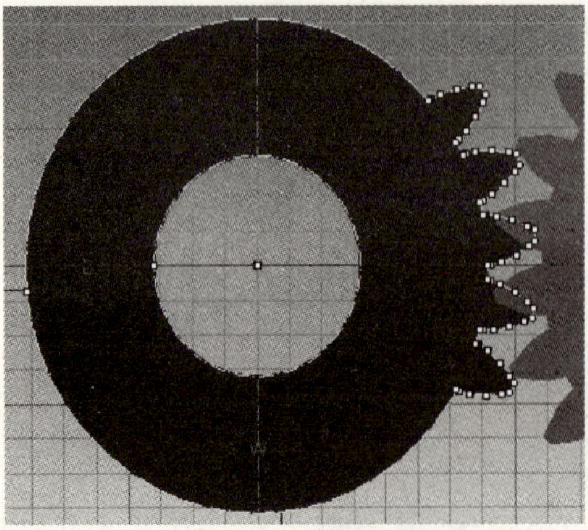

图 6-94　编辑主动齿轮的截面

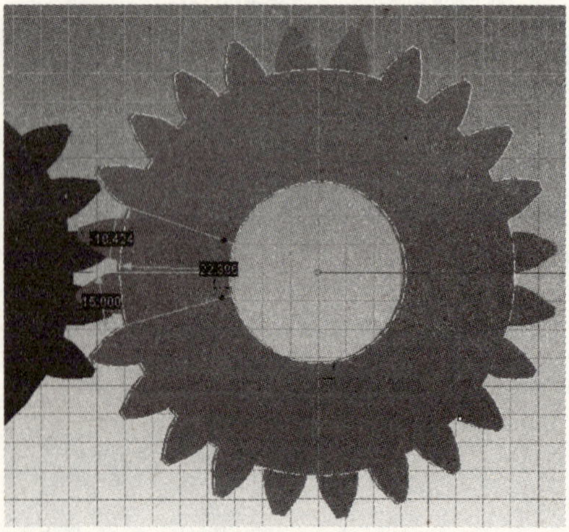

图 6-95　编辑从动齿轮的截面

⑤ 单击“完成”按钮，如图6-96所示，一个从动齿轮的运动机构就建立起来了。

⑥ 为了添加合适的动画，首先要调整两个齿轮的起始位置。利用“三维球”工具将两个齿轮位置调整到如图6-97所示位置。

图6-96 编辑截面后的齿轮

图6-97 调整起始位置的齿轮

⑦ 添加主动齿轮的动画。在零件状态下选择“主动齿轮”，单击“智能动画”工具按钮，在“智能动画向导-第1页”对话框中添加一个“绕高度方向轴”的旋转，角度不变。为了让动画更加清楚，单击“下一步”，将运动时间改为“30”，单击“完成”按钮。

⑧ 下面添加从齿轮的动画。在零件状态下选择“从动齿轮”，单击“智能动画”工具按钮，在“智能动画向导-第1页”对话框中添加一个“绕高度方向轴”的旋转，角度修改为“80”，单击“下一步”，将运动时间改为“5.5”，单击“完成”按钮。

⑨ 因为在CAXA实体设计中，齿轮的模拟运动都是通过计算时间进行简单的配合，所以在运动上可能会有不合适的地方，这时就要靠对运动参数进行调试。在这个实例中，所用的数据都是调试出来的。播放动画，如图6-98所示。

图6-98 最终动画效果

6.3.3 偏心轮传动机构

打开随书所附光盘中的“偏心轮.ics”文件，设计环境如图6-99所示。其中，有红色“偏心轮”、绿色“伸缩杆”和黑色“缸体”三个零件。

① 在这个运动中，偏心轮是主动件。在零件状态下选择“偏心轮”，单击“智能动画”工具按钮，在“智能动画向导-第1页”对话框中添加一个“绕高度方向轴”的旋转，角度不变。为了让动画更加清楚，单击“下一步”，将运动时间改为“5”，单击“完成”按钮。

② 设计环境中出现了智能参考平面，但是这个旋转所绕的轴并非所想要的中轴。打开“三维球”，利用“三维球”将它移动到偏心轮上孔部中心，如图6-100所示。

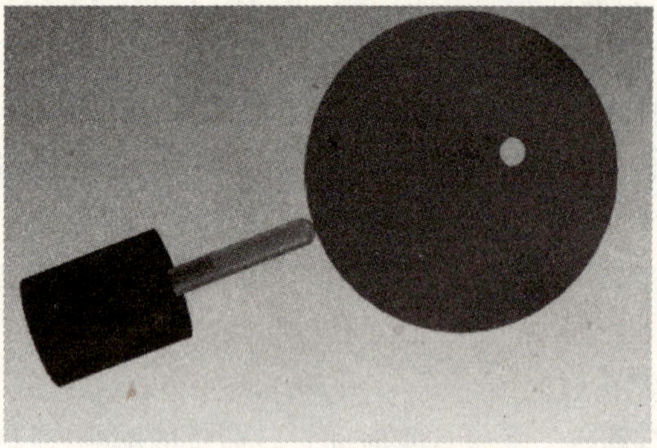

图6-99 打开“偏心轮”源文件

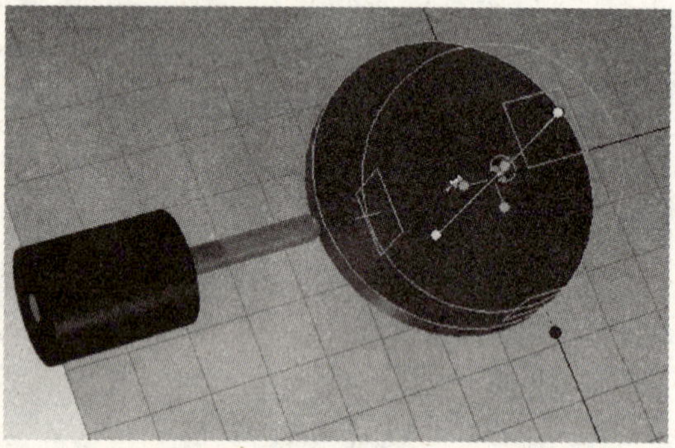

图6-100 调整放置轴的位置

③ 播放动画，偏心轮开始以它上面的孔为中轴旋转起来。

④ 在零件状态下选择“伸缩杆”，利用“约束装配”工具添加与黑色缸体的“共轴”约束。

⑤ 添加一个伸缩杆顶点与偏心轮大圆中心的尺寸约束。为了添加这个约束，先将偏心轮外部圆柱体的长度改为“80”，如图6-101所示。

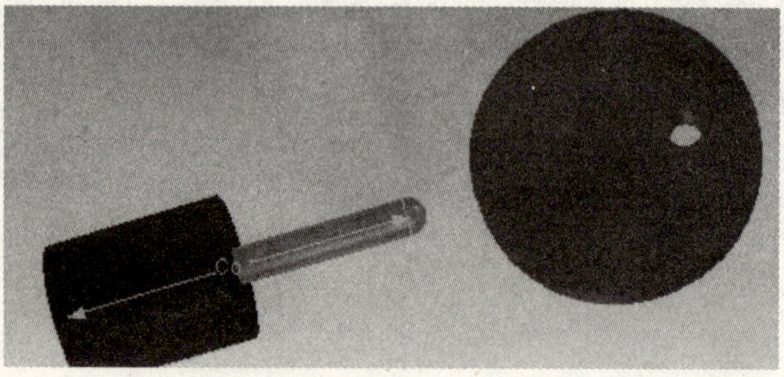

图6-101 添加共轴的约束

⑥ 在零件状态下选择“伸缩杆”，单击“线性标注”工具按钮，如图 6－102 所示，先单击伸缩杆的顶点，再单击偏心轮大圆中心。

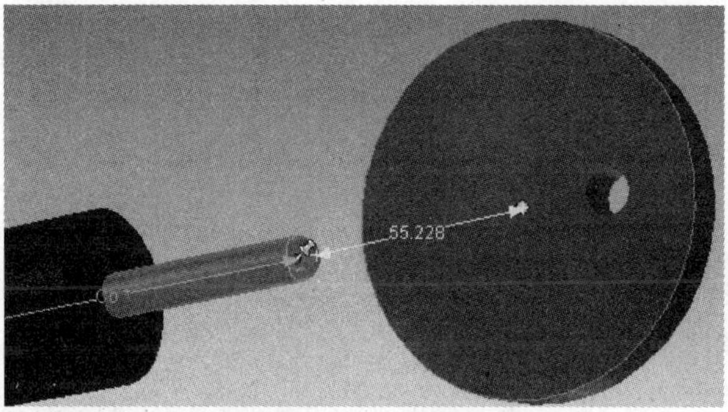

图 6－102　添加尺寸标注

⑦ 右击刚添加的“尺寸约束”的数字，在弹出的快捷菜单上选择“锁定”。再将偏心轮的大圆弧度改为“110”，如图 6－103 所示。

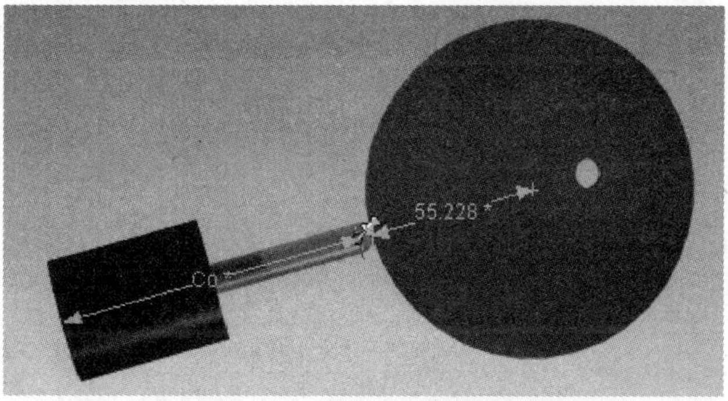

图 6－103　将尺寸标注锁定

⑧ 播放动画，如图 6－104 所示，可以看到伸缩杆开始随着偏心轮的旋转运动起来。

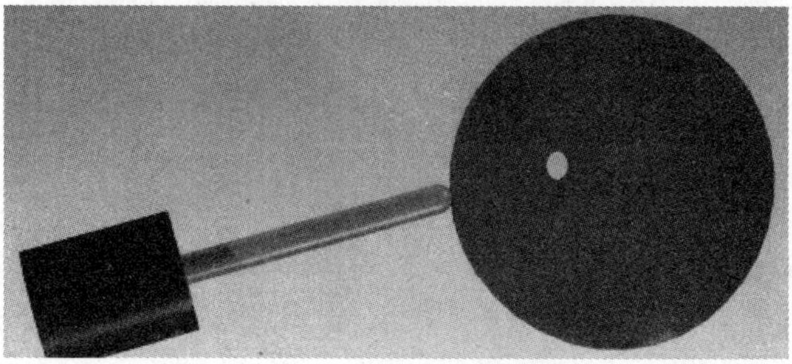

图 6－104　最终动画效果

6.3.4 外啮合槽轮机构

外啮合槽轮机构以拨盘为主动件，当拨盘匀速连续回转时，槽轮作间歇转动。

① 打开随书所附光盘中的“外啮合槽轮机构.ics”文件，设计环境如图6-105所示。其中，有“拨盘”、“槽轮”和“参考件”三个零件。

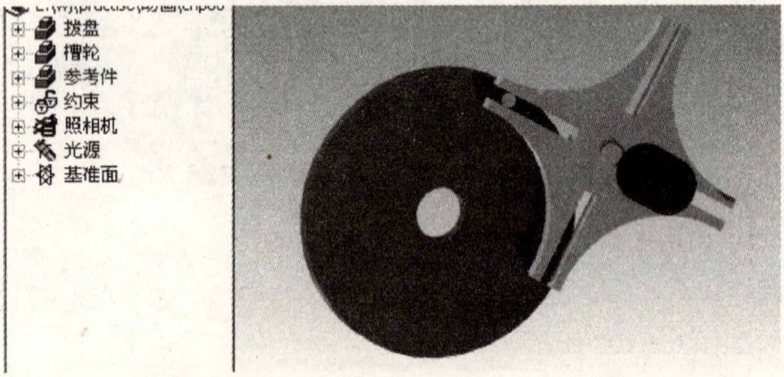

图6-105　打开“外啮合槽轮机构”源文件

② 在零件状态下选择“拨盘”，单击“智能动画”工具按钮，在“智能动画向导-第1页”对话框中添加一个“绕高度方向轴”的旋转，角度修改为“90”。为了让动画更加清楚，单击“下一步”，将运动时间改为“5”，单击“完成”按钮。

③ 播放动画，注意到此次运动的主角蓝色拨盘圆柱开始旋转，如图6-106所示。

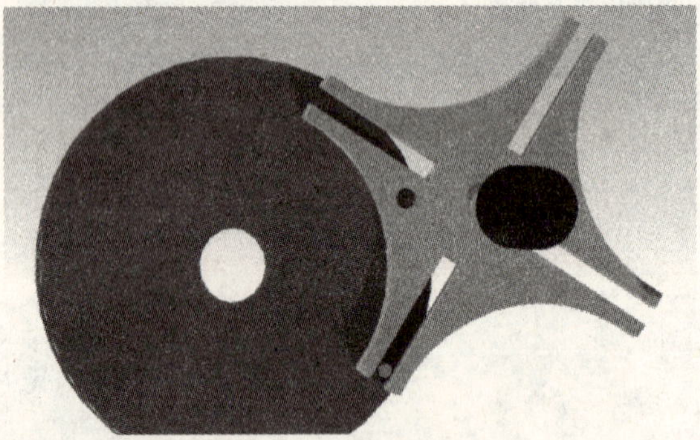

图6-106　播放动画

④ 添加一个槽轮与参考件的共轴约束。在零件状态下选择“槽轮”，然后单击“约束装配”工具按钮，先选择槽轮中心处圆柱体的轴线，再右击，在弹出的快捷菜单中选择“共轴”，最后单击参考件的轴线，如图6-107所示。

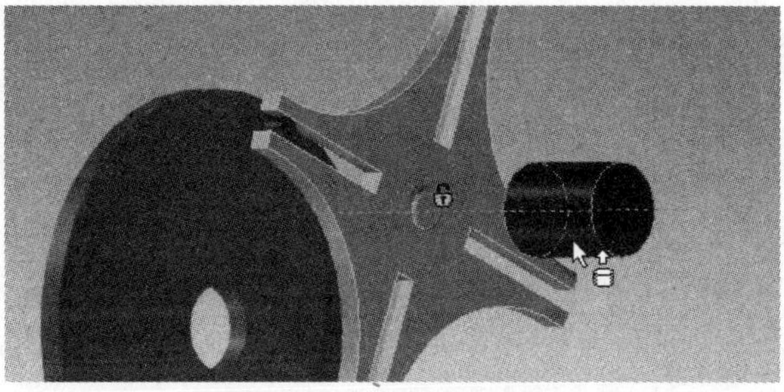

图 6－107　添加共轴约束

⑤ 在零件状态下选择“槽轮”，添加一个从槽内侧面到拨盘圆柱上表面中心点的一个尺寸约束。单击打开“线性标注”工具，单击与拨盘圆柱贴合的内表面一侧，然后再在拨盘圆柱上表面中心点单击，添加一个“4.803”的尺寸标注，在数字上右击后选择“锁定”，最终约束结果如图 6－108 所示。

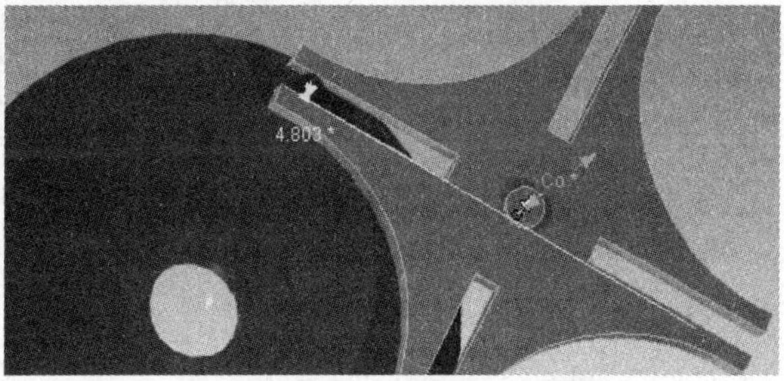

图 6－108　添加尺寸约束

⑥ 外啮合槽轮机构的运动和约束条件均已添加完成。播放动画，最终动画效果如图 6－109所示。

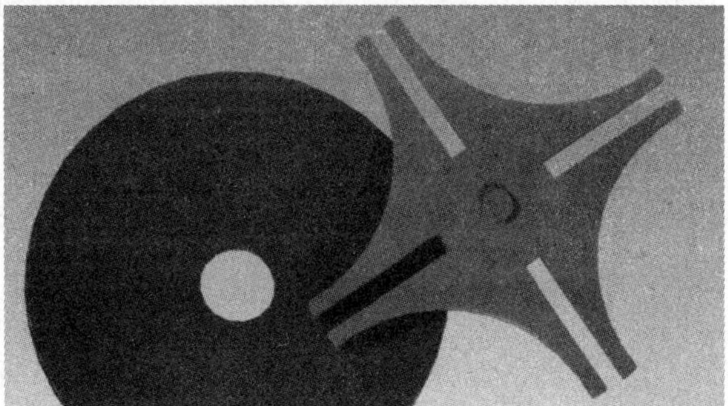

图 6－109　最终动画效果

6.3.5　链条传动

链传动靠链轮和链之间的啮合传递运动，而链轮之间有挠性链条，兼有啮合传动和挠性传动的特点。因此，可在不宜采用带传动和齿轮传动的场合考虑采用链传动。

链传动在 CAXA 实体设计中是相对比较复杂的一个动画，而且它对链节的装配要求也较高，参考实体数目也较多。所以，在这个实例中不是简单地从已经给定的实体开始，而是从一对链节开始做起。

① 打开随书所附光盘中的“链节.ics”文件，设计环境如图 6-110 所示。共有“外链节”和“内链节”两个零件。

图 6-110　打开“链节”源文件

② 先添加一个参考零件，从右侧“图素”智能图库向设计环境中拖入一个“圆柱体”智能图素，将它的长度改为“20”，高度改为“2”，再向这个圆柱体的中心拖入一个“长方体”智能图素，将它高度拖至与圆柱体上下表面平行，并将另外两侧拖到圆柱体中心点，如图 6-111 所示。

③ 在链条机构的运动中，并不是一步到位的。分析一个完整的链条结构可知，在一个运动中共有四个需要约束的地方，而其中又是两两相同的，在这里逐个来做。第一个做的是由直入圆。

④ 在设计链条运动的时候，考虑的是每个链节对应 20°。这样，先对第一个由圆入直进行装配，就需要将外链节拷贝四个，将内链节拷贝三个。在装配的时候，也不是将它们装配到最终位置，因为要做的是由直入圆的运动，所以在这里要将它们装配成没有运动之前的状态。

⑤ 为了使添加动画的时候可以很明确它们之间的关系，在这里先将最上方的外链节渲染成绿色，将最上方的内链节渲染成蓝色，将其他七个链节渲染成红色，将参考零件一渲染成黄色，如图 6-112 所示。

图 6-111　添加参考零件

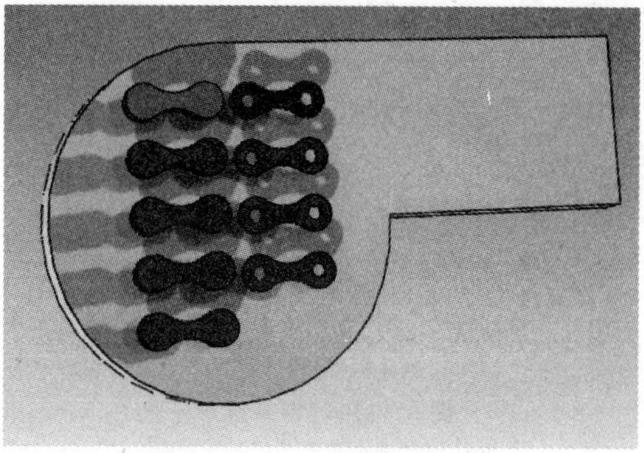

图 6-112　生成新的链节

⑥ 先将蓝色的链节装配到位，为了更容易找到参考零件一中长方体的角点，可以将它向外移动一点。蓝色零件的位置就是一端的圆周中心与长方体角点重合，同时与长方体长边平行。再来装配绿色零件，同样利用“三维球”，绿色零件的一端与蓝色零件重合，另外还与长方体平行。两个零件装配完成如图 6-113 所示。

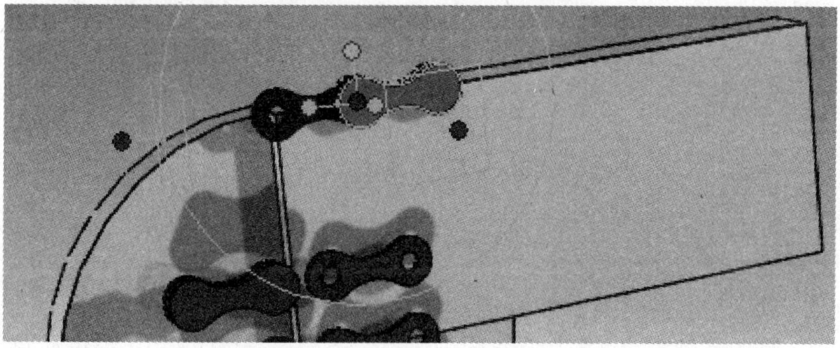

图 6-113　将从动链节定位

⑦ 添加第一个红色链节，它的添加是非常重要的，因为只有这个链节的角度是特殊的。先将红色链节的一端与蓝色链节相连，再向内旋转 10°，如图 6-114 所示。

⑧ 其他六个链节的装配就比较容易了，只要将它们的一端固定，然后旋转，旋转角度每次增加 20°，如图 6-115 所示。在这里先要将蓝色链节拖入到圆中，再将绿色链节拖入圆中。

⑨ 将七个链节组合成一个装配，并将它们重命名为“主动件一”。在装配状态下选择“主动件一”，单击“智能动画”工具按钮，在“智能动画向导-第 1 页”对话框中添加一个“绕高度方向轴”的旋转，角度修改为“－20”，单击“完成”按钮，如图 6-116 所示。

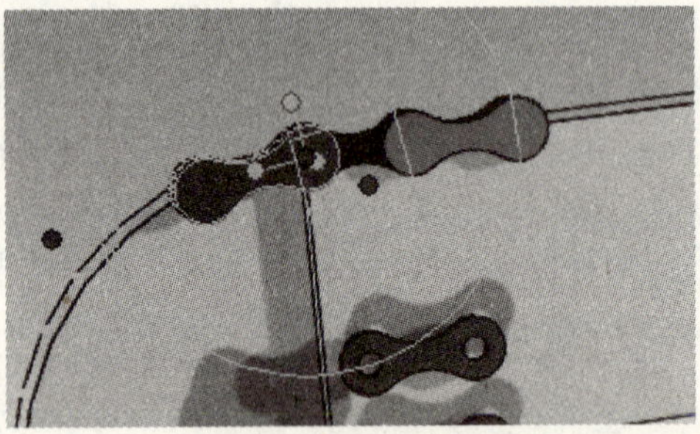

图 6－114　旋转链节

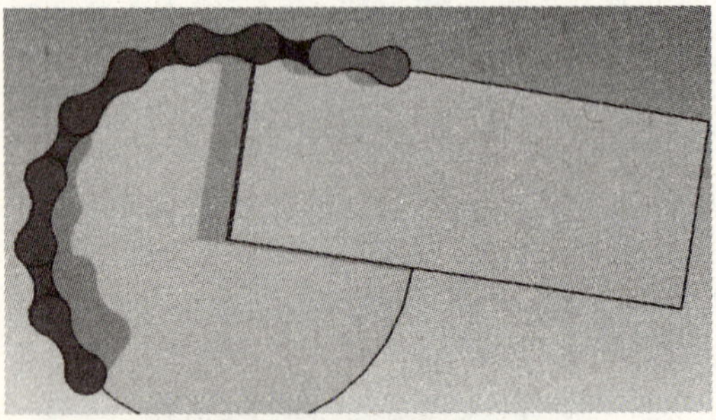

图 6－115　由直入圆装配成功图

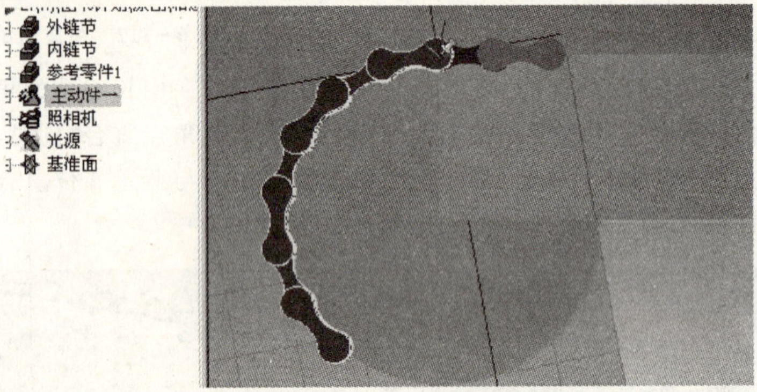

图 6－116　添加智能动画

⑩ 利用“三维球”工具将放置中心轴移动到参考零件一的圆柱中心处。播放动画，结果如图 6－117 所示。

⑪ 将绿色外链节压缩，为蓝色内链节添加动画约束。它共有两个约束：第一个是与红色主动件配合的一端的共轴约束，第二个是另一端到长方体下表面的尺寸约束。将两个约束都添加完，如图 6－118 所示。

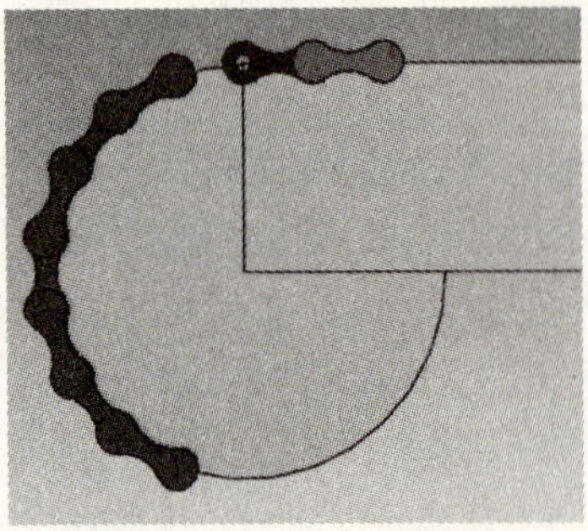

图 6－117　运动结果

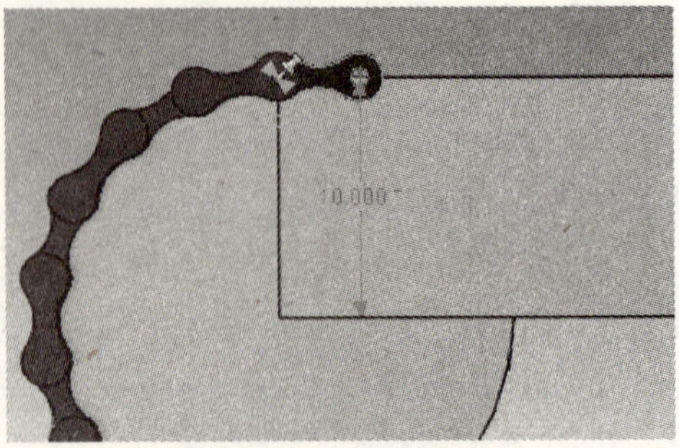

图 6－118　添加约束

⑫ 播放动画，可以看见蓝色的链节已经开始跟随运动，如图 6－119 所示。

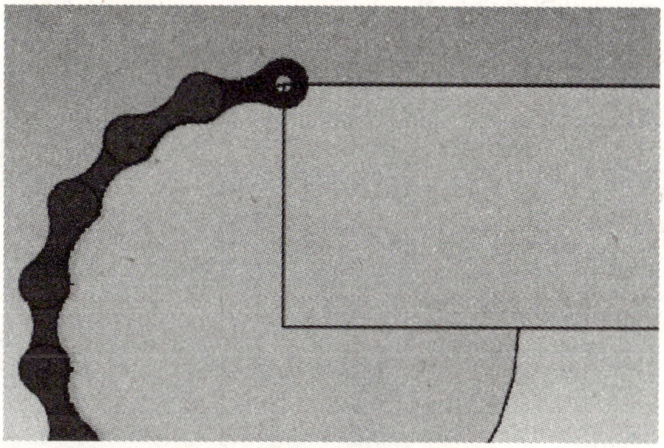

图 6－119　运动结果

⑬ 添加另外一个链节的动画，即绿色链节的动画。它是这个链传动动画的难点，同样也是学习重点所在。首先将红色主动件一、蓝色链节和参考零件一组合成一个装配，并将它重命名为“主动件二”，再将绿色的链节解压缩，如图 6－120 所示。

⑭ 在装配状态下选择“主动件二”，单击“智能动画”工具按钮，在“智能动画向导-第 1 页”对话框中添加一个“绕高度方向轴”的旋转，角度修改为“－20”，单击“完成”按钮，利用“三维球”工具将旋转参考轴移动到参考零件一的圆柱体中心处，如图 6－121所示。

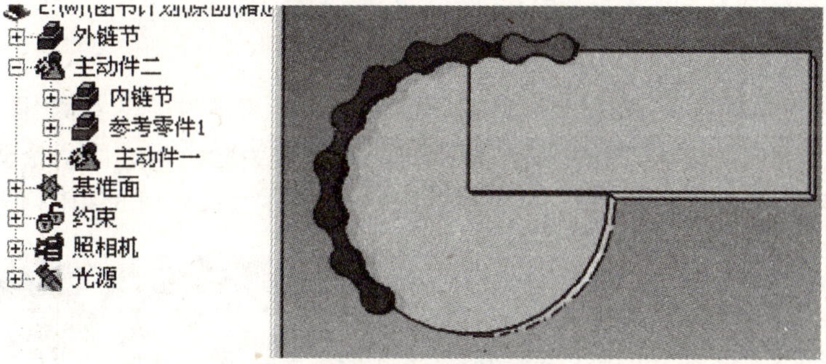

图 6－120　调整设计树

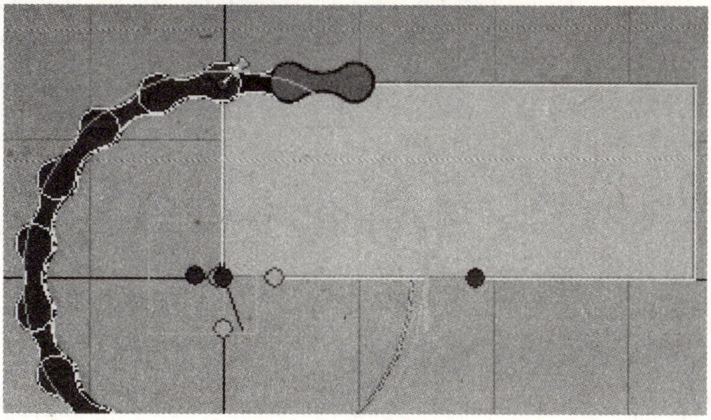

图 6－121　添加智能动画

⑮ 打开“智能动画编辑器”，将主动件二的动画片段起始时间修改为“2”。播放动画，如图 6－122所示。

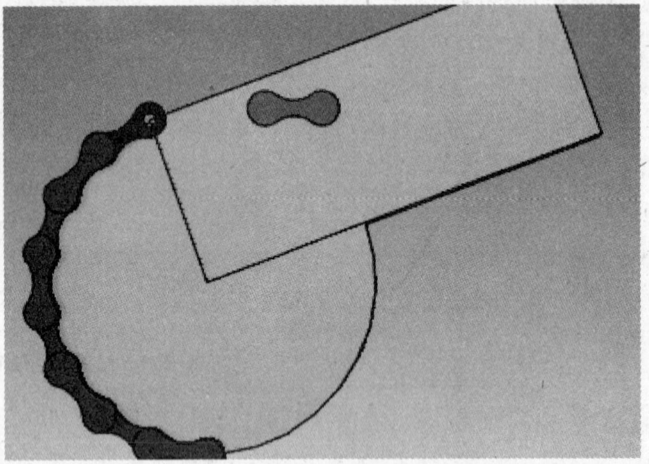

图 6－122 播放动画(一)

⑯ 添加绿色链节的约束，首先要做的是再建立一个参考零件。从右侧“图素”智能图库向设计环境中拖入一个“长方体”图素，不要与其他零件发生关联。将它的两个侧面调整到与参考零件一的面平行，并在设计树上将它重命名为“参考零件二”，如图 6－123 所示。

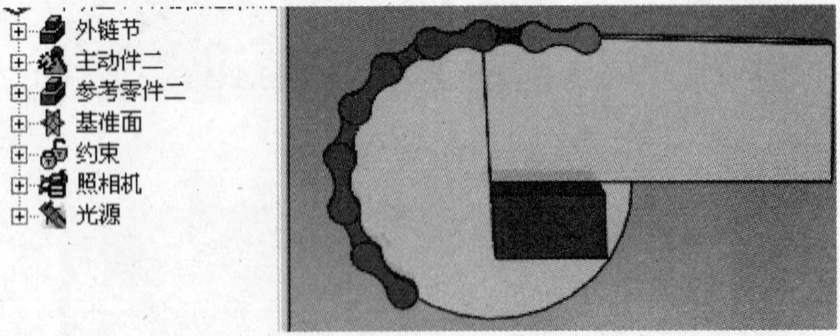

图 6－123 添加新的参考体

⑰ 绿色链节的约束同样有两个。在零件状态下选择绿色“外链节”，然后利用“约束装配”工具将它与蓝色内链节相配合的一端添加一个共轴约束，再利用“线性标注”工具添加一个由它的另一端到参考零件二上表面的尺寸标注。将标注尺寸锁定，如图 6－124 所示。

⑱ 再次播放动画，如图 6－125 所示。可以看到，绿色外链节也正常地跟随着旋转了。在这个实例中，这种两层动画的添加是一个难点，同时也是学习中应该注意的地方，在以后牵涉到此类父子关系动画时，可以考虑使用。

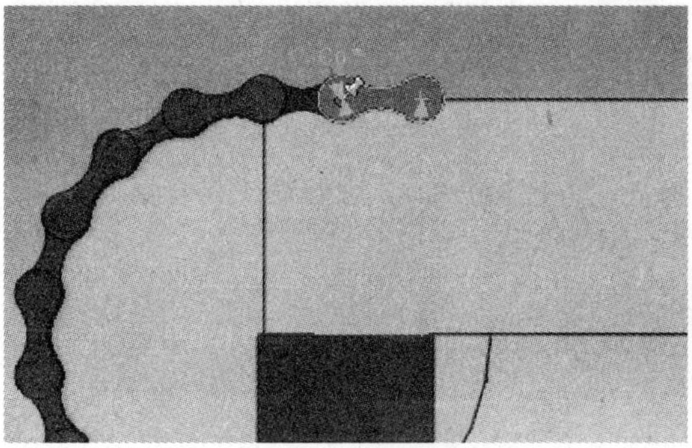

图 6-124　添加约束

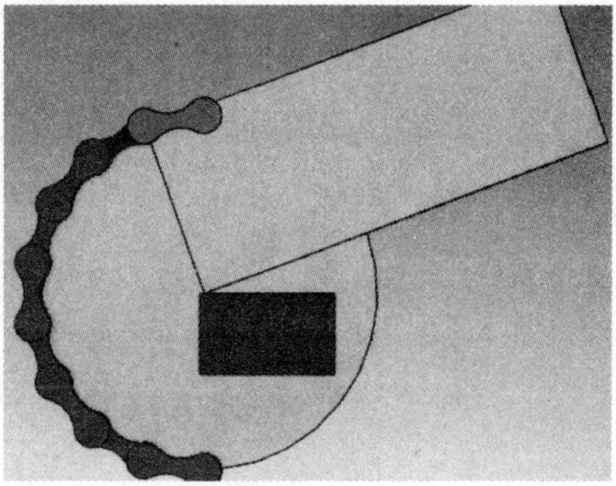

图 6-125　播放动画(二)

⑲ 第一个运动部分已经完成，将绿色外链节、主动件二、参考零件二组合成一个新的装配，并重命名为“由直入圆一”，再将参考零件一、外链节和内链节复制一份，如图 6-126 所示。复制时要注意将已经存在的约束和装配关系去掉。如在做这个工作时是将所有的零件复制一份，将没有用的删除，再去除装配关系。

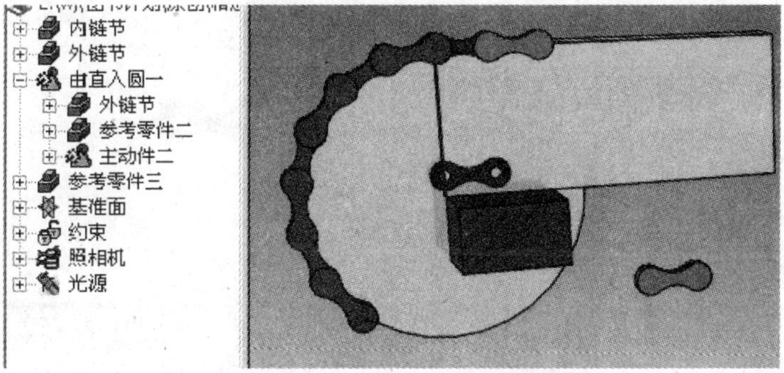

图 6-126　生成新的链节

⑳ 第二部分的动画是“由圆入直”，首先还是要将它们装配起来。将外链节复制两个，内链节复制三个；再将一个内链节的一端移动到与红色主动件一端同轴，并旋转 150°，如图 6-127 所示。

㉑ 装配另外六个链节，只有第一个外链节有必要做 10°的旋转，其他的都与长方体长边平行。最终装配结果如图 6-128 所示。

㉒ 同样，这个动画也是由两层构成的，有必要修改它们的颜色以便于区分。从左侧开始第一个修改成绿色，第二个修改成蓝色，其他五个修改成红色，并将五个红色的组成一个装配体，重命名为“主动件三”，如图 6-129 所示。

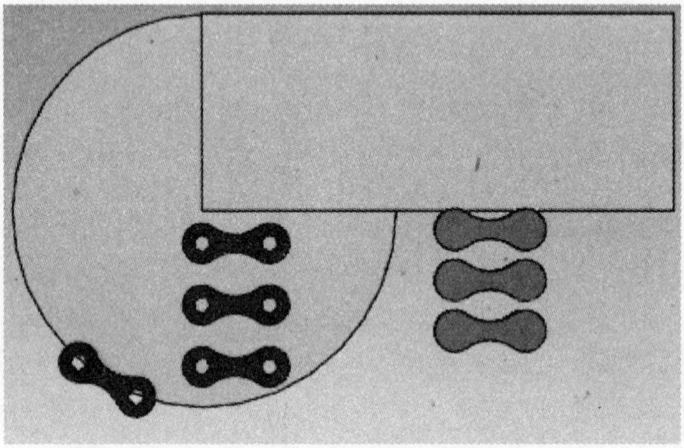

图 6-127　装配由圆入直部分

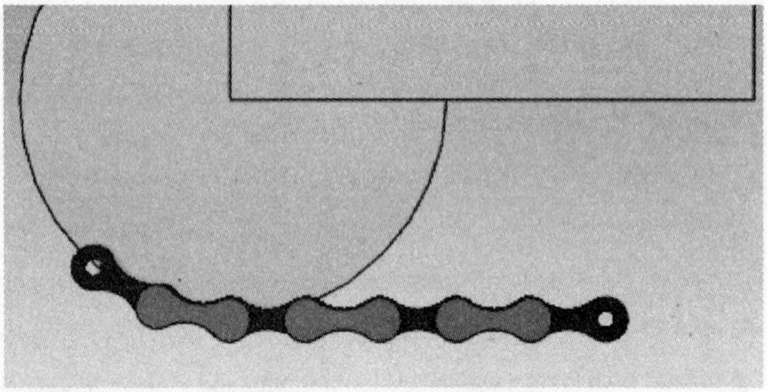

图 6-128　装配完毕

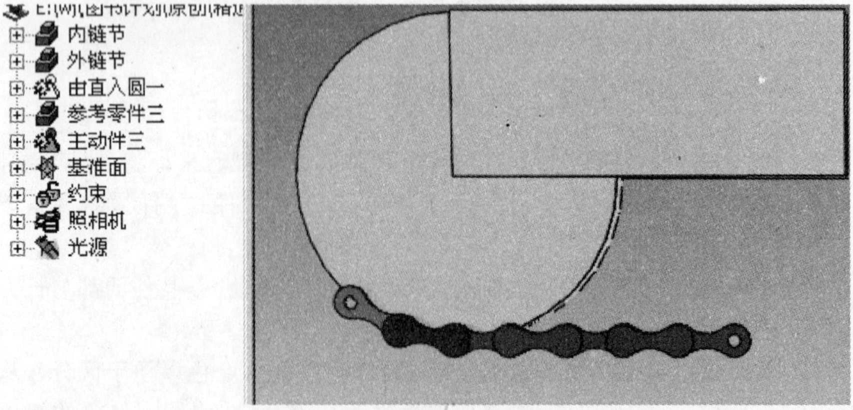

图 6-129　进行智能渲染

㉓ 在装配状态下选择“主动件三”，单击“智能动画”工具按钮，在“智能动画向导-第 1 页”对话框中添加一个“沿长度方向”的移动，距离修改为“－3.474”，单击“完成”按钮。播放动画，如图 6－130 所示。

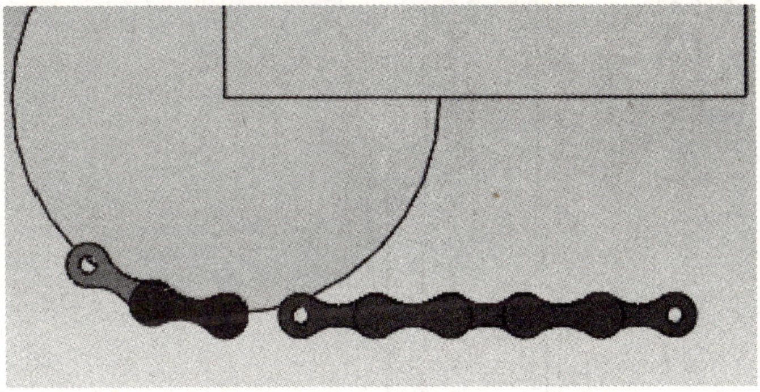

图 6－130　添加动画

㉔ 给蓝色链节添加约束，其约束同样是由两部分组成。首先利用“约束装配”工具添加一个与红色主动件相配合的同轴约束，再为其另一端添加一个从端面中心到参考零件三中的圆柱体中轴即长方体与圆柱体轴重合的那条边的尺寸标注，并将它锁定，如图 6－131 所示。

㉕ 播放动画，蓝色链节已经开始运动起来，如图 6－132 所示。

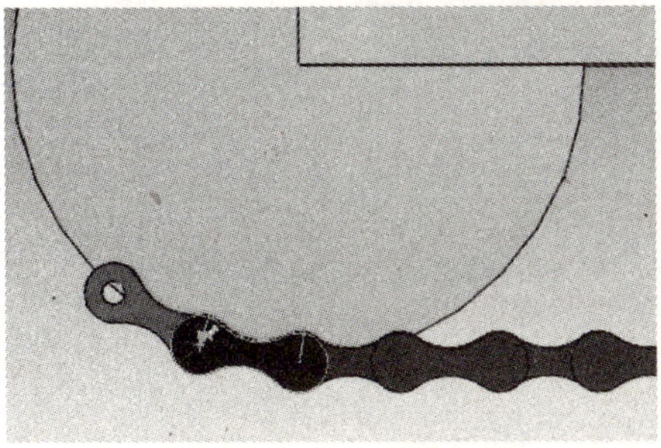

图 6－131　添加约束

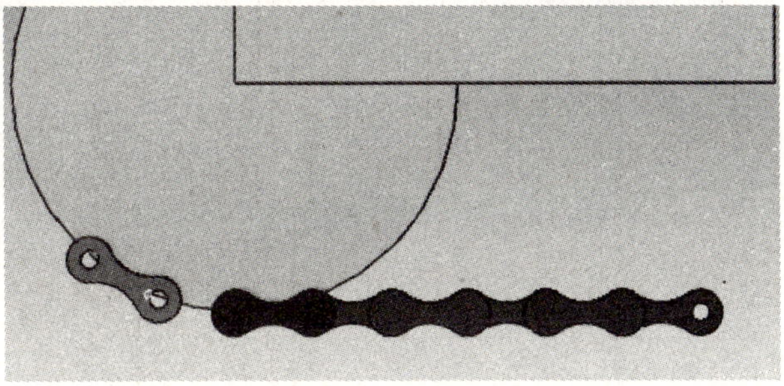

图 6－132　播放动画(三)

㉖ 将蓝色链节、主动件三和参考零件三组合成一个装配，并重命名为“主动件四”。从“图素”智能图库向设计环境中拖入一个“长方体”图素，将它重命名为“参考零件四”，在智能图素状态下拖放智能手柄，调整到与参考零件三的两条过圆心的边重合，即要调整出一条与圆柱体轴线重合的边，如图 6－133 所示。

㉗ 在装配状态下选择“主动件四”，单击“智能动画”工具按钮，在“智能动画向导-第 1 页”对话框中添加一个“沿长度方向”的移动，距离修改为“－3.474”，单击“完成”按钮。

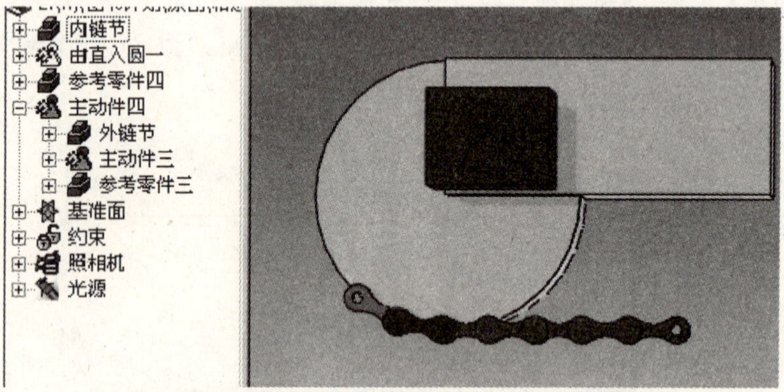

图 6－133　调整设计树

㉘ 打开“智能动画编辑器”，将主动件四动画片段的起始时间修改为“2”。播放动画，如图 6－134所示。

㉙ 添加绿色链节的约束。首先将它与蓝色链节相配合的一端利用“约束装配”工具添加一个共轴约束。再利用“线性标注”工具将它的另一端的中心与参考零件四的轴线距离标注出来，并将标注尺寸锁定，结果如图 6－135 所示。

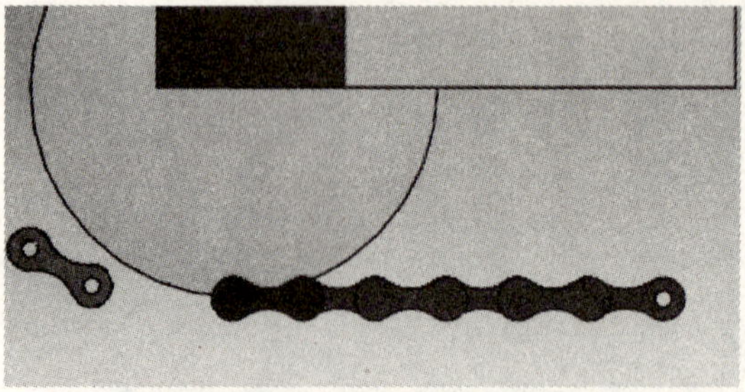

图 6－134　播放动画(四)

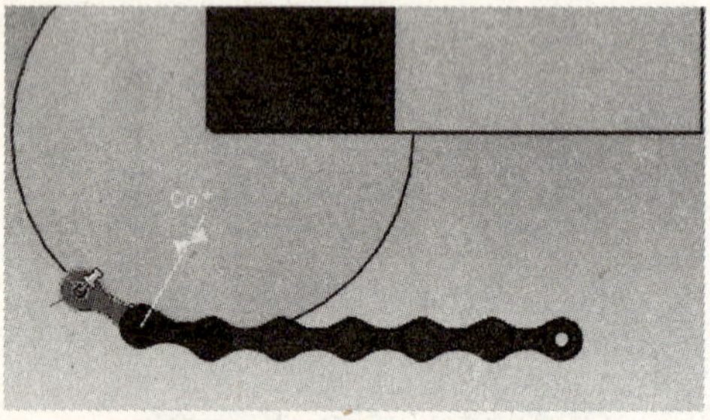

图 6－135　添加约束

㉚ 播放动画，绿色链节也一起开始由圆入直的运动，如图 6－136 所示。

㉛ 将“由直入圆一”装配解压缩，播放动画，如图 6－137 所示。可以看到，两个动画配合得非常紧密。链轮动画到此只能说是完成了一半。

㉜ 在装配状态下选择“由直入圆一”，打开“三维球”工具，将它移动到长方体下表面中心点，如图 6－138 所示。

㉝ 利用中间轴旋转 180°，将“由直入圆一”复制一份，并重命名为“由直入圆二”，如图 6－139 所示。

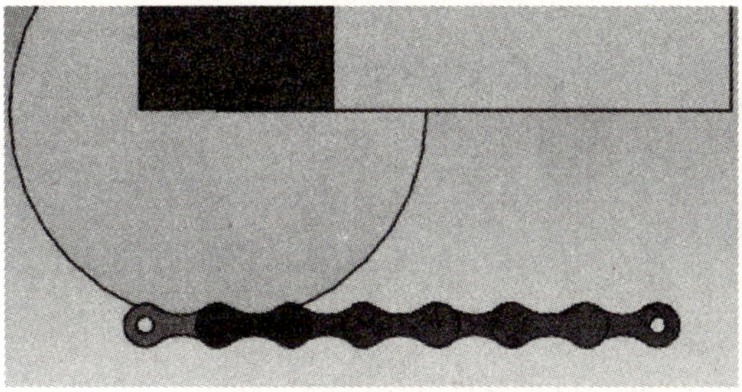

图 6－136　播放动画(五)

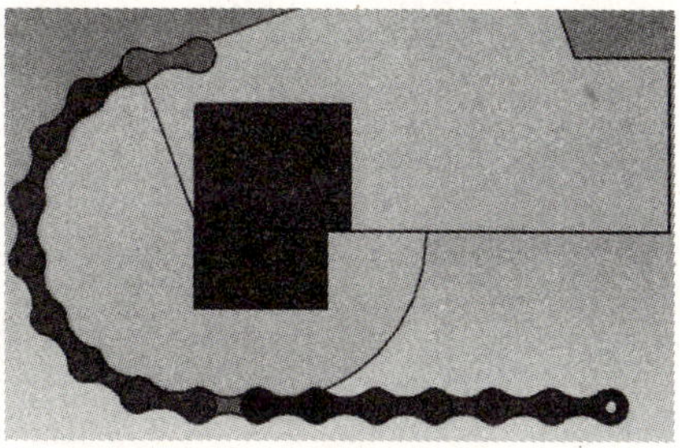

图 6－137　播放动画(六)

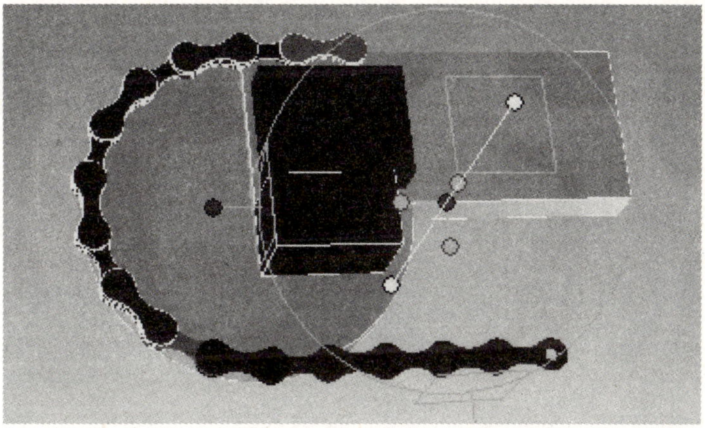

图 6－138　生成另一半

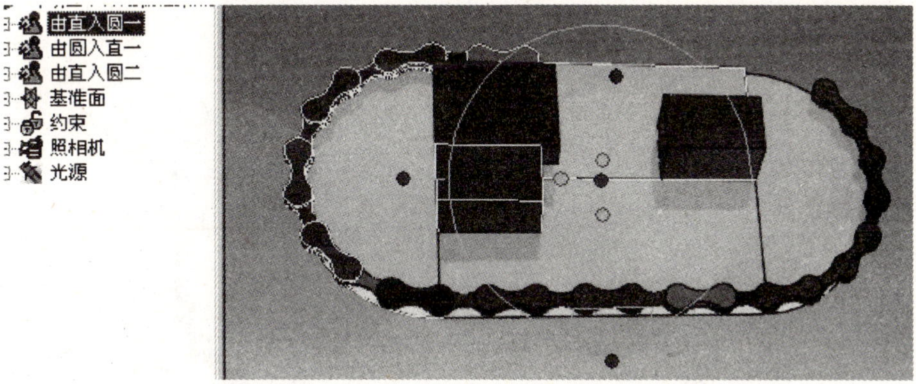

图 6－139　生成结果

㉞ 同样，将“由圆入直一”也复制一份，并重命名为“由圆入直二”，如图 6－140 所示。

图 6－140　最终生成结果

㉟ 播放动画，可以看到在复制过程中动画没有丢失，如图 6－141 所示。

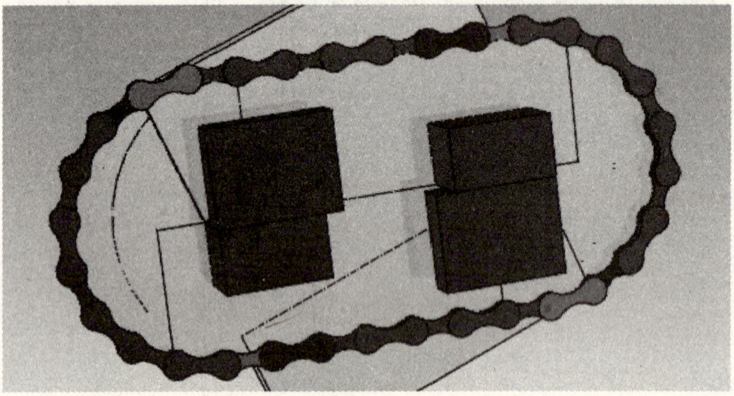

图 6－141　播放动画(七)

㊱ 由于参考零件的存在，画面显得过于凌乱，将参考零件全部压缩。再次播放动画，如图 6－142所示。

图 6－142　将参考零件隐藏的结果

这里主要做的是链条运动原理动画，至于链轮就不添加了。有兴趣的读者可以自己添加。

6.4　实际应用

6.4.1　公共汽车门

居住在城市的人生活中似乎都离不了乘坐公共汽车。而每日在公共汽车上挤上挤下的人们却很少有人被车门夹到，不知是否有人认真观察过公共汽车门的运动原理。实际上，它就是一个简单的曲柄滑块机构。本节制作一个公共汽车门的运动动画。

① 打开随书所附光盘中的“公共汽车门.ics”文件，设计环境如图 6－143 所示。造型比较简单，主要为了体现汽车门的原理。

图 6－143　打开“公共汽车门”源文件

② 添加左门的动画。在左门的装配中，它的主动件是旋转轴。在零件状态下选择“旋转轴”，利用“智能动画”工具为它添加一个沿高度方向、角度为 45°的旋转，如图 6－144 所示。

③ 这是一个曲柄滑块机构，下面的工作是为绿色的门添加动画。它的动画主要是由两个约束构成。在零件状态下选择“门”，然后利用“约束装配”工具为它添加一个与红色旋转轴共轴的约束。添加完成后播放动画，如图 6－145 所示。

④ 第二个约束不好添加，因为它的约束点被紫色的滑块挡住了。将滑块隐藏，添加一个从门的圆柱体中心点到运动机构前表面的尺寸标注，然后将标注尺寸锁定。添加完成后结果如图 6－146 所示。

⑤ 播放动画，可以看到车门如同日常生活中所见的一样向一侧旋转。播放结果如图 6－147 所示。

图 6－144 添加旋转动画

图 6－145 添加一个约束的效果

图 6－146 添加第二个约束

图 6－147 播放动画

⑥ 将紫色的滑块解压缩，然后利用“约束装配”工具为它添加一个与绿色门的共轴约束。添加完成后播放动画，如图 6－148 所示。

⑦ 对右门做完全一样的处理，播放动画，如图 6－149 所示。

⑧ 打开“智能动画编辑器”，利用动画“片段属性”对话框中的“时间效果”选项卡，可以将门的开合动作完整地表达出来。

图6－148 将一边车门完全打开

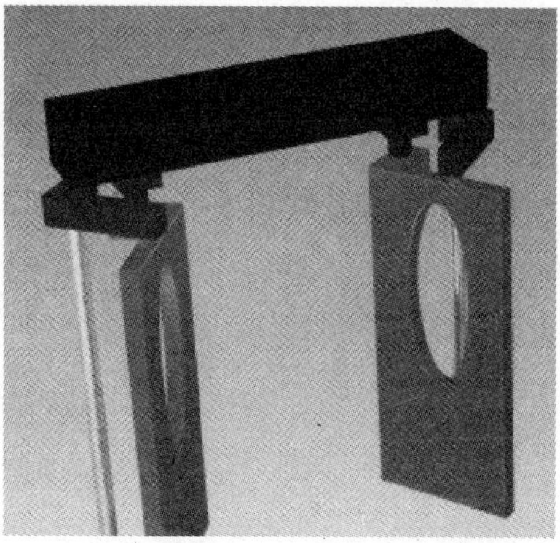

图6－149 添加两边车门的效果

6.4.2 活塞机构运动

活塞机构是工业中常见的一种机构。本实例制作一个简单的活塞机构动画。

① 活塞机构实际上是一个曲柄滑块机构。打开随书所附光盘中的“活塞机构.ics”文件，设计环境如图6－150所示。共有红色“曲柄”、蓝色“连接杆”、绿色“活塞”和黑色“缸体”四个零件。

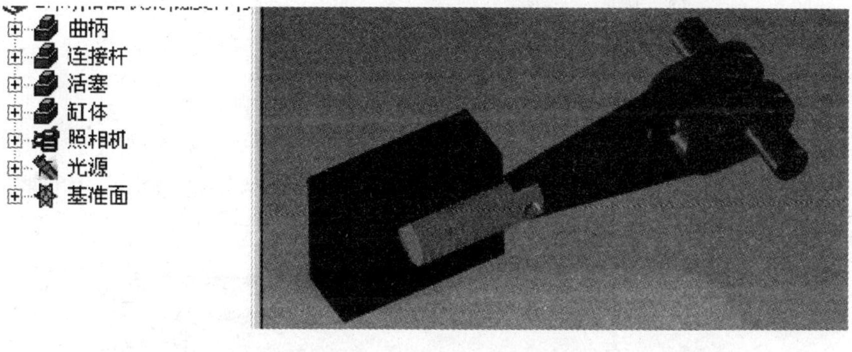

图6－150 打开“活塞机构”源文件

② 在这个运动机构中，红色曲柄是主动件。在零件状态下选择红色“曲柄”，从右侧“动画”智能图库中向曲柄拖入一个“高度向旋转”的智能动画图素。播放动画，如图6－151所示。

③ 在这个运动中蓝色连接杆是第一个从动件，同时也是重要的连接件。下面添加它的约束。蓝色连接杆的运动轨迹同样由两个端点决定，首先对与红色曲柄配合的一端添加约束。

图 6-151 添加动画并播放

在零件状态下选择蓝色“连接杆”，利用“约束装配”工具将它与红色曲柄配合的一端约束。播放动画，如图 6-152 所示。

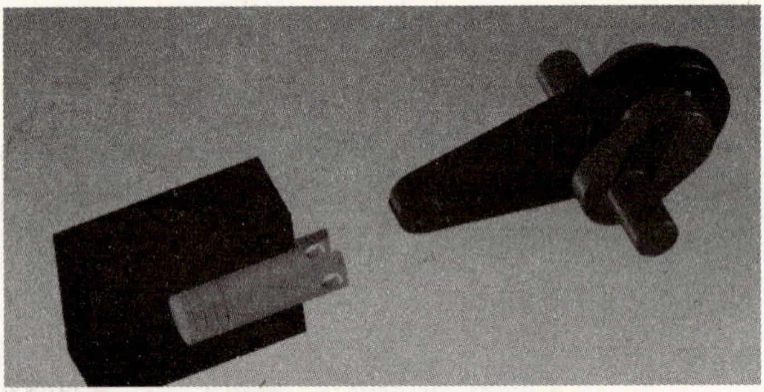

图 6-152 添加连杆的约束

④ 另一端点的约束是一个尺寸约束。将绿色零件压缩，在零件状态下选择蓝色“连接杆”，利用“智能标注”工具将蓝色连接杆的中心到黑色缸体上表面的距离标注出来。在标注尺寸上右击，选择“锁定”，最终连接杆的约束如图 6-153 所示。

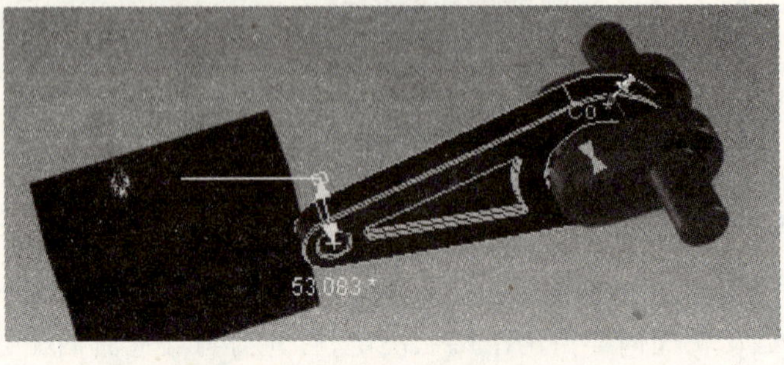

图 6-153 添加连杆另一端的约束

⑤ 播放动画，可以观察到蓝色连接杆的运动轨迹已经完全确定下来，如图 6－154 所示。

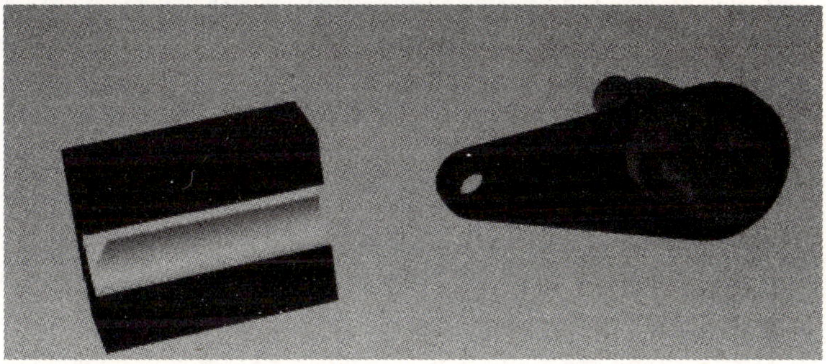

图 6－154　播放动画

⑥ 绿色活塞的运动约束也是比较简单的，因为它只是在一条直线上做往复运动。只要将它与蓝色连接杆配合的一端添加一个共轴的约束就可以了。添加完成后播放动画，如图 6－155 所示。

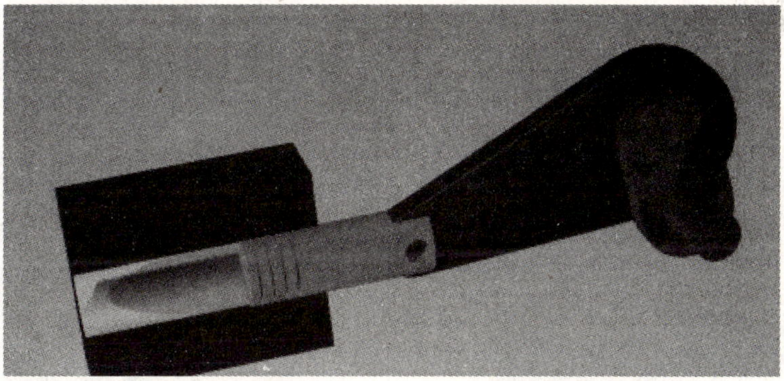

图 6－155　最终的播放效果

6.4.3　翻台机构

翻台机构是双摇杆机构。当造型完毕，可将翻台翻转，转到起模工作台的上面，以备起模。

① 打开随书所附光盘中的“翻台机构.ics”文件，设计环境如图 6－156 所示。共有深绿色“底座”、红色“摆杆”、绿色“台锤”和蓝色“支架”四个零件。

② 在这个运动中红色摆杆是主动件。首先为它添加一个以宽度方向为轴的 45°的旋转，如图 6－157 所示。

图 6－156　打开“翻台机构”源文件

③ 台锤是这个运动中的第一个从动件，同时也是翻台机构的重要部件。先为它添加约束，在零件状态下选择“台锤”，利用“约束装配”工具将它与红色摆杆配合的位置添加一个共轴约束。

④ 播放动画，如图 6－158 所示。

图 6－157　添加摆杆动画

图 6－158　添加台锤约束

⑤ 绿色台锤另一端的约束就是四连杆机构中的两个尺寸约束。第一个是从配合圆柱体的表面到底座侧面的距离为“26”的尺寸标注，第二个是从配合圆柱体上表面中心点到底座与蓝色支架配合的圆柱体表面中心点。将两个尺寸锁定，如图 6－159 所示。

⑥ 台锤的运动约束添加完成。播放动画，可以看到台锤翻起的动画已经成功了。运动结果如图 6－160 所示。

图 6-159　添加台锤约束

图 6-160　播放动画

⑦ 将蓝色支架解压缩，它的约束比较容易添加。在零件状态下选择蓝色“支架”，利用“约束装配”工具将它的两端分别约束到绿色台锤和深绿色底座上，具体是两个共轴约束。添加完成后结果如图 6-161 所示。

⑧ 播放动画，蓝色支架与台锤一起运动。播放的最终动画效果如图 6-162 所示。

图 6-161　添加支架约束

图 6-162　最终动画效果

⑨ 但是，台锤只有抬起的动画，而没有落下的动画。下面通过调整动画片段的时间效果，让台锤做抬起落下的往复运动。打开“智能动画编辑器”，双击展开“摆杆”的动画片段。右击

“宽度旋转”，打开“片段属性”，如图 6－164 所示，切换到“时间效果”选项卡，在“类”中选择“直线”，并选择“重叠”复选框。

⑩ 播放动画，可以看到台锤落下的动画。往复运动效果如图 6－164 所示。

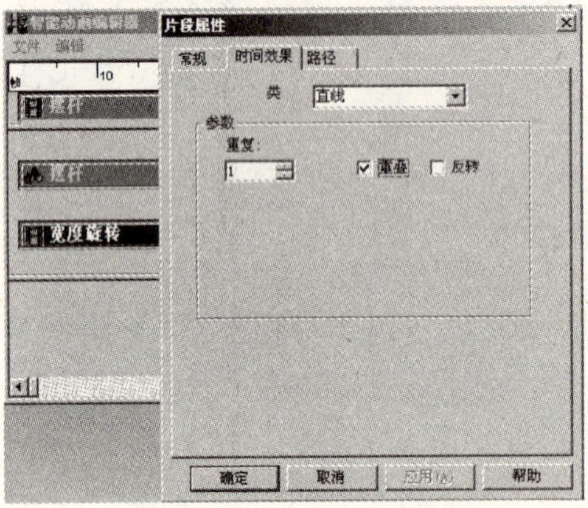

图 6－163　调整片断属性

图 6－164　往复运动效果

6.4.4　椭圆规

椭圆规是专门用于画椭圆的一种工具。它的动杆联接两个回转副，固定导杆联接两个移动副，导杆呈十字形，动杆上各点轨迹为长短径不同的椭圆。

① 打开随书所附光盘中的“椭圆规.ics”文件，设计环境如图 6－165 所示。在这个工具中共有“运动滑块”、“从动滑块”、“绘图杆”、“黑色参考件”和“轨道及椭圆示意”五个零件。

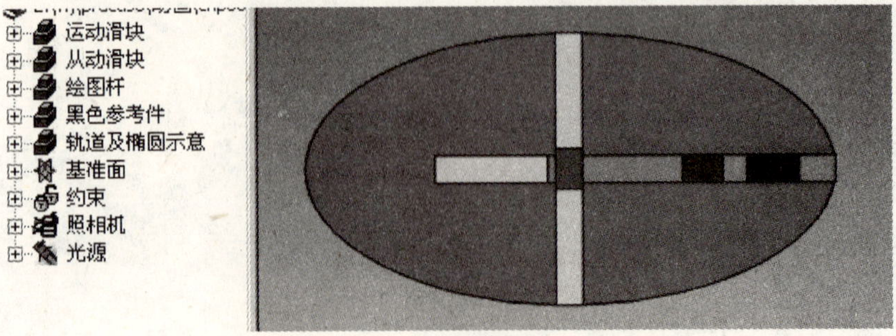

图 6－165　打开“椭圆规”源文件

② 在这个运动中运动滑块是运动主体。在零件状态下选择“运动滑块”，利用“智能动画”工具为它添加一个沿长度方向距离为“100”的移动。播放动画，运动结果如图 6－166 所示。

③ 绿色绘图杆是椭圆规的主角，它的约束是至关重要的。在它上面同样有两个圆柱体是为了添加约束而设置的。首先将与红色主动滑块同轴的一端约束起来。在零件状态下选择绿色“绘图杆”，利用“约束装配”工具为红色运动滑块配合的圆柱体添加一个到红色滑块圆柱体的共轴约束。播放动画，如图6-167所示。

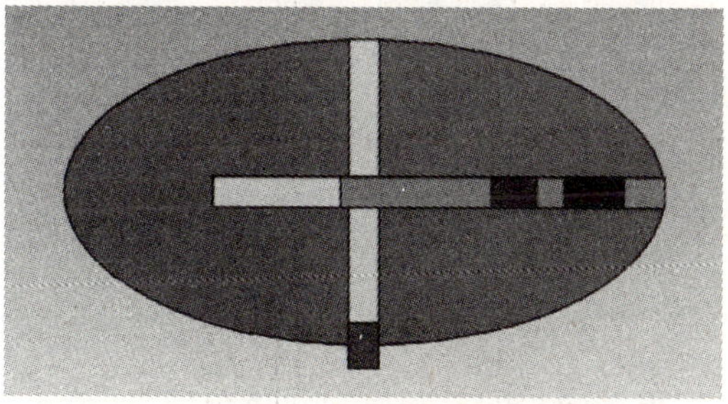

图6-166　添加运动并播放

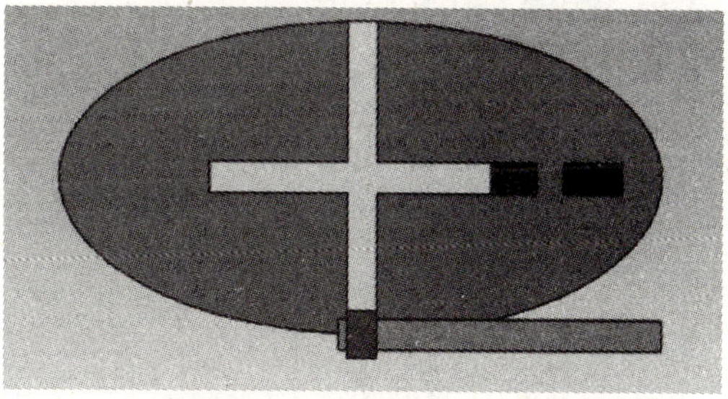

图6-167　添加第一个约束

④ 这个实例的重点也是难点就是另一个约束的添加。通过前面的学习知道，绿色绘图杆的运动轨迹是由为它所添加的约束决定的。在这里可以看到两个滑块的运动轨迹是一个十字形，而绿色绘图杆另一端约束的添加，实际上也是将它与蓝色从动滑块配合端的运动约束添加。

⑤ 通过分析可以知道，这一端的运动实际上比较容易理解。只要将绿色绘图杆一端的圆柱体中心到黑色参考件的上表面的距离标注出来并约束即可。在零件状态下选择绿色“绘图杆”，利用“智能标注”工具添加从与蓝色从动滑块配合端的圆柱体中点到黑色参考件一表面的距离，并在标注数字上右击，选择“锁定”，如图6-168所示。如果在选择上不是很方便可以先将椭圆体压缩。

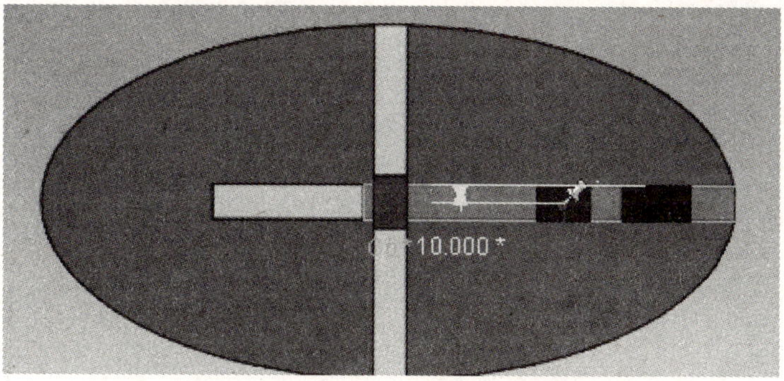

图6-168　添加第二个约束

⑥ 播放动画，可以看到在运动中绿色绘图杆已经沿着椭圆的外周绘制了四分之一的椭圆，如图6-169所示。

⑦ 蓝色从动滑块尚未运动，需要将它约束到这个运动机构中去。它的约束是比较简单

的。只要将它与绿色绘图杆配合的圆柱体添加一个共轴的约束即可。播放动画，如图 6－170 所示。蓝色从动滑块也随着运动机构开始运动起来。

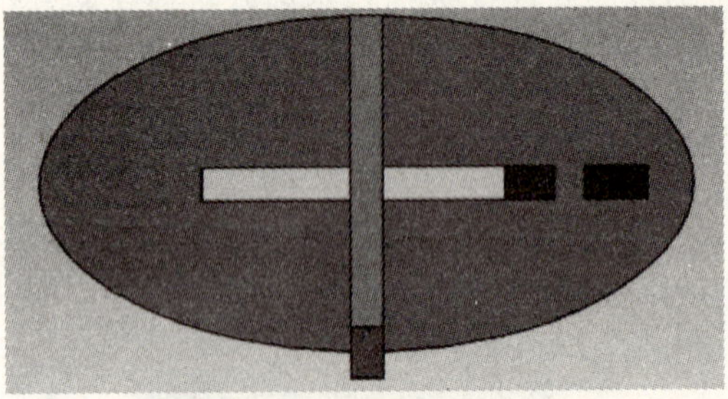

图 6－169　运动结果

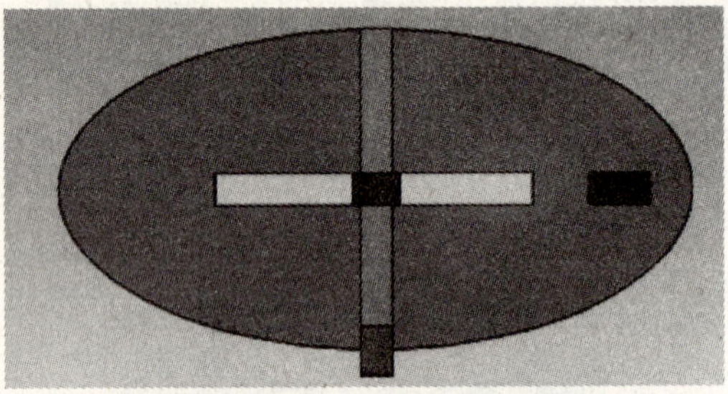

图 6－170　添加蓝色滑块的约束

⑧ 但是在这里仅仅绘制了四分之一的椭圆。根据椭圆规的运动原理知道，只要红色运动滑块上下反复运动就可以绘制一个完整的椭圆。所以为它再添加上三个长度向移动，距离依次是“－100”，“－100”，“100”。

⑨ 此时播放动画没有任何效果，因为所有的运动效果都被抵消了。打开“智能动画编辑器”，将动画总长度修改为“8”，所有的动画时间长度修改为“2”。将后添加的三个动画的起始时间依次改为“2”，“4”，“6”。“智能动画编辑器”对话框如图 6－171 所示。

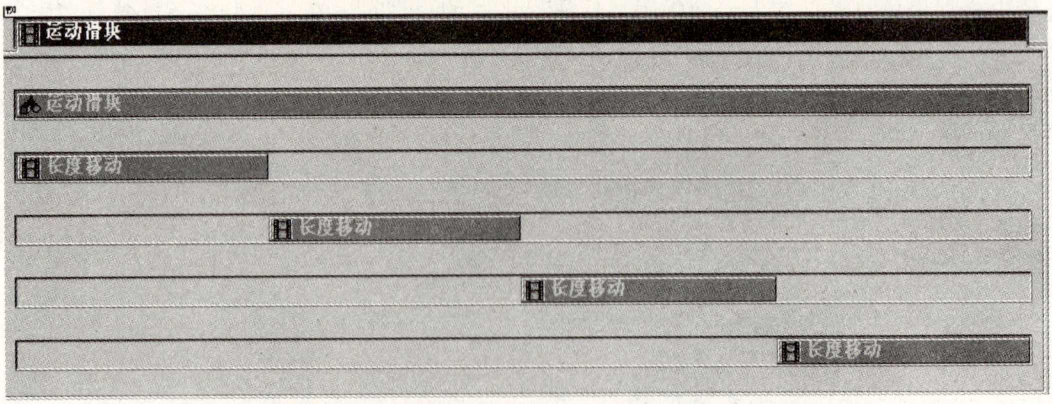

图 6－171　添加动画并调整运动时间

⑩ 到此好像大功告成了。但实际播放动画时会发现，运动轨迹并非像想象的那样很容易画了一个椭圆，会有反复、倒退的现象。因为每当椭圆规运动到椭圆的长短轴的极点位置时是有两个选择的，它可能会选择向回走。

⑪ 为了解决上面这个问题，可以将它的中心点再次约束到黑色参考件的另一个平面上。最终约束添加结果如图 6－172 所示。

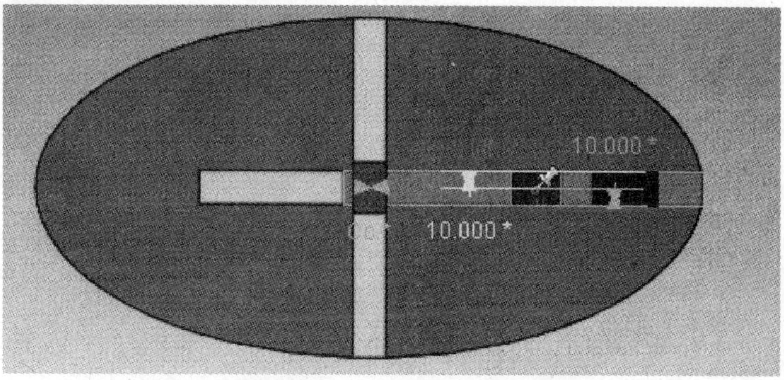

图 6－172　添加一个约束

⑫ 通过实验，发现上面那个方法同样不是万能的，如果读者在这一步时还是不能成功，请将约束删除重新添加。播放动画，运动过程如图 6－173 所示。

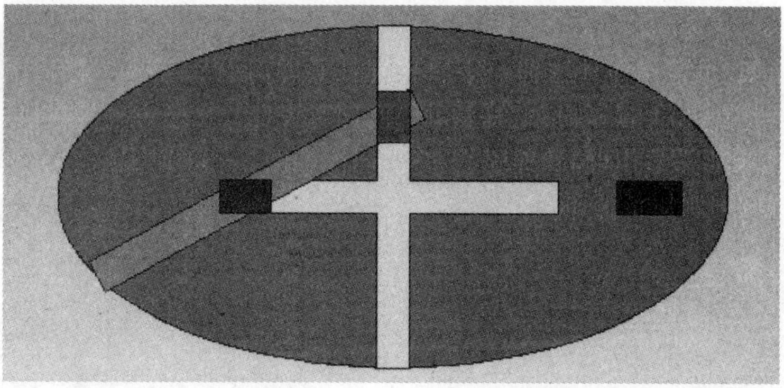

图 6－173　播放动画

6.4.5　牛头刨床

牛头刨床是一个多杆机构，曲柄整周匀速转动，带动刨刀往复移动。该机构利用摆动导杆机构的急回特性使刨刀快速退回，以提高工作效率。

① 打开随书所附光盘中的“牛头刨床. ics”文件，设计环境如图 6－174 所示。共有“参考零件一”、“参考零件二”、“刨刀”、“连接杆”和“曲轴”五个零件。在实际中这个机构要复杂得多，这里做的是原理动画，所以中间用这几个简单的零件。

② 将蓝色连接杆压缩，然后在零件状态下选择红色“曲轴”。观察其定位锚注意到，它并不在所想要旋转的轴上。打开“三维球”，右击中心手柄，在弹出的快捷菜单上选择“到中心

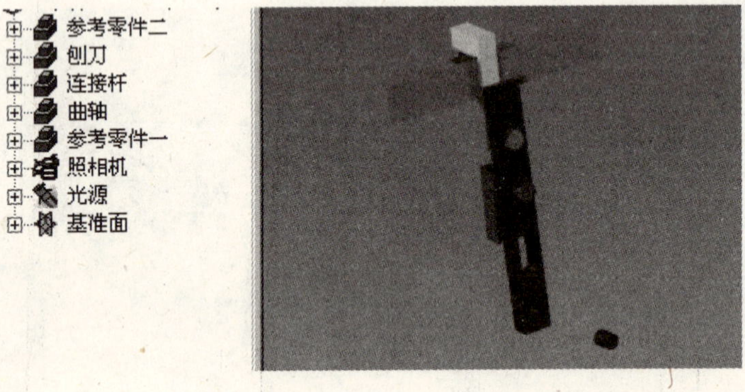

图 6－174　打开“牛头刨床”源文件

点”，将定位锚移动到如图 6－175 所示位置。

③ 从右侧“动画”智能图库中向红色曲轴拖放一个“宽度向旋转”图素，播放动画，如图 6－176 所示。

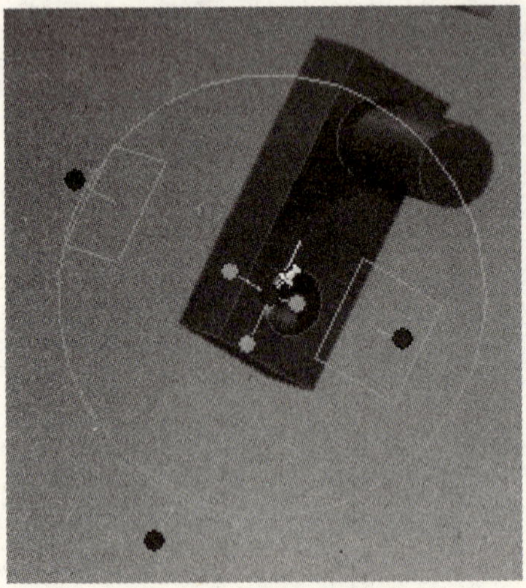

图 6－175　移动定位锚

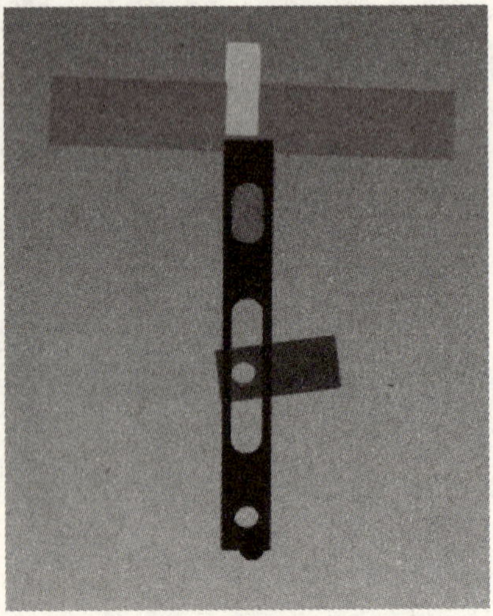

图 6－176　添加动画并播放

④ 第一个从动件是蓝色连接杆，它的运动约束添加原理同曲轴，是由两个约束组成的。在零件状态下选择蓝色“连接杆”，利用“约束装配”工具添加一个与参考零件一的共轴约束。

⑤ 第二个约束是一个尺寸约束，利用“智能标注”工具添加一个从连接杆侧面到曲柄旋转端中心的尺寸标注。在标注数值上右击，在弹出的快捷菜单上选择“锁定”，将尺寸约束锁定。添加结果如图 6－177 所示。

⑥ 关于蓝色连接杆的约束已经添加成功。播放动画，运动过程如图 6－178 所示。

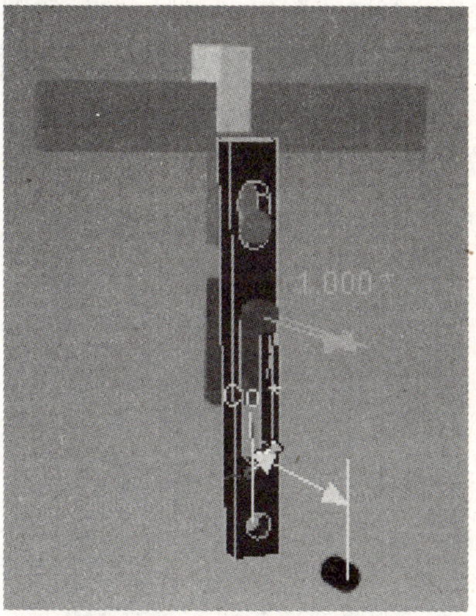

图 6-177　将约束锁定

图 6-178　播放动画

⑦ 第二个从动件是刨刀，对于刨刀的约束同样是由两个约束组成的。第一个是刨刀与蓝色连接杆配合位置的尺寸约束。在零件状态下选择绿色“刨刀”，利用“智能标注”工具添加一个从绿色刨刀下端圆柱体中心点到蓝色连接杆侧面的尺寸标注，并将尺寸锁定，如图 6-179 所示。

⑧ 播放动画，可以看见不仅没有实现动画，而且还将刨刀的位置移动了，如图 6-180 所示。

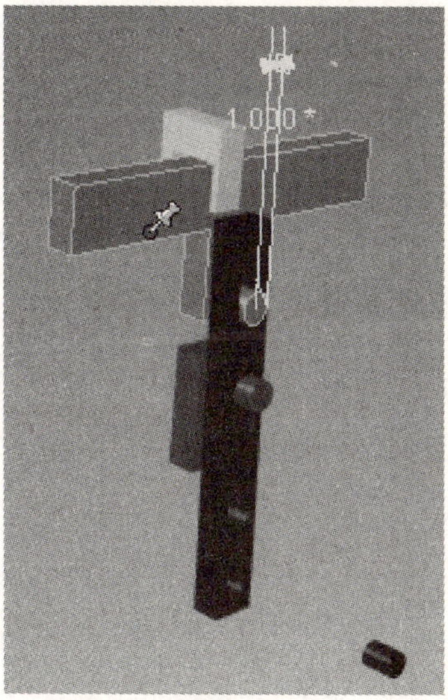

图 6-179　添加约束

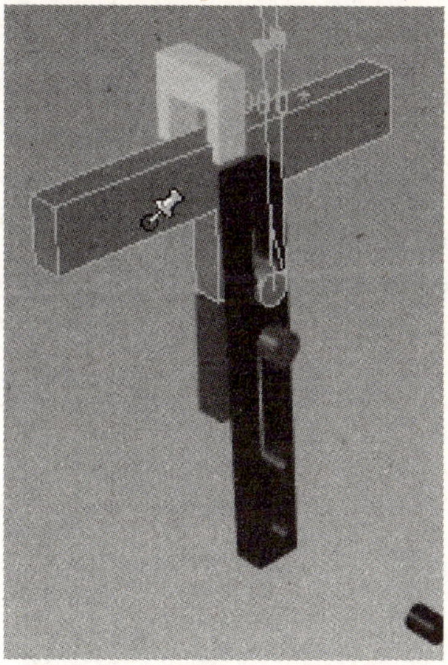

图 6-180　锁定约束的播放结果

⑨ 利用“三维球”将刨刀移动回正常位置，再添加第二个尺寸约束。第二个尺寸约束是从刨刀上面到参考零件二的一表面的距离。利用“线性标注”工具添加一个从刨刀上表面到参考零件上表面的面到面的尺寸标注，将这个尺寸标注锁定，如图 6－181 所示。

⑩ 到此牛头刨床的动画约束已经添加完成。播放动画，运动过程如图 6－182 所示。

图 6－181　添加约束的最终结果

图 6－182　运动过程

思考练习题

1. 为随书所附光盘中的“偏心柱塞泵.ics”添加原理动画，注意观察柱塞的运动轨迹。运动结果在光盘中有 AVI 文件。
2. 为随书所附光盘中的“剪刀.ics”添加动画，运动结果在光盘中有 AVI 文件。

第 7 章　机构模型、接触动画(凸轮机构)与有限元分析动画

本章要点：

- 熟悉 CAXA 实体设计中的机构模型。
- 掌握 CAXA 实体设计 2006 中的接触动画。
- 熟悉 CAXA 实体设计 2006 中的有限元分析动画。

在 CAXA 公司新近推出的 CAXA 实体设计 2006 软件新版本中有许多新增功能，特别是针对三维动画有了前所未有的加强。本章将介绍该软件中与动画相关的功能。

7.1　机构模型

1. 机构模型基础

CAXA 实体设计 2006 新增了一个“机构模型”的操作环境。在“机构模型”的操作环境中可以对设计零件进行同步的拖放。同时，在该设计环境中不允许对零件进行编辑，所以当退出该模式时，原始设计模型将处于它的初始状态。机构模型的最大用处是快速定义设计模型的机械运动方式，同时不受设计模型的影响。其运动状态如图 7-1 所示。

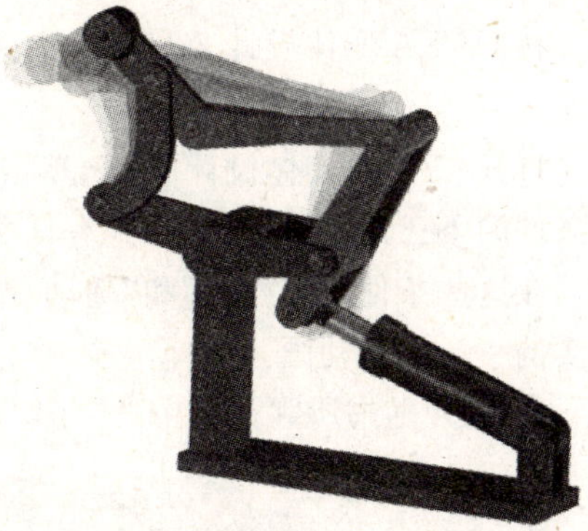

图 7-1　机构模型示意图

2. 机构模型实例

在 CAXA 实体设计 2006 中，打开随书所附光盘中的“四连杆机构. ics”文件，如图 7-2 所示单击“工具”|“机构仿真模式”，进入“机构仿真模式”。

将四连杆的约束添加完成后，可以通过拖动来完成机构运动的模拟。如图 7-3 所示，拖动蓝色杆可以观看四连杆的运动。

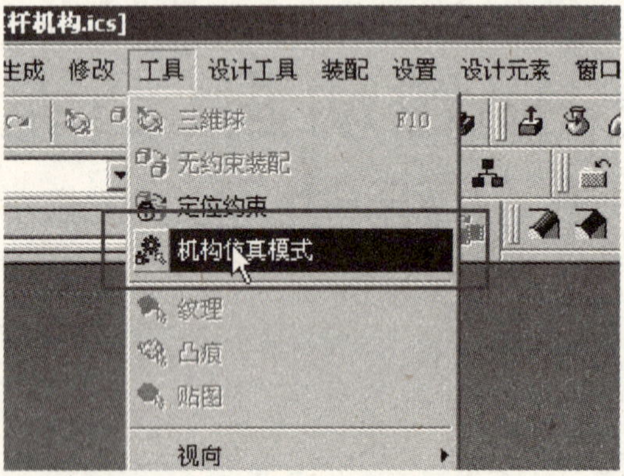

图 7-2 进入“机构仿真模式”

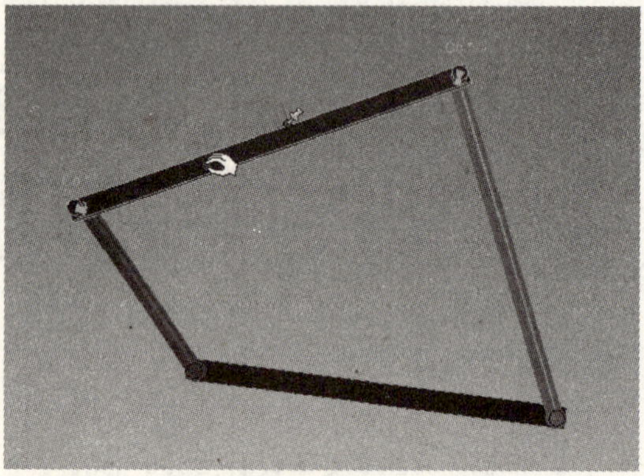

图 7-3 拖动连杆运动

7.2 接触动画(凸轮机构)

1. 接触动画基础

在 CAXA 实体设计 2006 中,约束装配提供的两种新的约束条件,可以完成接触动画的制作。

打开 CAXA 实体设计 2006,单击“约束装配”工具按钮,弹出一个新的对话框。单击约束条件的下三角按钮,可以看到有许多新增的约束条件,如图 7-4 所示。

在这些条件中,“相切”和“随动”两个约束条件可以用于制作接触动画。在此制作一个简单实例——相切动画。

① 打开随书所附光盘中的“相切动画.ics”文件,如图 7-5 所示。

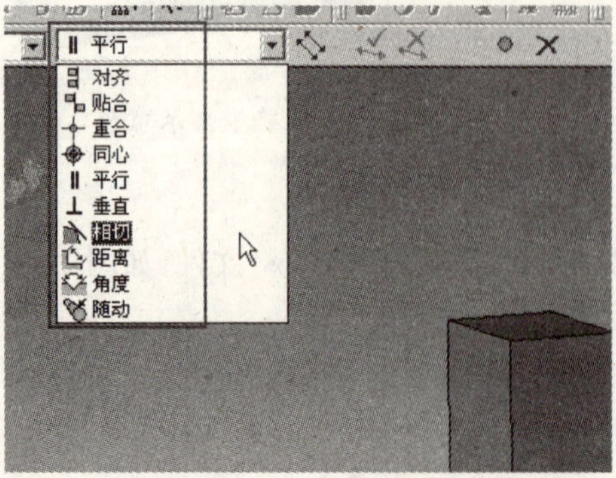

图 7-4 新增约束条件

图 7-5 打开“相切动画”源文件

② 单击“约束装配”工具按钮，选择“相切”约束条件。先单击绿色零件的下表面，再单击红色椭圆体的侧面，如图 7－6 所示。

③ 此时，给红色椭圆体添加一个以椭圆轴为中心轴的旋转，添加完成后播放动画。在动画中可以看到，这个运动是以绿色实心体表面相切为条件做的上下往复运动，其过程如图 7－7所示。

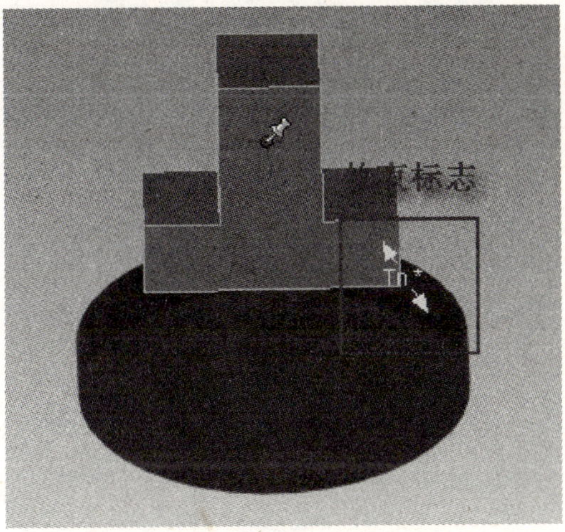

图 7－6　添加相切约束

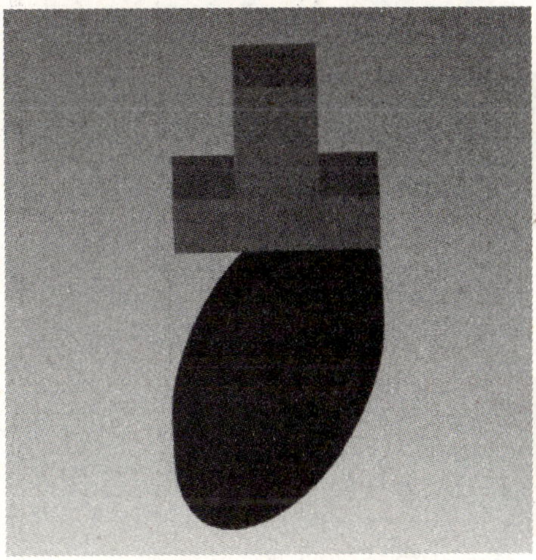

图 7－7　相切运动过程

2. 盘形凸轮

盘形凸轮动画的制作步骤如下：

① 打开随书所附光盘中的“盘形凸轮. ics”文件，如图 7－8 所示。

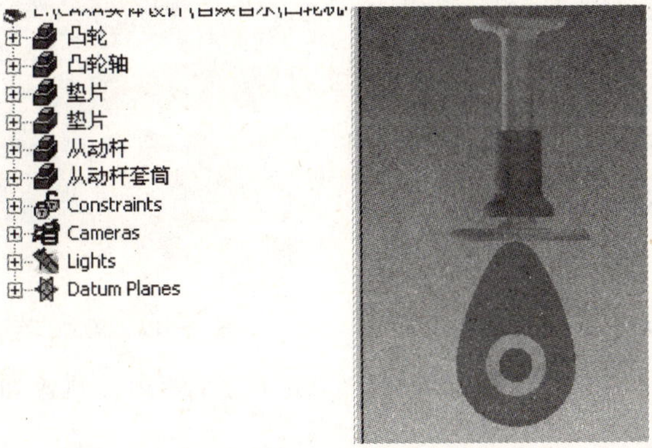

图 7－8　打开“盘形凸轮”源文件

② 单击“约束装配”工具按钮，选择“随动”约束条件。先单击从动杆底部表面，再单击凸轮上部小表面，最后完成“随动”约束的添加，如图 7-9 所示。

③ 为凸轮添加以高度方向轴为中心轴的旋转，播放动画，如图 7-10 所示。

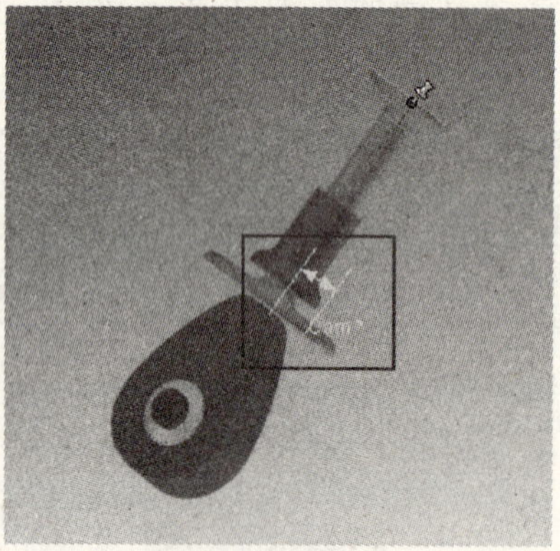

图 7-9　添加“随动”约束

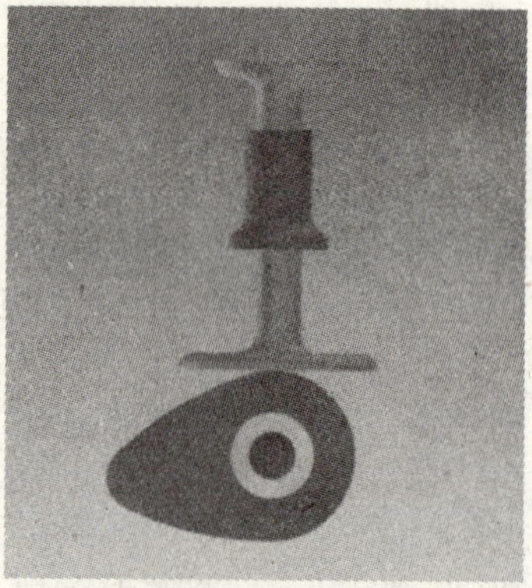

图 7-10　盘形凸轮运动过程

3. 移动凸轮

移动凸轮动画的制作步骤如下：

① 打开随书所附光盘中的“移动凸轮.ics”文件，如图 7-11 所示。

② 单击“约束装配”工具按钮，选择“随动”约束条件。依次单击移动杆顶部的小表面和滑动杆的滑动表面，再为从动杆添加一个与从动杆套的“同心”约束。添加完成，如图 7-12 所示。

图 7-11　打开“移动凸轮”源文件

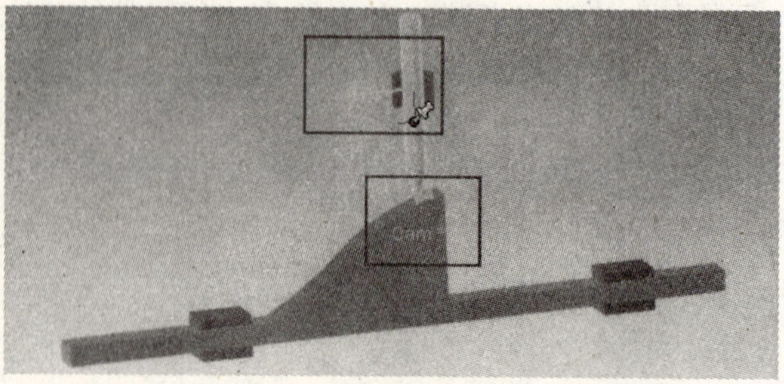

图 7-12　添加“随动”和“同心”约束

③ 为主动滑杆添加一个沿长度方向的“-100”的移动，运动轨迹如图 7-13 所示。

④ 播放动画，结果如图 7-14 所示。

图 7－13　添加“－100”的长度向移动

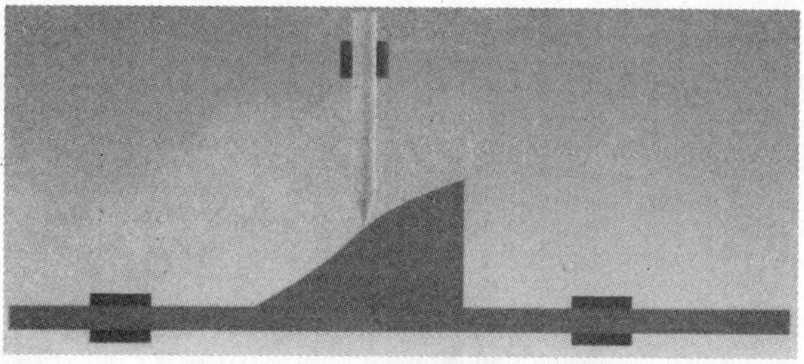

图 7－14　移动凸轮动画过程

7.3　有限元动画

1. 有限元分析动画基础

在 CAXA 实体设计 2006 中，新集成了一个有限元分析软件，即著名的 ALGOR(需另外安装)。ALGOR 是世界著名的大型通用有限元仿真软件，其前身是有限元分析程序 SAP5。20 世纪 90 年代开始美国 ALGOR 公司在 Super SAP 的基础上大力开发具有 Windows 风格的操作界面和强大的多物理场耦合分析功能。如果用户没有该插件，请到网站 www.3ddl.com.cn 上下载。

安装 ALGOR DC(Design Check)到 CAXA 之后，打开 CAXA 实体设计，便可看到在界面上有一个新的 Mesh 按钮和 ALGOR 文件菜单，如图 7－15 所示。

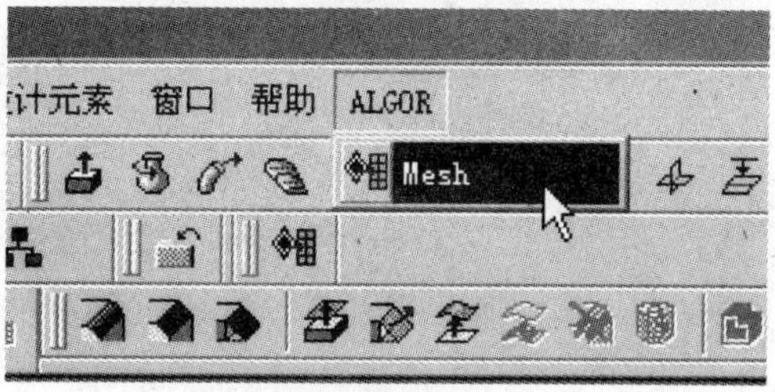

图 7－15　新增的 ALGOR 软件

新建一个设计文件并保存，单击 Mesh 按钮，进入 ALGOR 界面，如图 7－16 所示。

在这个界面中，可以进行有限元分析，获取相关信息。

2. 加筋板受力分析实例

在对一个零件进行受力分析时，可以将最终结果做成分析动画，步骤如下：

① 使用 CAXA 实体设计软件绘制图 7－17 所示的加筋板图形。

② 单击 Mesh 按钮，进入 ALGOR 界面，弹出“模型网格设置”对话框，单击“确定”，如图 7－18 所示。

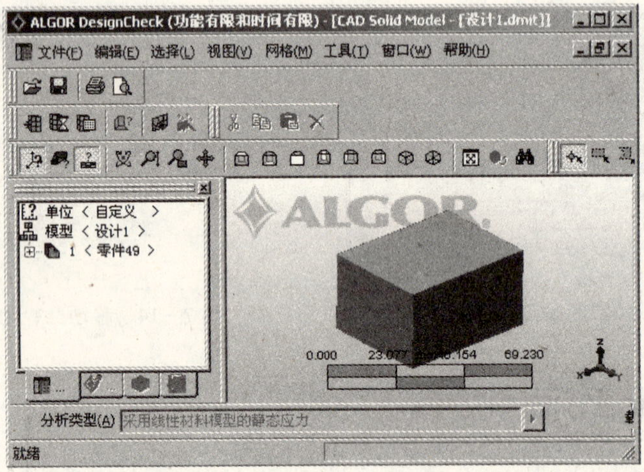

图 7－16　ALGOR 中的有限元分析软件

图 7－17　绘制加筋板图形

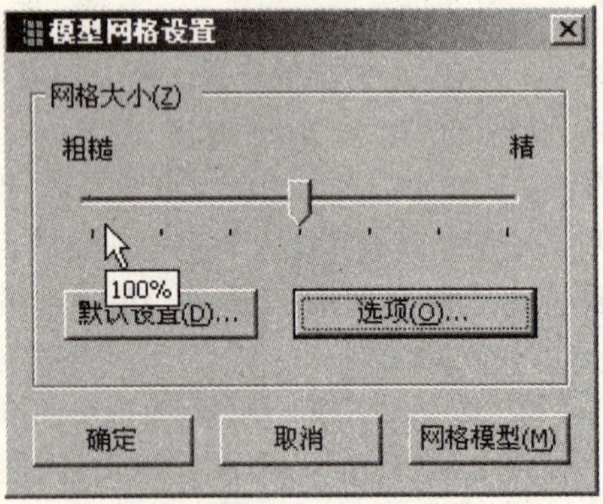

图 7－18　进行“模型网格设置”

③ 单击“网格”|“生成网格”命令，将零件划分为有限元网格，如图 7－19 所示。

④ 选择“查看网格结果”，弹出“网格结果”对话框如图 7－20 所示。

⑤ 在左下角单击“FEA 编辑器”按钮切换到有限元分析模型，如图 7－21 所示。

⑥ 在设计树上，右击“材料”，选择“修改材料”，如图 7－22 所示。

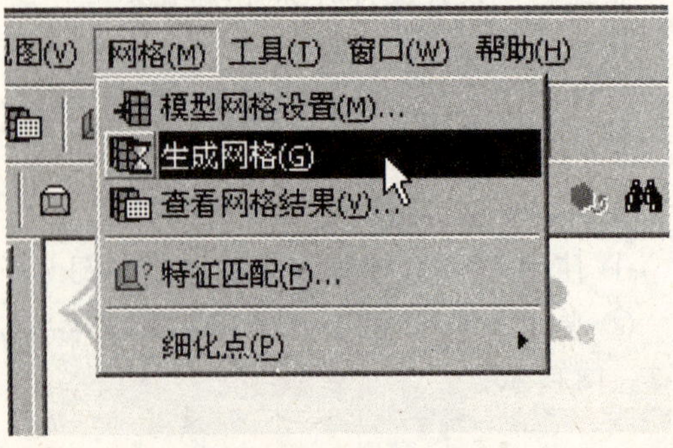

图 7－19　生成有限元网格

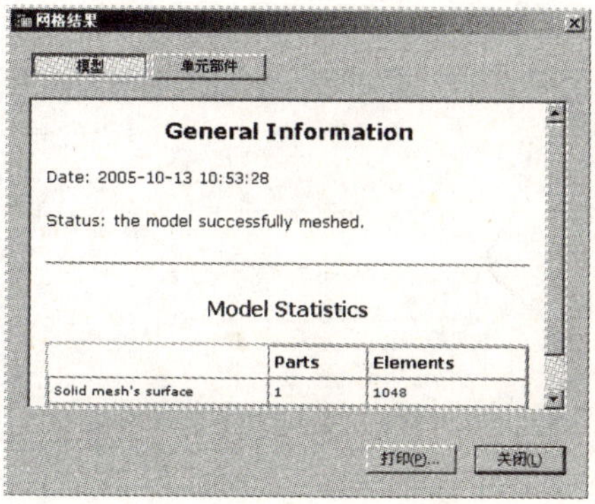

图 7-20　网格划分结果

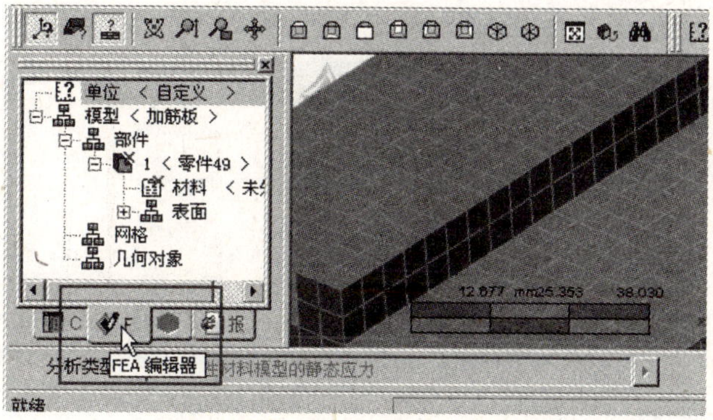

图 7-21　切换到 FEA 模型

⑦ 如图 7-23 所示选择一种材料。

⑧ 如图 7-24 所示选择侧面后,右击后选择“添加”|“表面边界条件”。

⑨ 如图 7-25 所示在“预定义”中选择“全约束”,将侧面进行约束,在另一侧做同样的添加。

⑩ 在顶面右击,选择“表面压力”,将压力设定为“1000”,如图 7-26 所示。

⑪ 将位移约束和压力添加成功后,最终模型如图 7-27 所示。

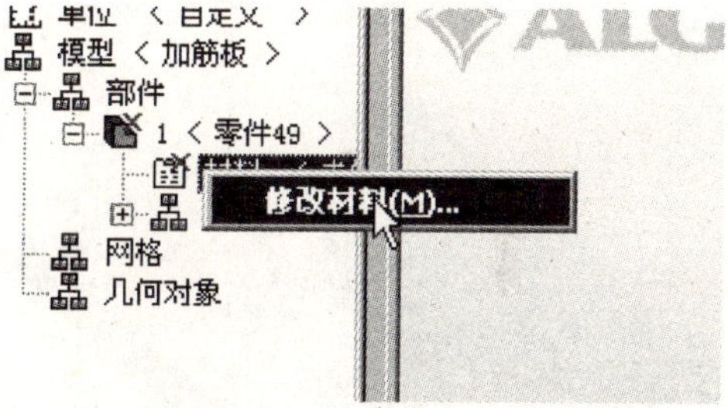

图 7-22　修改零件材料

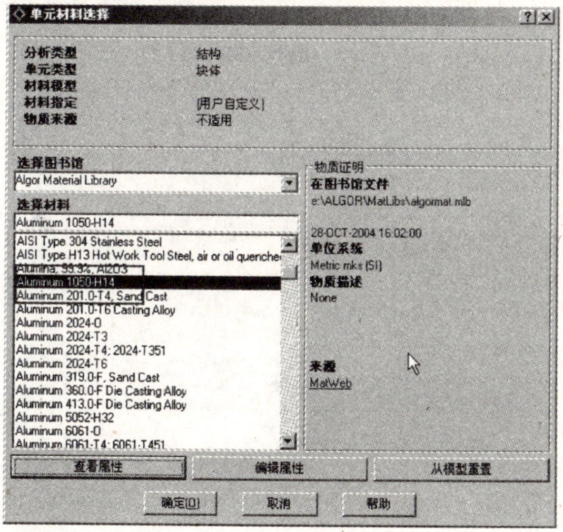

图 7-23　选择材料的属性

图 7-24　在侧面添加全约束条件

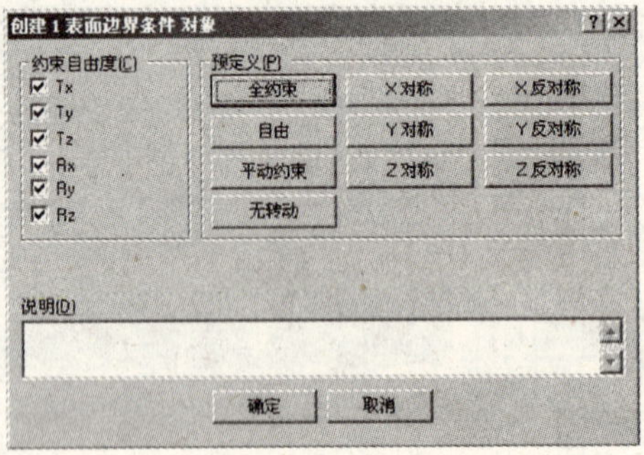

图 7-25　表面边界条件表格

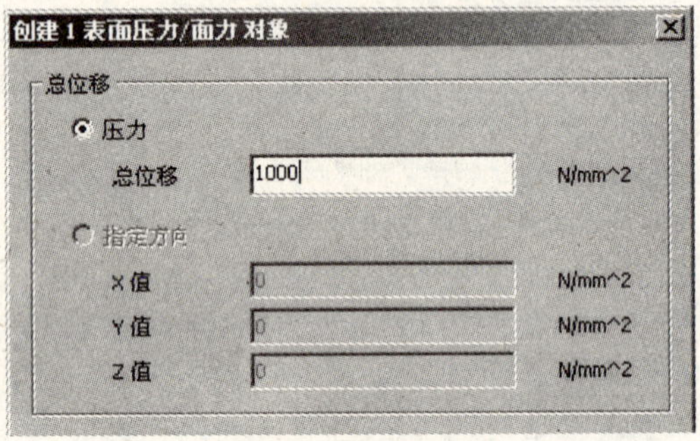

图 7-26　在底面添加"表面压力"

⑫ 单击"执行分析"工具按钮，如图 7-28 所示。

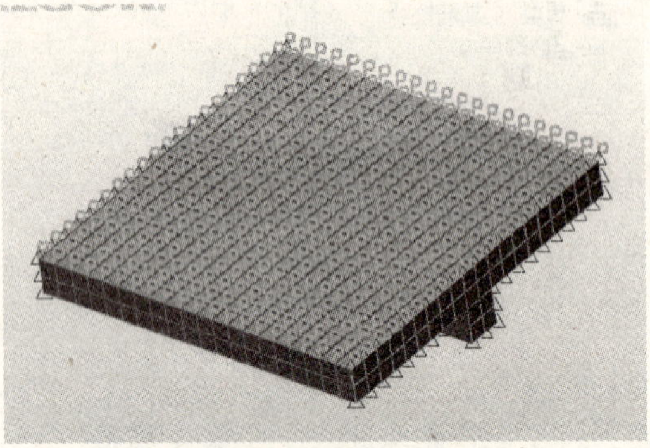

图 7-27　添加完边界约束和压力约束

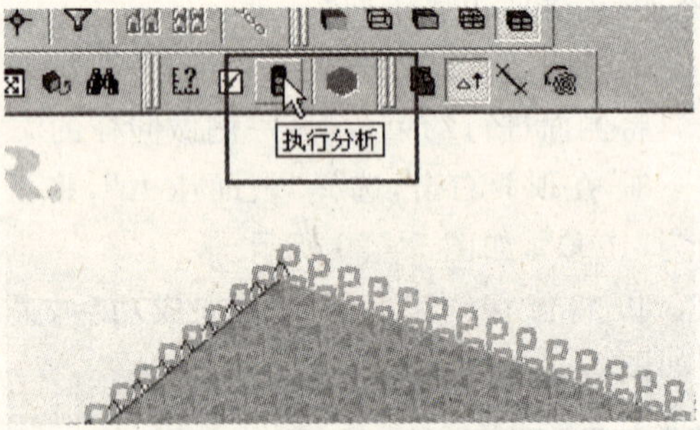

图 7-28　进行"执行分析"

⑬ 弹出分析过程，如图 7-29 所示。

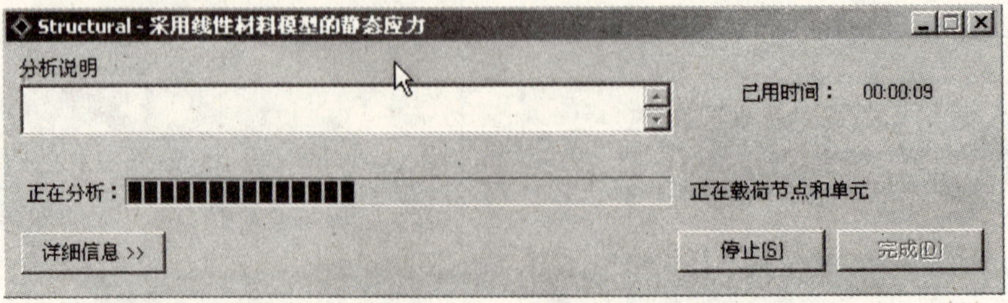

图 7-29　分析过程

⑭ 分析完成后的结果如图 7-30 所示。

⑮ 单击"启动动画"工具按钮，如图 7-31 所示。

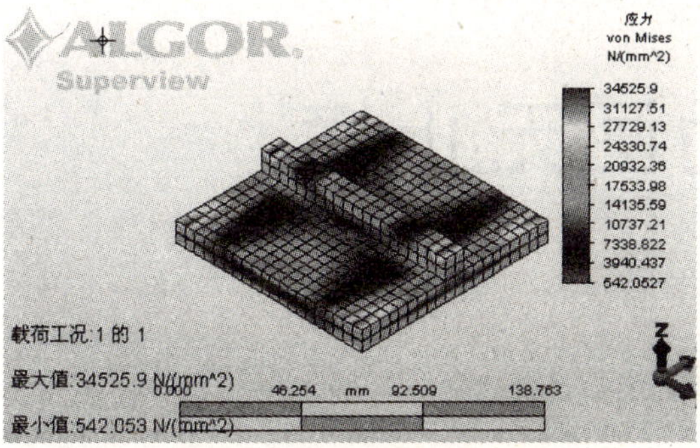

图 7-30　分析完成后的应力结果

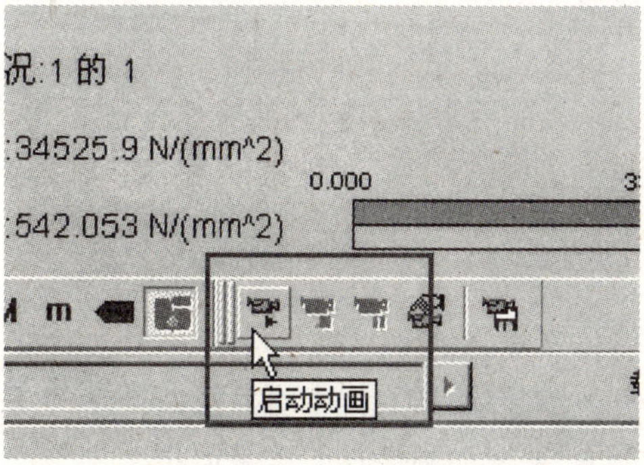

图 7-31　启动动画

⑯ 可以看到,零件逐渐变换应力大小,如图 7-32 所示。

⑰ 单击"导出动画"工具按钮,如图 7-33 所示。完成有限元分析动画的制作。

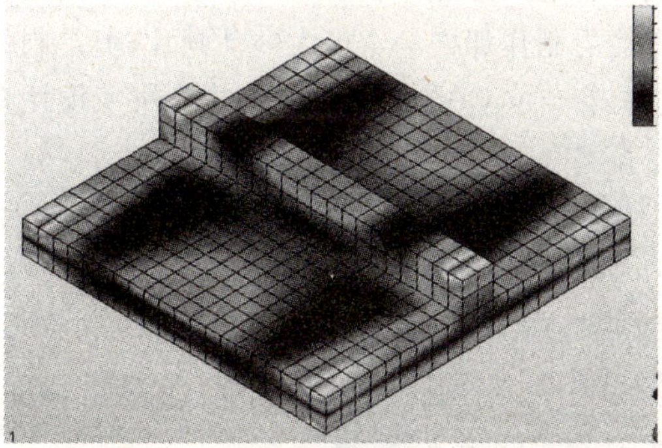

图 7-32　观看应力变化过程

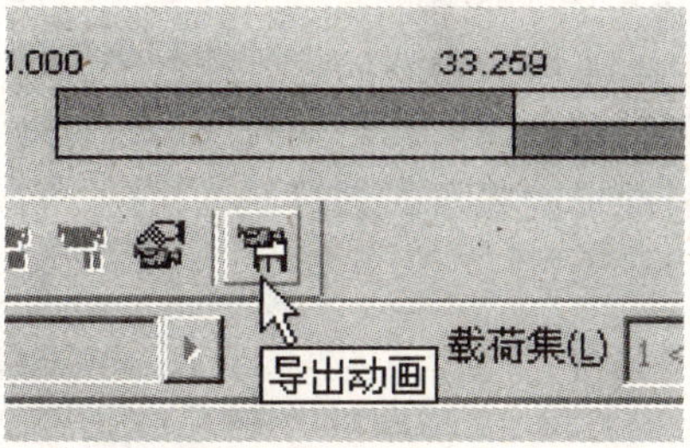

图 7-33　生成有限元分析过程动画

思考练习题

1. "机构模型"的主要作用是什么?
2. 在 CAXA 实体设计 2006 中如何制作凸轮的动画?
3. 有限元分析的作用是什么?在 CAXA 实体设计 2006 中集成了哪一个有限元分析软件?

第 8 章　动画无止境

本章要点：

- 掌握动画制作中略为复杂运动的添加思路。
- 掌握动画工具的综合运用。

8.1　变形金刚

回溯 20 世纪 80 年代的经典，变形金刚必定占一席位，现在这个在 1984—1987 年风靡全球、令人怀念的经典动画又开始流行了。虽然没有能力制作那样一个庞大的动画片，但是制作一个简单的机器人还是没有问题的。在这里有必要说一下，CAXA 实体设计并非用于设计专业动画。它的动画功能相对而言是比较简单的。

打开随书所附光盘中的“机器人.ics”文件，设计环境如图 8-1 所示。这里事先准备了一个比较简单的机器人。打开设计树，可以看到它的基本造型层次。

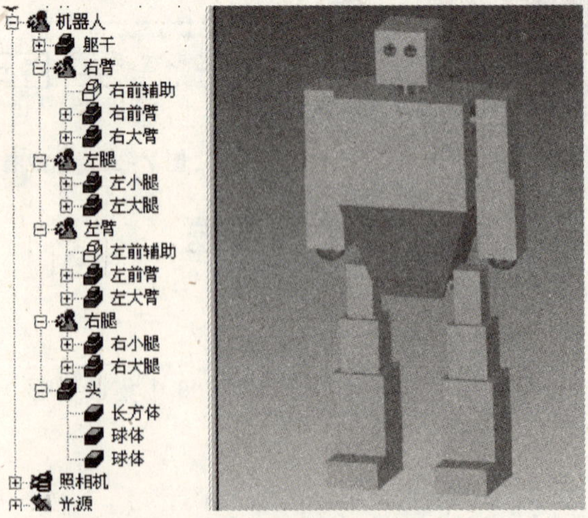

图 8-1　打开“机器人”源文件

本章所要介绍的不仅仅是一个简单的动画制作，还要讲到这个动画制作过程的思路。在这个实例中，要做的是机器人的动画，即做一个机器人向前走，同时头左右摆几下的简单动画。

在这样一个简单的动画中，所有的造型都参与了运动，躯干是最简单的，只是一个向前的运动，而手臂和腿就没有那么容易了。因为它们是由两个零件组成的，必须考虑到它们在运动时的配合。就拿左臂来说，左大臂的运动自然是简单的，只要做一个来回的摆动就可以了。而左前臂的摆动又是如何实现的呢？它除了有一个比左大臂幅度略大的摆动外，还要随着左大臂一起上下运动。添加这个动画时，对左前臂和左大臂的运动是让它通过一个共轴的约束连在一起的。而它的另外一个摆动的动作是借助另外一个参考零件来约束的。

在设计树中找到“右前辅助”和“左前辅助”两个零件，将它们解压缩并利用右侧智能图库中的“表面光泽”将它们渲染成为亮黑色，如图8－2所示。在这个机器人身上没有做任何渲染，目的是在以下的步骤中介绍关于渲染的方法。如果对渲染的层次添加不对，将会导致失败的渲染。

为了看清动画的添加，同时也为在以后的约束添加中更轻松地寻找添加约束的对象，先将设计环境中的机器人做一简单调整。

① 在设计树中选择“右前臂”，打开“三维球”，将它向一旁移动“40”；然后再选择“右大臂”，打开“三维球”，将它向一侧移动“20”。对另一侧也做同样的处理。

② 对左右臂做渲染，在这个时候一定要注意保护已经做好的渲染。在零件状态下选择“右大臂”，并从右侧的“表面光泽”智能图库中向它上面拖入一个“亮红色”的智能渲染。在零件状态下选择“左前臂”，并从右侧的“表面光泽”智能图库中向它上面拖入一个“亮白色”的智能渲染。在面、线、点状态下选择代表手的球体，从右侧“表面光泽”智能图库中向它上面拖入一个“亮黑色”的智能渲染图素。对另一侧做同样的处理，如图8－3所示。

图8－2　渲染参考零件

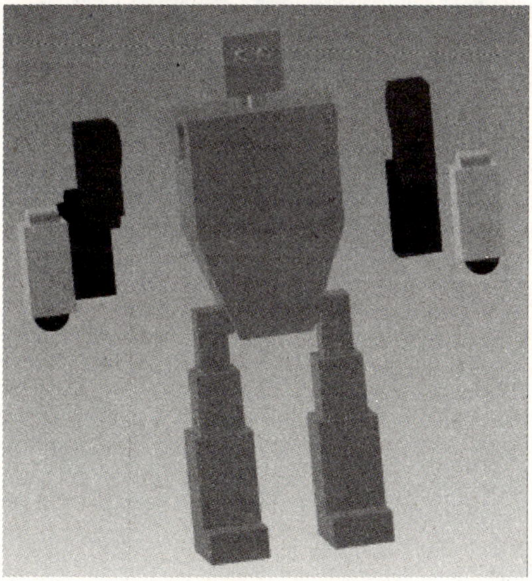

图8－3　移动并渲染上肢

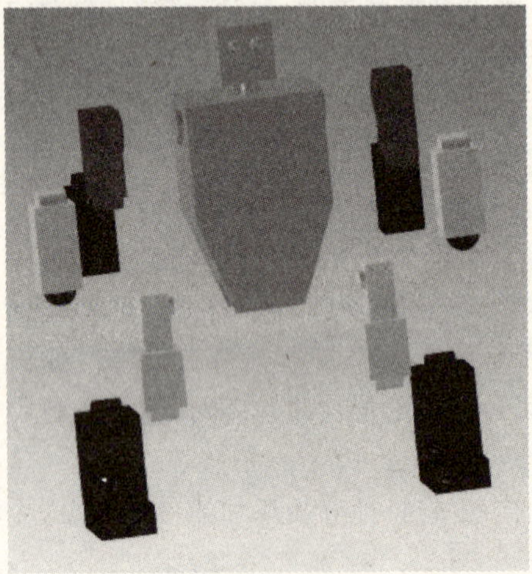

图 8-4　移动并渲染下肢

③ 下面对腿部进行处理。在设计树中选择“右大腿”，利用“三维球”工具将它向一侧移动“20”；在设计树中选择“右小腿”，利用“三维球”工具将它向一侧移动“40”。对另一侧进行同样的处理。将两边小腿渲染成“亮黑色”，将两侧大腿渲染成“亮白色”，如图 8-4 所示。

④ 对头部进行渲染。在零件状态下选择“头”，从右侧“表面光泽”智能图库中向头部拖入一个“亮黑色”的智能渲染；再在面、线、点的状态下选择两个代表眼睛的“球体”，从右侧“表面光泽”智能图库中向它上面拖入一个“镀金”的智能渲染，如图 8-5 所示。

⑤ 对躯干进行渲染。将代表颈部的圆柱体渲染成为亮白色，躯干上半部分渲染成为亮红色，下半部分渲染成为亮黑色，如图 8-6 所示。

图 8-5　渲染头部

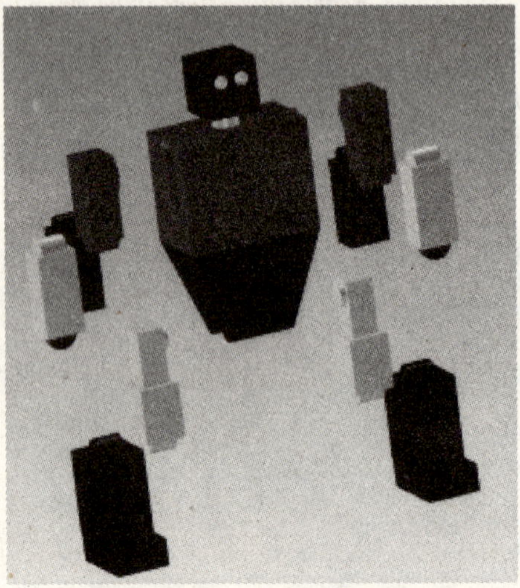

图 8-6　渲染躯干

对机器人的渲染工作结束了。当然，如果对这些工作有兴趣，还可以进行更加细致的造型和渲染，让机器人更加漂亮、威风起来。本书在此就不做更多的探讨了。

下面来分析动画的构成。首先是一个整体的向前移动，然后就是手臂和两侧的大臂都做一个一定角度的摆动，但要注意将摆动错开。而前臂呢，它的上端运动应该是与大臂共同运动的。另一端的运动就要靠参考零件的运动约束来实现了。对于下肢，大腿的运动毫无疑问是一个来回的摆动，同样要调整时间来错开它们的摆动。而小腿的运动就比较简单了。因为在这个运动中肢面一直与地面平行，所以就不用通过另外的约束来限制它的运动了。头的来回摆动是一个独立的运动，不必做过多的考虑。

① 从躯干开始添加这个机器人的走动动画。在装配状态下选择“机器人”，利用“智能动画”工具给它添加一个沿宽度方向、距离为“200”的移动，同时将运动时间修改为“8”，动画轨迹如图 8－7 所示。

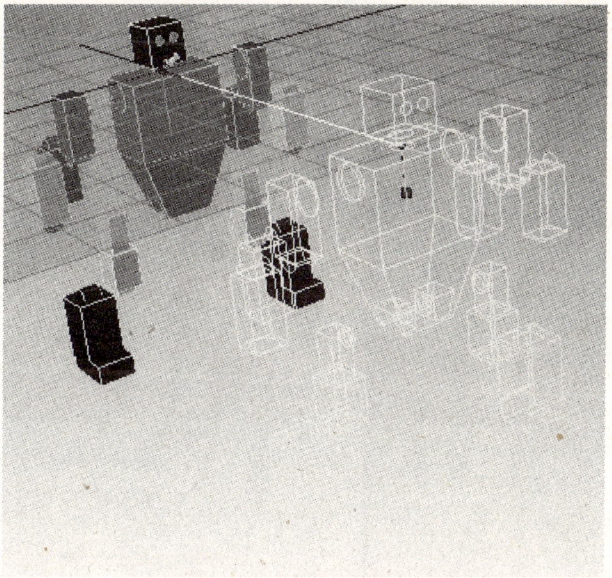

图 8－7　添加整体的移动

② 给右大臂添加动画。它的动画是摆起来，落下去，再摆起来，再落下去，共四个动作。在动画添加中可以添加四次，同时也可以只添加一次。在这里选择添加一次。因为从教学的角度出发可添加四次，但在实际的工作中，只添加一个轨迹就可以完成了，没有必要做得那么复杂。在零件状态下选择“右大臂”，利用“智能动画”工具为它添加一个时间长度为“8”的自定义动画。因为有四个动作，所以利用“延长路径”工具添加四个关键帧，添加结果如图 8－8 所示。

③ 在第二个关键帧上右击，在弹出的快捷菜单中选择“关键帧属性”，打开“关键帧性质”对话框，在“常规”选项卡中将“时间”修改为“0.25”，如图 8－9 所示；再切换到“位置”选项卡中，将“长度”和“宽度”都改成“0”，同时将“倾斜”改为“30”，如图 8－10 所示。

④ 单击“确定”，可以看见第二个关键帧与第一个关键帧相互重合了，同时做了一个向前的摆动，如图 8－11 所示。在 CAXA 实体设计中，父子关系的动画是可以叠加的，所以在动画播放的时候，由于机器人装配动画的存在，右大臂在摆动的同时，还在向前移动。

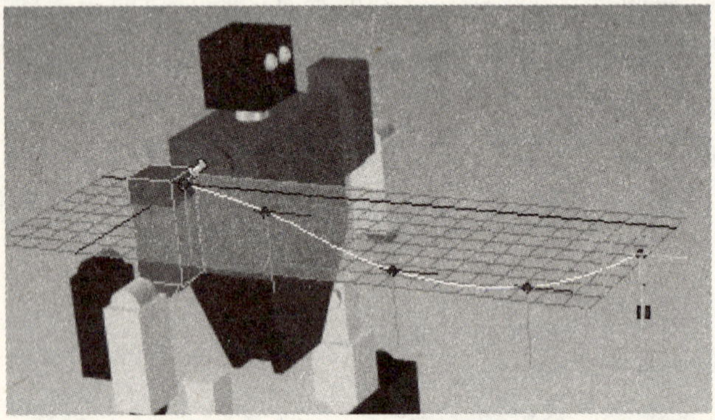

图 8－8　添加自定义路径

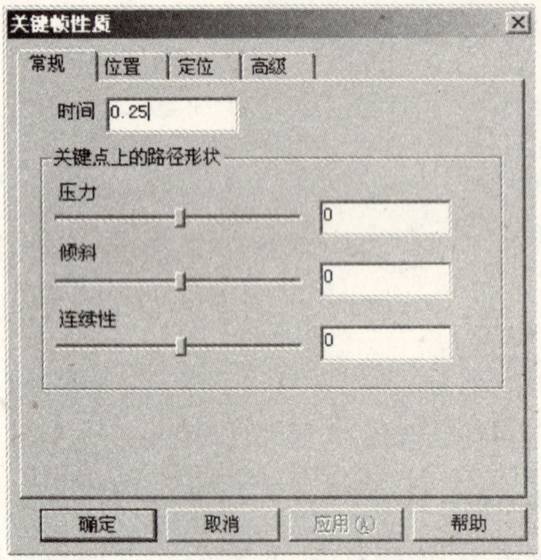

图 8－9　“关键帧性质”之“常规”选项卡

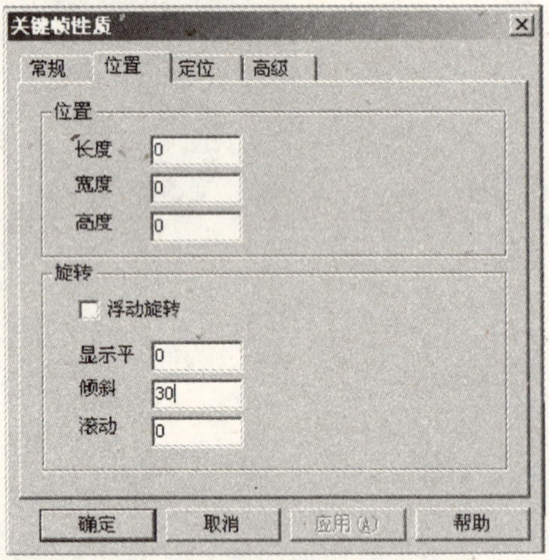

图 8－10　“关键帧性质”之“位置”选项卡

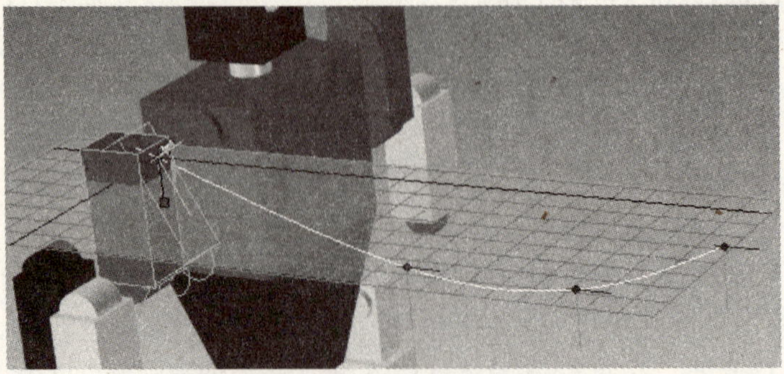

图 8－11　修改关键帧位置

⑥ 对第三、四、五个关键帧，分别在“关键帧性质”对话框中的“常规”和“位置”两选项卡中做同样的修改，但是要注意的是，参数是不同的。对于第三个关键帧，“时间”是“0.5”，“倾斜”是“0”；对于第四个关键帧，“时间”是“0.75”，“倾斜”是“30”；对于第五个关键帧，“倾斜”是“0”。添加完成后的结果如图 8-12 所示。

图 8-12　修改结果

⑦ 播放动画，可以看见，机器人在向前走的同时，右大臂也开始摆动起来。具体运动如图 8-13 所示。

⑧ 添加右前臂的动画，这是本实例中比较复杂的一个动画。它的运动是由两个约束来实现的。首先是上端与右大臂同步的移动，只要添加一个共轴的约束就可以了。在零件状态下选择“右前臂”，利用“约束装配”工具为它与右大臂共轴的一端添加共轴约束。播放动画，运动结果如图 8-14 所示。

图 8-13　播放动画(一)

图 8-14　播放动画(二)

⑨ 从动画播放中可以很清楚地看到，右前臂缺少一个摆动，而这个摆动是不能通过添加摆动而让它摆动的。在这里必须借助右辅助件来添加这个运动。在零件状态下选择“右前辅助”，利用“智能动画”工具为它添加一个自定义轨迹动画，将时间长度设为“8”。与调整左大臂的动画一样，将它们都调整到起始位置，同时做45°的摆动，如图8－15所示。

⑩ 播放动画，可以看见右前辅助开始摆动起来。运动过程如图8－16所示。

图8－15　添加动画(一)

图8－16　添加动画(二)

⑪ 为右前辅助添加动画的目的是为了给右前臂添加一个动画辅助参考。具体来说是添加一个面与面平行的约束。在零件状态下选择“右前臂”，利用“约束装配”工具添加一个前表面到右前辅助面前表面的平行约束。播放动画，如图8－17所示，可以看见右前臂也开始摆动起来。

图8－17　播放动画(三)

⑫ 右臂的运动已经完成，下面来为左臂添加运动。左臂的运动添加与右臂很相似，先为左大臂添加运动，注意它的运动时间，后四帧先不调整到原点。如图8－18所示，可以看见它是从第三帧开始摆动的。

⑬ 将后四个关键帧位置调整到原始位置，并将中间三帧时间依次调整为“0.25”、“0.5”、“0.75”。播放动画，如图8－19所示，可以看见左前臂也开始摆动起来，同时与右前臂的交错摆动。

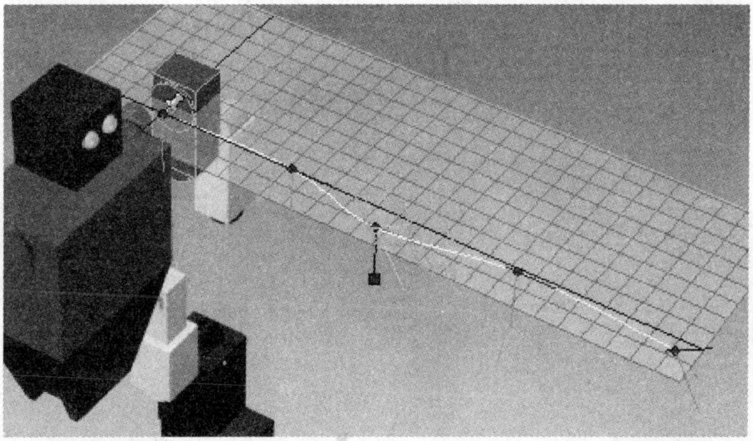

图 8-18　添加自定义动画

⑭ 将左前臂利用“约束装配”工具约束到左大臂上。播放动画，可以看见左前臂开始移动了，具体运动如图 8-20 所示。

图 8-19　播放动画(四)

图 8-20　播放动画(五)

⑮ 为左前辅助件添加动画。添加的方法同前面左大臂，只要注意将摆动幅度调整成 45°即可。在零件状态下选择“左前臂”，利用“约束装配”工具添加一个面与面之间的平行约束。播放动画，运动如图 8-21 所示。

⑯ 利用“三维球”工具将左臂和右臂移回到机器人身上的正常位置，并将左前辅助件和右前辅助件压缩。播放动画，如图 8-22 所示，机器人的上半身运动已经完成。

⑰ 添加腿部动画。在添加这一部分动画的时候，应该从左腿开始，因为在运动中左腿是与右臂配合的。在上面先添加的是右臂的动画，现在就要添加左腿的动画来配合。在零件状态下选择“左大腿”，利用“智能动画”工具为它添加一个时间长度为 8 s 的自定义动画。再利用“延长路径”工具为它添加四个关键帧。在第二个关键帧上右击，在弹出的快捷菜单中选择

“关键帧属性”，打开“关键帧性质”对话框，将“时间”改为“0.25”，切换到“位置”选项卡，将“长度”和“宽度”改为“0”，将“倾斜”改为“30”，单击“确定”按钮后，如图 8-23 所示。

图 8-21 播放动画(六)

图 8-22 播放动画(七)

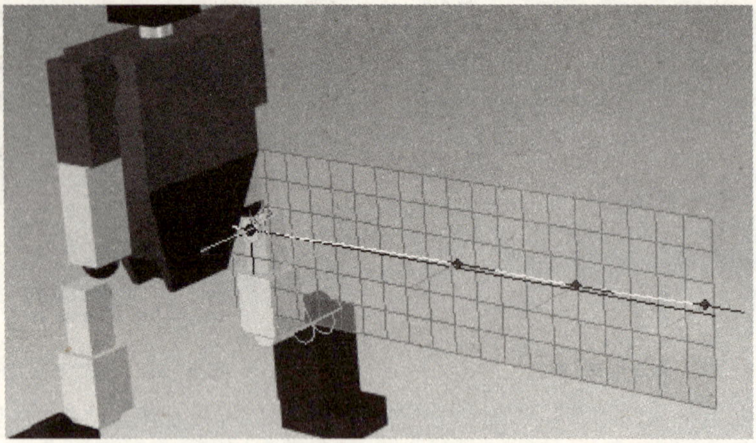

图 8-23 添加自定义路径

⑱ 对后面三个关键帧，分别在“关键帧性质”对话框中的“常规”和“位置”两选项卡中进行相应的修改。对第三个关键帧，“时间”是“0.5”，“倾斜”是“0”；对第四个关键帧，“时间”是“0.75”，“倾斜”是“30”；对第五个关键帧，“倾斜”是“0”。添加完成后结果如图 8-24 所示。

⑲ 播放动画，运动如图 8-25 所示。左大腿开始随着右臂运动起来。

⑳ 左小腿的运动就比较简单了，只要添加一个与左大腿共轴的约束就可以了。约束添加如图 8-26 所示。

图 8 - 24　修改关键帧

图 8 - 25　播放动画(八)

㉑ 播放动画,可以看见,左小腿也开始运动起来,如图 8 - 27 所示。关于左腿的运动就添加完成了。

图 8 - 26　添加约束

图 8 - 27　播放动画(九)

㉒ 添加右腿的运动,它和左腿运动添加是非常相似的。在零件状态下选择“右大腿”,利用“智能动画”工具为它添加一个时间为“8”的自定义动画,利用“延长路径”工具添加四个关键帧。将四个关键帧的旋转角度调整正确,如图 8 - 28 所示。

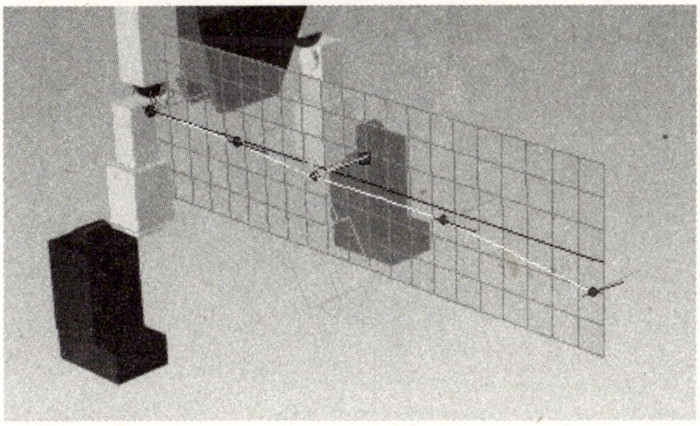

图 8 - 28　添加自定义动画

㉓ 将后四个关键帧位置调整到原始位置，并将中间三个关键帧的时间依次调整为"0.25"，"0.5"，"0.75"。播放动画，如图 8－29 所示，可以看见右大腿也开始摆动起来，同时与左大腿的摆动交错开来。

㉔ 右小腿的运动约束添加与左小腿一样。在零件状态下选择"右小腿"，利用"约束装配"工具添加与右大腿的共轴约束。添加完成后播放动画，如图 8－30 所示。

图 8－29　播放动画(十)

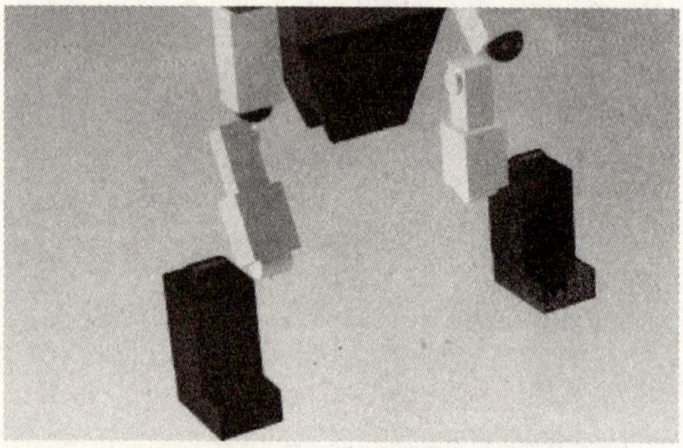

图 8－30　播放动画(十一)

㉕ 利用"三维球"工具将左腿和右腿移回到与机器人装配合适的位置，播放动画，如图 8－31 所示，动画的大部分已经完成了。

图 8－31　播放动画(十二)

㉖ 添加一个头部的摆动动画。在零件状态下选择"头"，利用"智能动画"工具为它添加一个"时间"为"8"的自定义动画，利用"延长路径"工具添加四个关键帧。将第二个关键帧调整成向右旋转 45°，如图 8－32 所示。将其他关键帧的位置同样调整正确。

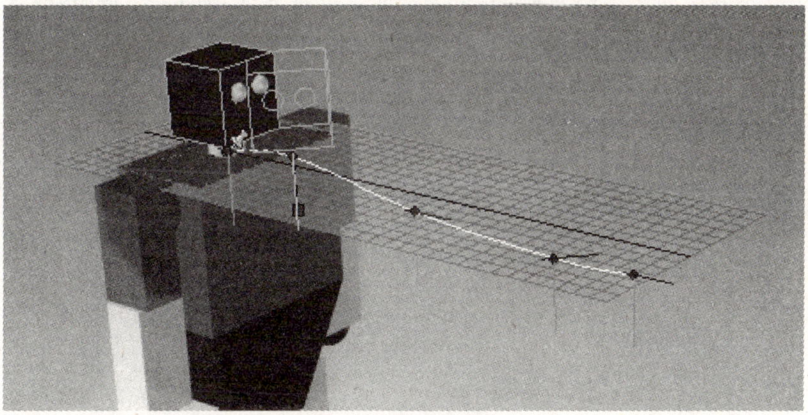

图 8－32　添加头部动画

㉗ 将后四个关键帧位置调整到原始位置，并将中间三个关键帧的时间依次调整为"0.25"，"0.5"，"0.75"。播放动画，可以看见机器人向前走来，同时还左看看，右看看，如图 8－33 所示。

图 8－33　最终动画效果

8.2 百变魔瓶

百变魔瓶这个动画实际上就是利用CAXA实体设计所实现的一个障眼法，通过光源动画和剖切动画来让瓶子的材质发生变化。

打开随书所附光盘中的“百变魔瓶.ics”文件，设计环境如图8-34所示。打开设计树，共有“右半瓶01”、“左半瓶01”、“参考物1”和“参考物2”四个零件。

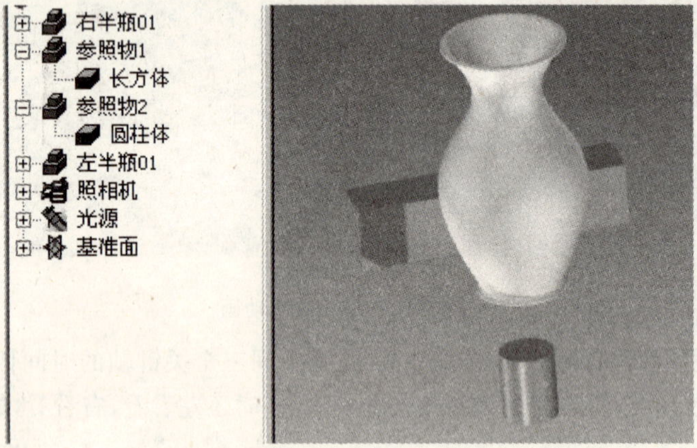

图8-34 打开“百变魔瓶”源文件

在这个实例中，参考物并不是像约束动画中的那样用于约束，而是用于定位的。在设计完成后可以删除或者压缩。同时发现，瓶子是由两个半瓶组成的，在以后的动画制作中，会用到这一特点。

在这个动画中，共让瓶子的材质发生五次变化。最开始利用光源的动画为它添加三次改变，然后做一个材质由下而上变化的动画，最后做一个材质由中心向两侧分裂转变的动画。

① 单击“文件”菜单中的“生成”|“光源”，光标发生变化，右下角有一平行光的示意图标。在设计环境中的任意位置单击，弹出“插入光源”对话框，选择“聚光源”，单击“确定”按钮；选择显示设计环境中的光源，弹出“光源向导-第1页”对话框，将光源亮度改为“3”，单击“选择颜色”按钮，并将颜色改为红色，如图8-35所示。

② 在“光源向导”对话框中单击“完成”，在设计环境中生成了一个新的红色的聚光源，结果如图8-36所示。

③ 调整聚光源的位置，如图8-37所示。打开“三维球”，先利用中间的定位手柄调整到与长方体的边平行，再用中心手柄的“到点”功能选择长方体前表面上边缘的中心点。

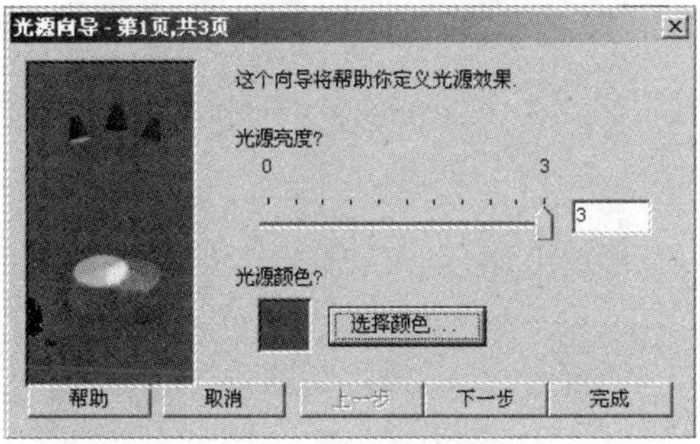

图 8－35　添加光源

图 8－36　生成新光源

④ 利用“三维球”的长轴手柄将红色聚光灯向后移动 100 mm，关闭“三维球”。将视图调整到正视瓶子，如图 8－38 所示。这是在第一个动画中要求的结果。

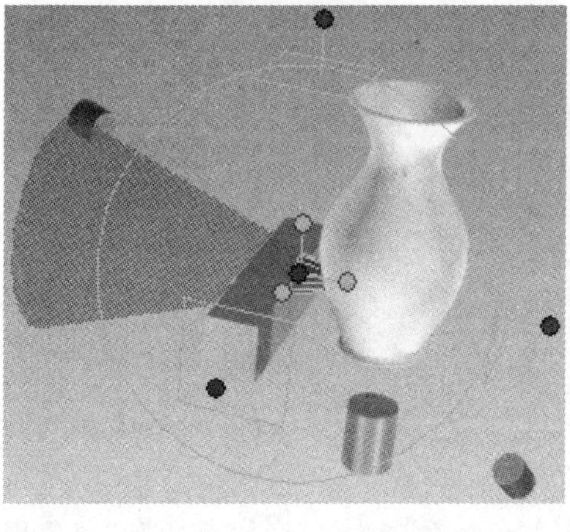

图 8－37　调整光源位置

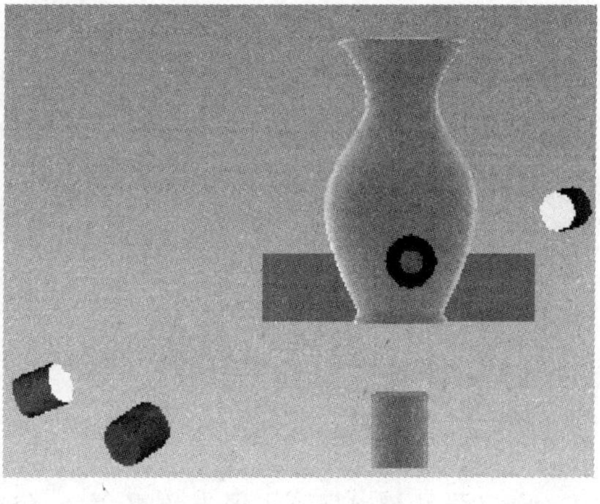

图 8－38　切换视角

⑤ 添加红色聚光灯的动画，它的动画就是从右向左移动。先利用“三维球”工具将红色聚光灯向右移动 100 mm。利用“智能动画”工具为它添加一个移动，在示例中是一个“沿长度方向”距离为“－100”的移动，由于实际操作中定位聚光灯可能与这里定位的不一样，所以在添加这个动画时可能会沿不同的方向，只要最终结果如图 8－39 所示，让聚光灯沿着瓶子的前面过去即可。

⑥ 播放动画，如图 8－40 所示，可以看见在灯的运动中瓶子的表面发生了变化，感觉上像材质发生变化一样，如果觉得不满意，那么在后面再添加一个光源即可。在这里就不再添加了。

图 8-39 添加光源动画路径

图 8-40 播放动画(一)

⑦ 添加另外两个相同的动画，只是在时间上和颜色上发生了一点变化。选择红色聚光源，利用“三维球”工具复制两个相同的聚光源，距离为“50”，如图 8-41 所示。关闭“三维球”，将复制的第一个聚光源的颜色改为黄色，将第二个聚光源的颜色改为蓝色。

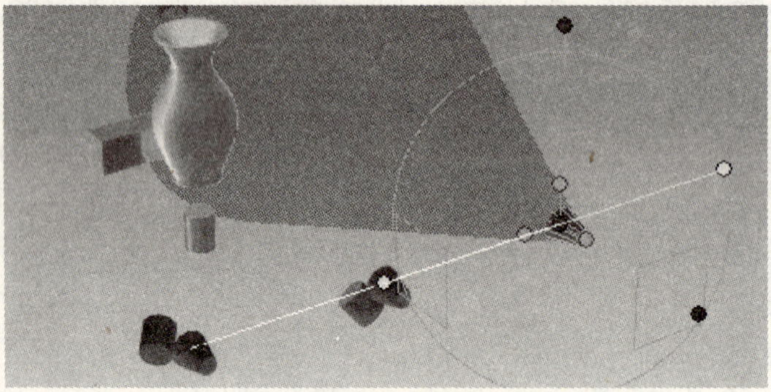

图 8-41 复制新的光源

⑧ 在设计树中将三个聚光源重命名，分别根据颜色重命名为“红色聚光源”、“黄色聚光源”和“蓝色聚光源”，如图 8-42 所示。

图 8-42 修改光源属性

⑨ 将黄色聚光源和蓝色聚光源移动到与红色聚光源重合的位置。打开“智能动画编辑器”,将黄色聚光源的起始时间改为“2”,将蓝色聚光源的起始时间改为“4”,具体结果如图 8－43 所示。

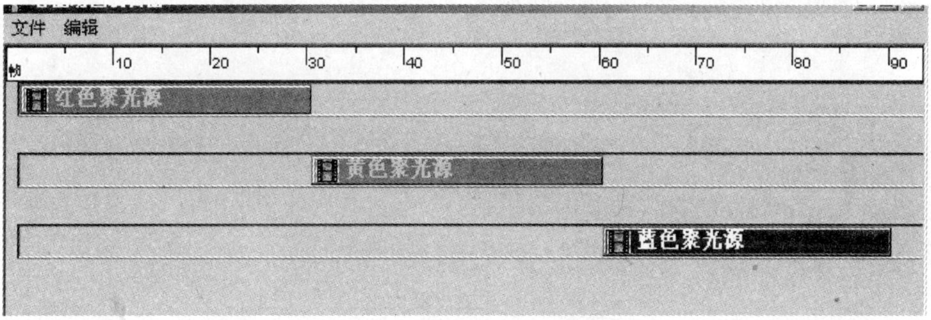

图 8－43　调整“智能动画编辑器”

⑩ 播放动画,可以看见,在三个聚光源的运动下,瓶子的颜色逐渐发生变化,如图 8－44 所示。

图 8－44　播放动画(二)

⑪ 关闭光源。添加第四个材质渲染的变化。在这个变化中,要添加一个材质逐渐由下到上变化的动画。为了添加以下两个动画将左半瓶和右半瓶分别向两侧各以距离为 50 mm 复制两个。复制结果如图 8－45 所示。

⑫ 在设计树中将复制生成的零件分别重命名,将距离中心为 50 mm 的两个瓶子重命名为“左半瓶 02”和“右半瓶 02”;将距离中心为 100 mm 的两个瓶子重命名为“左半瓶 03”和“右半瓶 03”。然后,将“左半瓶 01”和“右半瓶 01”组合成一个装配,重命名为“瓶 1”,将“左半瓶 02”和“右半瓶 02”组合成一个装配,并重命名为“瓶 2”,如图 8－46 所示。

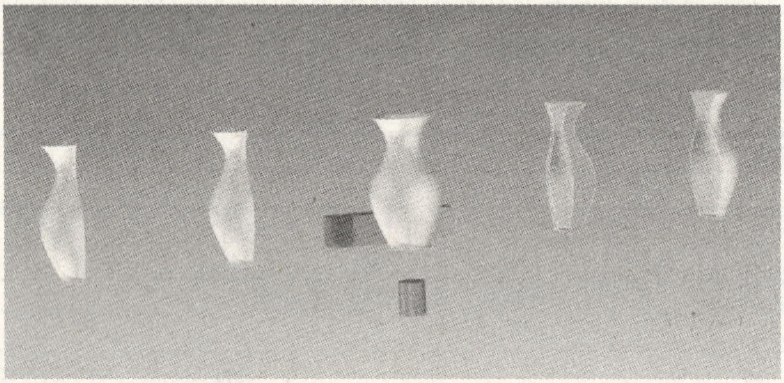

图 8-45　生成新的瓶子

图 8-46　调整设计树

⑬ 在装配状态下选择“瓶 1”，单击“截面”工具按钮，弹出“截面工具”工具条。在“剖面工具”的下拉列表中选择 Block 作为剖切工具。单击“定义截面工具”工具按钮，在如图 8-47 所示的长方体角点上单击，作为截面工具的定义位置。

图 8-47　添加剖面工具

⑭ 在设计环境中弹出了剖切长方体，拖动智能图素手柄将它的高度调整为大于 40，将它的长度和宽度调整为大于瓶 1 的最大截面。单击“完成”按钮，如图 8 - 48 所示。

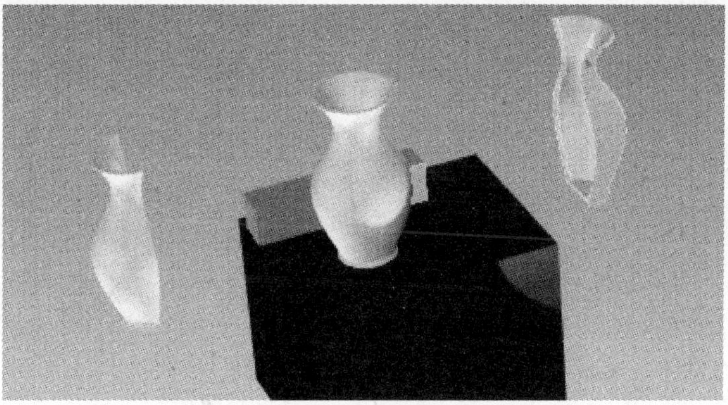

图 8 - 48　生成剖面工具

⑮ 在设计树中将截面工具重命名为“截面工具 1”。利用“智能动画”工具为它添加一个“沿宽度方向”距离为“40”的移动，如图 8 - 49 所示。

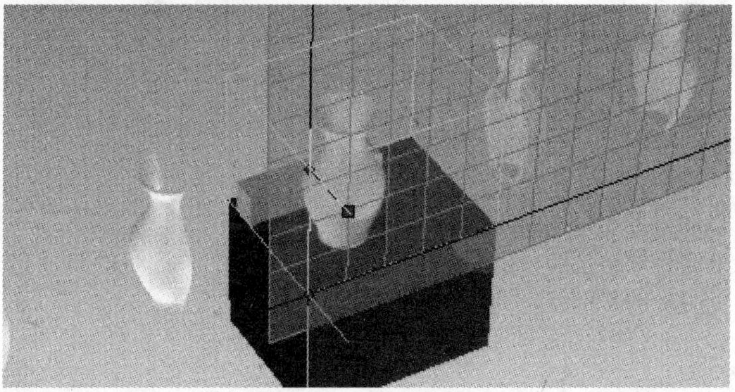

图 8 - 49　添加动画

⑯ 播放动画，可以看见在截面工具运动时，瓶 1 逐渐消失。运动过程如图 8 - 50 所示。

⑰ 在设计树中将截面工具隐藏，将瓶 1 压缩。把左半瓶 02 和右半瓶 02 移动到中心位置，选择自己喜欢的材质添加上，如图 8 - 51 所示。

⑱ 在装配状态下选择“瓶 2”，单击“截面”工具按钮，弹出“截面工具”工具条。在“剖面工具”的下拉列表中选择 Block 作为剖切工具。单击“自定义截面”工具按钮，在长方体角点上单击，弹出了剖切长方体。现在要做的动画是使瓶 2 逐渐出现。拖动智能图素手柄将它调整到将瓶 2 完全覆盖。单击“完成”按钮，如图 8 - 52 所示。

图 8－50　播放动画(三)

图 8－51　渲染第二个瓶子

图 8－52　生成剖面工具

⑲ 在设计树中将截面工具重命名为“截面工具 2”。同样，利用“智能动画”工具为它添加一个向上“40”的移动，播放动画，运动过程如图 8－53 所示，瓶 2 逐渐显示。

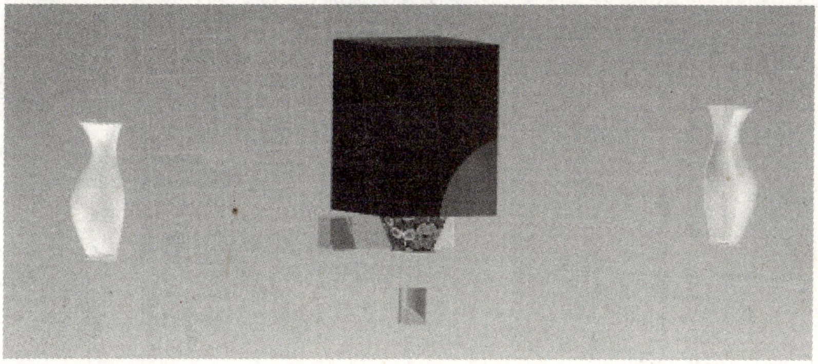

图 8－53　播放动画(四)

⑳ 将截面工具 2 隐藏，瓶 1 解压缩。在“智能动画编辑器”中将截面工具 1 和截面工具 2 的动画片段起始时间改为“6”。播放动画，可以看见，在光源闪过之后瓶子的材质由下而上发生变化，如图 8－54 所示。

图 8－54　播放动画(五)

㉑ 将瓶 1 压缩，将截面工具 2 压缩，让瓶 2 在设计环境中展现出来。下面要添加一个由中间向两边旋转的材质变化。这个变化同样是由两部分构成：一是瓶 2 的逐渐消失，另一是瓶 3 的逐渐显现。

㉒ 添加瓶 2 的消失动画。在这里要用到两个半瓶，因为一个截面工具是不能达到目的的。首先添加左半瓶的消失，利用“截面”工具，不过这一次的基准点选在圆柱体的上表面中心。在截面长方体弹出后，利用智能手柄将它调整到如图 8－55 所示位置，单击“完成”按钮。

㉓ 为它添加动画。在设计树中将它重命名为“截面工具 3”，利用“智能动画”工具为它添加一个“高度向旋转”、角度为 180°的动画。注意，要将旋转轴调整到与圆柱体共轴，如图 8－56 所示。

图 8－55　生成剖面工具

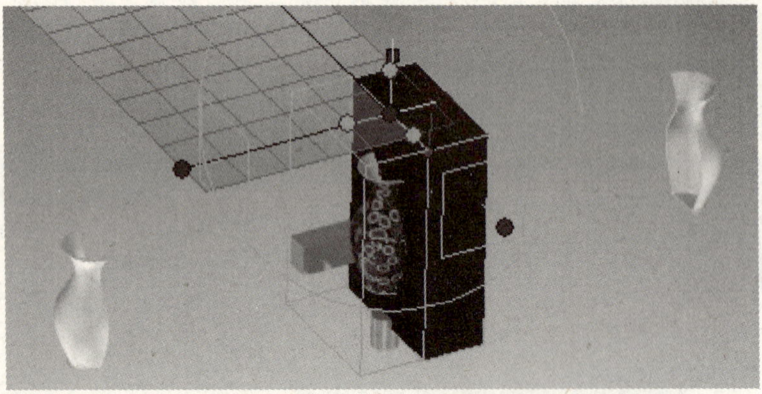

图 8－56　添加动画

㉔ 播放动画，可以看见，左半瓶随着截面工具 3 运动而逐渐消失，如图 8－57 所示。

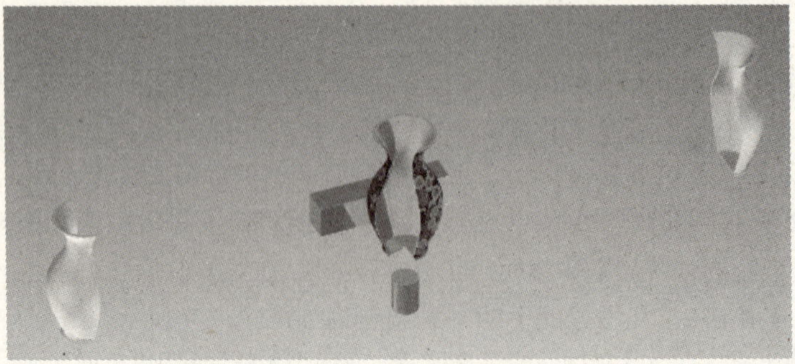

图 8－57　播放动画(六)

㉕ 对右半瓶 02 的添加方法与左半瓶 02 的添加方法基本一致。将添加好的截面工具重命名为“截面工具 4”。打开“智能动画编辑器”，将截面工具 3 和截面工具 4 的动画片段起始时间改为“8”。播放动画，在动画的最后可以看见，瓶 2 在截面工具的作用下逐渐向两侧旋转消失的画面，如图 8－58 所示。

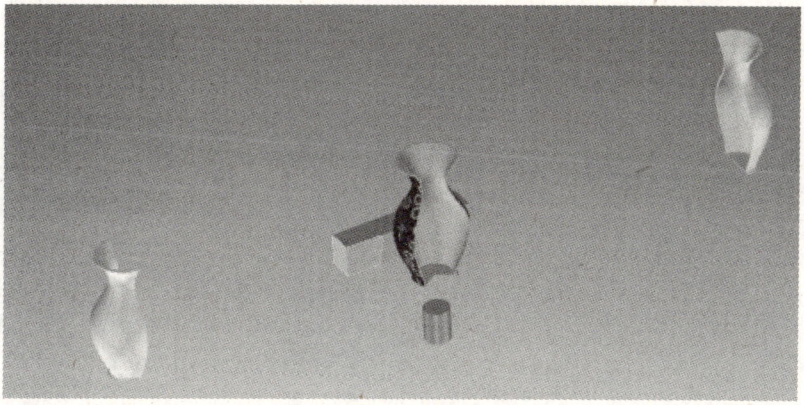

图 8－58　播放动画(七)

㉖ 在设计树中将瓶 2 也压缩。将左半瓶 3 和右半瓶 3 移动到中心位置，选择自己喜爱的渲染添加上，如图 8－59 所示。

㉗ 先添加左半瓶 3 逐渐显现的动画。与瓶 2 添加方法不同的是，在这里要将左半瓶 03 完全掩盖，添加完成后结果如图 8－60 所示。

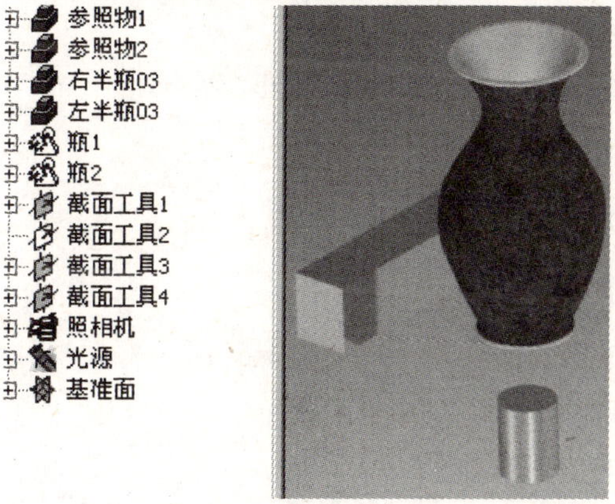

图 8－59　渲染第三个瓶子

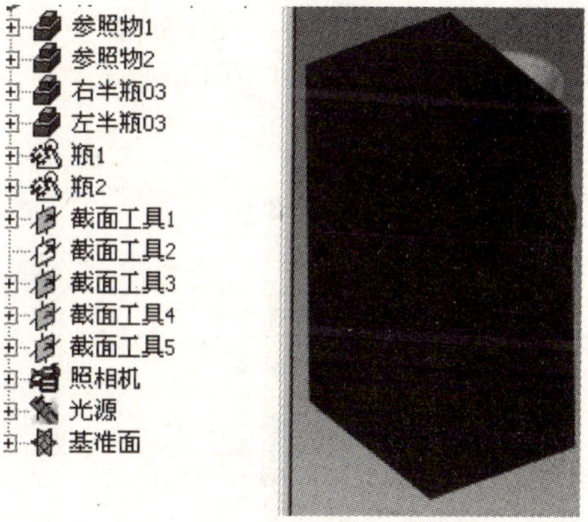

图 8－60　生成剖面工具

㉘ 将截面工具 5 隐藏，播放动画，可以看见，在运动过程中左半瓶 03 逐渐显示出来，运动过程如图 8－61 所示。

㉙ 对右半瓶 03 做同样的处理，添加完成后如图 8－62 所示。

㉚ 将截面工具 5 和截面工具 6 的动画片段起始时间调整为“8”。

㉛ 将所有的零件解压缩，将所有的剖切工具隐藏。百变魔瓶的动画就完成了。播放动画，刚才设定的变化逐个开始，如图 8－63 所示。

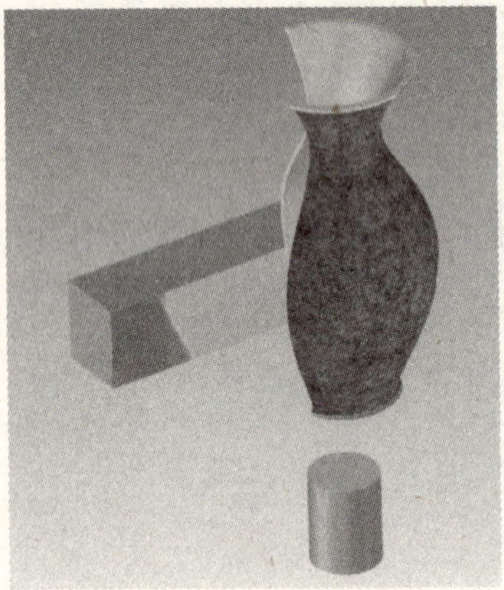

图 8－61　播放动画(八)

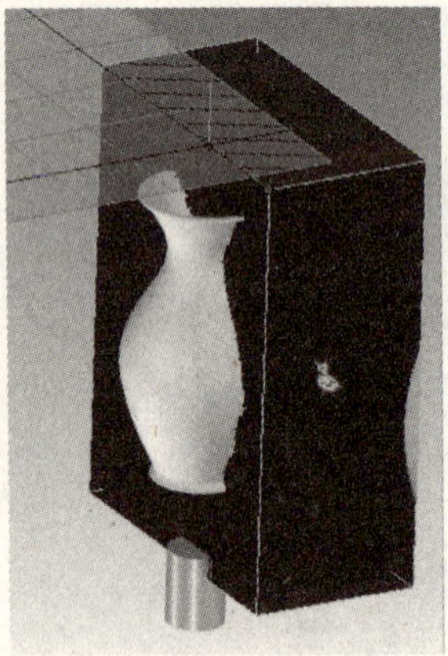

图 8－62　生成剖面工具

图 8－63　最终动画效果

8.3　中国象棋

中国象棋是茶余饭后、业余生活中不可缺少的部分。在中国大地上，数千年来流传下来很多经典的棋局，利用 CAXA 实体设计，可以把这些棋谱保存下来。

打开随书所附光盘中的 Chess. ics 文件，设计环境如图 8－64 所示。共有九个棋子和一个棋盘。

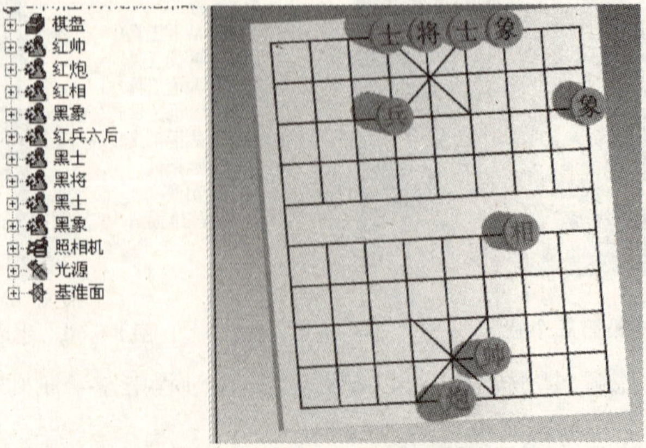

图 8－64　打开 Chess 源文件

这是一个名为“炮兵相巧胜士象全”的经典残局。在这一局中红先手获胜。下面将此局的棋谱摘抄如图 8－65 所示，懂的人可以先看一下，不懂的人也没关系，通过动画制作，就会明白是怎样一个局势了。制作步骤如下：

第83局：炮兵相巧胜士象全

（着法：红先胜）

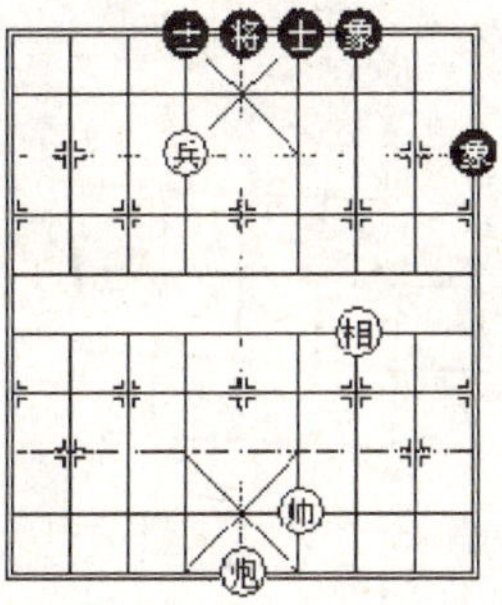

1. 兵六进一　　象 9 进 7
2. 炮五进三

保持中炮优势后，以帅助攻，是获胜关键要着。

　　········　　象 7 退 9

3. 帅四平五　　象 9 进 7
4. 帅五平六　　象 7 退 9
5. 炮五平八　　士 4 进 5
6. 帅六平五　　象 9 进 7
7. 炮八平三

按双象在一边的形势，红方无相亦胜。以下黑方如飞中象，则炮三平五，再出帅杀。

　　········　　象 7 退 9

8. 相三退一

图 8－65　象棋谱

① 红方先走，是“兵六进一”。在装配状态下选择“红兵”，利用“智能动画”工具添加一个“沿长度方向”、距离为“100”的移动，如图 8－66 所示。

② 第一回合的第二步是“象 9 进 7”，利用“智能动画”工具为它添加一个自定义移动，将第二个关键帧的位置添加到如图 8－67 所示位置。

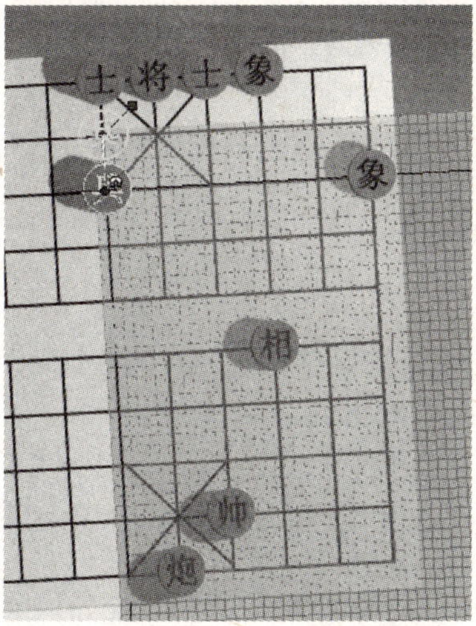

图 8－66　添加“兵六进一”动画

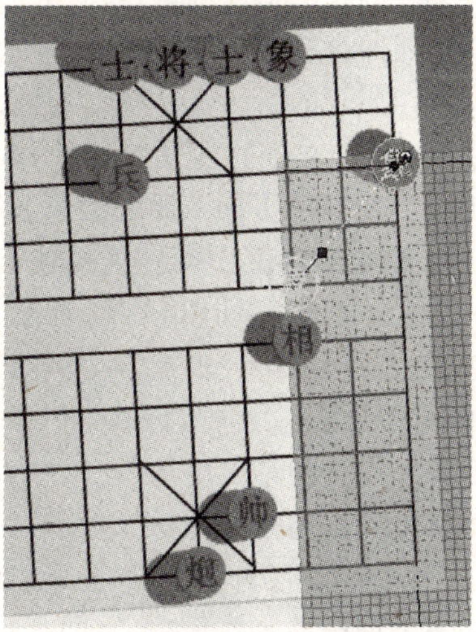

图 8－67　添加“象 9 进 7”动画

③ 第二回合的第一步是“炮五进三”，在装配状态下选择“红炮”，利用“智能动画”工具为它添加一个“沿长度方向”、距离为“300”的移动，如图 8－68 所示。

④ 第二回合的第二步是“象 7 退 9”。在装配状态下选择“黑象”，利用“智能动画”工具为它添加一个自定义动画。将第二个关键帧的位置设定如图 8－69 所示。

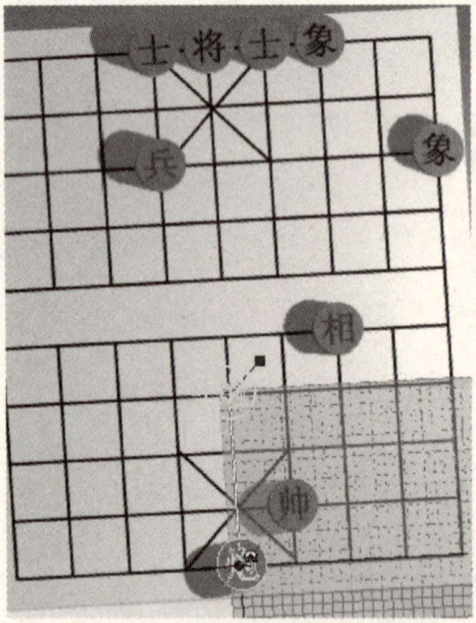

图 8－68　添加“炮五进三”动画

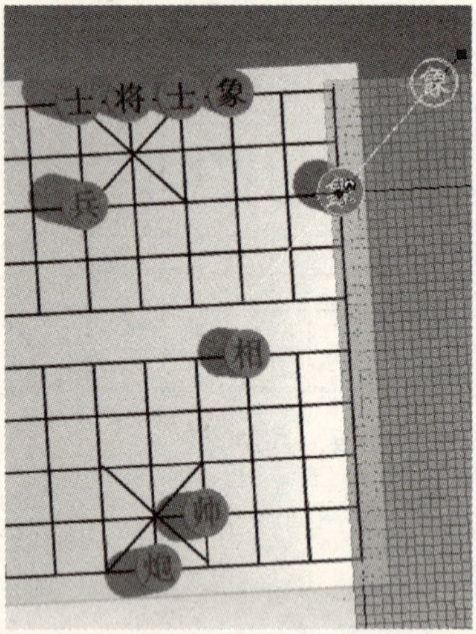

图 8－69　添加“象 7 退 9”动画

⑤ 第三回合的第一步是“帅四平五”。在装配状态下选择“红帅”，利用“智能动画”工具为它添加一个“沿宽度方向”、距离为“100”的移动，如图 8－70 所示。

⑥ 第三回合的第二步是“象 9 进 7”，同前。

⑦ 第四回合的第一步是“帅五平六”，同“帅四平五”。

⑧ 第四回合的第二步是“象 7 退 9”，同前。

⑨ 第五回合的第一步是“炮五平八”，在装配状态下选择“红炮”，利用“智能动画”工具为它添加一个“沿宽度方向”、距离为“300”的移动，如图 8－71 所示。

⑩ 第五回合的第二步是“士 4 进 5”，在装配状态下选择“黑士”，利用“智能动画”工具为它添加一个自定义动画，如图 8－72 所示。

⑪ 第六回合的第一步是“帅六平五”，在装配状态下选择“红帅”，利用“智能动画”工具为它添加一个“沿宽度方向”、距离为“－100”的动画，如图 8－73 所示。

⑫ 第六回合的第二步是“象 9 进 7”，同前。

⑬ 第七回合的第一步是“炮八平三”。在装配状态下选择“红炮”，利用“智能动画”工具为它添加一个“沿宽度方向”、距离为“－500”的动画，如图 8－74 所示。

⑭ 第七回合的第二步是“象 7 退 9”，同前。

⑮ 第八回合是“相三退一”。在装配状态下选择“红相”，利用“智能动画”工具为它添加一个自定义路径的动画，第二个关键帧位置如图 8－75 所示。

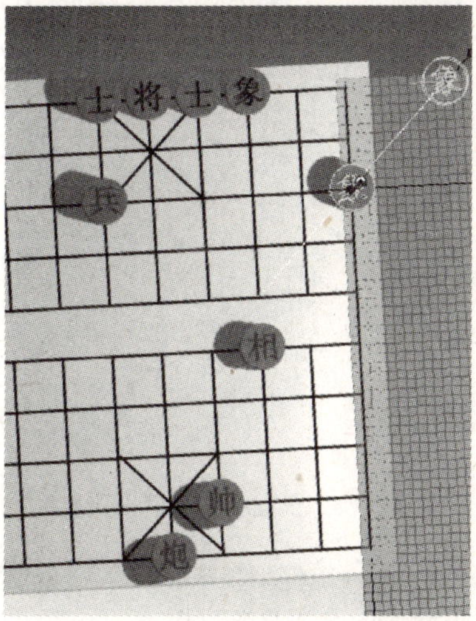

图 8－70　添加“帅四平五”动画

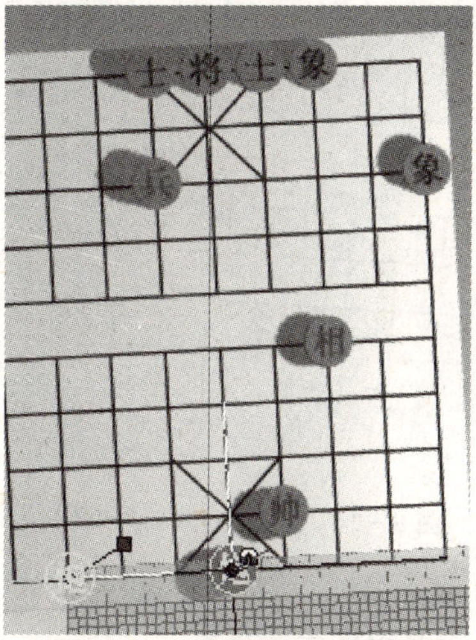

图 8－71　添加“炮五平八”动画

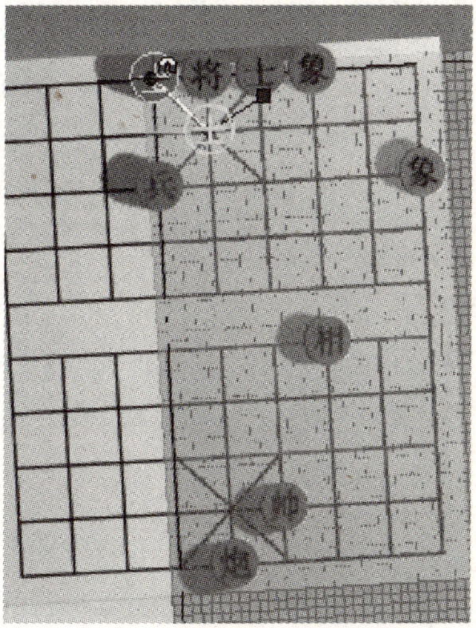

图 8－72　添加“士 4 进 5”动画

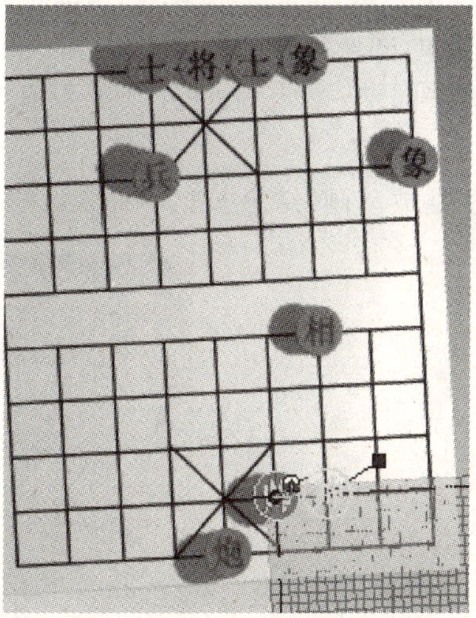

图 8－73　添加“帅六平五”动画

⑯ 至此这一盘棋已经下完，下面的任务就是调整时间。由于在这个动画中运动的零件较多，所以在调整时应先整理一个时间表。具体时间表如图 8－76 所示。在调整时，需仔细考虑所有步骤。

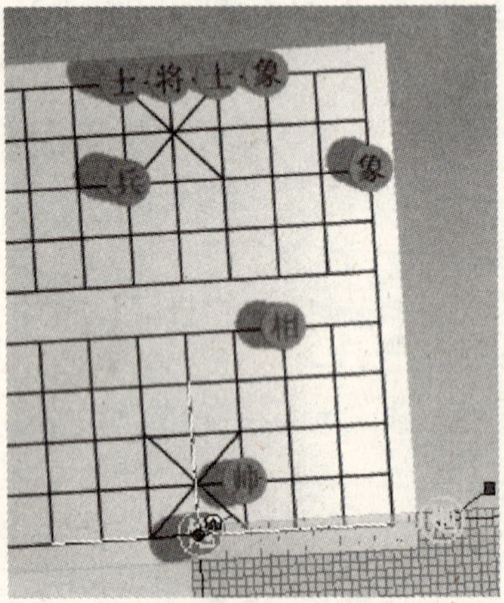

图 8－74　添加“炮八平三”动画

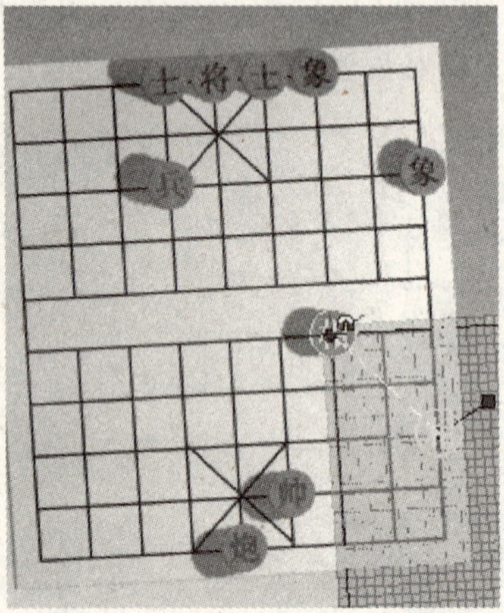

图 8－75　添加“相三退一”动画

⑰ 打开“智能动画编辑器”,“红兵”是不用考虑的,“黑象”是最难考虑的棋子。在黑方走棋的过程中,“黑象”从头走到尾,只有第五个回合未动。先将“黑象”的运动时间调整为“28”,再依次将每一个运动步骤的动画片段时间长度设为“2”,起始时间调整为如图 8－76 所示的时间。对以下各个棋子的调整同前,如有疑问可以观看随书所附光盘中的完成动画。

1. 兵六进一(0)	象9进7(2)
2. 炮五进三(4)	象7退9(6)
3. 帅四平五(8)	象9进7(10)
4. 帅五平六(12)	象7退9(14)
5. 炮五平八(16)	士4进5(18)
6. 帅六平五(20)	象9进7(22)
7. 炮八平三(24)	象7退9(26)
8. 相三退一(28)	

图 8－76　动画起始时间

⑱ 播放动画,结果 8－77 所示。

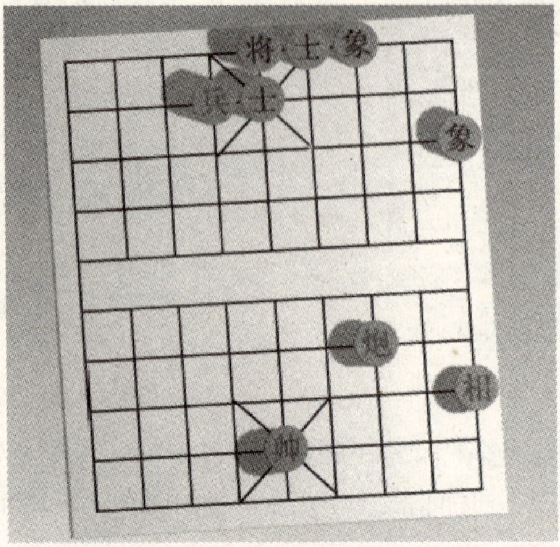

图 8－77　最终动画效果

思考练习题

1. 根据所学知识，利用 CAXA 实体设计制作随书所附光盘中的“绕开的弹簧. avi”所示的动画，这是个简单的分层动画，同时还应该关注渐隐渐显的动画应用。
2. 根据所学知识，利用 CAXA 实体设计制作随书所附光盘中的“弹簧. avi”所示的动画。

第 9 章　动画的后期处理

本章要点：

- 掌握动画输出的基本要领。
- 进行多媒体的基本制作。

9.1　动画的输出

在 CAXA 实体设计中完成动画制作以后，工作并未结束。只有将所制作的动画成果输出成独立的动画文件，才能真正自由地在计算机与互联网上进行动画的分享和应用。

打开 3.1.4 节已经完成的动画"地球仪.ics"文件，单击"文件"|"输出"|"动画"，如图 9－1 所示，进行动画文件的输出。

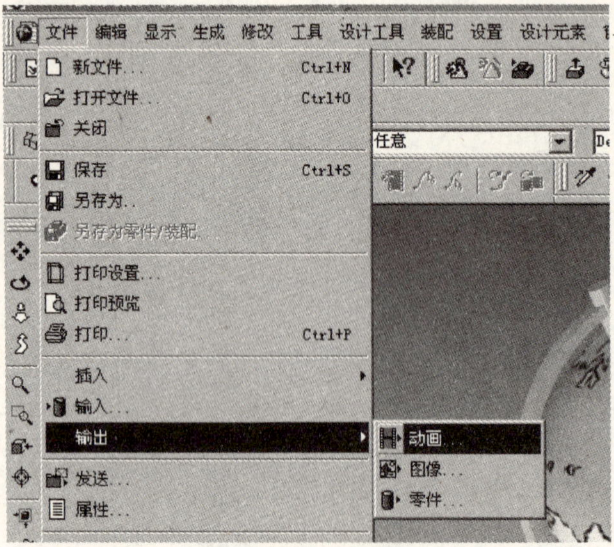

图 9－1　输出动画

如图 9－2 所示，CAXA 实体设计可以输出多种常用格式的动画文件，在制作高质量视频时推荐使用 AVI 格式，而在网络上传播应用时可以选取 GIF 格式。通常输出为 AVI 格式。在弹出的对话框中选择输出动画文件的格式类型为 AVI，输入动画文件的名称、指定动画文件的存放路径，然后单击“保存”。

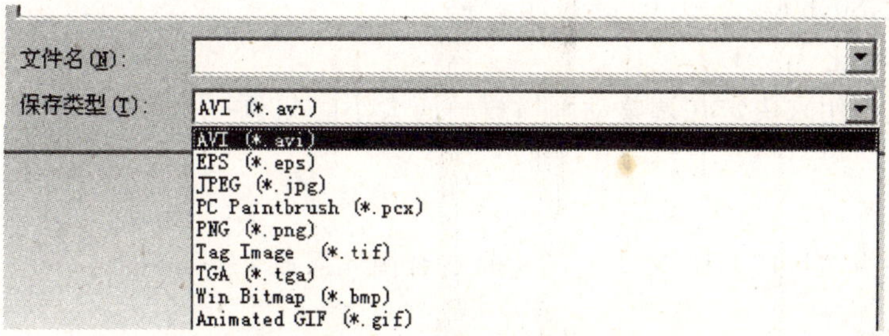

图 9－2　选择文件格式

如图 9－3 所示，系统弹出“动画帧尺寸”对话框，通过对话框对要输出动画文件的质量、大小等参数进行具体设置，以便得到各种品质要求的动画文件。

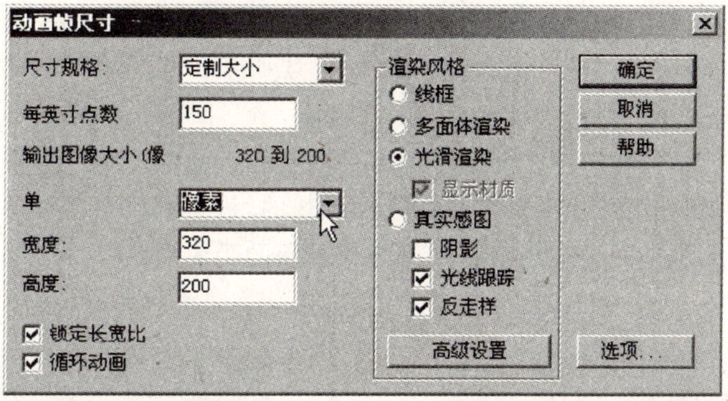

图 9－3　“动画帧尺寸”对话框

1. 尺寸规格

尺寸规格即输出动画画面的尺寸大小及规格，默认为“定制大小”，一般根据自己的喜好和用途来进行设定。具体的规格设定包括以下内容。

(1) 每英寸点数

每英寸点数即输出动画画面的分辨率，也就是画面的品质和清晰度。一般画面要求选取 150 点及以下即可(若输出 GIF 格式文件)，要求较高时可以选取 150～300 点，600 点即可达到专业级的照片画面效果。但是需要提醒的是，分辨率并不是越高越好，分辨率越高，动画文件占用磁盘空间就越大，传递就越困难；反之，分辨率较低时，文件也较小，便于存储和网上传递。因此一定要根据应用需要进行参数设置。

(2) 输出图像大小

输出图像大小的单位可以选取像素、厘米、毫米或者码。系统默认单位为像素。

长宽值可以按要求大小进行设置。在系统默认的单位下,可以参照计算机屏幕大小的长宽像素值:600×480,800×600,1 024×768 等。

(3) 锁定长宽比

锁定长宽比是用来决定在调整动画播放画面大小时只调一个方向,还是两个方向做等比变换。

(4) 循环动画

循环动画是指在生成 GIF 格式的图片时是否循环播放。

2. 渲染风格

不同的渲染风格/显示方式可以生成不同质量的动画效果。渲染风格的设定包括以下内容。

(1) 线　框

线框显示为由网状几何图形组成的线骨架图形式,以线条组成的格子代表其表面。线骨架图渲染不显示表面元素(如颜色或纹理),如图 9-4 所示。

(2) 多面体渲染

多面体渲染显示是由所谓小平面组成的零件的实心近似值。每个小平面都是一个四边的二维图素,是由更小的三角形表面沿零件的表面创建的,每个都显示一种单一的颜色。CAXA 实体设计通过向它的小平面分配越来越浅或越来越深的阴影而给零件添加深度。在地球仪动画中的这种效果如图 9-5 所示。

图 9-4　线框显示

图 9-5　多面体显示

(3) 光滑渲染

光滑渲染可以将零件显示为具有平滑和连续阴影处理表面的实心体。光滑渲染处理比小的多面体渲染处理更加逼真，而后者则比线骨架图逼真。不选择"显示材质"的情况如图 9-6 所示。若选中"显示材质"，则显示应用于零件的表面纹理。为了使这个选项对零件有效；至少有一种纹理应用于它的表面，如图 9-7 所示。系统一般默认的渲染风格为带材质显示的光滑渲染模式。

图 9-6　光滑渲染显示

图 9-7　光滑体渲染显示

(4) 真实感图

真实感图渲染风格可以产生最为逼真的效果。使用这个选项，沿表面的阴影处理是连续的、细腻的；表面凸痕和真实的反射都会出现，而光照也更为准确，尤其是对光谱强的光来说。

在选择了"真实感图"显示时下列三个选项可用：

- 阴　影　对象在光源照射下能够产生交叠的阴影。
- 光线跟踪　CAXA 实体设计通过反复追踪来自设计环境光源的光束，来提高渲染的质量。光线跟踪可以增强零件上的反射和折射光。
- 反走样　这种高质量的渲染方法，可以使显示的零件带有光滑和明显的边缘。CAXA 实体设计通过沿零件的边缘内插入中间色像素，来提高分辨率。选择这个选项还可以启用真实的透明度和柔和的阴影。

在地球仪动画中，若不选择这三个选项，其显示效果如图 9-8 所示；若选择这三个选项，其真实感图如图 9-9 所示。

图 9-8 真实感渲染(一)

图 9-9 真实感渲染(二)

3. 高级设置

在选择了“真实感渲染”之后还可以进行高级设置。“高级风格设置”对话框如图 9-10 所示。

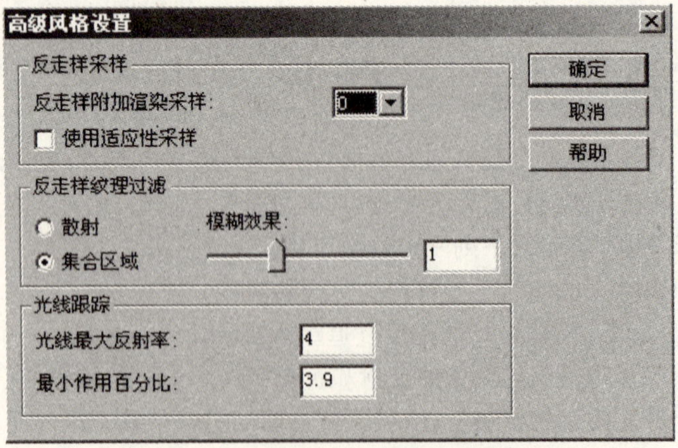

图 9-10 “高级风格设置”对话框

(1) 反走样采样

“反走样附加渲染采样”选项进一步完善了反走样工艺,消除了图像中的锯齿形线。它可增加 CAXA 实体设计用于每个像素的阴影处理采样的数量。增加下拉列表框中的采样率,可以产生更加光滑的图像，并可以改善精细强光、光束追踪反射和光滤色片。要缩短渲染时间，请选择“使用适应性采样”复选框。

(2) 反走样纹理过滤

“反走样纹理过滤”选项组控制 CAXA 实体设计在表面纹理图像上应用反走样的方式。“散射”选项，可以加快纹理渲染的速度，避免混叠效果（如在表面纹理上出现的波纹图案）。“集合区域”选项可以产生比“散射”选项过滤更好的纹理，但是内存需要大大增加。如果零件包含许多纹理，则应该选择“散射”选项。“模糊效果”可以拖动滑尺或输入一个数值，来修改表面纹理的模糊效果。为了避免在动画中出现闪动效果，需要加大纹理的模糊效果(1.1～1.5)；而要使静像在打印时更加清晰，则需要减少纹理的模糊效果(0.75～0.9)。如果出现了波纹图案，则说明模糊设置值太低了。

(3) 光线跟踪

“光线跟踪”选项组影响借助光线跟踪取得逼真光照效果的图像的质量。“光线最大反射率”选项指定次数光线在设计环境中物体上的反射。在正常情况下，一个光束仅仅需要在设计环境中有不多几次弹射，就可以交付最高图像质量。对要求额外反射或折射的特殊情况，可以增加弹射的次数，也可以将数值设置在 1，从而快速地预览设计环境的外观，而不是等待完整光线跟踪的结果。“最小作用百分比”选项可以减少对提高图像质量的没有帮助的渲染。在这一栏中输入一个百分比值。CAXA 实体设计将计算一个光束在像素颜色上会产生变化的百分比。如果这个百分比小于在这个栏目中输入的数值，就不使用这个光束。要禁用这个选项，以持续追踪光束来取得最大限度的渲染，请将百分比设置为 0。

4. 选项(AVI)

单击“动画帧尺寸”对话框右下角的“选项”按钮，弹出“输出 AVI”对话框，这是输出 AVI 格式的动画所特有的设置选项，如图 9-11 所示。其中，包含以下选项区域：

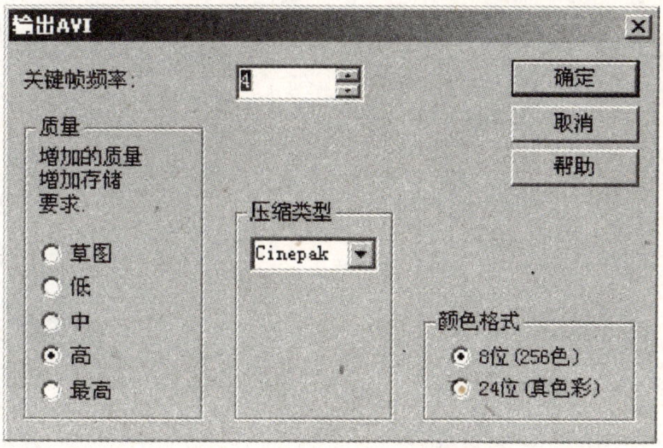

图 9-11　“输出 AVI”对话框

- “关键帧频率” 其值愈高，输出动画文件的质量愈差。
- “质量” 就是动画效果的区别。在本书所赠光盘中的 AVI 都是输出的质量较高的文件。
- “压缩类型” 如图 9-12 所示共有四种压缩方式，可以根据自己的需要选择其中的一种。
- “颜色格式” 一般可以选“8 位(256 色)”，较高要求的可以选“24 位(真彩色)”。

在设定完成后，单击“确定”，弹出“输出动画”对话框，如图 9-13 所示。单击“开始”就可以输出动画文件了。根据动画的复杂程度和输出设置的精度要求，关键帧总数会有很大不同，输出时间也会有很大差异。

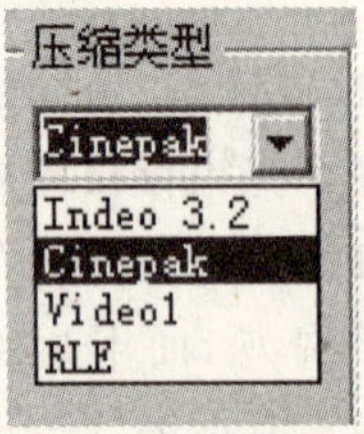

图 9-12 “压缩类型”区域

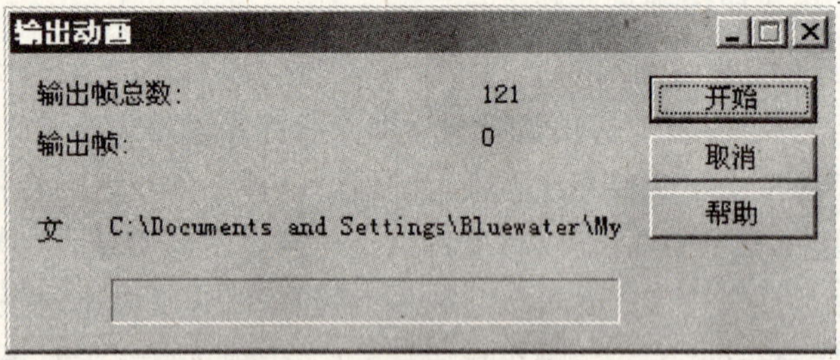

图 9-13 “输出动画”对话框

在输出动画的时候，中间格式输出只按每一帧输出一张，这里不作研究。只是再看一下可以直接生成动态图片的 GIF 格式。

在输出动画时，动画格式选择 GIF。单击“保存”，弹出“动画帧尺寸”对话框同 AVI 格式的一模一样，单击左下角的“选项”按钮，弹出一个新的对话框如图 9-14 所示，可以看见在这里与 AVI 是有所区别的。

不做任何修改将动画输出，最终效果如图 9-15 所示。

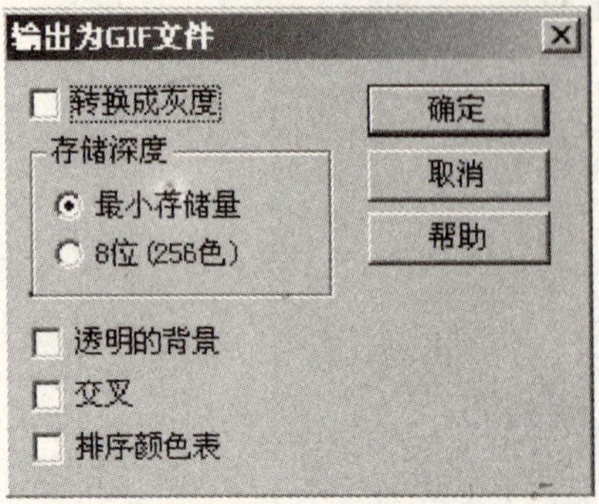

图 9-14 “输出为 GIF 文件”对话框

图 9-15 输出的 GIF 图

9.2　多媒体制作

9.2.1　PowerPoint 的使用

在使用 CAXA 实体设计中，有很多人是为了制作一些素材。如老师需要制作一些教学课件，而企业的职工需要制作一些产品展示用的多媒体文件。一般对于简单使用电脑的人，有 PowerPoint 就足够了。

打开或新建一个 PowerPoint 文件，如图 9－16 所示。

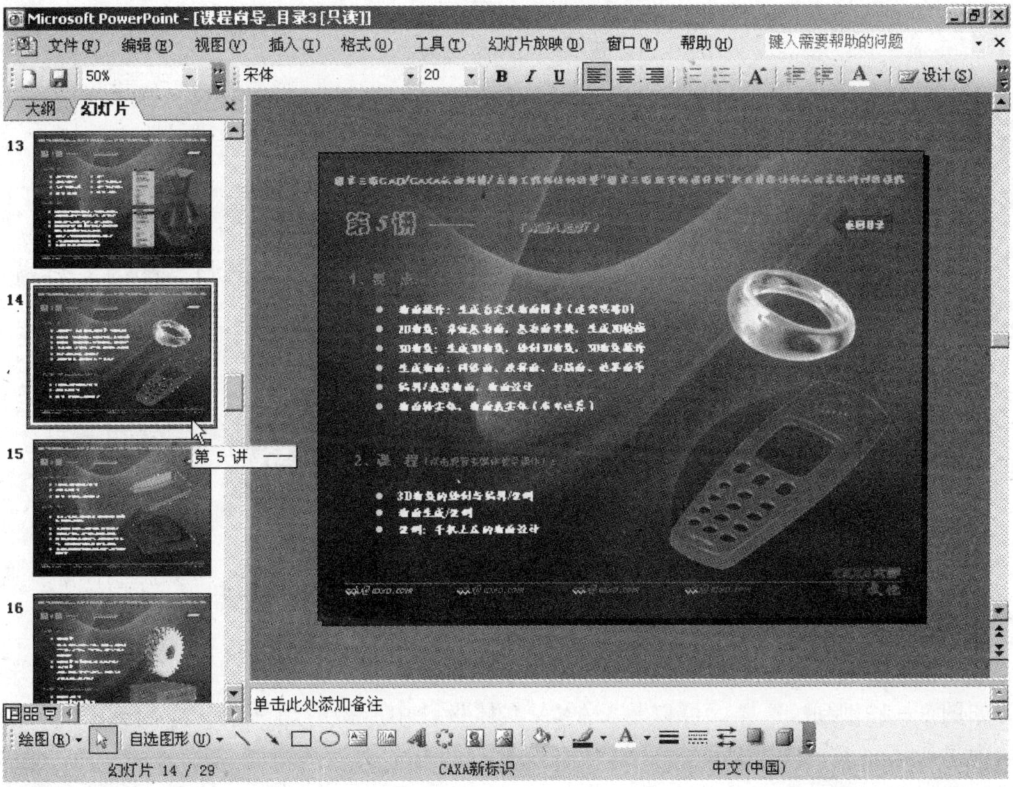

图 9－16　新建一个 PPT 文件

选定要插入动画文件的幻灯片页，单击“插入”|“影片和声音”|“文件中的影片”，如图 9－17所示。

在弹出的对话框中按存储路径选择生成的地球仪的动画文件，系统询问是否要让动画自

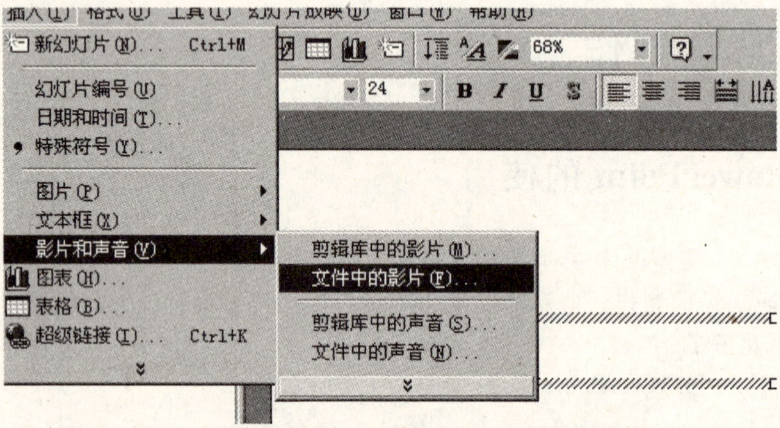

图 9－17　插入影片

动播放。若单击“是”，则当播放到这一页时动画就会自动播放；若单击“否”，则需要在动画上单击播放这个小动画。具体如图 9－18 所示。

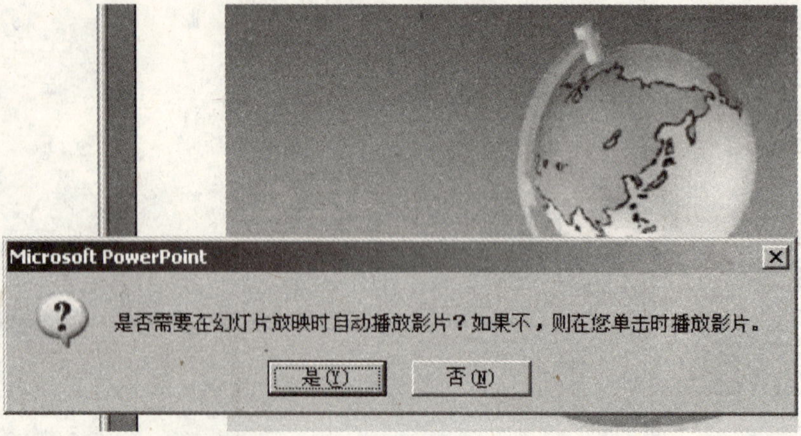

图 9－18　播放动画

如图 9－19 所示，这样就可以将 CAXA 实体设计中所做的动画素材应用到 PowerPoint 文档中进行播放了。应用 PowerPoint 本身所带有的自定义动画功能、插入文字功能、插入图片功能和插入音乐功能等，再插入 CAXA 实体设计生成的 AVI 动画文件素材，就可以制作出非常精美的多媒体文件了。本教程随书提供的 2 张多媒体课件光盘内容，就是应用 PowerPoint 进行多媒体工具合成完成的。

大家在制作 PowerPoint 多媒体文件时一定要记住，PowerPoint 文件一定要与其所插入的动画文件一起存储，并确保插入的动画文件在计算机上的相对存放路径不变。一般为了进

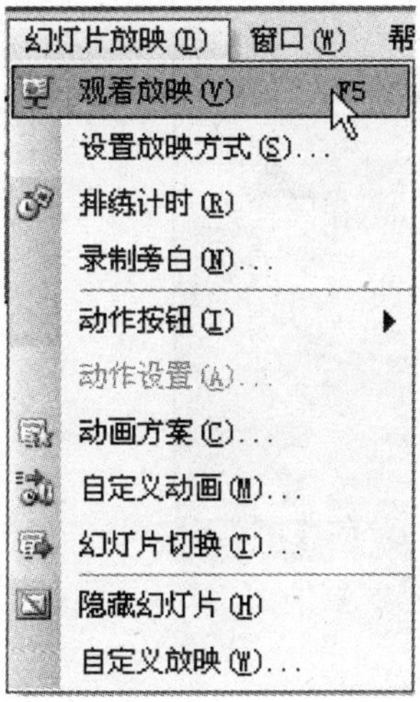

图 9－19　演示动画

行复制传播，最好将 PowerPoint 文件与其所插入的动画文件共同存放在同一个文件夹下，一起存储、共同移动，这样在播放 PowerPoint 文件时就能很快找到并播放动画了。

9.2.2　多媒体制作三剑客

除了 PowerPoint 这个比较简单的多媒体制作工具外，还有一些专门用于制作多媒体课件的软件。当前大家比较常用的有 Macromedia 公司的 Authorware、Director 及 Flash 软件，它们被称为多媒体制作三剑客。Authorware 因为简单易用，无须编程即可制作具有交互功能的多媒体产品，因而深受大众的喜爱；Director 能制作交互动画，优秀的多媒体作品多是用 Director 开发的，比如熟悉的开天辟地等，因而 Director 成为专业多媒体开发者的首选；Flash 虽然出世不久，但凭借“身轻如燕”的优势主攻互联网，并迅速拿了大片地盘，成为“网坛”后起之秀。

由于 Director 和 Flash 本身制作动画的功能就比较强大，所以在这里主要谈一下动画素材在 Authorware 下的使用。

① 新建一个 Authorware 空白文件，如图 9－20 所示，单击“文件”|“新建”|“文件”命令，一个新的设计窗口就会被打开。通常，Authorware 在启动时会自动建立一个空白文件。

② Authorware 能够播放数字电影，这使作品演示变得丰富多了。“数字电影”格式兼容各种动画格式，并且它的演示画面还可以进行移动控制，在多媒体使用数字电影将会使用户的动画作品发挥得淋漓尽致。如图 9－22 所示将左侧的一个“数字电影”图标放置在流程线上，然后直接拖动即可，如图 9－22 所示。在流程线上出现了一个未命名的“数字电影”图标，下面对它做简单的分析。

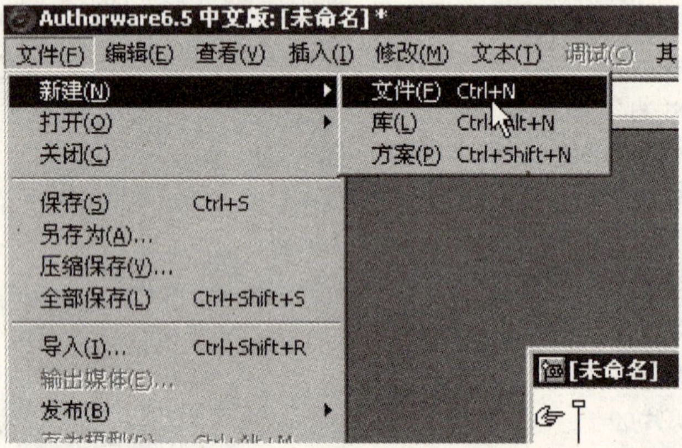

图 9－20　新建一个文件

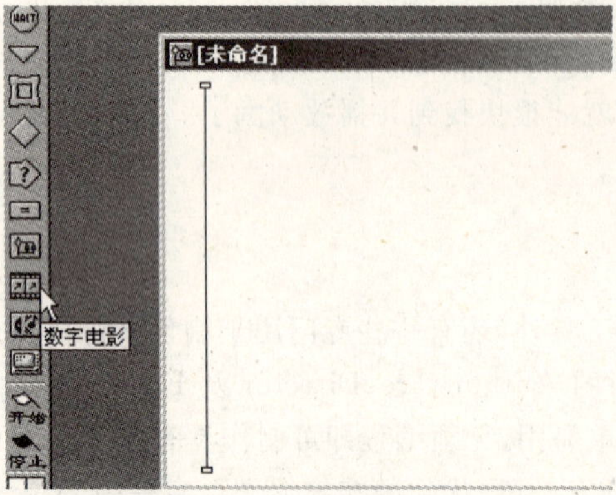

图 9－21　“数字电影”图标

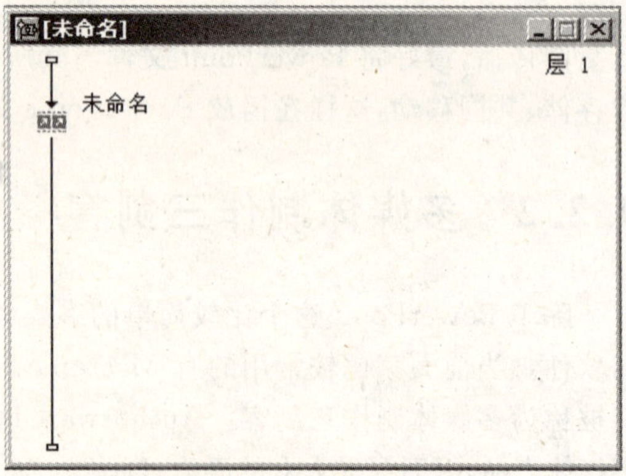

图 9－22　拖入一个“数字电影”图标

③ 双击该图标，弹出如图 9－23 所示“属性：电影图标”对话框。其中的属性设置请参照有关书籍，这里不做详细介绍。

④ 单击对话框中左下角的“导入”按钮，弹出“导入哪个文件”对话框，如图 9－24 所示，选择所想添加的动画文件。

⑤ 单击“导入”按钮，在设计环境的“演示窗口”中出现了动画预览，如图 9－25 所示。

⑥ 单击“确定”按钮，如图 9－26 所示由菜单中单击“调试”|“播放”，就可以观察添加的效果。

当然，关于多媒体制作还有太多太多的知识，在这里就不再做进一步的介绍了。如有兴趣请阅读相关书籍。

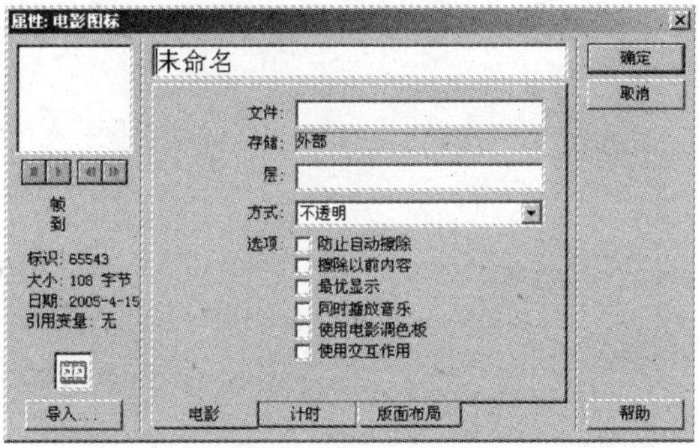

图 9－23　“属性:电影图标”对话框

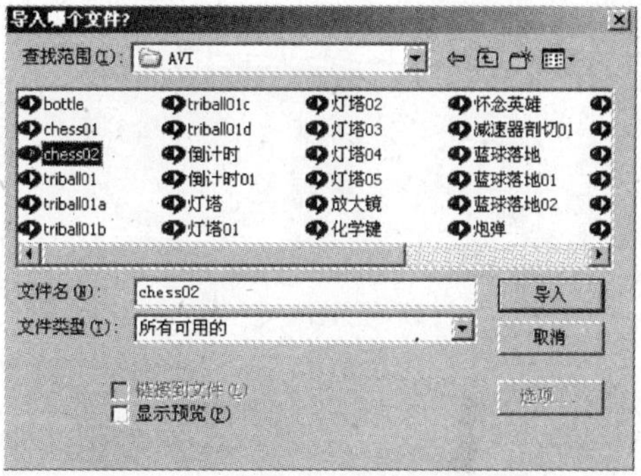

图 9－24　选择导入文件

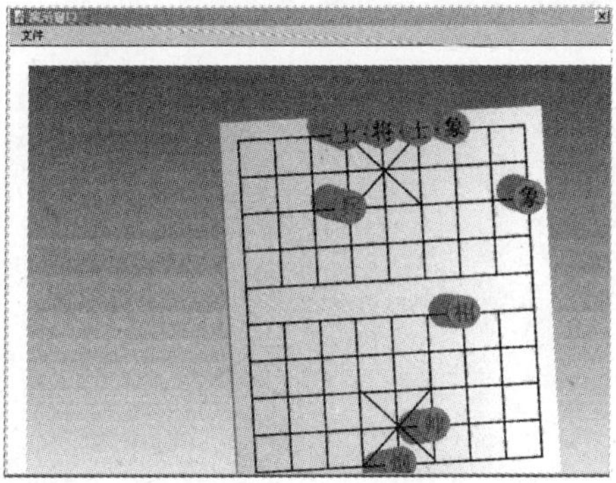

图 9－25　显示窗口

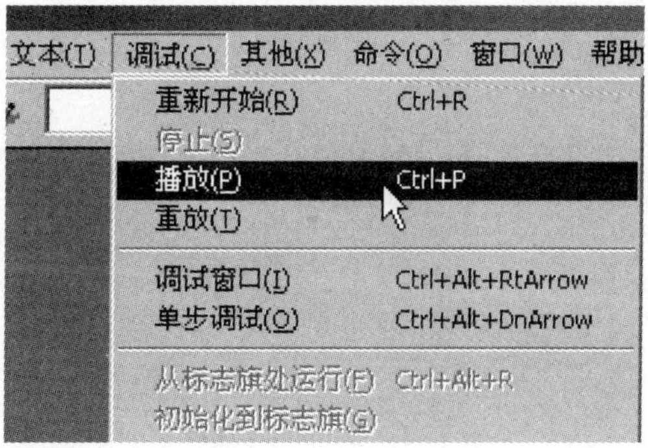

图 9－26　调试播放

思考练习题

1. 将前几章所做的动画根据自己的需要输出成 AVI 或 GIF 格式的文件，并注意各个选项对输出结果的影响。
2. 在多媒体的制作中一般用哪几个软件，它们分别有什么特点？